U0626259

寧壽鑑古

〔清〕梁詩正 等撰

民國二年 上海涵芬樓石印寧壽宫寫本

二

YSP
北京燕山出版社

寧壽鑑古卷七目録

卣

商

周

季卣 有銘

子卣 有銘

舉卣 有銘

夔鳳卣

雷紋卣

鳳紋卣

夔紋卣

繩紋卣

繩梁卣

饕餮卣

漢

夔鳳卣

瓶

周

帶紋瓶

素瓶

漢

夔鳳瓶

素瓶一

素瓶二

素瓶三

唐

鳳首瓶

素瓶一

素瓶二

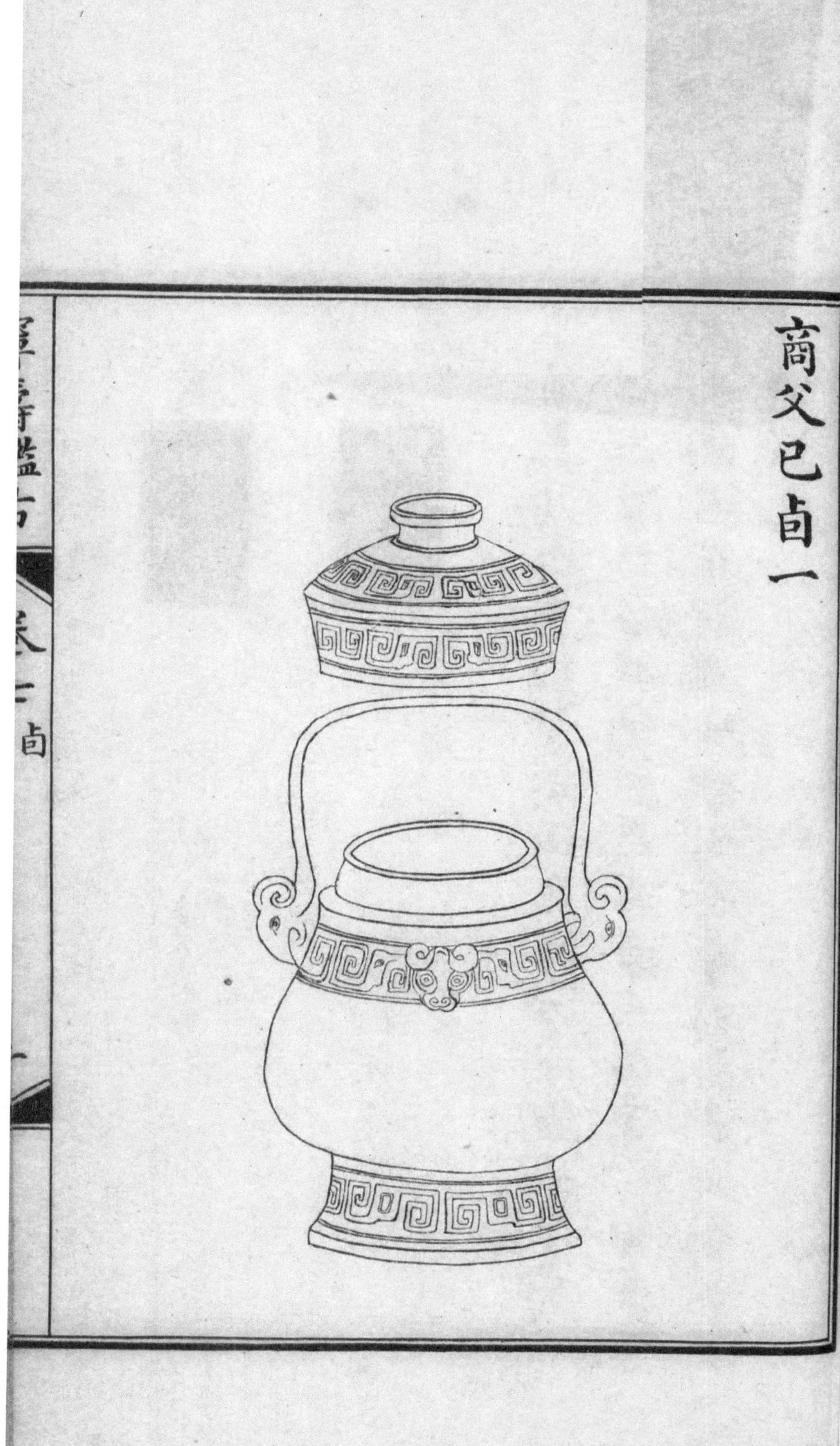

商父己卣一

盖

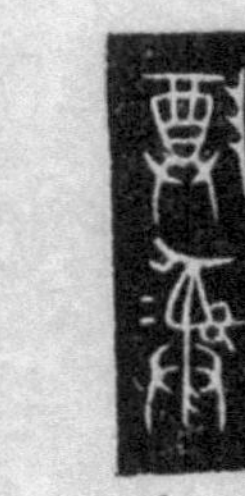

作父己尊彝

器

音釋同前

右通盖高七寸四分深四寸五分口縱二寸六分橫三寸二分腹圍一尺五寸二分重一百十四兩兩耳有提梁金銀錯尊罍鼎敦多此銘皆一時器也

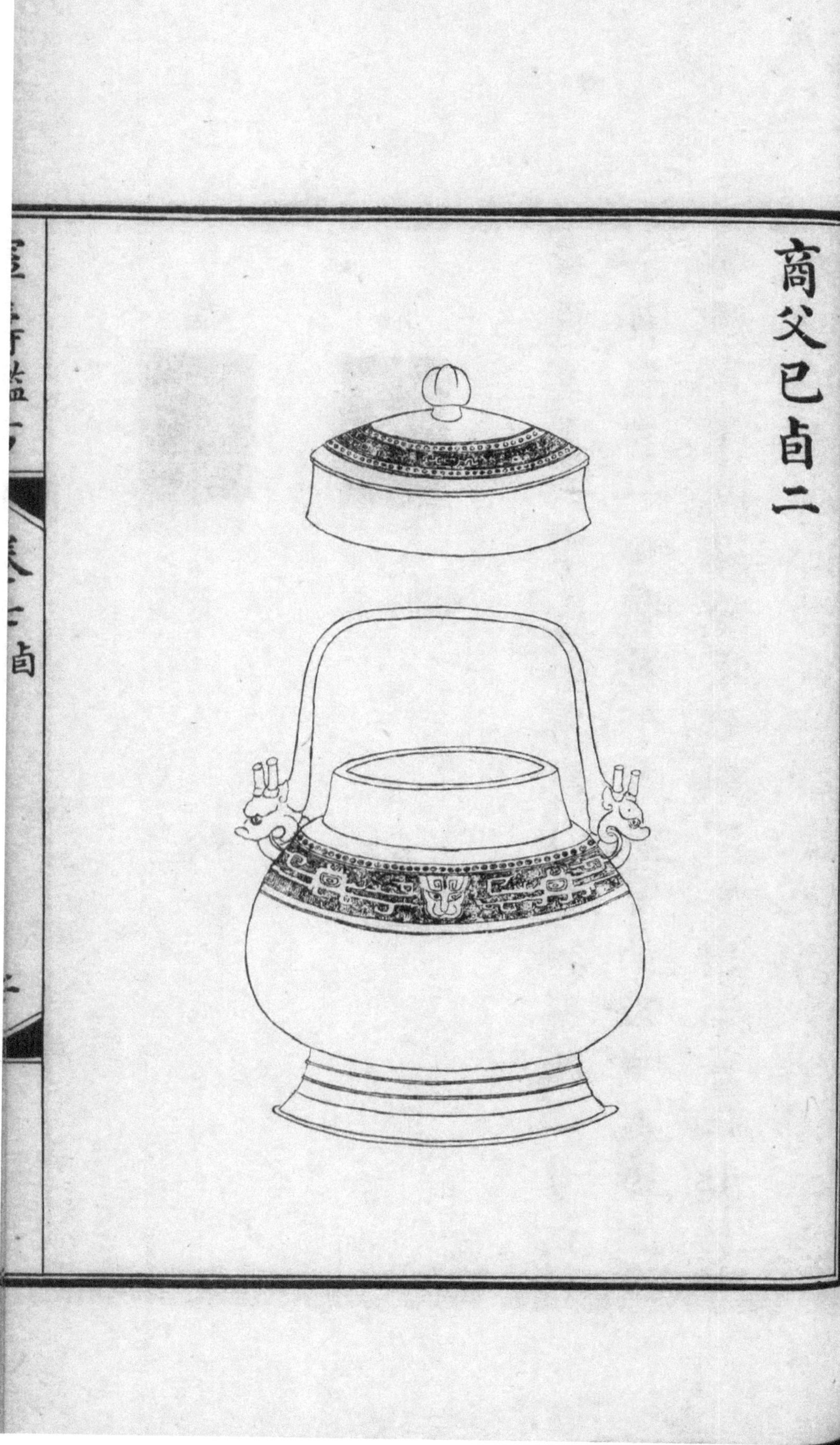

商父己卣二

蓋

器

父己
析子孫

音釋同前

右通蓋高六寸二分深三寸七分口縱二寸四分横三寸一分腹圍一尺三寸二分重五十二兩兩耳有提梁案考古圖父乙卣析字作卝呂大臨以為廬江李氏所藏父己卣文作非非古文

增省皆析字也此銘又與鐘鼎款識子孫父已
彝同

周旅宗卣

盖

唯九月既生霸乙
亥周孚鑄旅宗彜用
享于文考庚仲用匄
永福孫〻子〻其永寶用魯

器

音釋同前

右通盖高六寸二分深四寸三分口縱三寸橫

四寸二分腹圍一尺六寸重八十四兩兩耳有提梁漢書顏師古注霸即古魄字既生霸望後也周孚蓋主器者姓名史記索隱曰周公元子就封於魯其次子留相王室世為周氏見於春秋者黑肩忌父楚閱宰孔然皆稱周公至戰國時則有周最周累孚豈其類耶用享於文考庚仲稱文考者與詩言文人同意曰孫孫子子永寶用魯其周公之苗裔而魯之公族也用匄永福如博古圖遲父鐘之蘄匄多福亦求福不回之謂所以為子孫無疆之寶焉

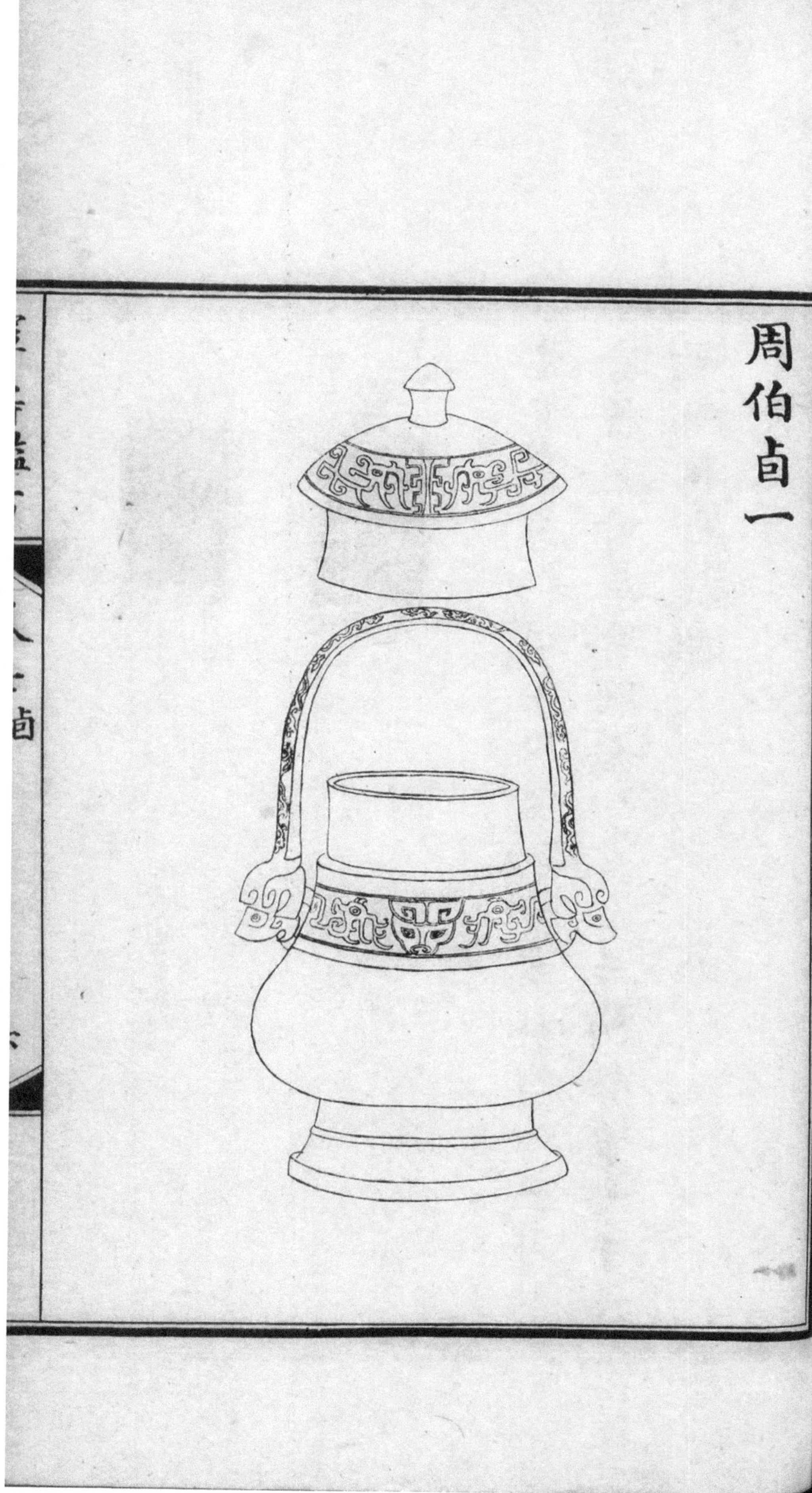

周伯卣一

蓋

伯作寶
尊彝

器

音釋同前

右通蓋高七寸七分深四寸五分口縱二寸二分橫三寸二分腹圍一尺二寸四分重七十八兩兩耳有提梁

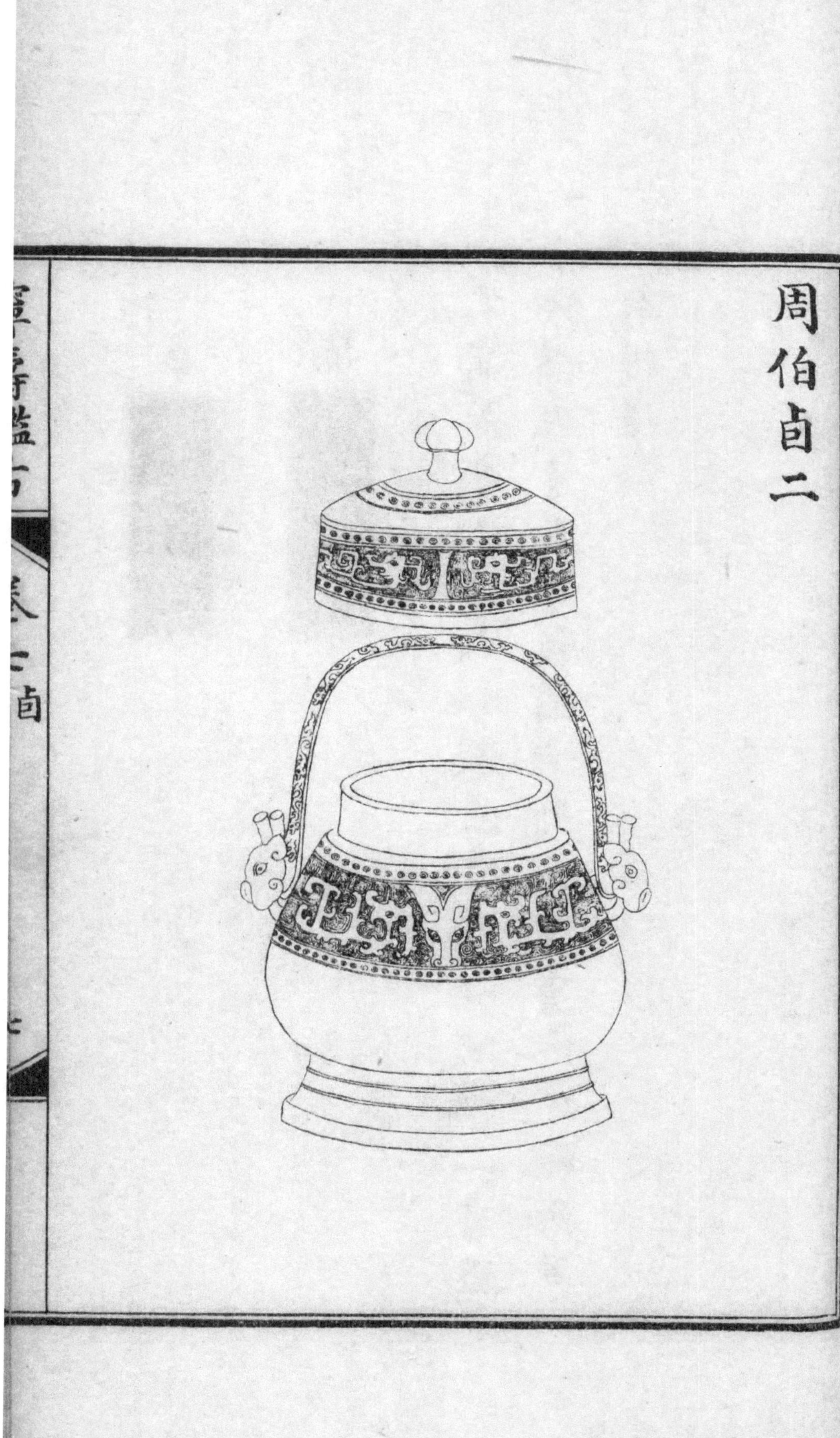

周伯卣二

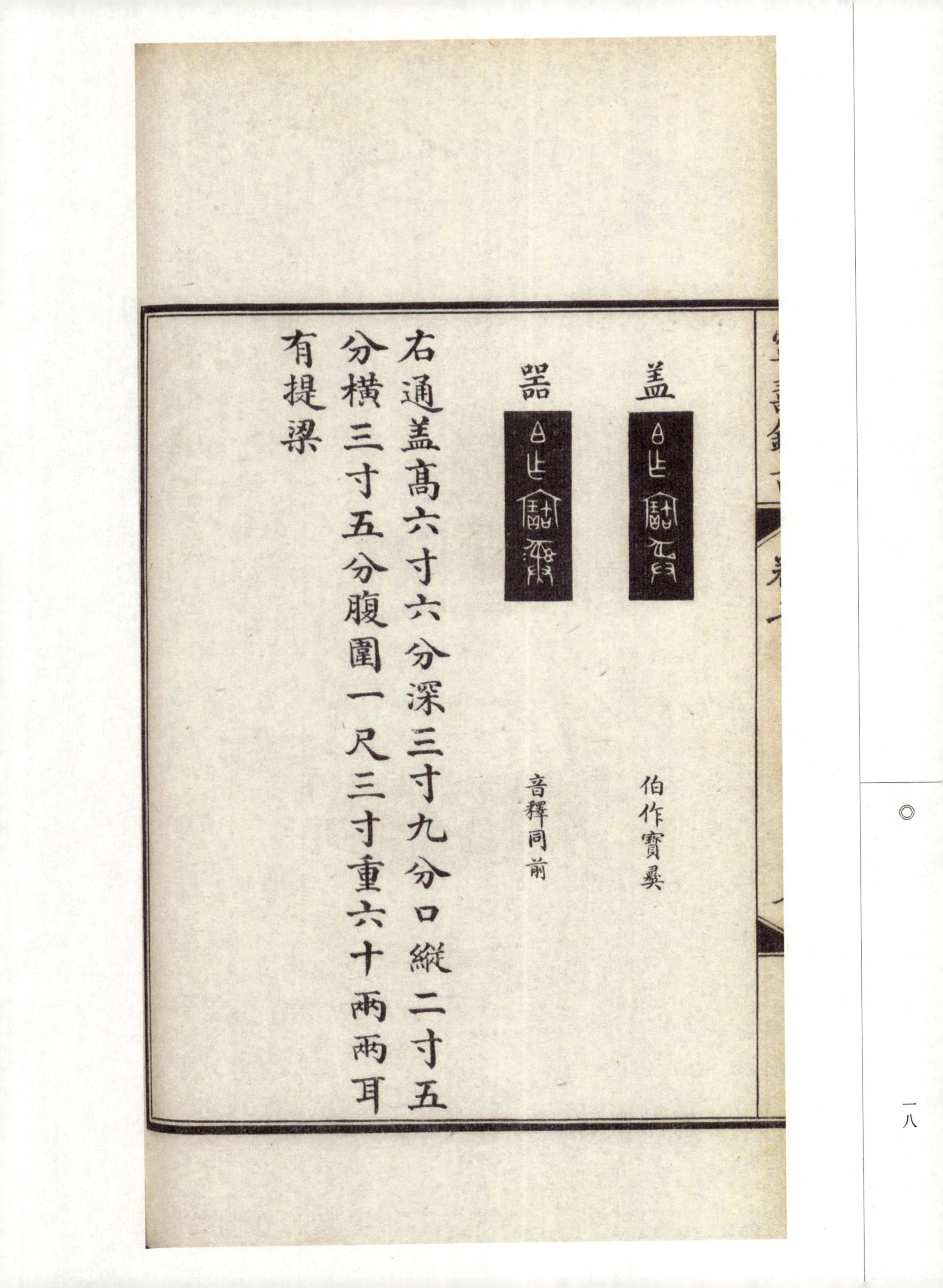

蓋

伯作寶彝

器

音釋同前

右通蓋高六寸六分深三寸九分口縱二寸五分橫三寸五分腹圍一尺三寸重六十兩兩耳有提梁

周衆克卣
寧壽鑑古

蓋

器

衆克作寶
尊彝

音釋同前

右通蓋高八寸四分深五寸口縱二寸八分橫三寸三分腹圍一尺四寸八分重七十四兩兩耳有提梁衆字篆法見鐘鼎款識尨敦案鄭樵通志魯公子益師字衆父其後為衆氏見於春

秋傳者有衆仲名曰克亦髙克伯克之類蓋作者自識耳

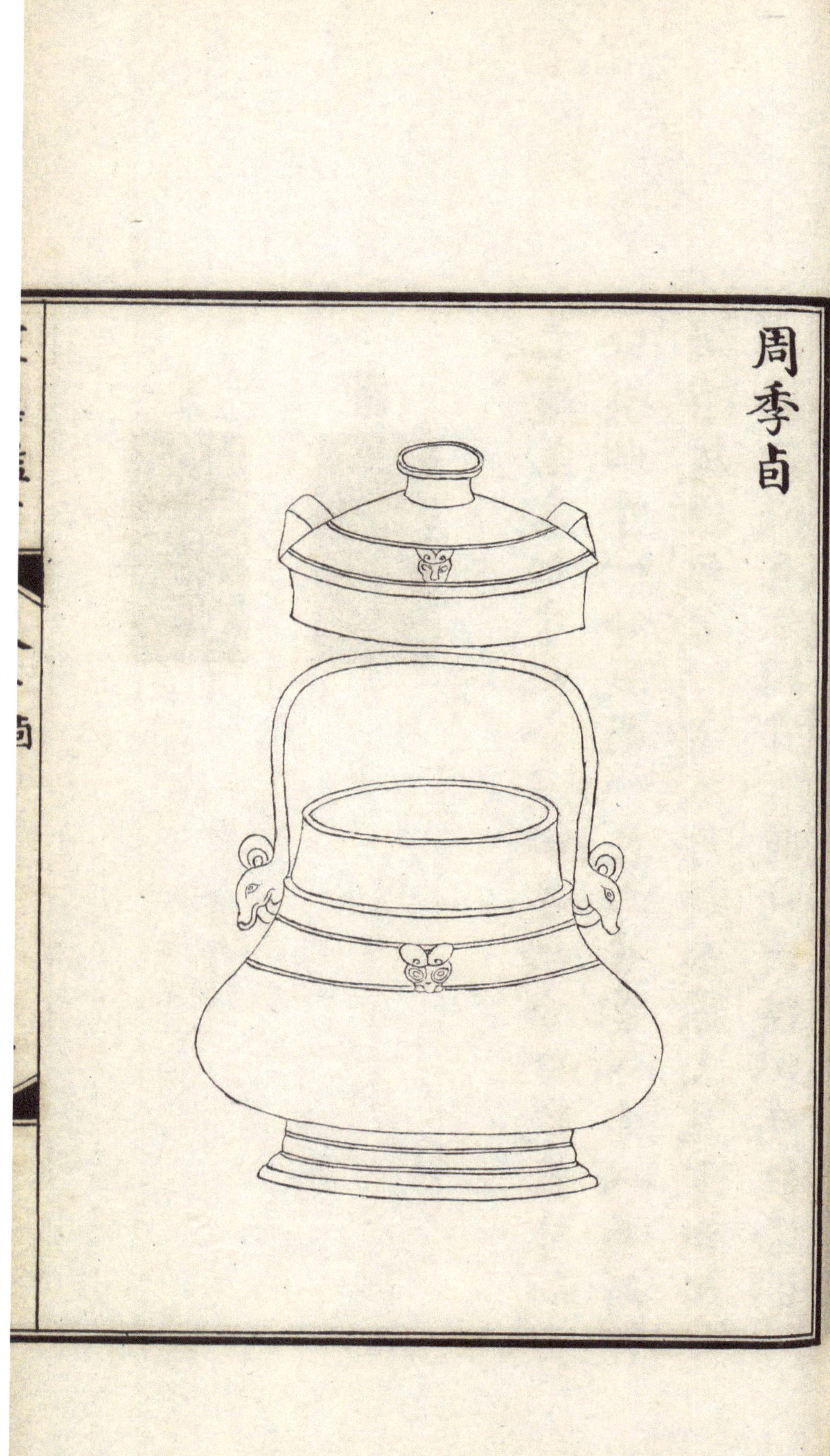
周季卣

蓋

○季作寶尊彝

器

音釋同前

右通蓋高六寸九分深四寸四分口縱三寸一分橫四寸一分腹圍一尺六寸重八十八兩兩耳有提梁銘上一字不可辨與籀文鳳字相類而篆法微有不同古有鳳鳥氏後以為姓季則

如田季散季邢季黃季見於彝器銘者甚多

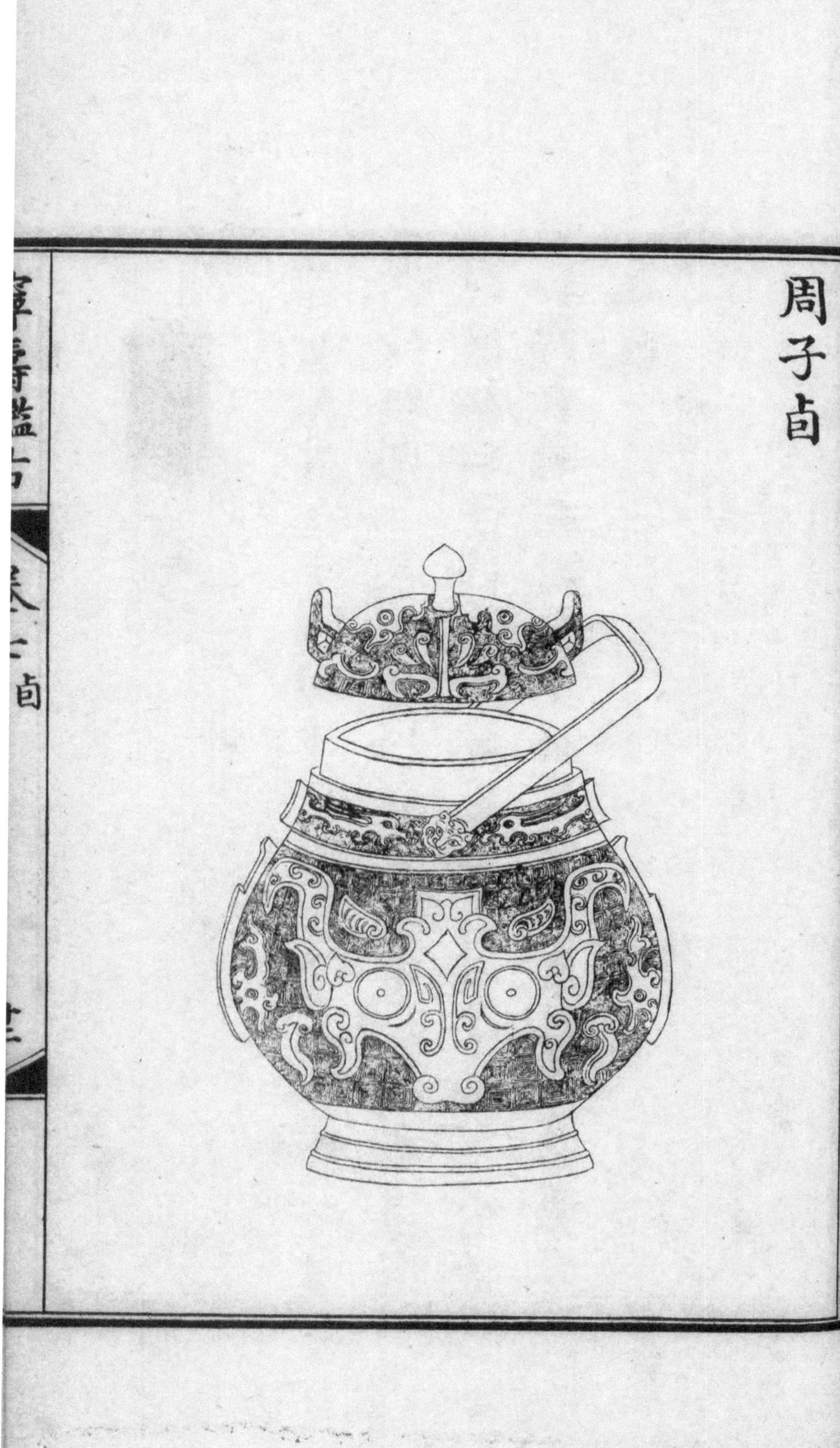

周子卣

子作

右通蓋高六寸深四寸口縱二寸一分橫二寸六分腹圍一尺二寸八分重三十八兩兩耳有提梁銘曰子作蓋子為父作卣以承祭祀不必如博古圖之泥於子姓凡銘子者皆以商器目之也

周舉卣

蓋

作旅彝舉

器

音釋同前

右通蓋高六寸四分深四寸三分口縱三寸二分橫三寸九分腹圍一尺五寸四分重五十六兩兩耳有提梁鼎有舉鼎尊有舉尊左傳稱杜舉蓋指解而言凡器之小者皆可舉故於卣亦銘之

周夔鳳卣

右通蓋高七寸八分深五寸口縱二寸九分橫
三寸九分腹圍一尺五寸八分重九十二兩兩
耳有提梁

周雷紋卣

右通蓋高六寸深四寸一分口縱二寸六分横三寸二分腹圍一尺五寸三分重四十六兩有提梁

周鳳紋卣

右通蓋高六寸五分深四寸二分口縱二寸四分橫四寸腹圍一尺七寸重八十兩兩耳有提梁

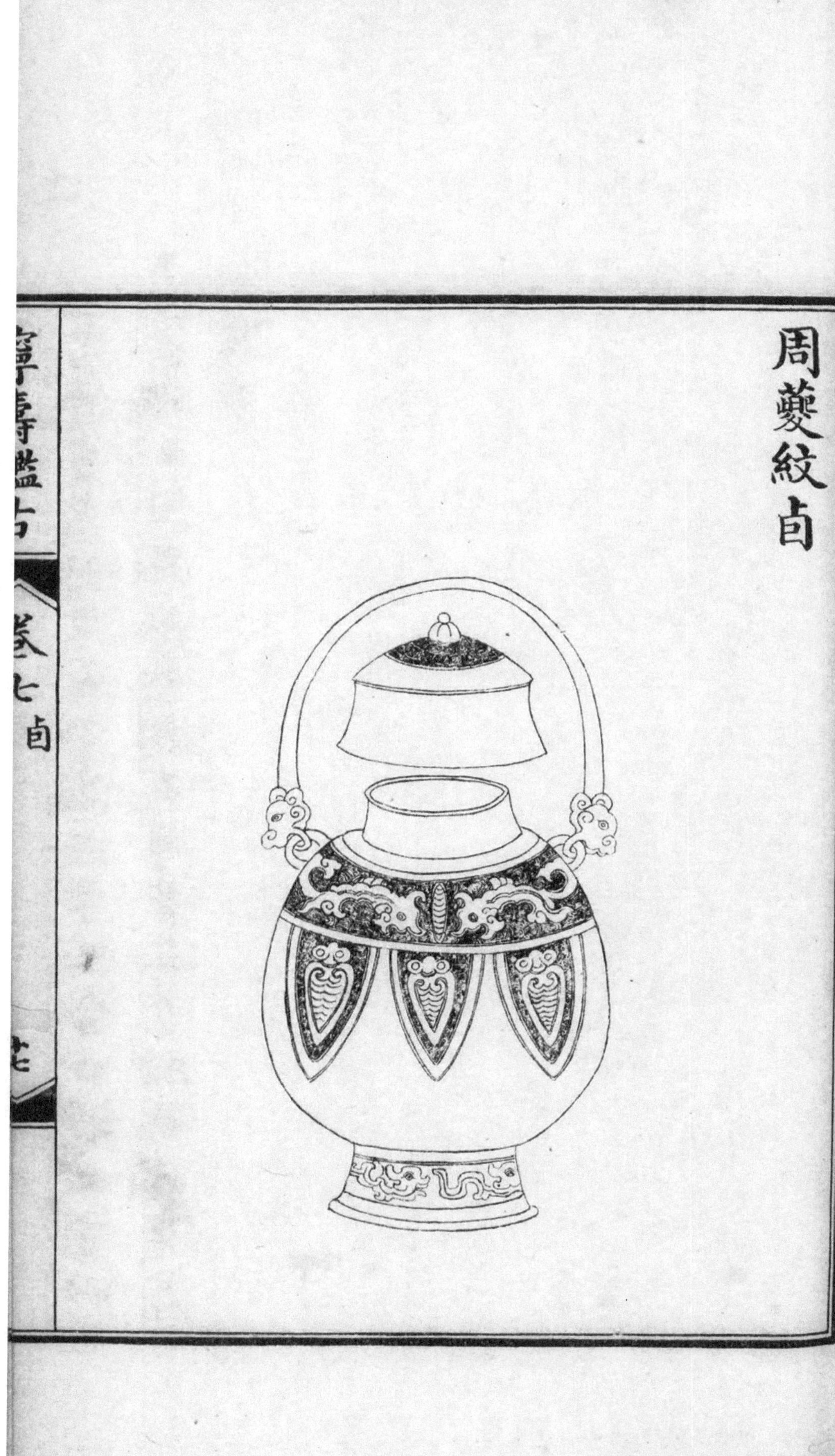

周夔紋卣

右通蓋高五寸一分深三寸六分口縱一寸一分橫一寸四分腹圍九寸重二十四兩兩耳有提梁

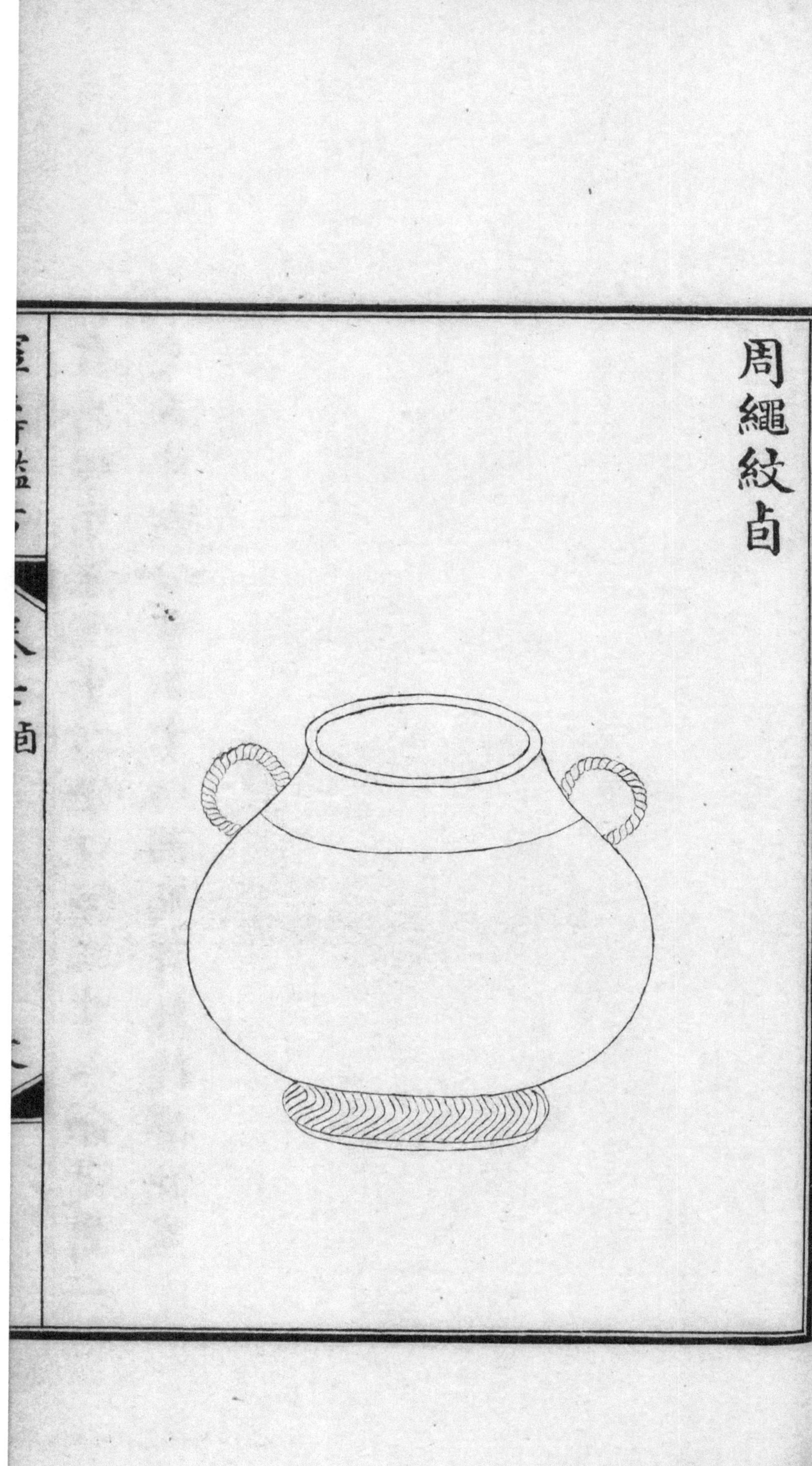
周繩紋卣

右高四寸深三寸六分口徑二寸八分腹圍一尺五寸六分重二十八兩兩耳無提梁鈇盖

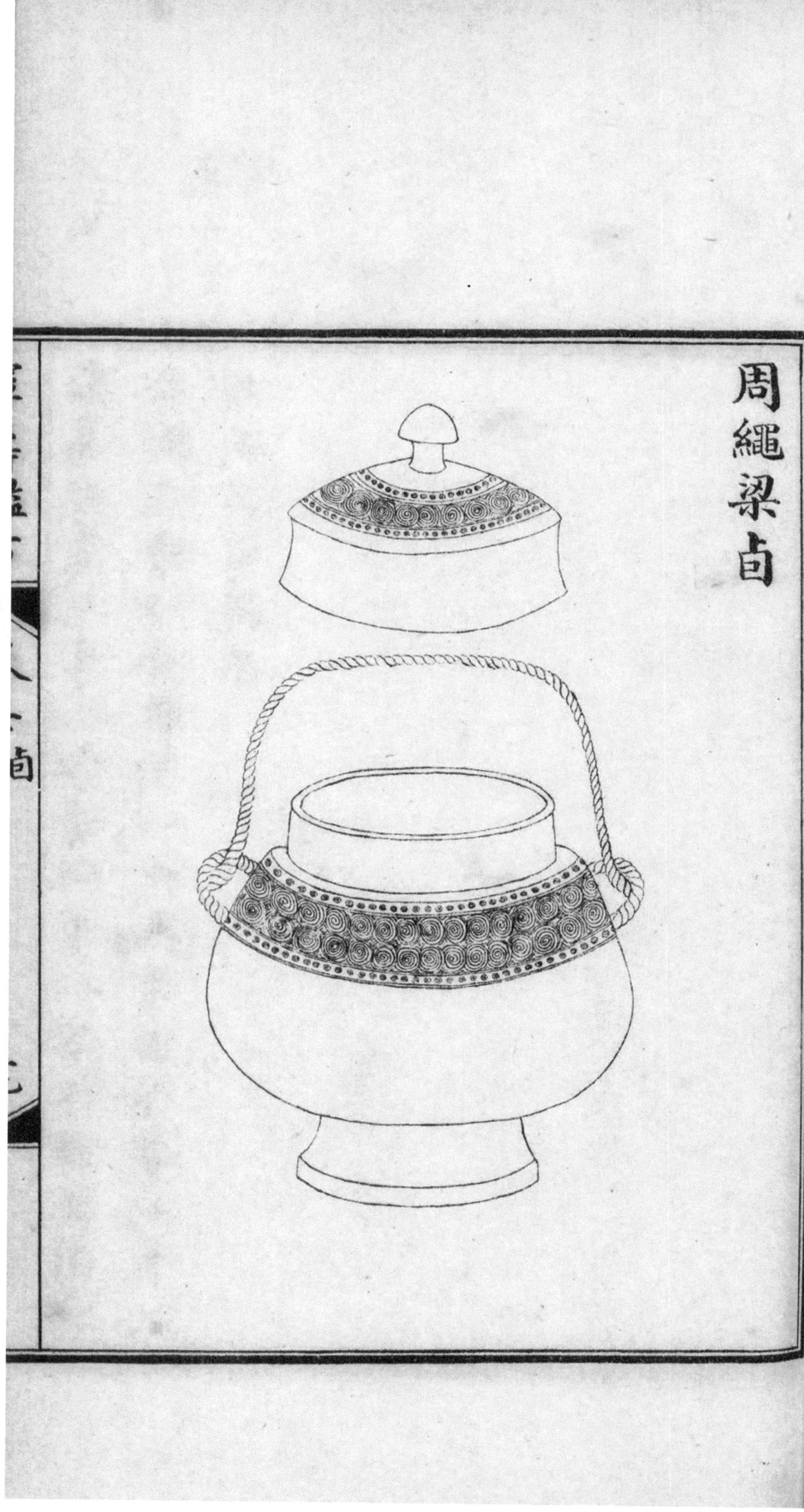
周繩梁卣

右通蓋高七寸八分深四寸八分口縱三寸三分橫三寸八分腹圍一尺七寸五分重八十八兩兩耳有提梁

周饕餮卣

右通蓋高七寸深四寸五分口縱三寸八分橫四寸五分腹圍一尺九寸重七十七兩兩耳無提梁

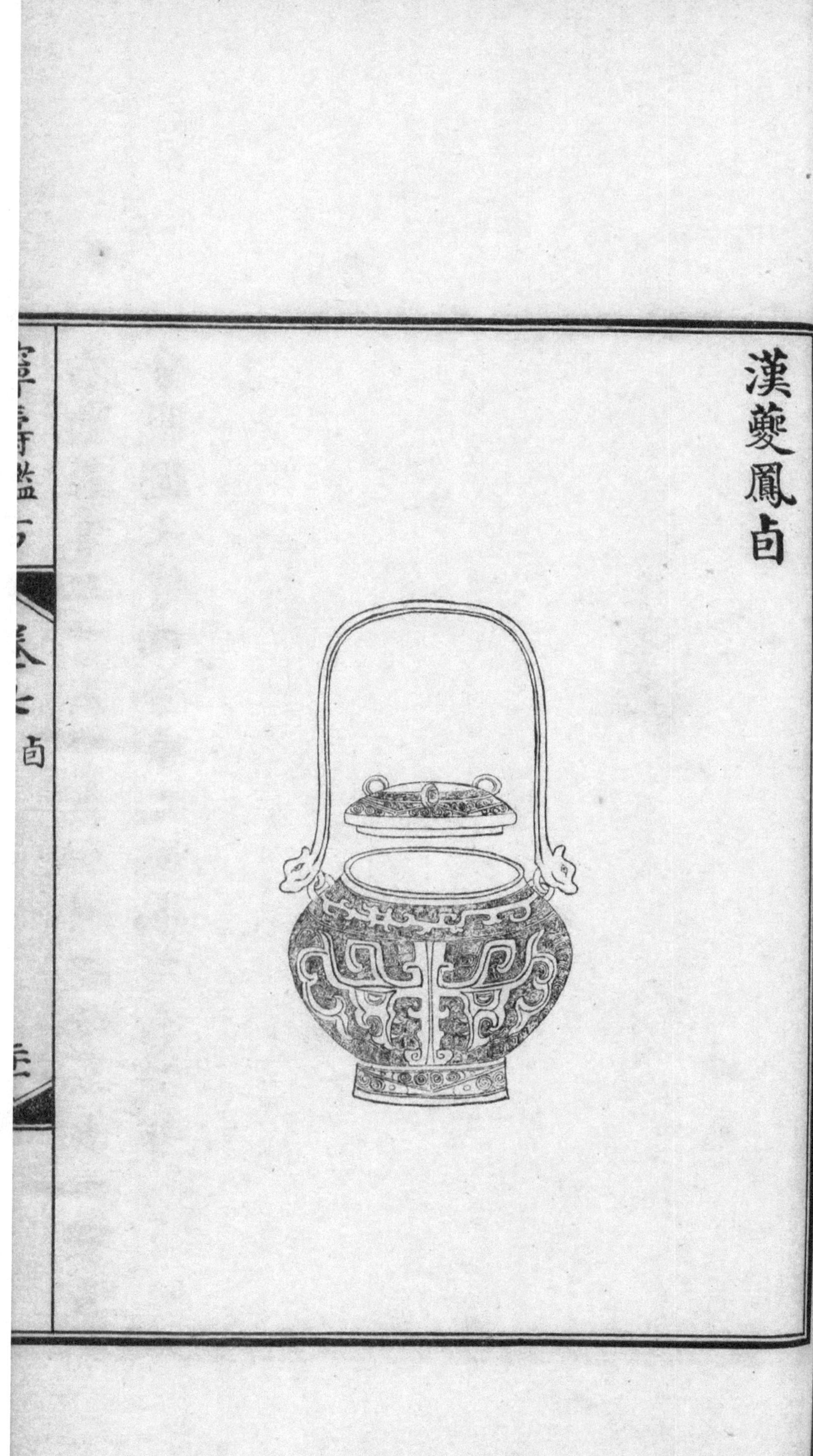

漢夔鳳卣

右通盖高二寸五分深一寸五分口径一寸五分腹围七寸四分重九两两耳有提梁

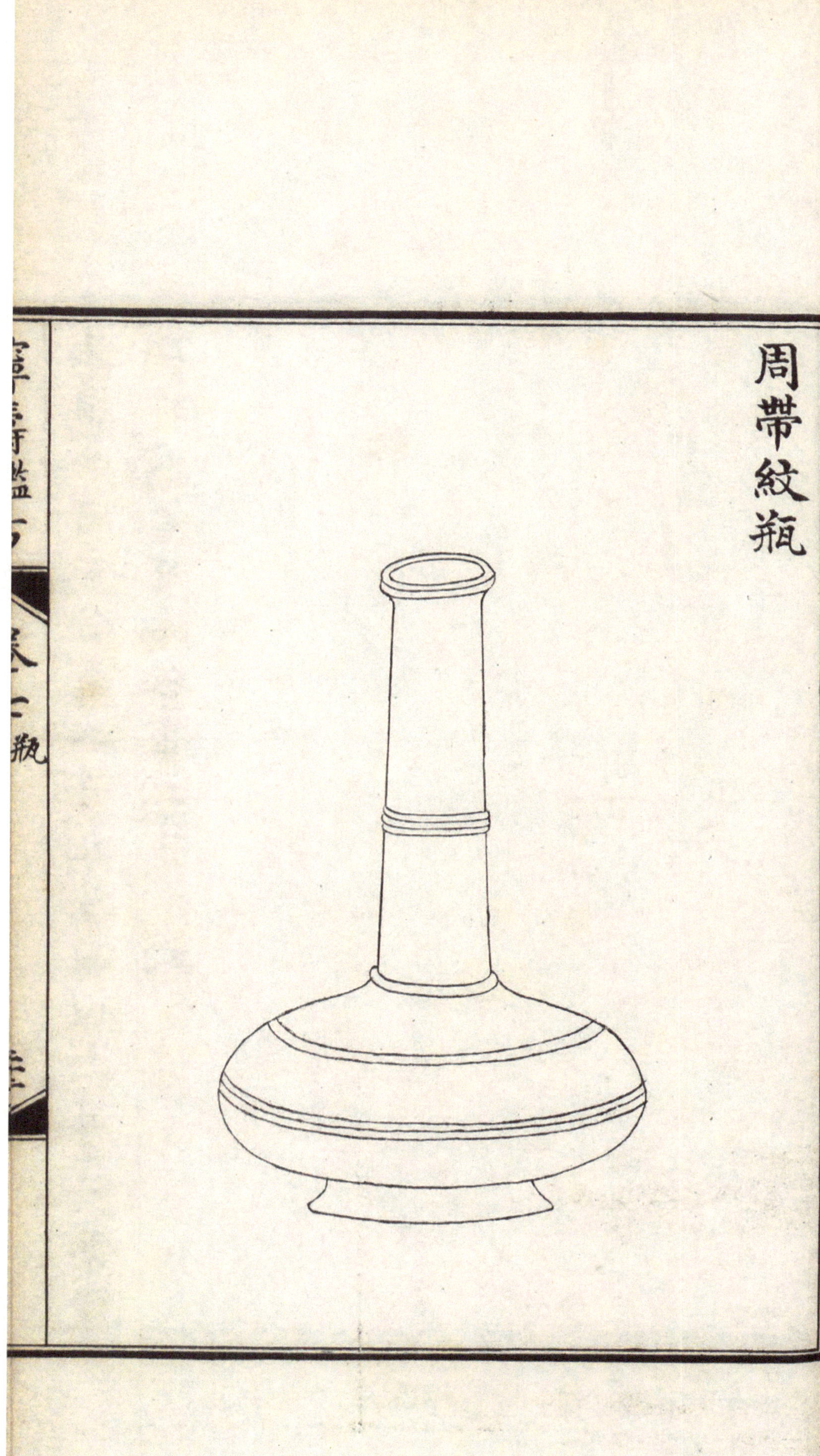

周帶紋瓶

右高八寸二分深七寸九分口徑一寸三分腹圍一尺五寸七分重三十一兩

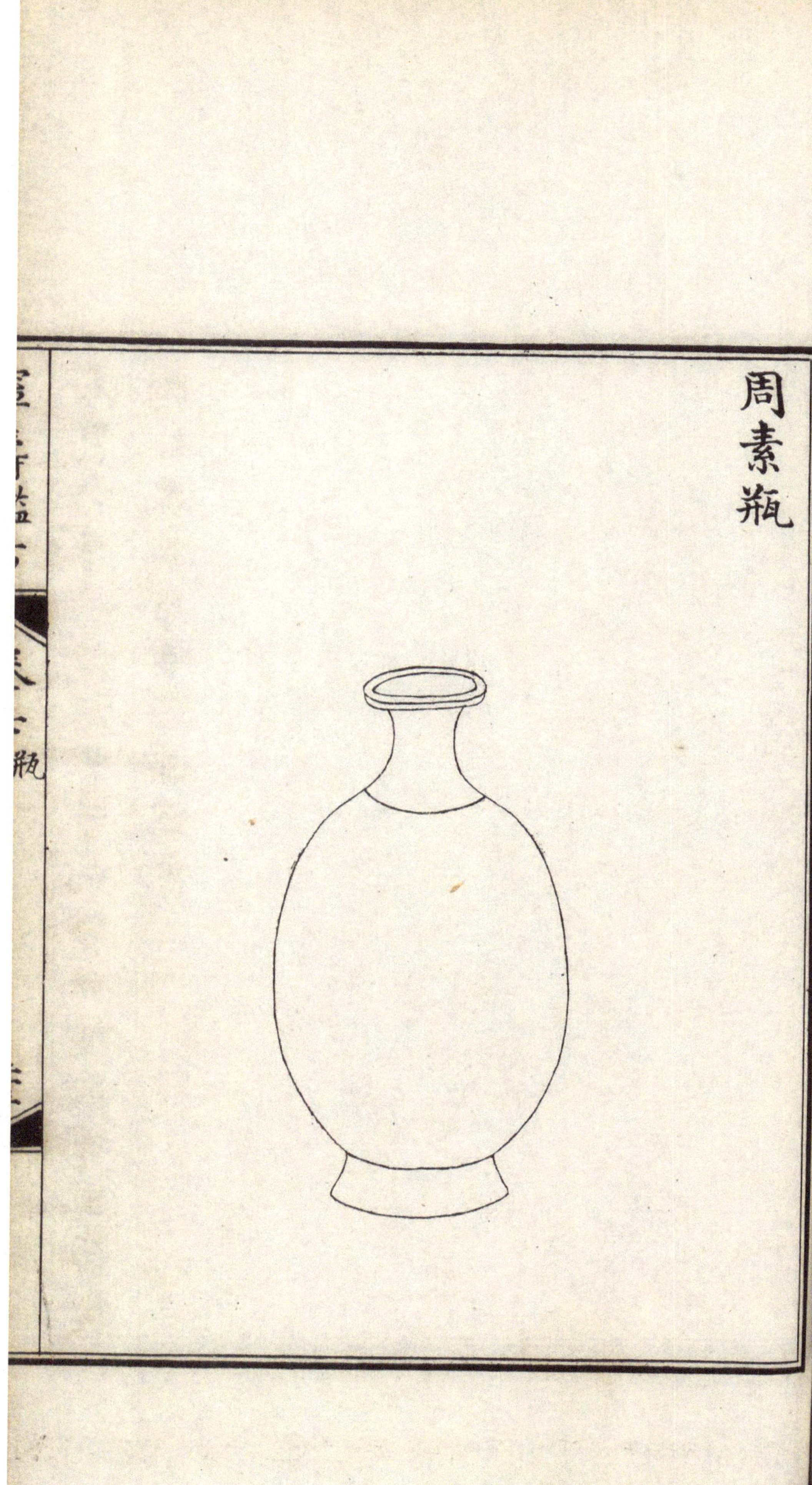
周素瓶

右高六寸一分深五寸六分口徑一寸三分腹

圍一尺二分重二十二兩

漢夔鳳瓶

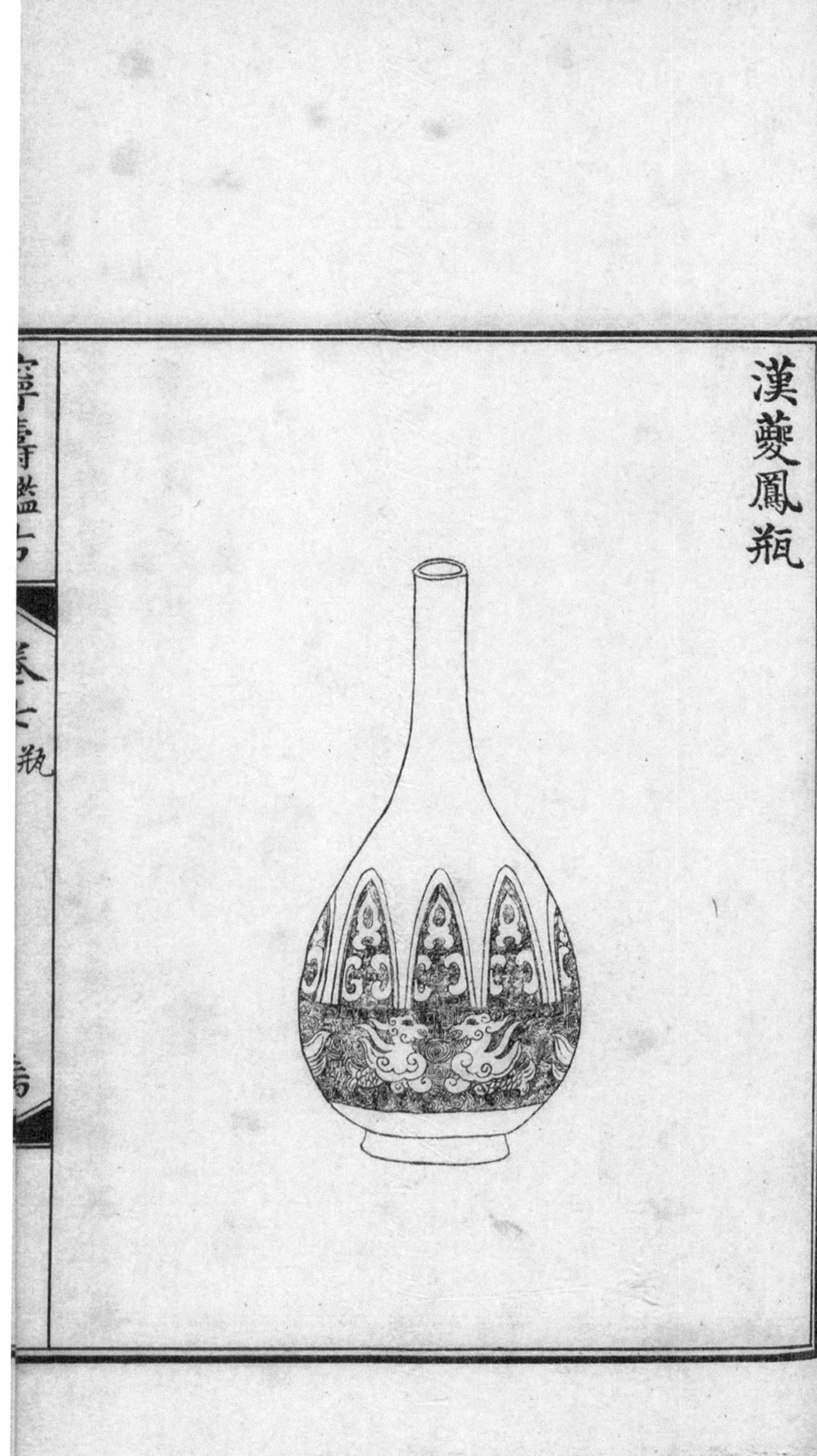

右高五寸二分深五寸口徑五分腹圍七寸二
分重十三兩

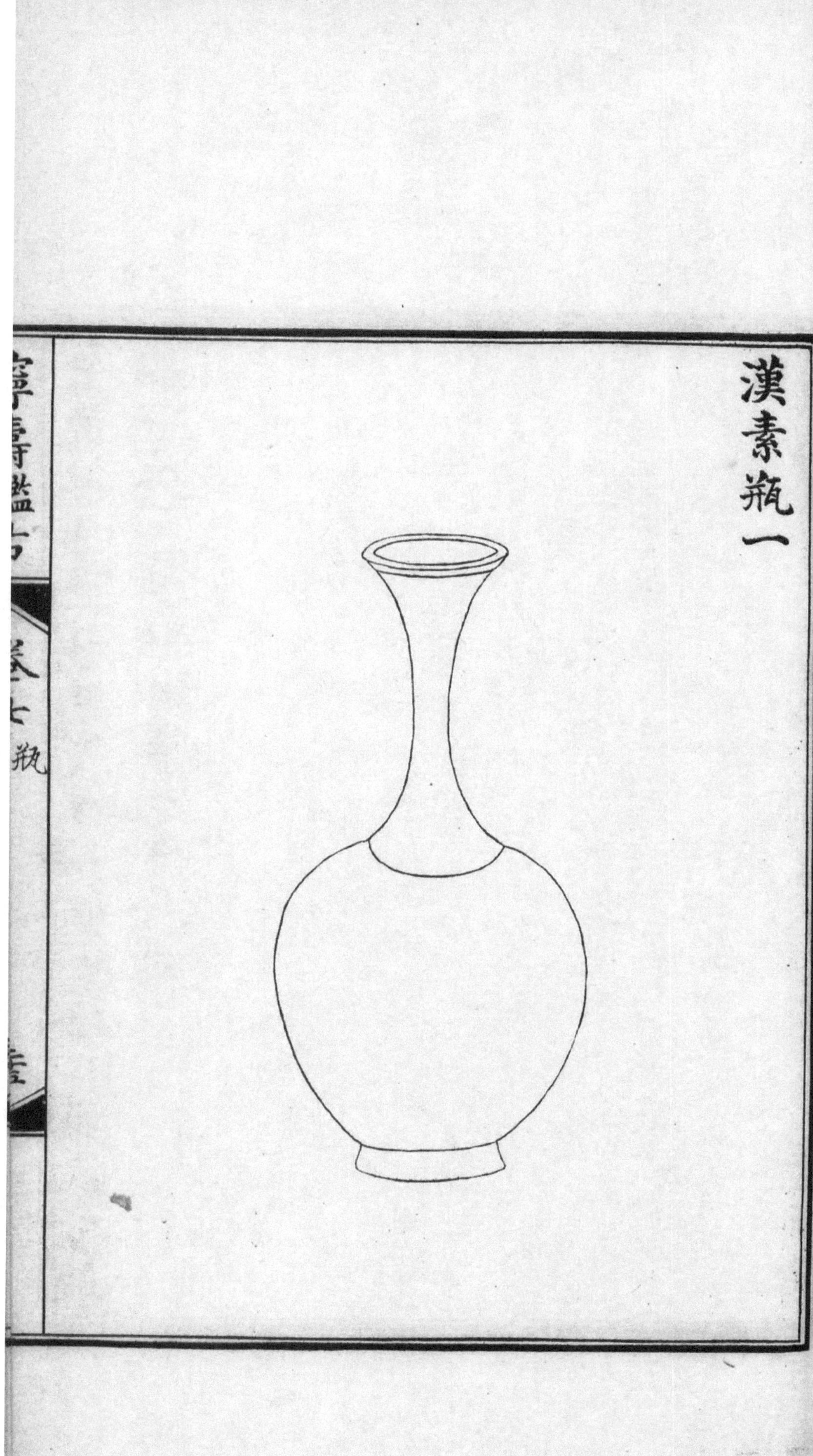
漢素瓶一
寧壽鑑古
卷七
瓶

右高八寸一分深七寸八分口徑一寸九分腹
圍一尺三寸八分重二十八兩

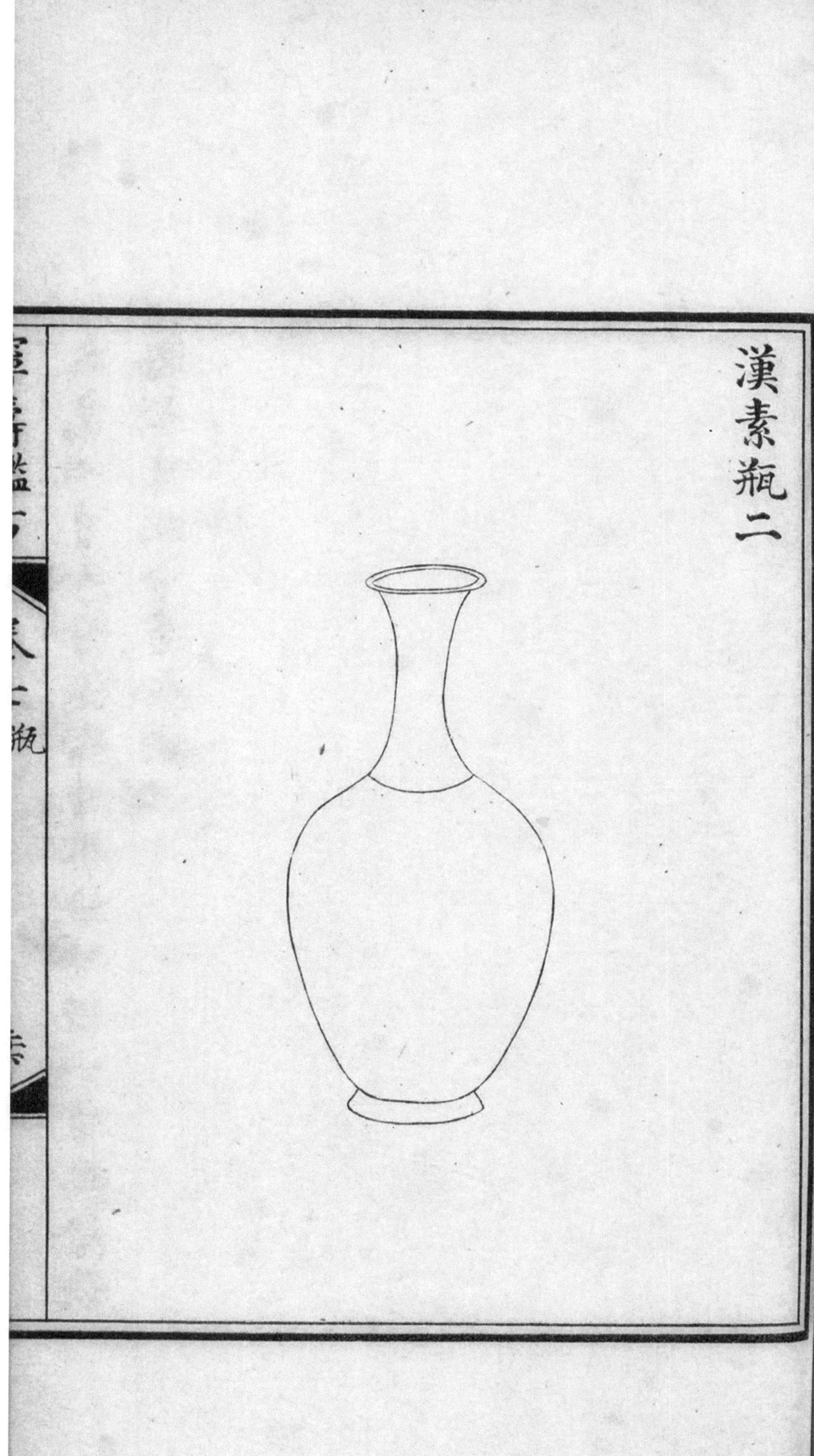

漢素瓶二

右高四寸七分深四寸五分口徑一寸二分腹圍七寸九分重七兩

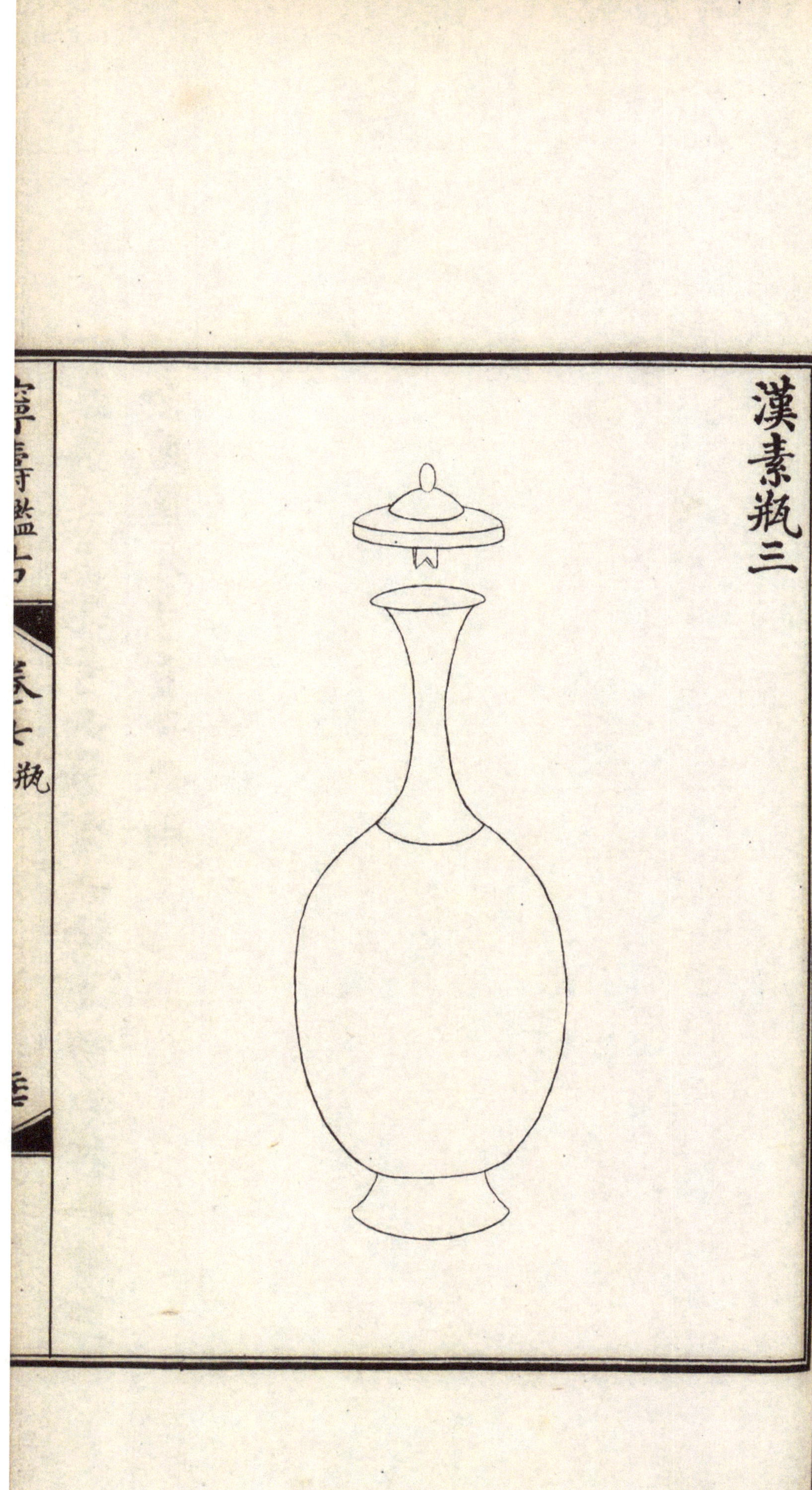

漢素瓶三

右通蓋高七寸六分深六寸七分口徑一寸三分腹圍九寸重十六兩

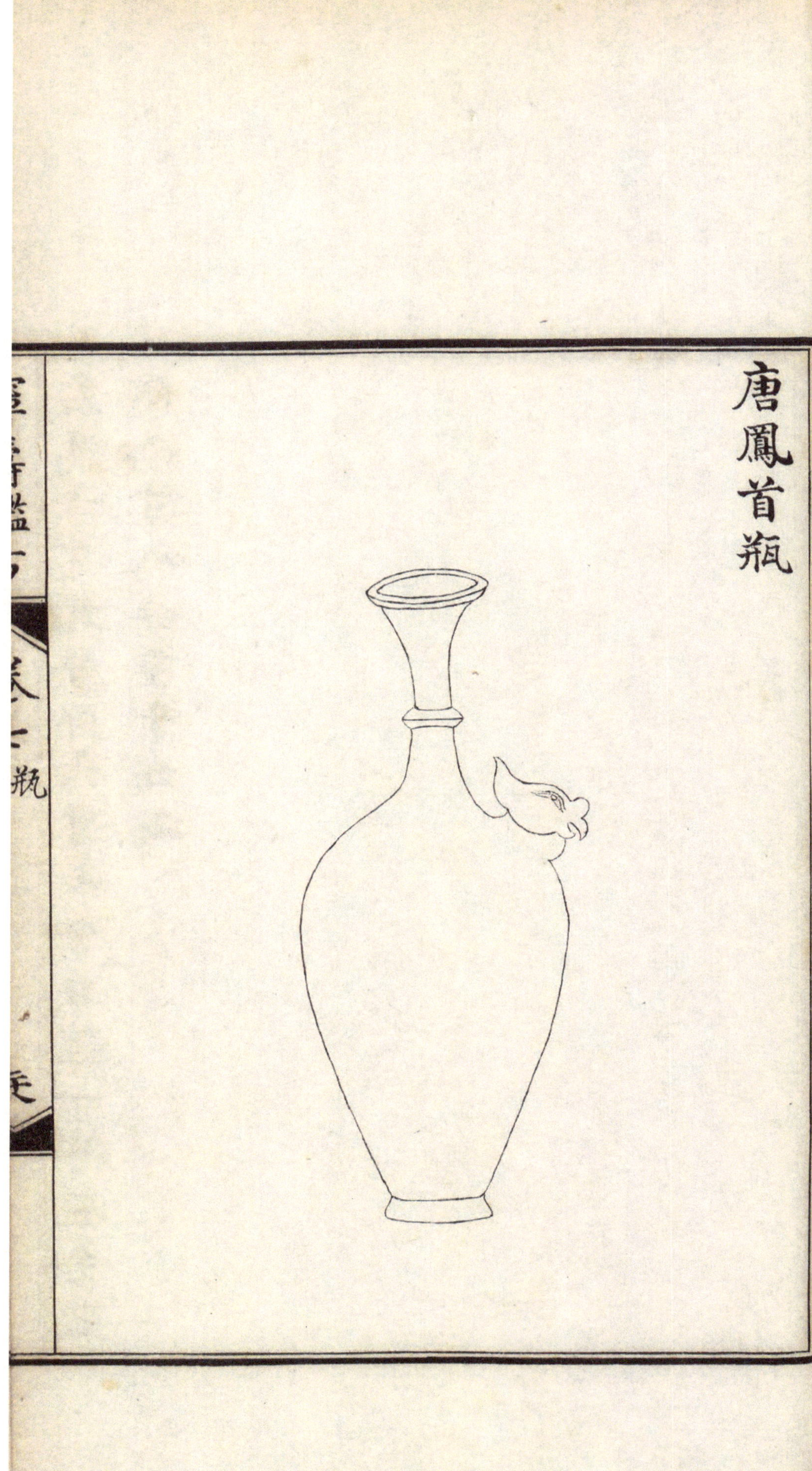
唐鳳首瓶

右高六寸九分深六寸七分口徑一寸三分腹圍八寸八分重十四兩

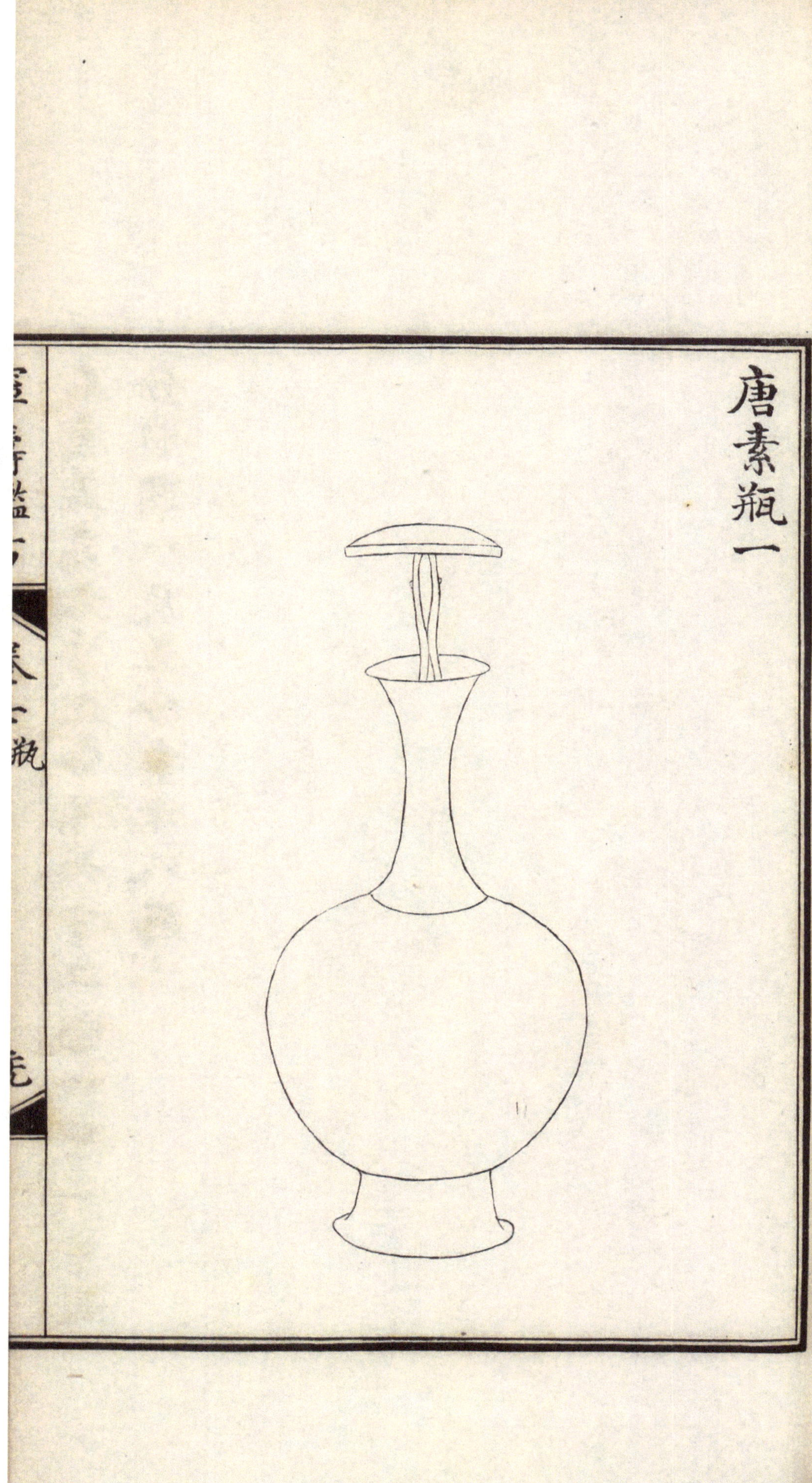

唐素瓶一

右通蓋高六寸九分深六寸二分口徑一寸五分腹圍一尺五分重十八兩

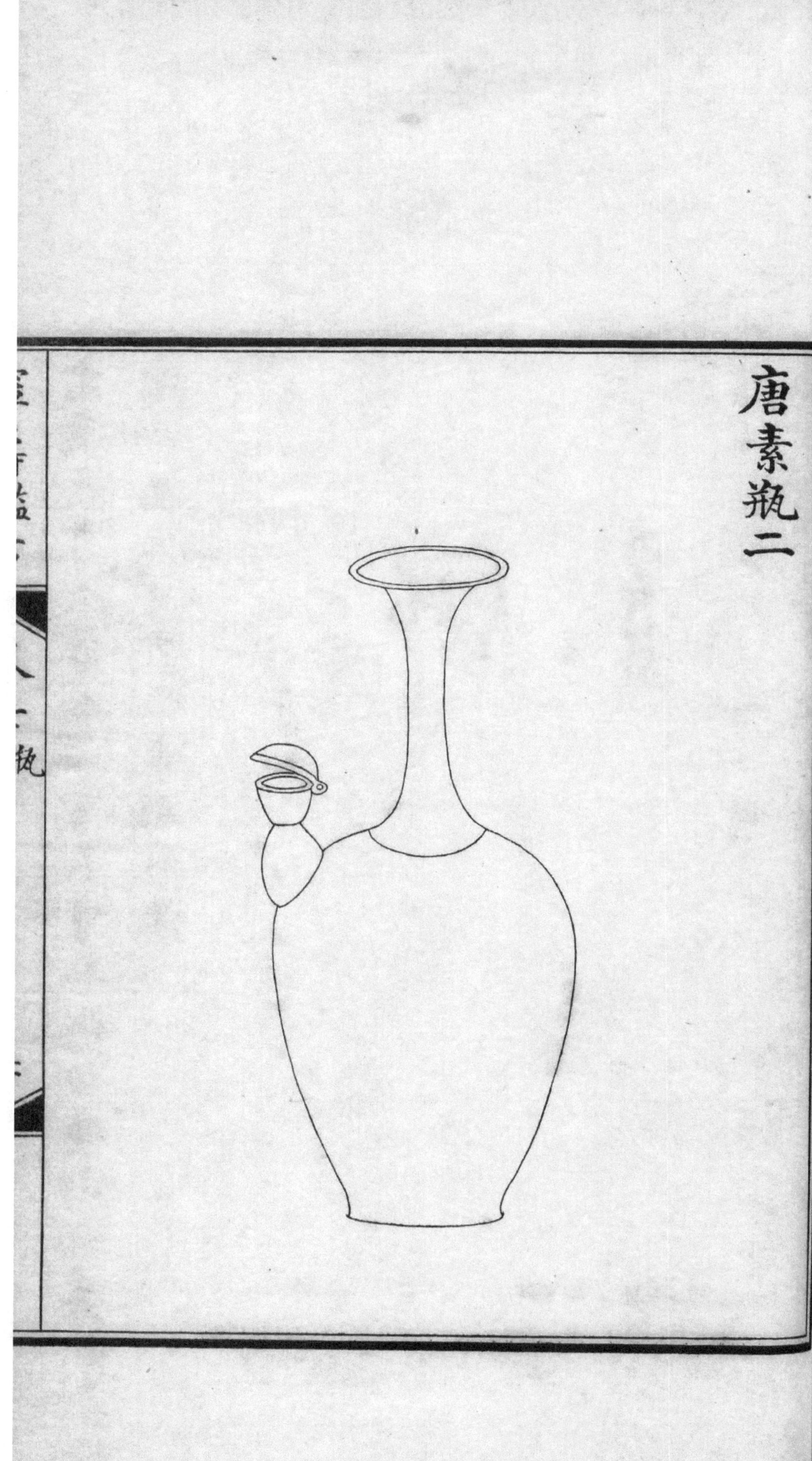

唐素瓶二

右高七寸八分深七寸五分口徑一寸六分腹

圍一尺一寸重二十兩有流

寧壽鑑古卷八目録

獸耳壺
獸環壺一
獸環壺二
獸環壺三
素壺

漢

盤雲壺
蟠虺壺
蟠夔壺一
蟠夔壺二

商帶紋壺

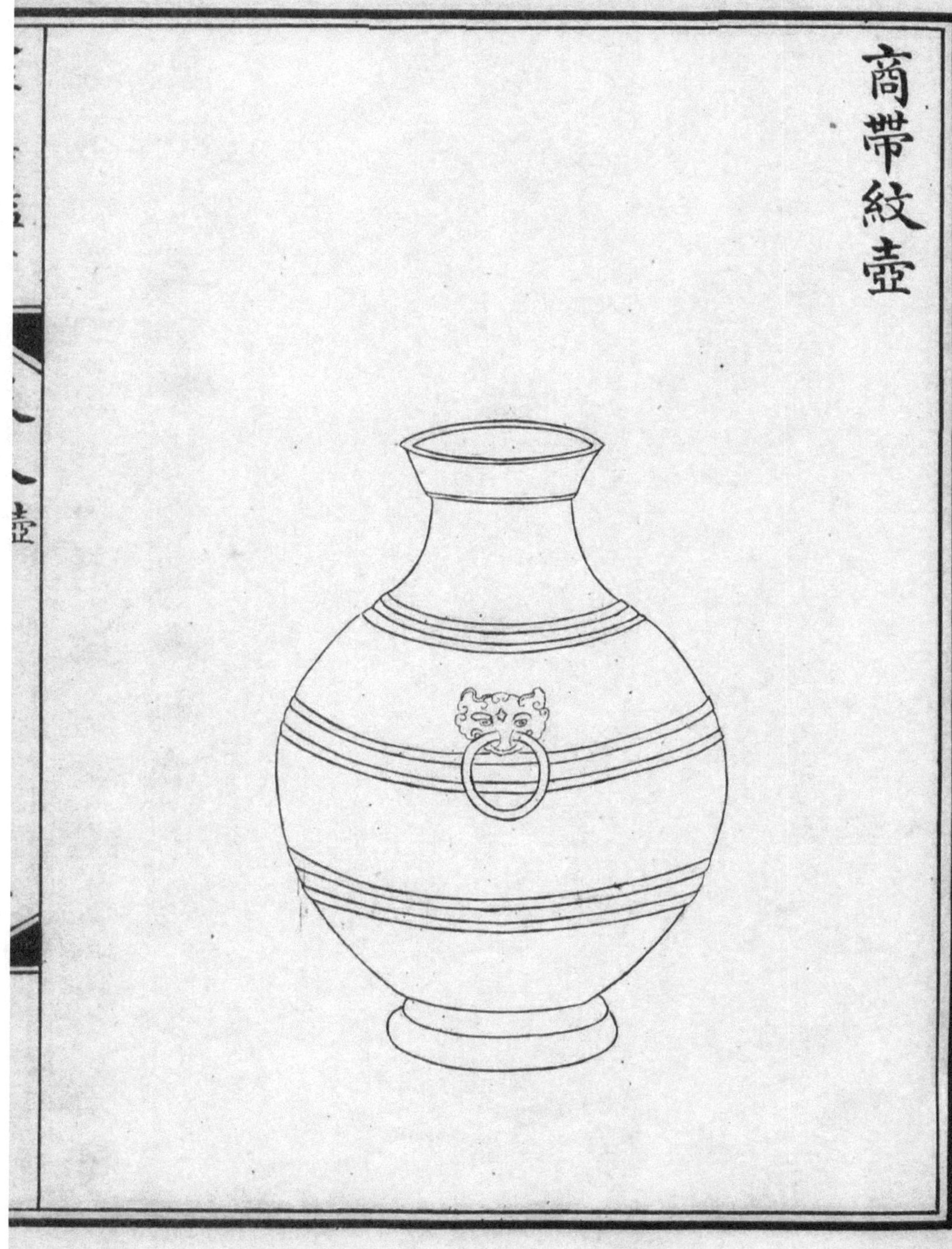

◎

右高八寸四分深七寸五分口徑三寸三分腹圍二尺五分重七十八兩兩耳連環

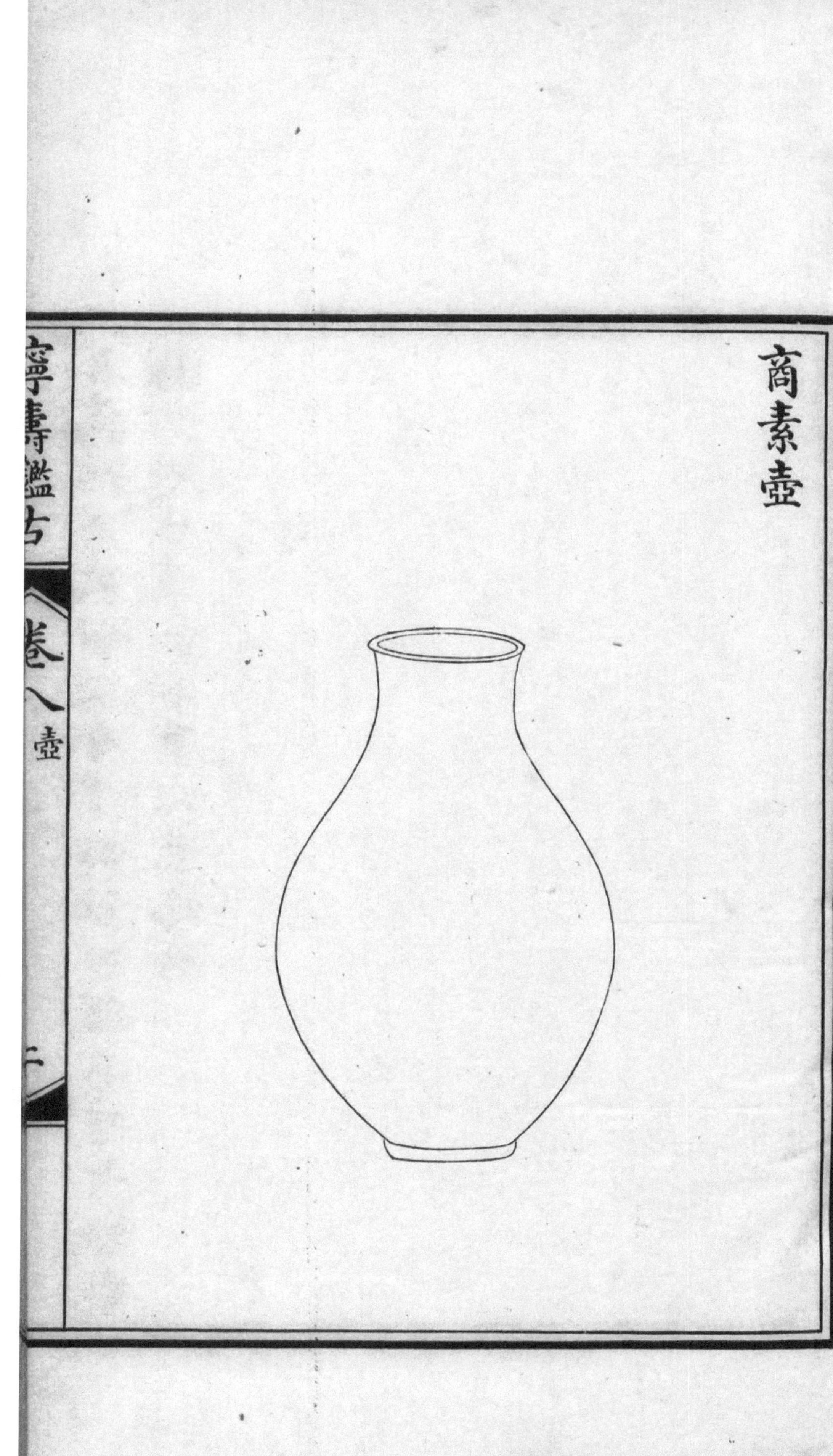

商素壺

右高七寸九分深七寸四分口徑二寸七分腹圍一尺七寸三分重六十九兩

周名仲壺一

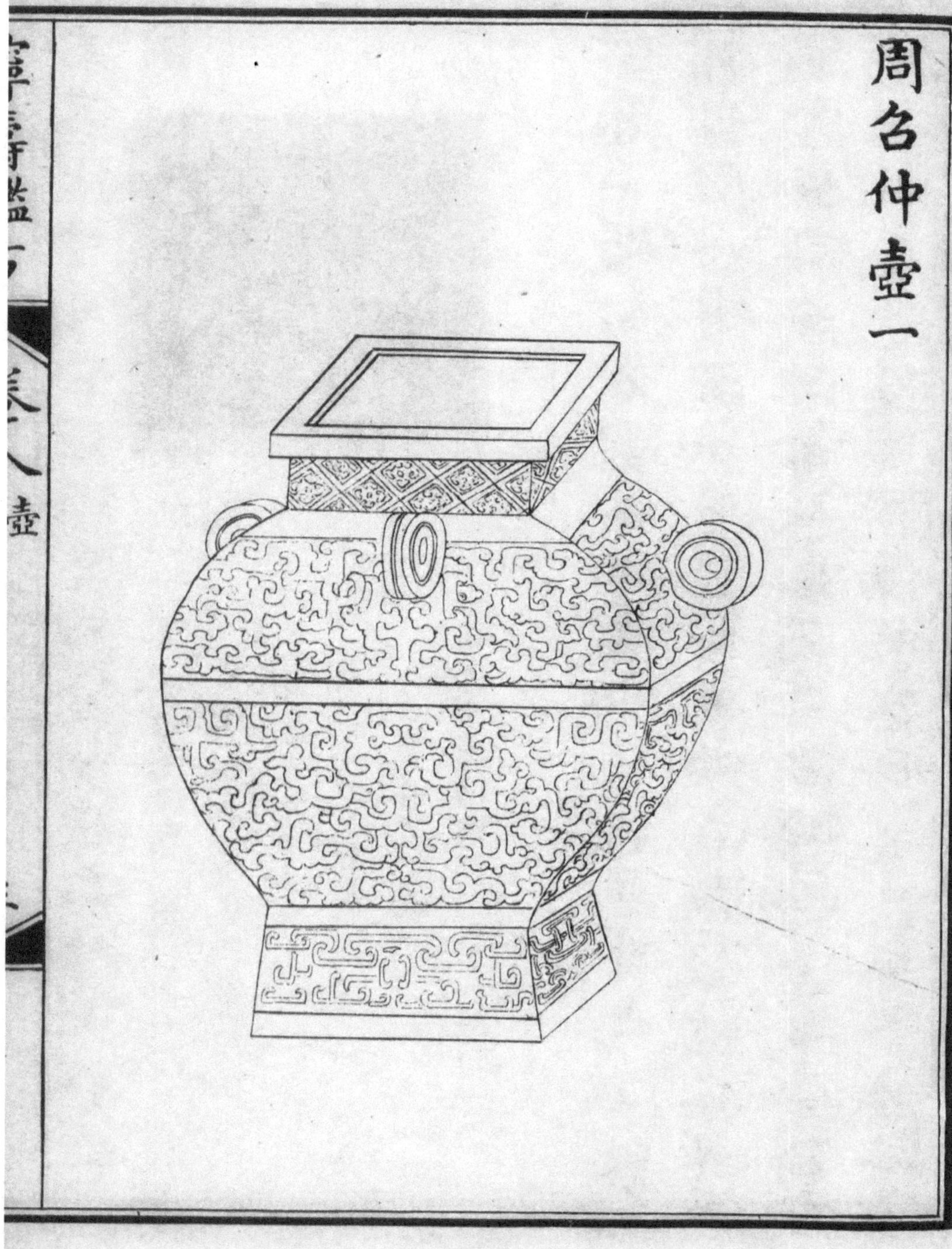

唯六月初吉　亥
名仲考父自作壺
用祀○○多福○
○○眉壽萬
○無疆子孫
永寶是尚

右高一尺六分深八寸五分口徑五寸七分腹
圍三尺一寸三分重三百五十二兩銀錯銘與
鐘鼎款識名仲考父壺同薛尚功曰小篆壺作
壺上為蓋中為耳下為足象形篆也而此壺字

文更奇古體類大篆名仲考父雖於經傳無所見然周有名伯名虎豈其族裔耶銘文饗滂疆尚皆用韻語說見西清古鑑名仲壺考中

周名仲壺二

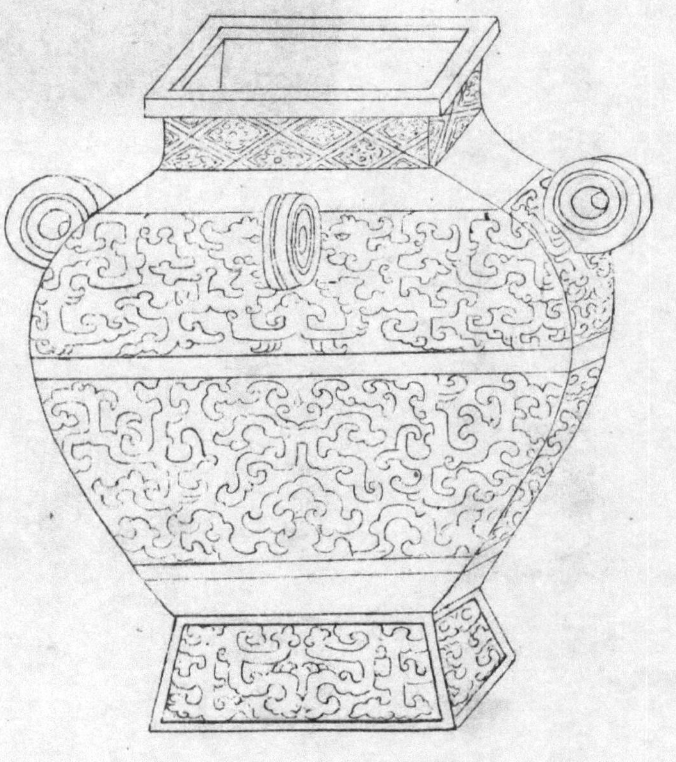

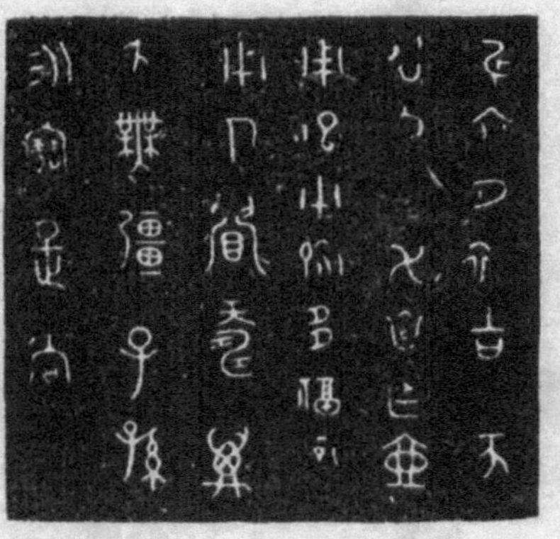

唯六月初吉　亥
名仲　父自作壺
用祀用○多福○
用○眉壽萬
○無疆子孫
永寶是尚

右高一尺六分深八寸五分口徑五寸七分腹
圍三尺一寸三分重三百三十六兩

周仲駒壺一

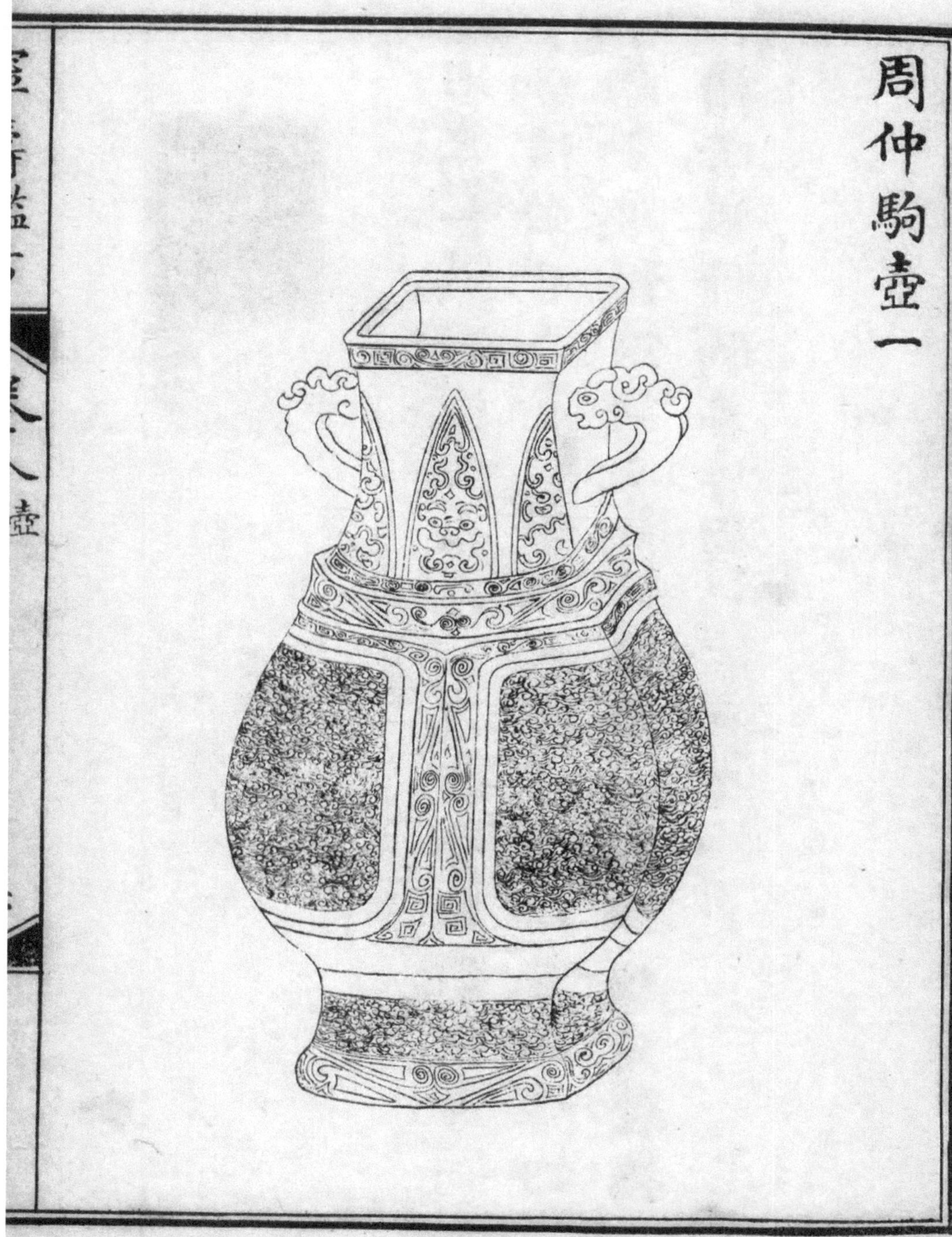

寶用享孝
○子ミ孫ミ永
父作仲姜
祿旁仲駒

右高一尺二寸五分深一尺五分口縱三寸六分橫四寸二分腹圍二尺二寸重一百四十四兩金銀錯銘詞左旋讀與博古圖仲駒父敦西清古鑑仲駒尊皆同

周仲駒壺二

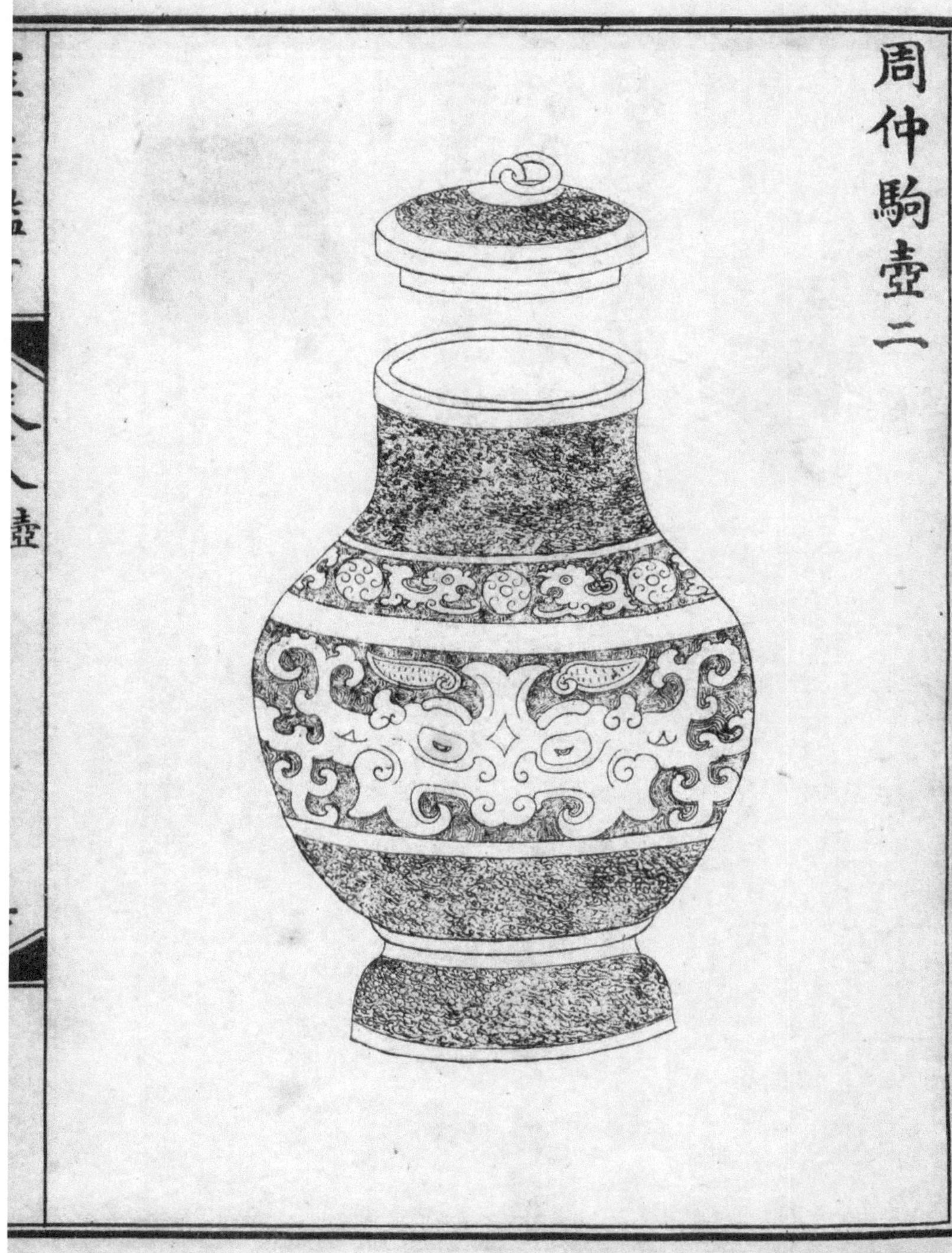

禄旁仲駒
父作仲姜
〇子子孫孫永
寶用享孝

右通盖高一尺二寸深九寸五分口徑四寸二分腹圍二尺六寸重一百八十七兩銘與西清古鑑仲駒尊同

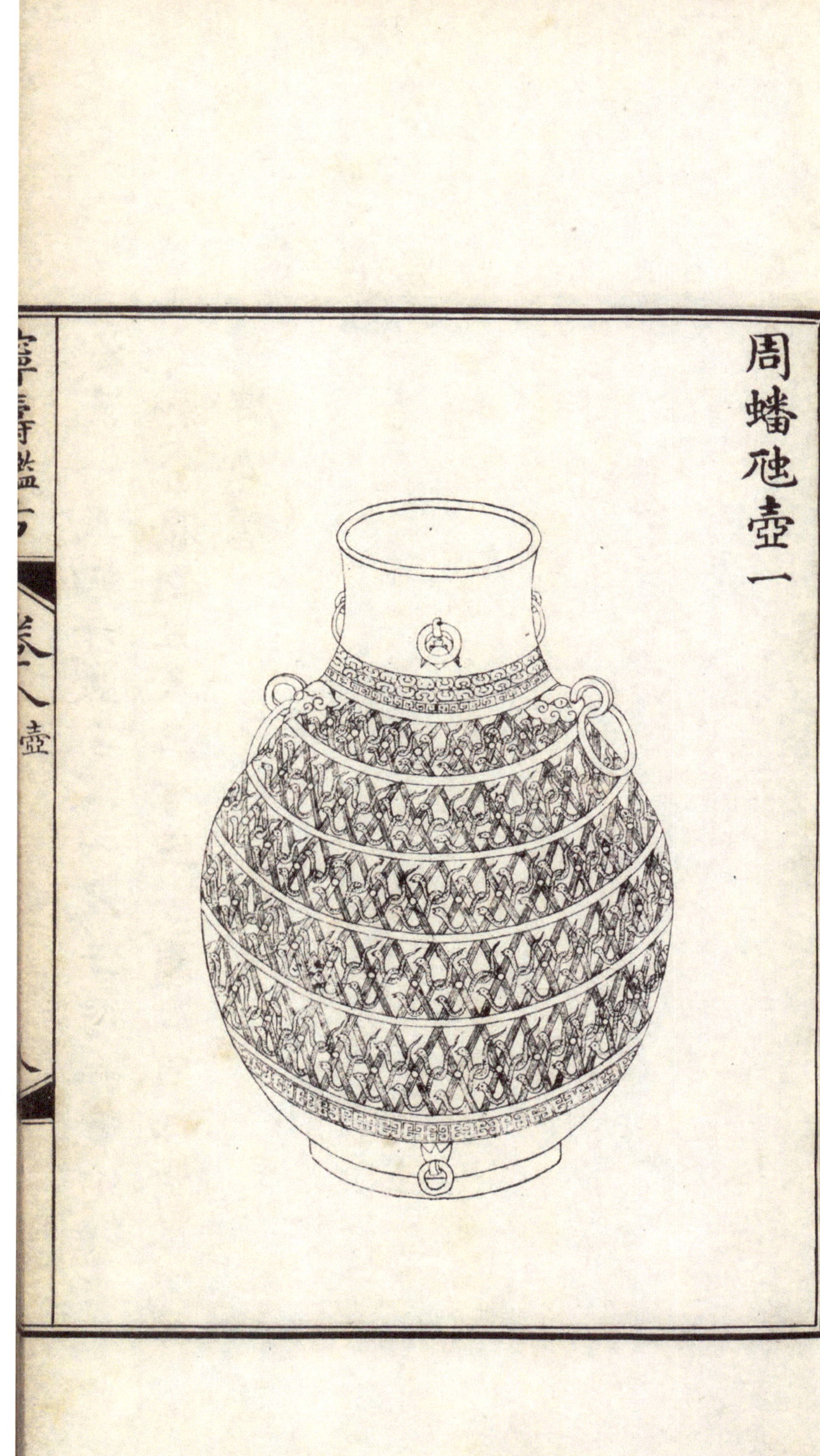

周蟠虺壺一

右高一尺四寸五分深一尺三寸八分口徑四寸四分腹圍三尺三寸五分重二百四十八兩兩耳連環

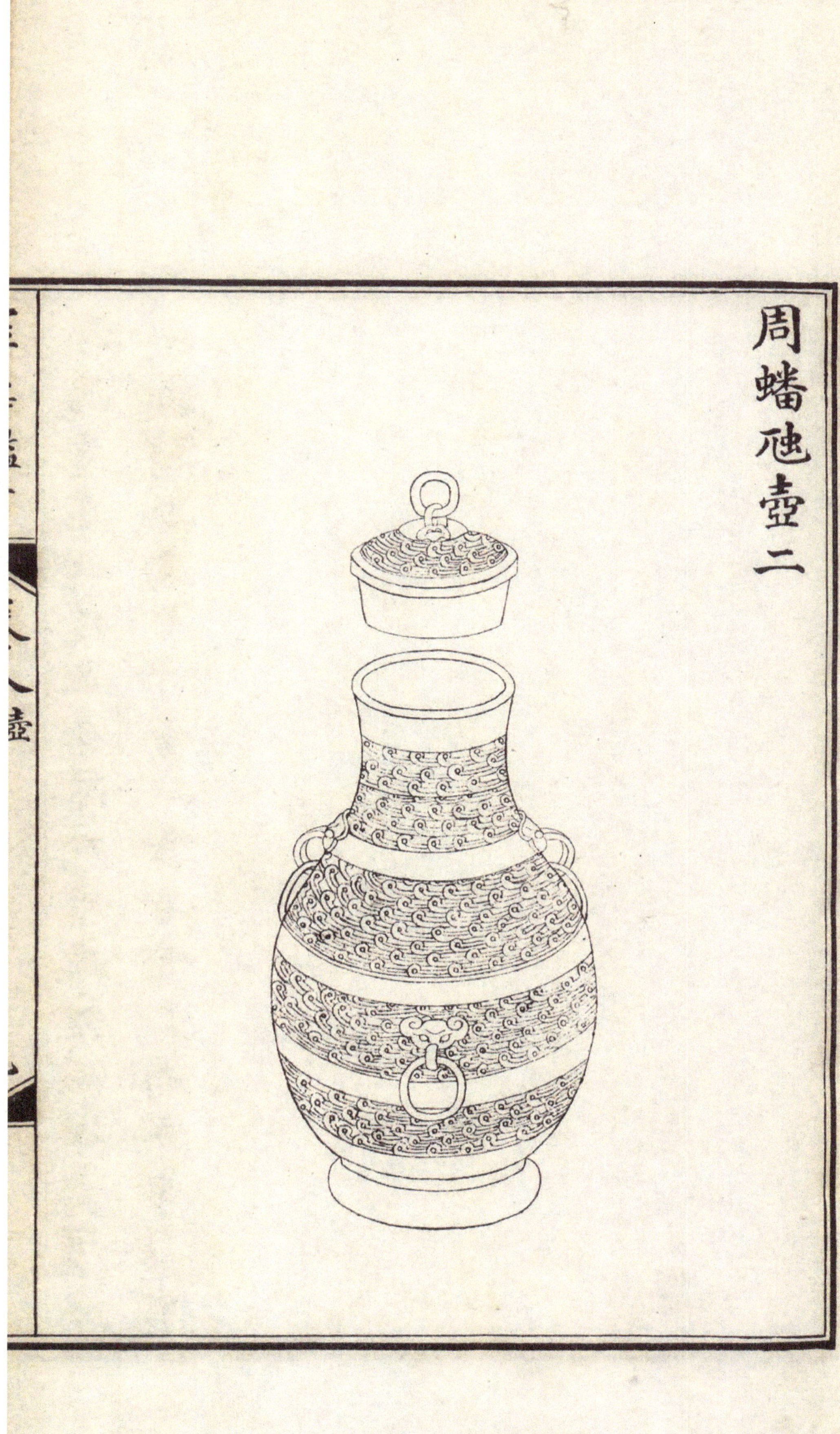

周蟠虺壺二

右通蓋高一尺二寸深九寸九分口徑三寸二分腹圍二尺七寸重一百七十六兩兩耳連環

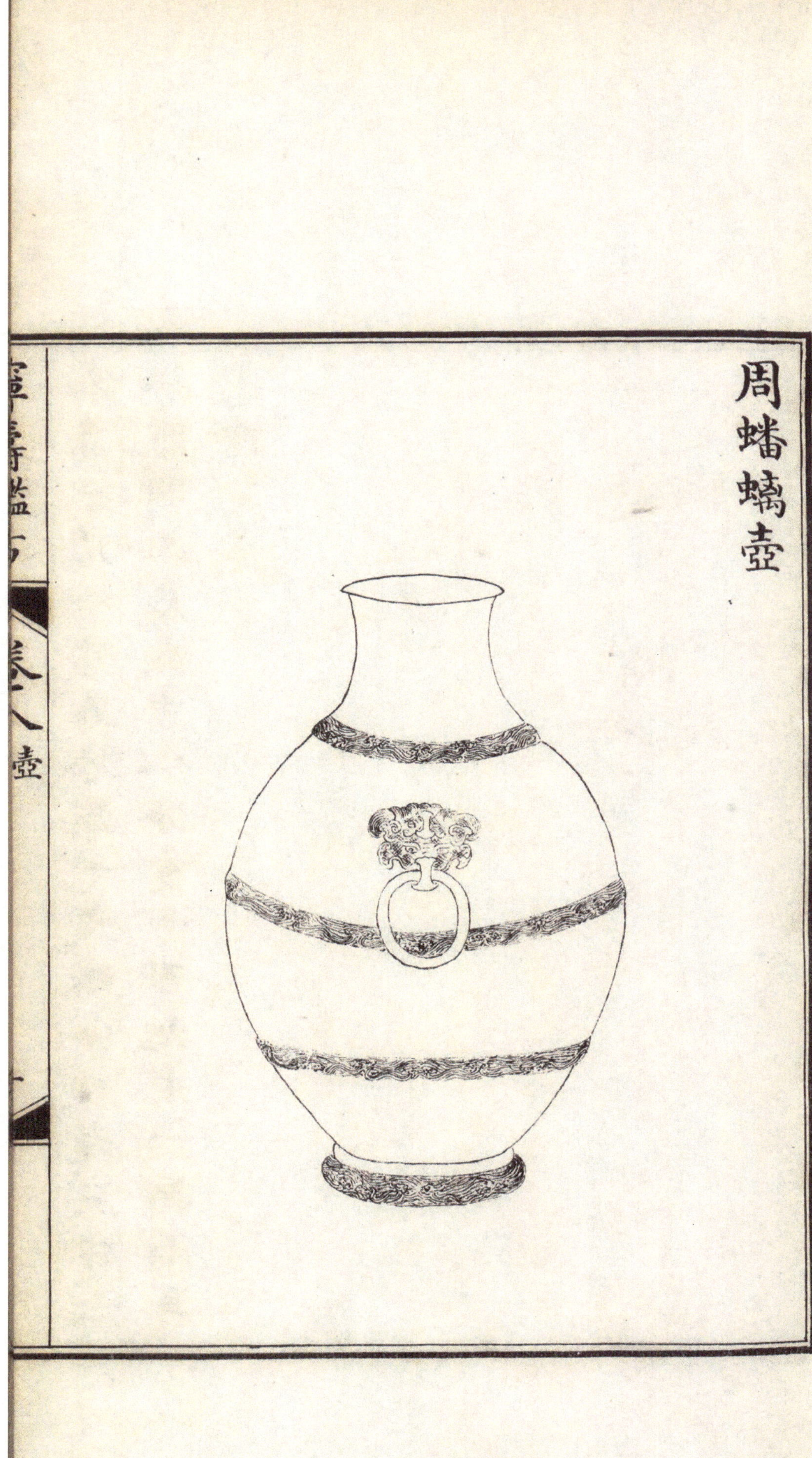

周蟠螭壺

右高一尺一寸五分深一尺四分口徑三寸六分腹圍二尺五寸八分重一百九十一兩兩耳連環

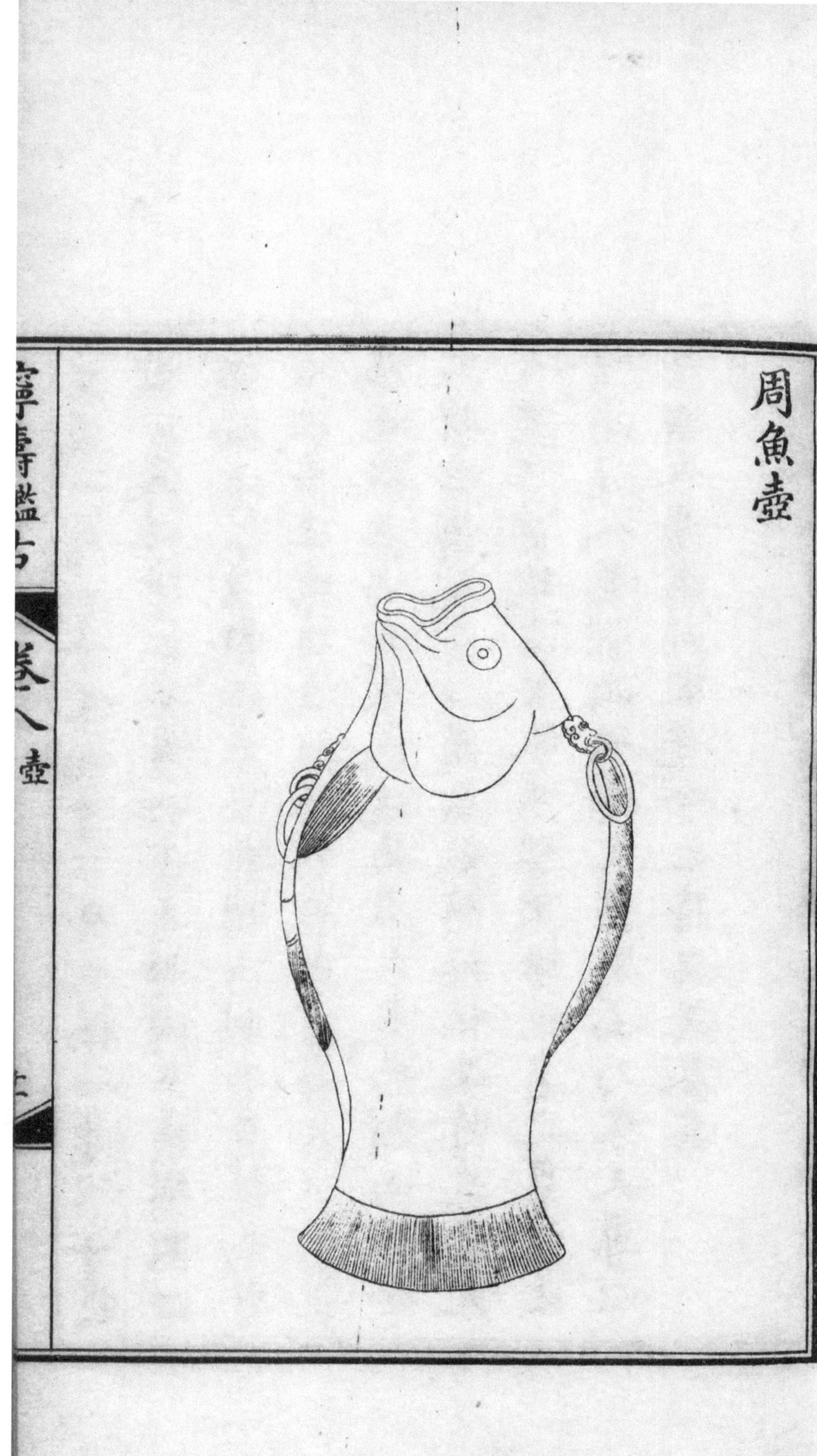

周魚壺

右高一尺一分深九寸二分口徑一寸八分腹圍一尺四寸二分重六十七兩兩耳連環器以魚飾者甚多儀禮有魚鼎博古圖有魚錞又有魚瓿魚洗西清古鑑亦有魚卣魚壺其以魚字為銘款者古有魚氏及地名人名之類而作全魚形者舊說多以薦魚獻鮪祭祀及時為言夫魚麗于罶之篇既歌燕饗衆維魚矣之象亦兆豐年古人製器而頌禱之意寓焉乃宋人專以白魚入舟為周家受命之符其說鑿矣

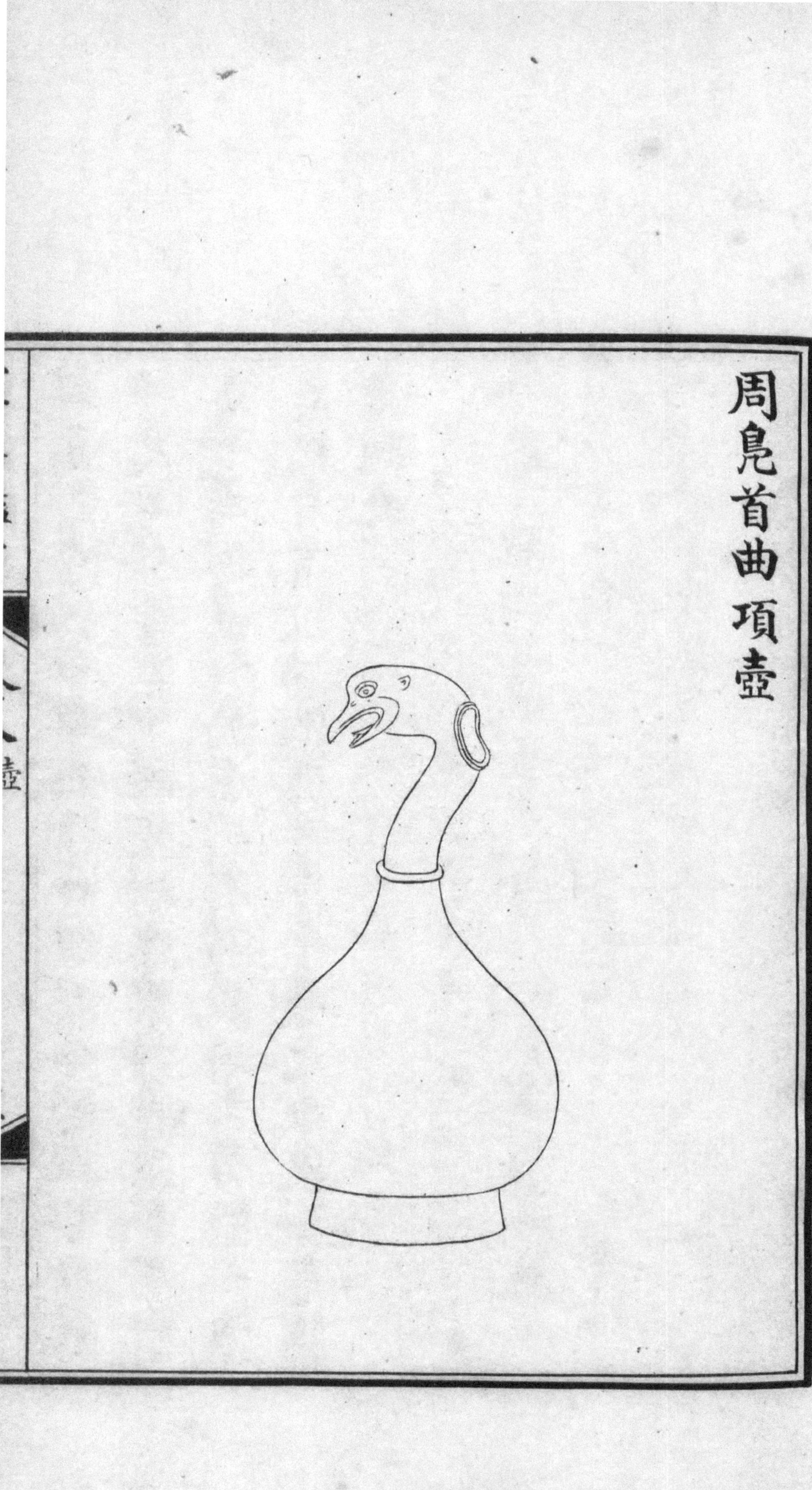
周梟首曲項壺

◎

右高六寸八分深六寸口縱六分横八分腹圍一尺七分重二十兩張掄古器評有漢梟尊謂梟之為物出入於水而不溺飲酒者苟能以禮自防豈有沉湎敗德之患乎壺之取象於梟其意類此

周夔紋壺一

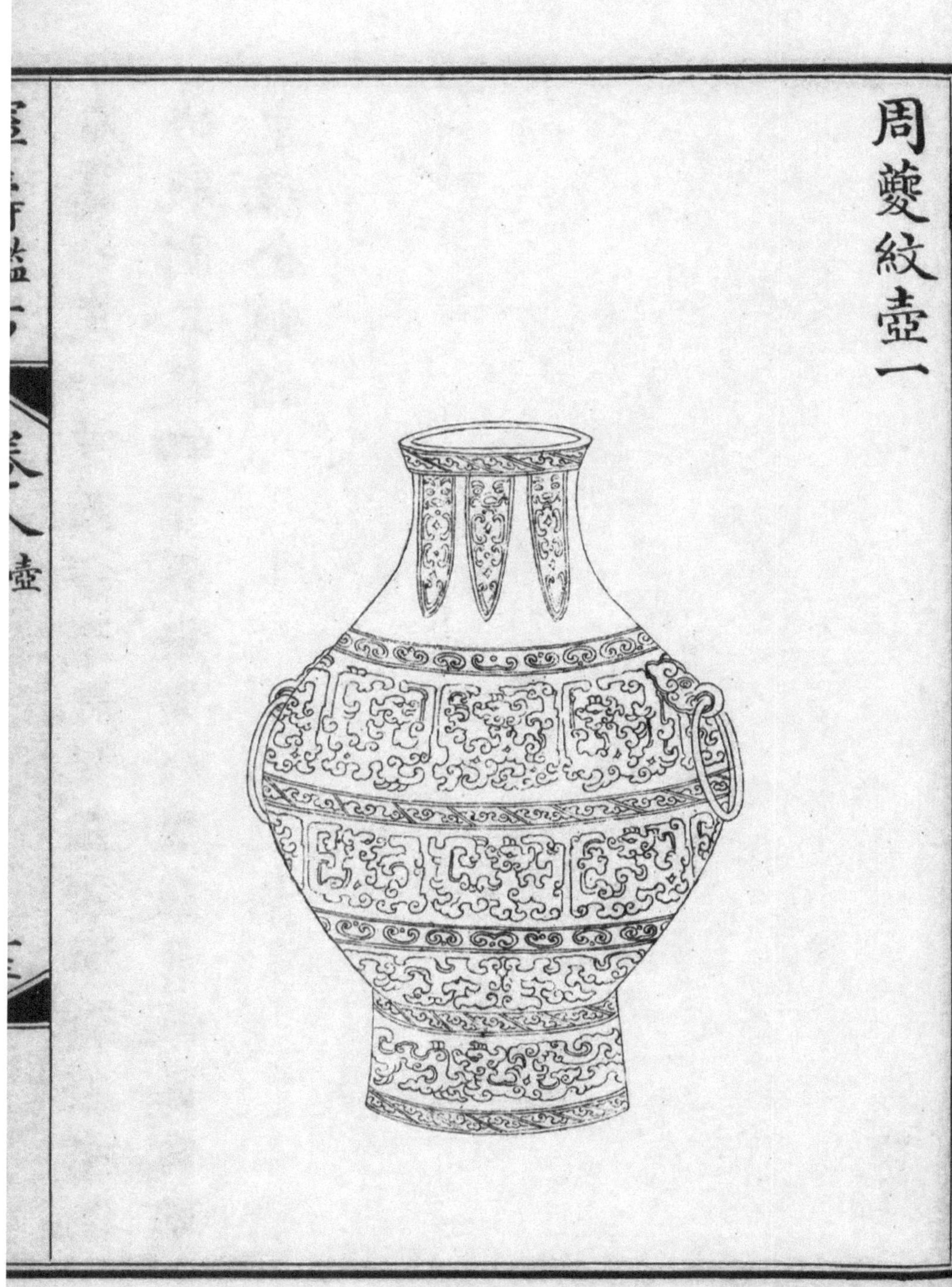

右高一尺一寸五分深九寸五分口徑三寸八
分腹圍二尺四寸五分重一百五十八兩兩耳
連環金銀錯

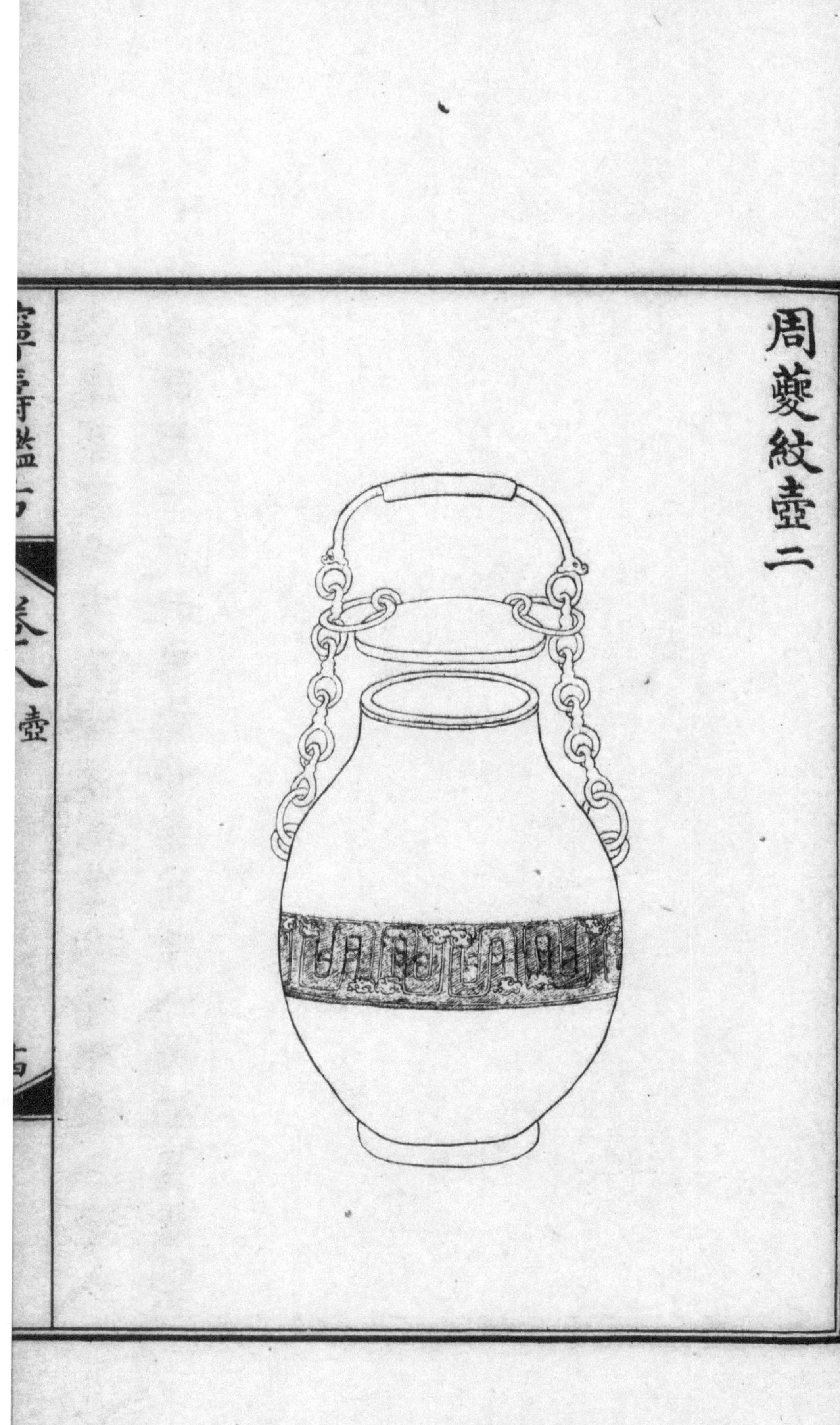

周夔紋壺二

右通蓋高六寸三分深五寸六分口徑二寸八分腹圍一尺六寸六分重五十八兩兩耳有繫

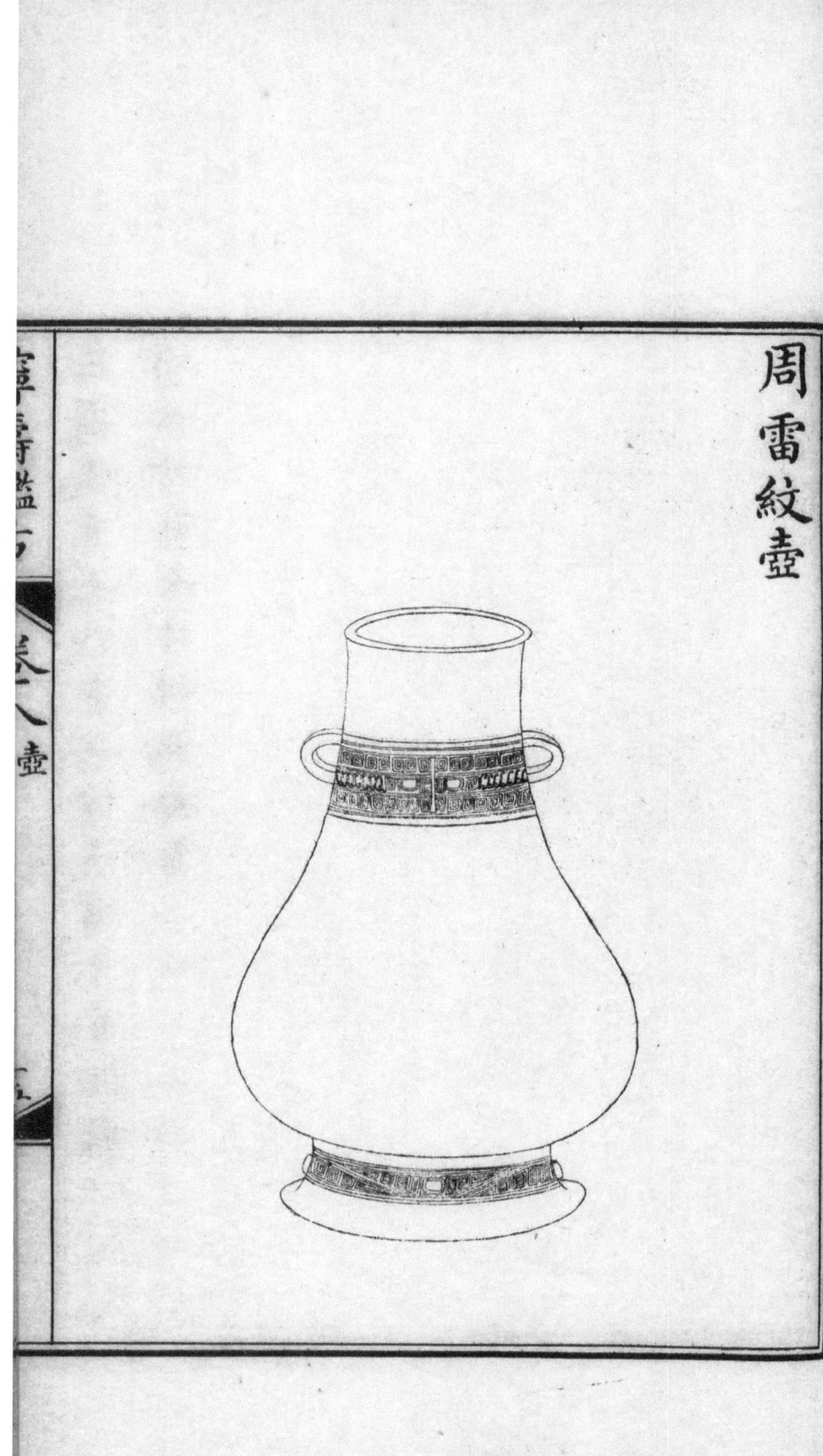
周雷紋壺
寧壽鑑古 卷八 壺

右高九寸深八寸二分口徑三寸腹圍一尺七寸七分重七十四兩兩耳

周蟬紋壺

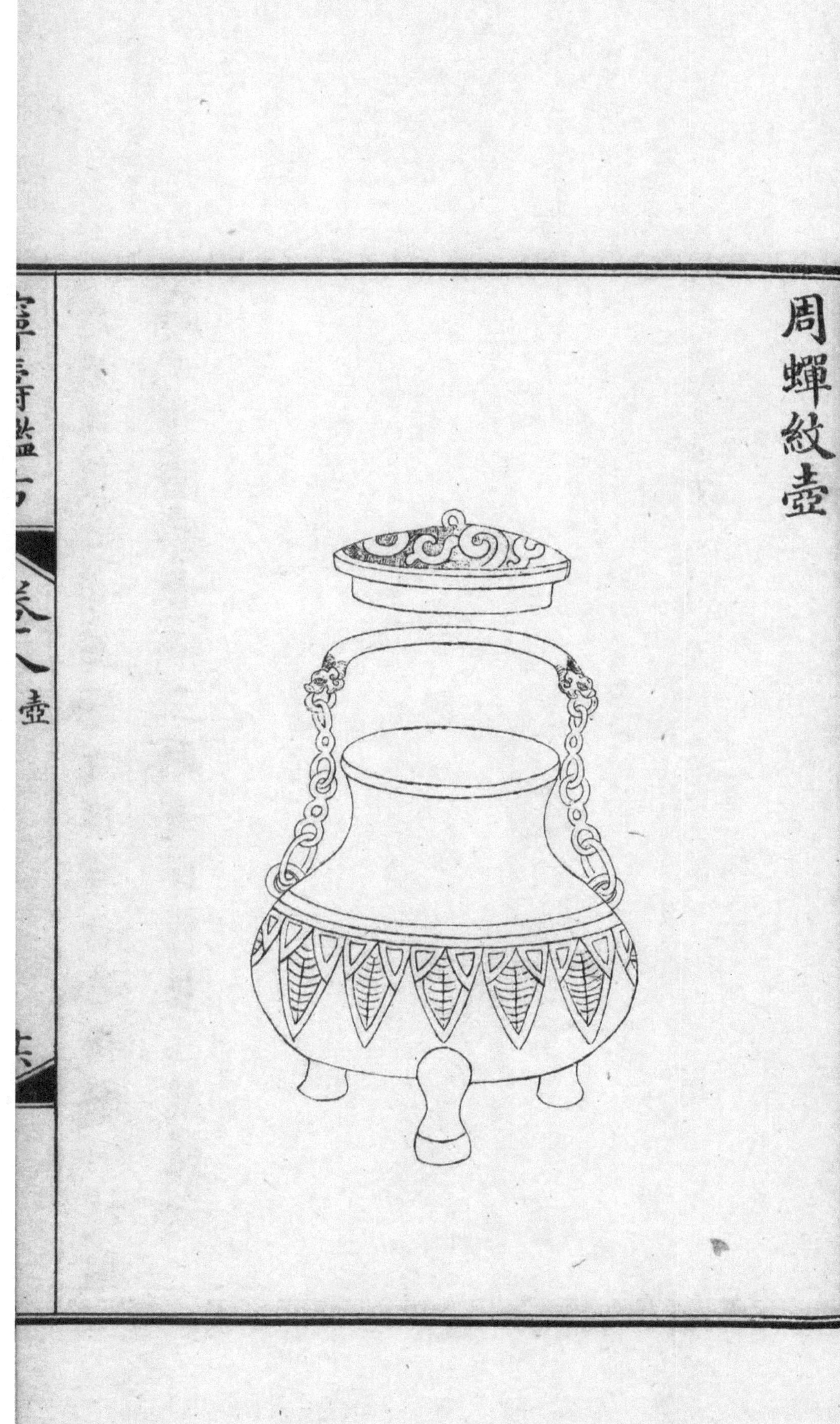

右通蓋高三寸五分深二寸六分口徑二寸腹圍九寸三分重十三兩兩耳有繫三足塗金

周帶紋壺一
寧壽鑑古 卷八 壺

右高一尺四寸四分深一尺二寸四分口徑五
寸五分腹圍三尺六寸五分重三百二十五兩
兩耳連環

周帶紋壺二

右高一尺三分深九寸九分口徑三寸三分腹
圍二尺四寸六分重一百四十六兩兩耳連環

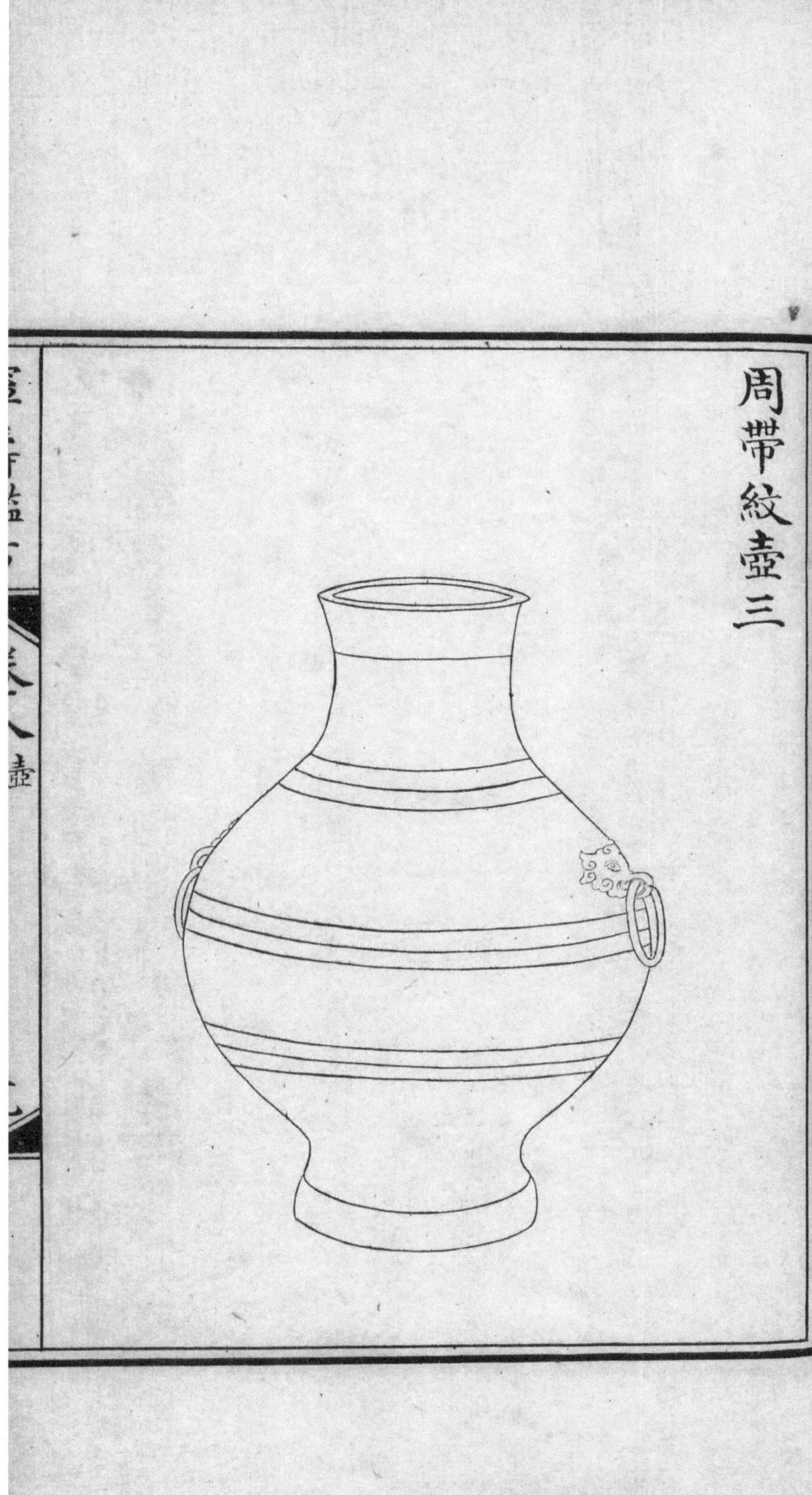

周帶紋壺三

右高一尺一寸一分深九寸九分口徑四寸一分腹圍二尺六寸五分重八十二兩

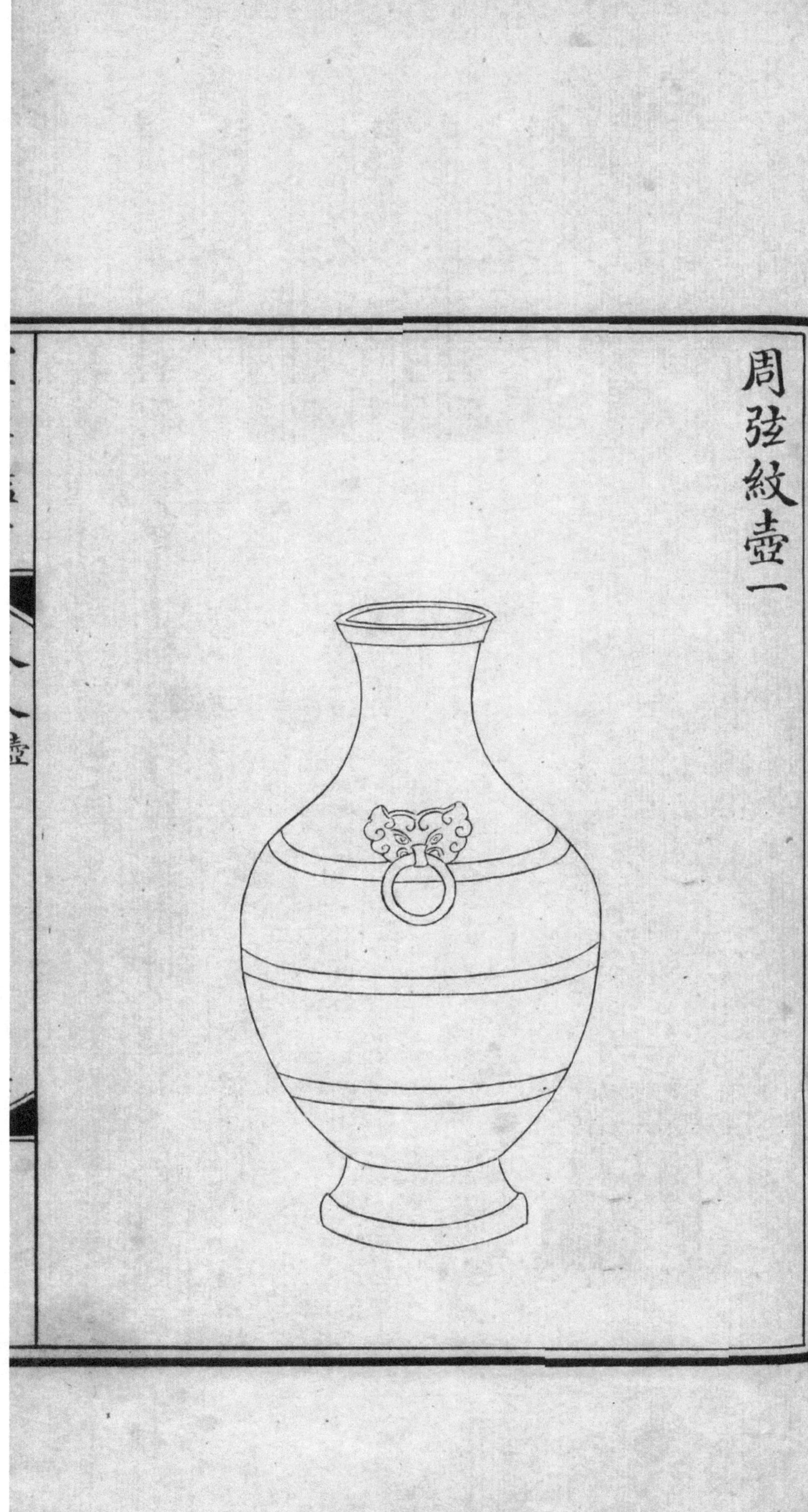
周弦紋壺一

右高八寸深七寸口徑二寸八分腹圍一尺六寸八分重四十六兩兩耳連環

周弦紋壺二

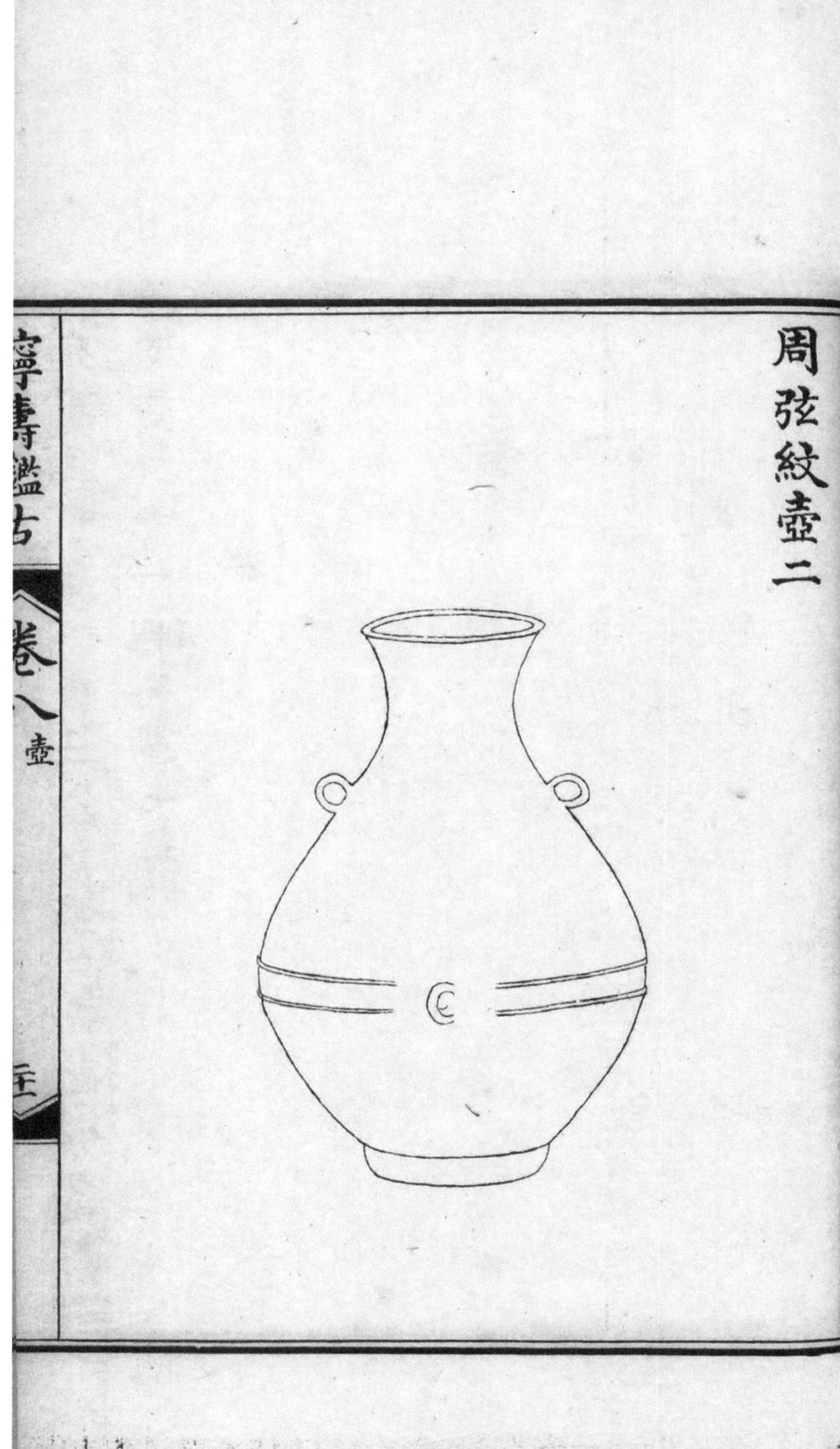

右高九寸深八寸三分口徑三寸四分腹圍二尺重六十一兩兩耳一鼻

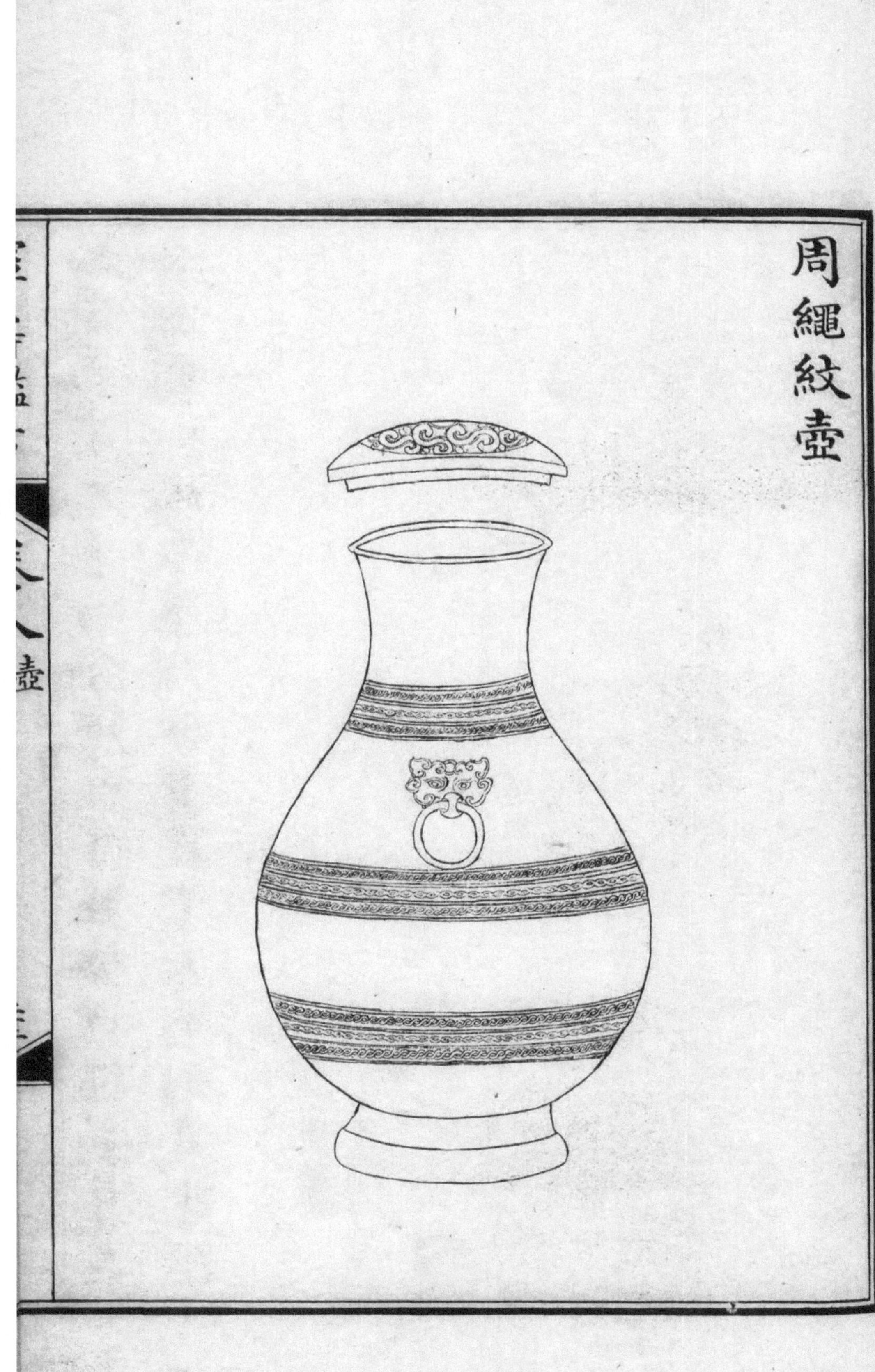

周繩紋壺

右通蓋高九寸四分深七寸五分口徑三寸二分腹圍一尺七寸六分重五十五兩兩耳連環

周絡紋壺

右高九寸三分深八寸七分口徑三寸二分腹
圍二尺一寸重一百六兩兩耳一鼻

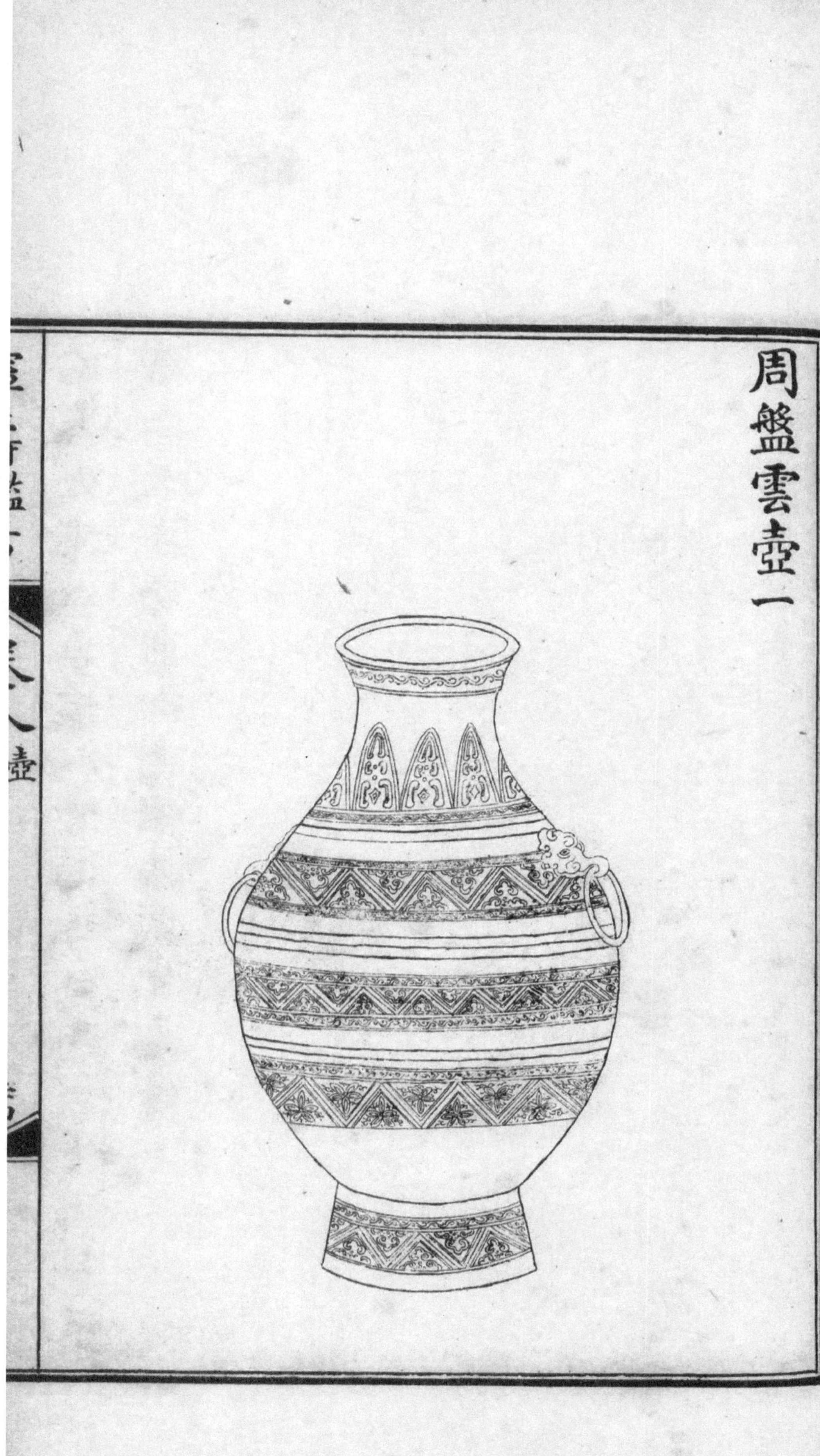

周盤雲壺一

右高九寸八分深八寸四分口徑二寸八分腹圍二尺三分重六十四兩兩耳連環

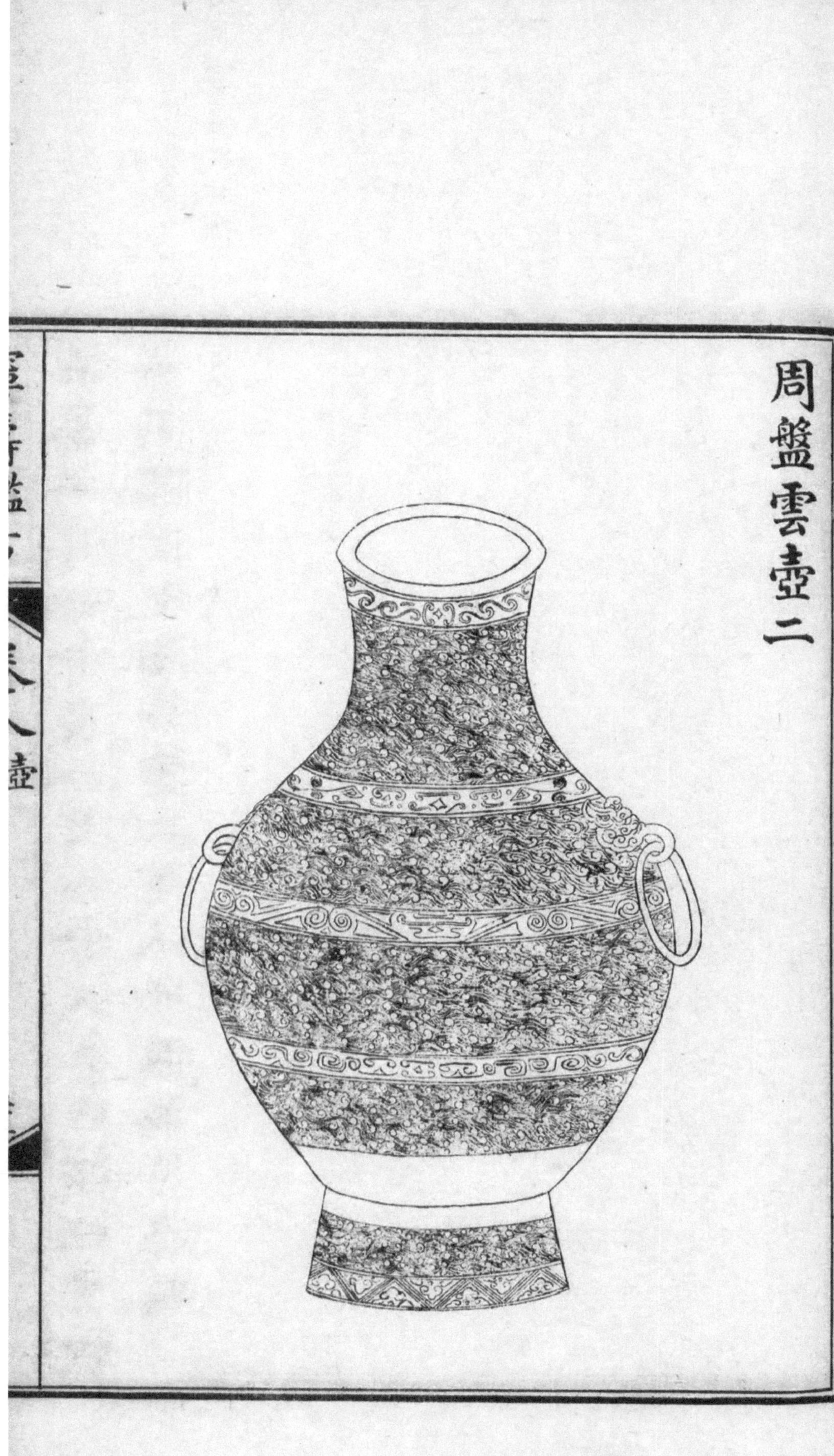

周盤雲壺二

右高一尺四寸深一尺一寸八分口徑四寸四
分腹圍三尺七分重二百八十兩兩耳連環

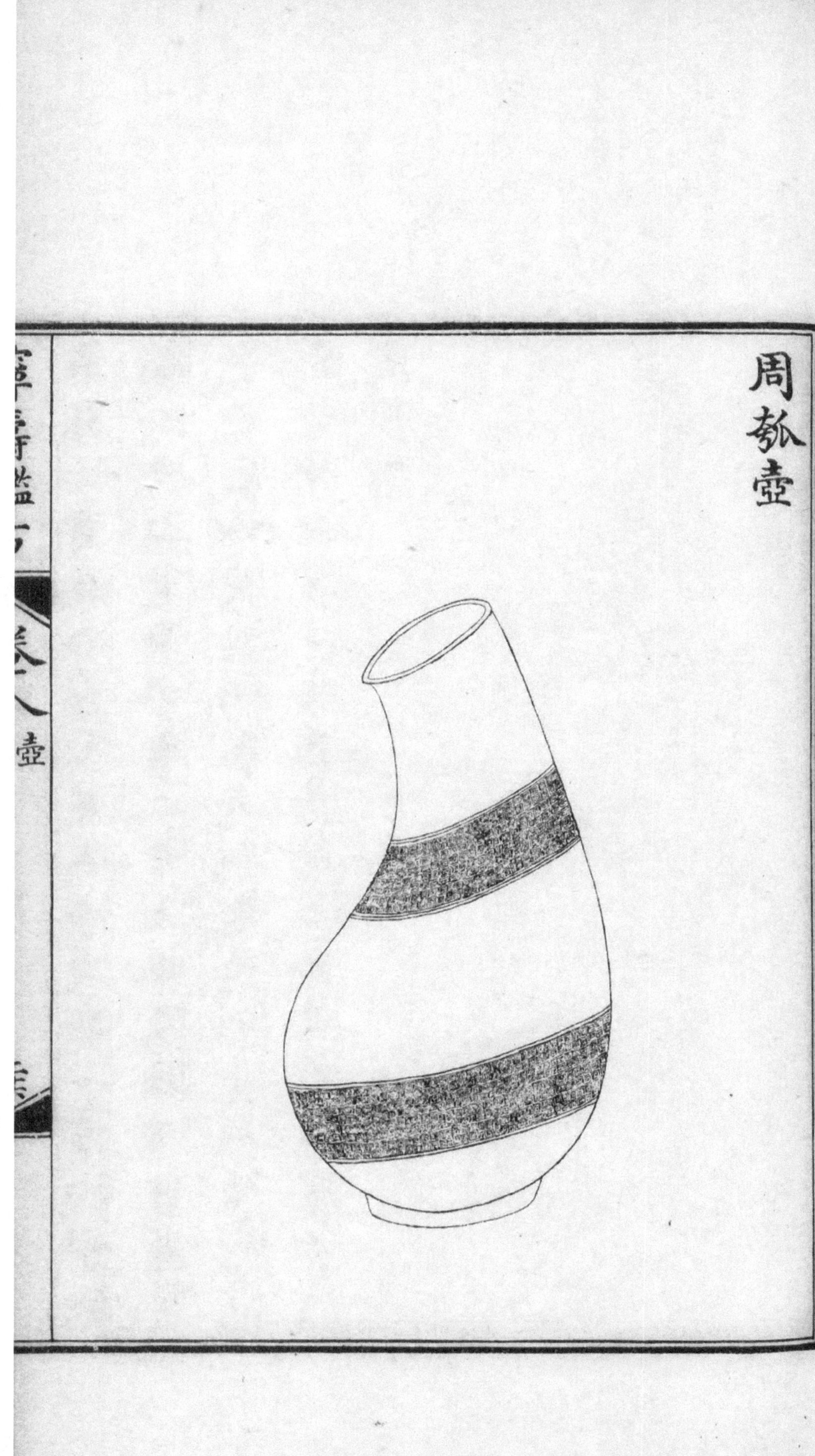

周瓠壺

右高七寸九分深七寸五分口徑一寸八分腹圍一尺三寸四分重二十七兩爾雅釋器康瓠謂之甈郭璞注曰瓠壺也説文瓠匏也公劉詩酌之用匏蓋上世器用陶匏至周則范金以肖其形耳

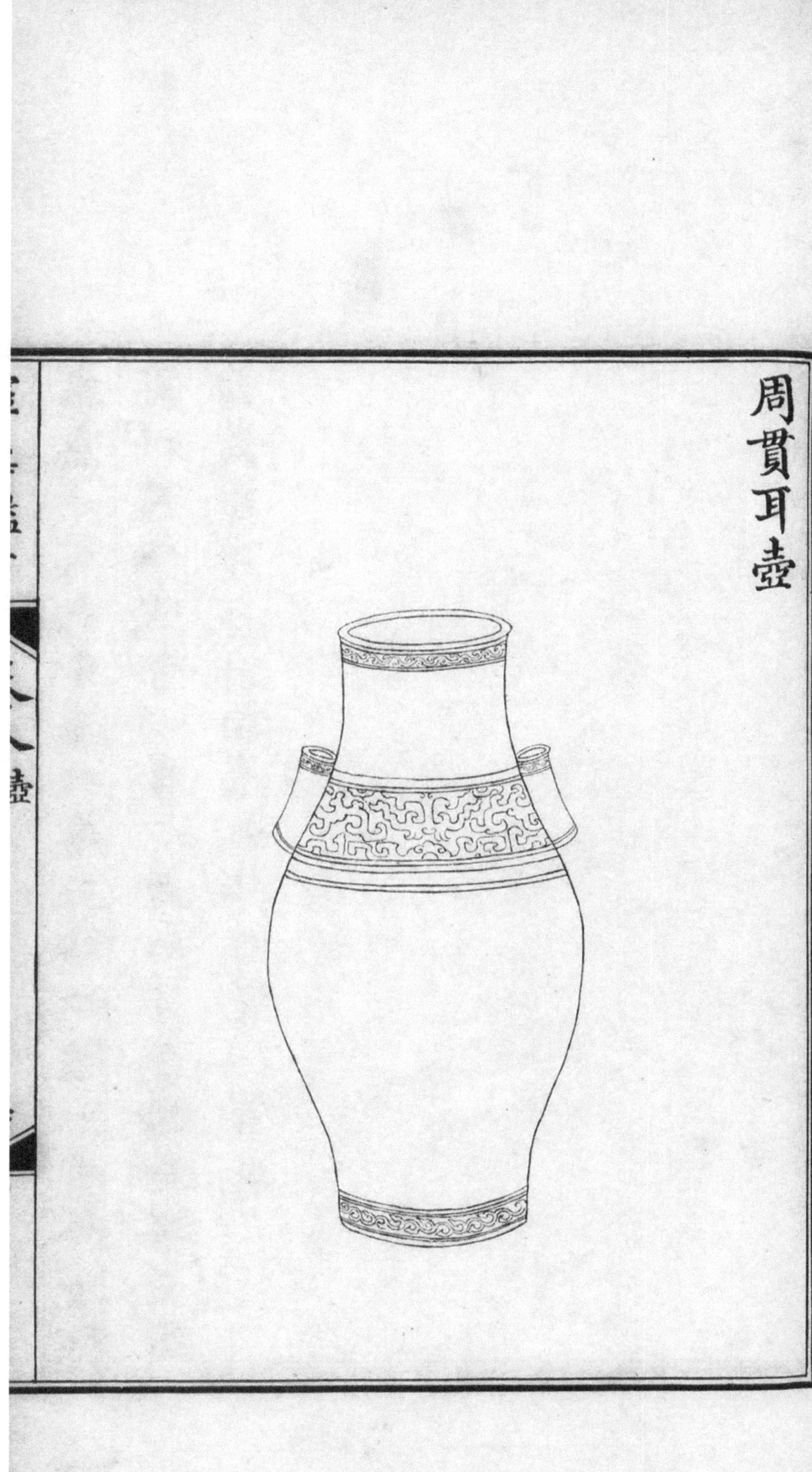

周貫耳壺

右高一尺六寸深一尺三分口徑三寸五分腹圍一尺八寸重一百二兩兩耳貫繩與博古圖所載貫耳壺相類蓋取其可繫以挈也

周獸耳壺

右高四寸八分深四寸口徑一寸八分腹圍八寸重十七兩兩耳

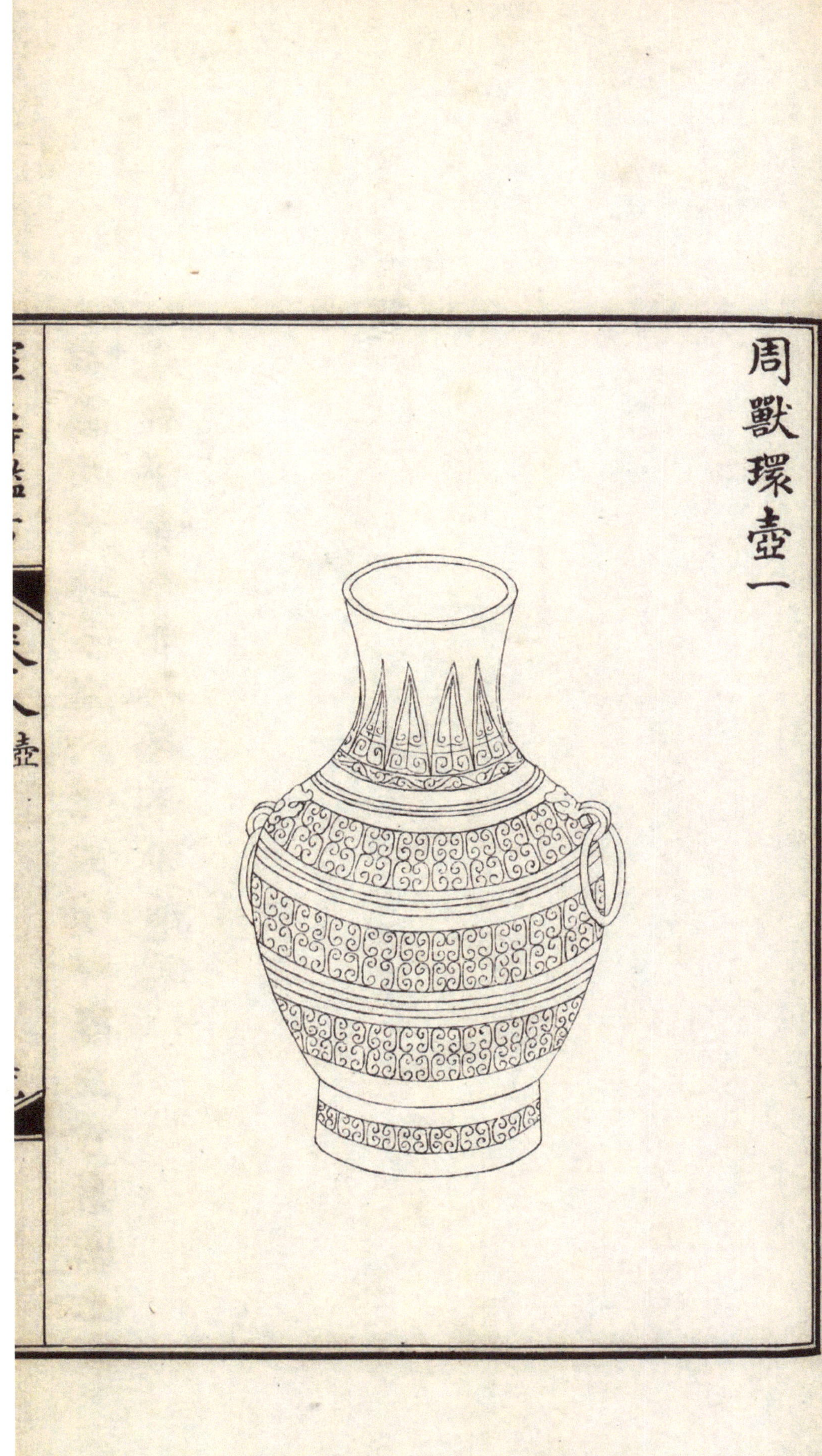
周獸環壺一

右高九寸七分深八寸五分口徑三寸腹圍二尺四分重六十八兩兩耳連環

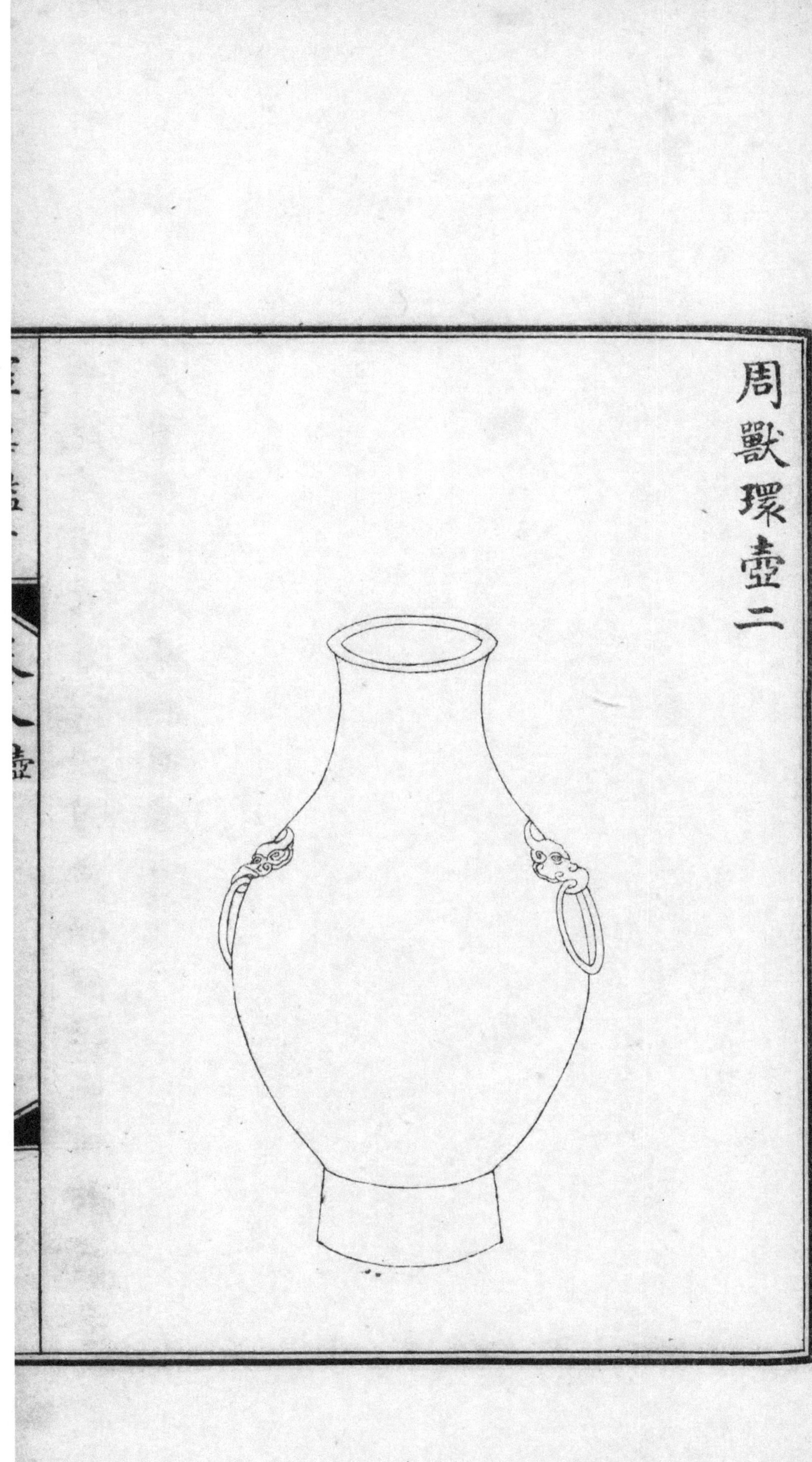
周獸環壺二

右高九寸三分深七寸三分口徑三寸腹圍二尺重九十八兩兩耳連環

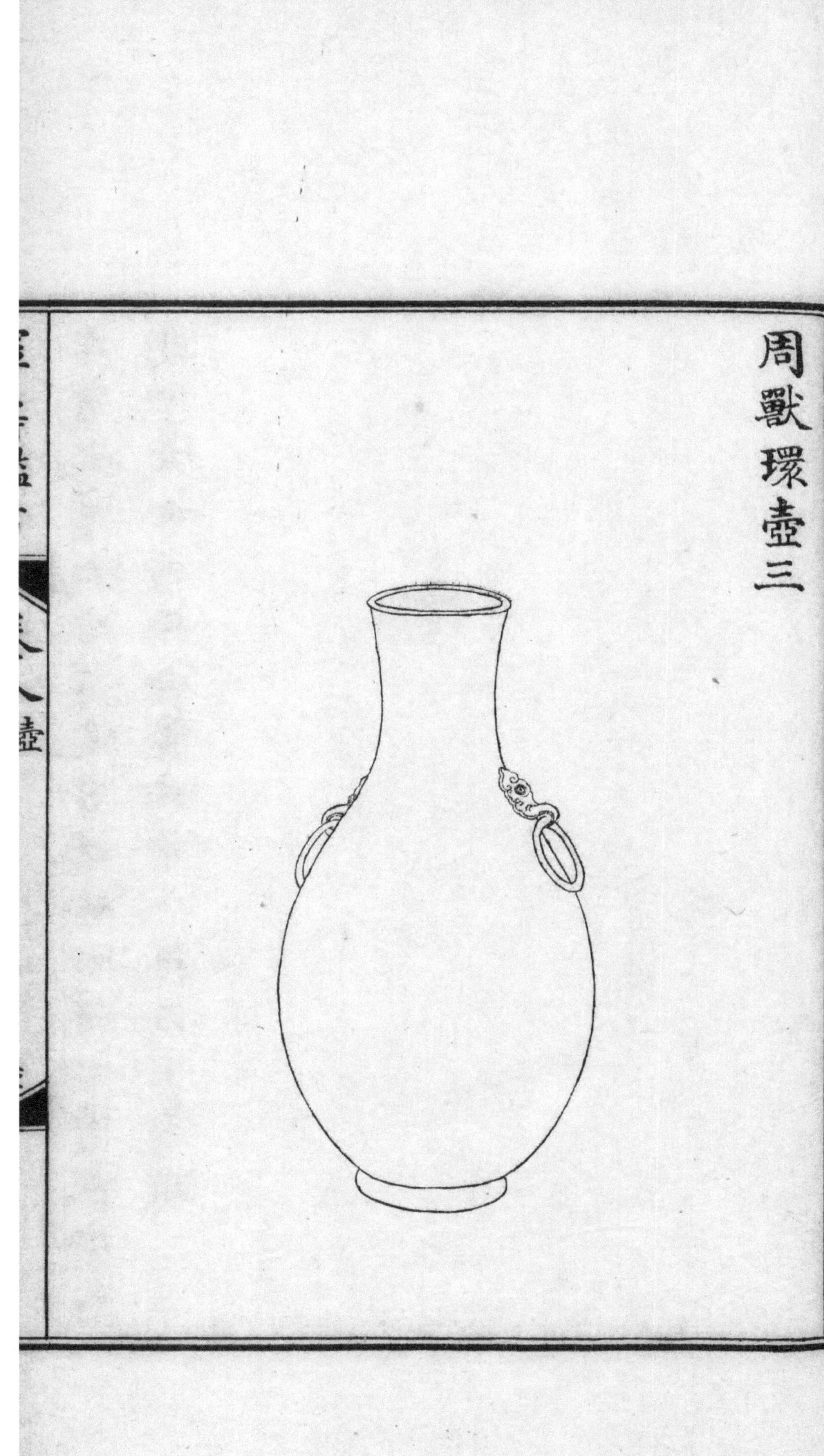

周獸環壺三

右高九寸九分深九寸四分口徑二寸三分腹圍一尺七寸七分重四十八兩兩耳連環

周素壺

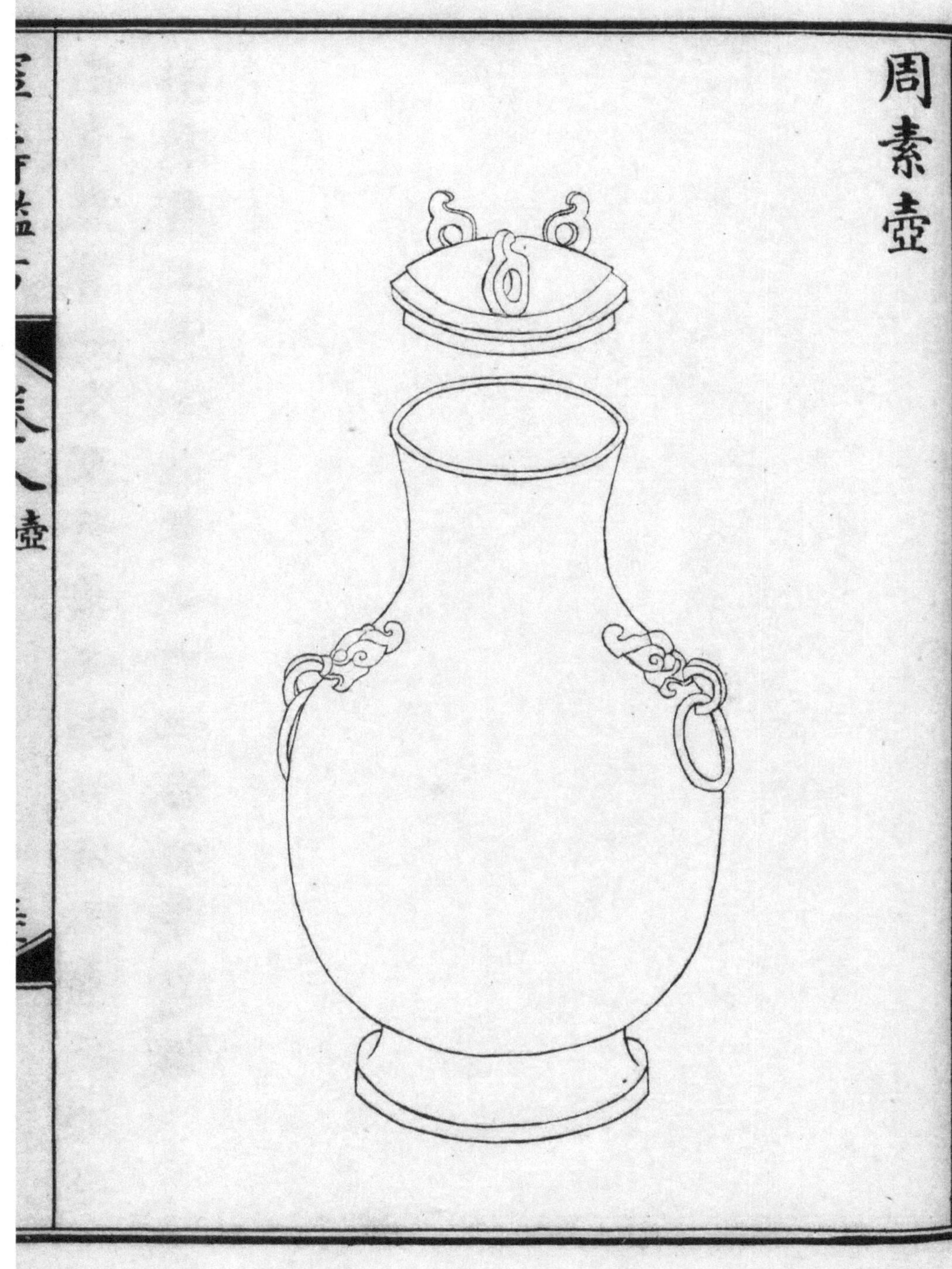

右通蓋高一尺五分深八寸八分口徑三寸二分腹圍二尺八分重七十八兩兩耳連環

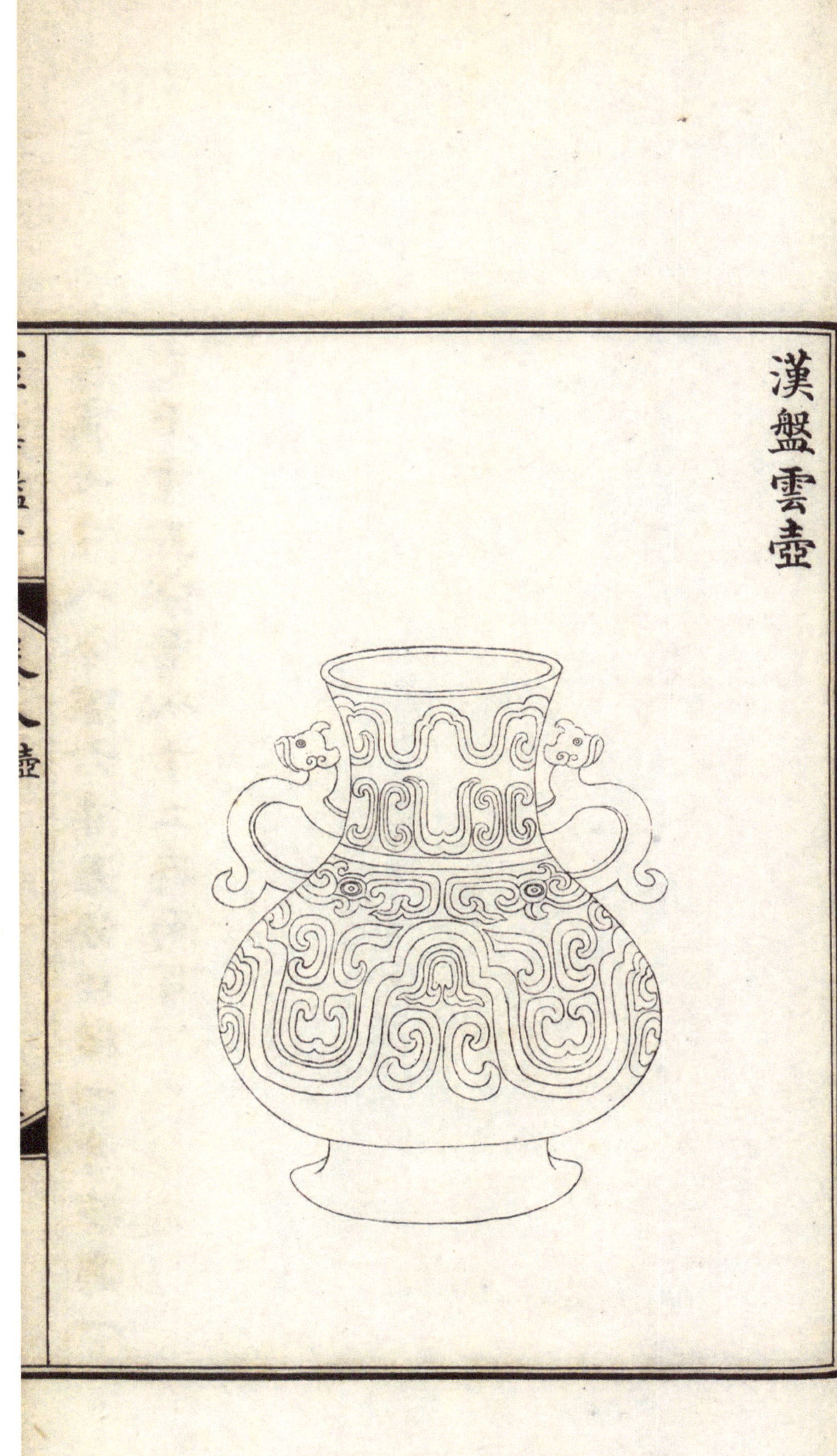
漢盤雲壺

右高七寸八分深六寸五分口徑四寸腹圍一尺七寸五分重八十二兩兩耳

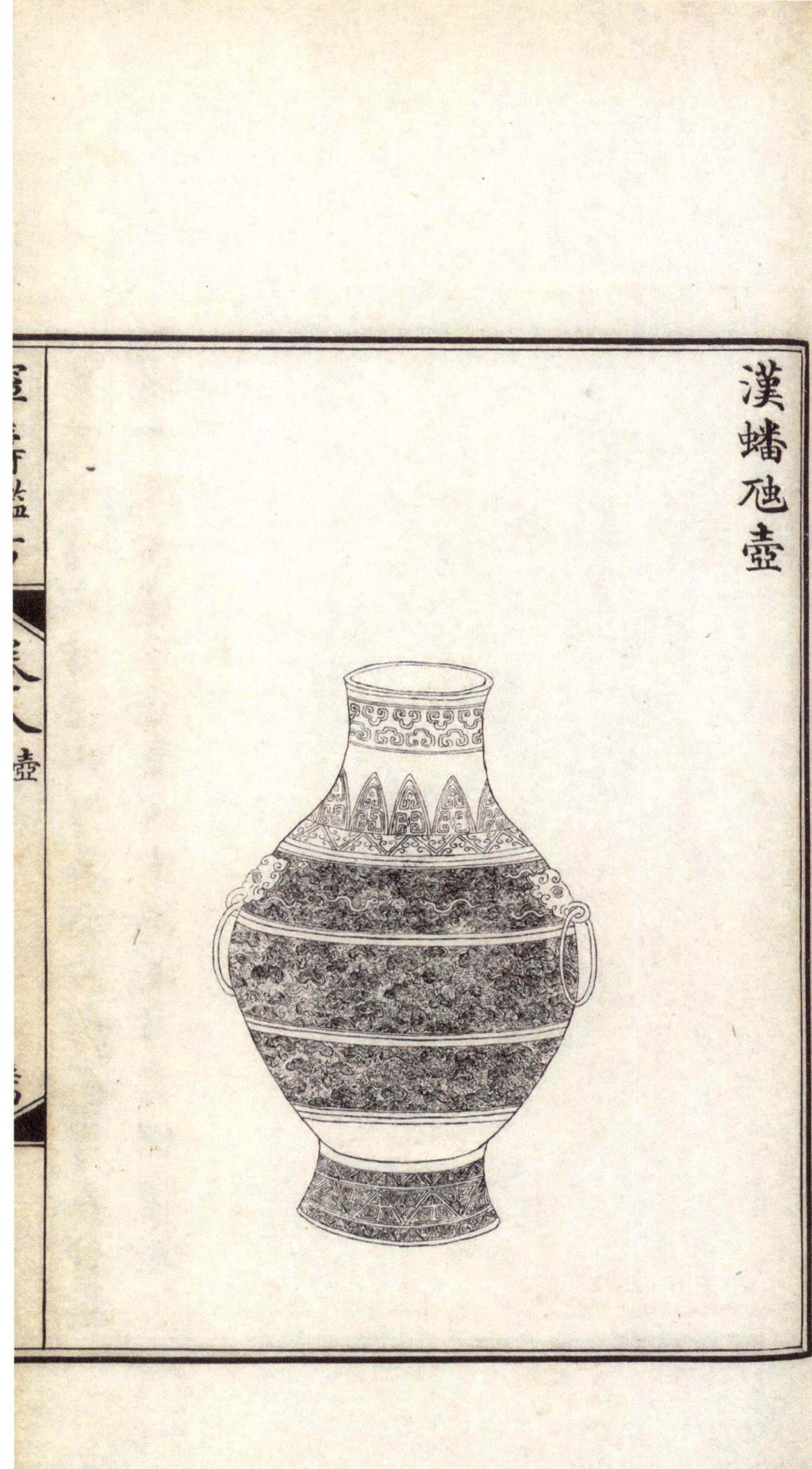
漢蟠虺壺

右高八寸六分深七寸五分口徑二寸九分腹
圍一尺七寸三分重七十兩兩耳連環塗金

漢蟠夔壺一

右通蓋高九寸八分深七寸七分口徑三寸腹
圍一尺七寸二分重一百八兩兩耳連環

漢蟠夔壺二

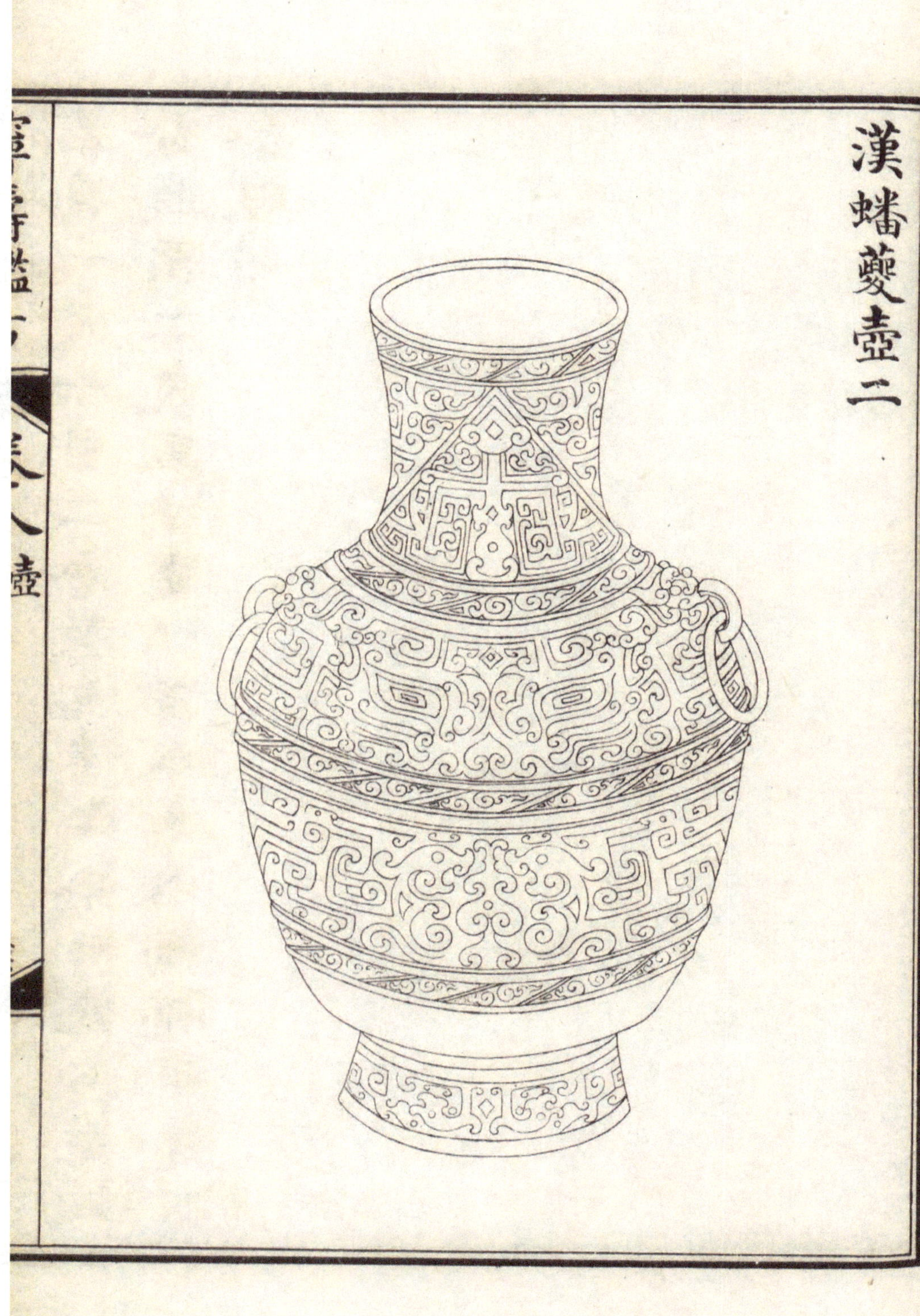

右高一尺一寸二分深九寸七分口徑三寸八分腹圍二尺五寸重一百八十八兩兩耳連環

金銀錯

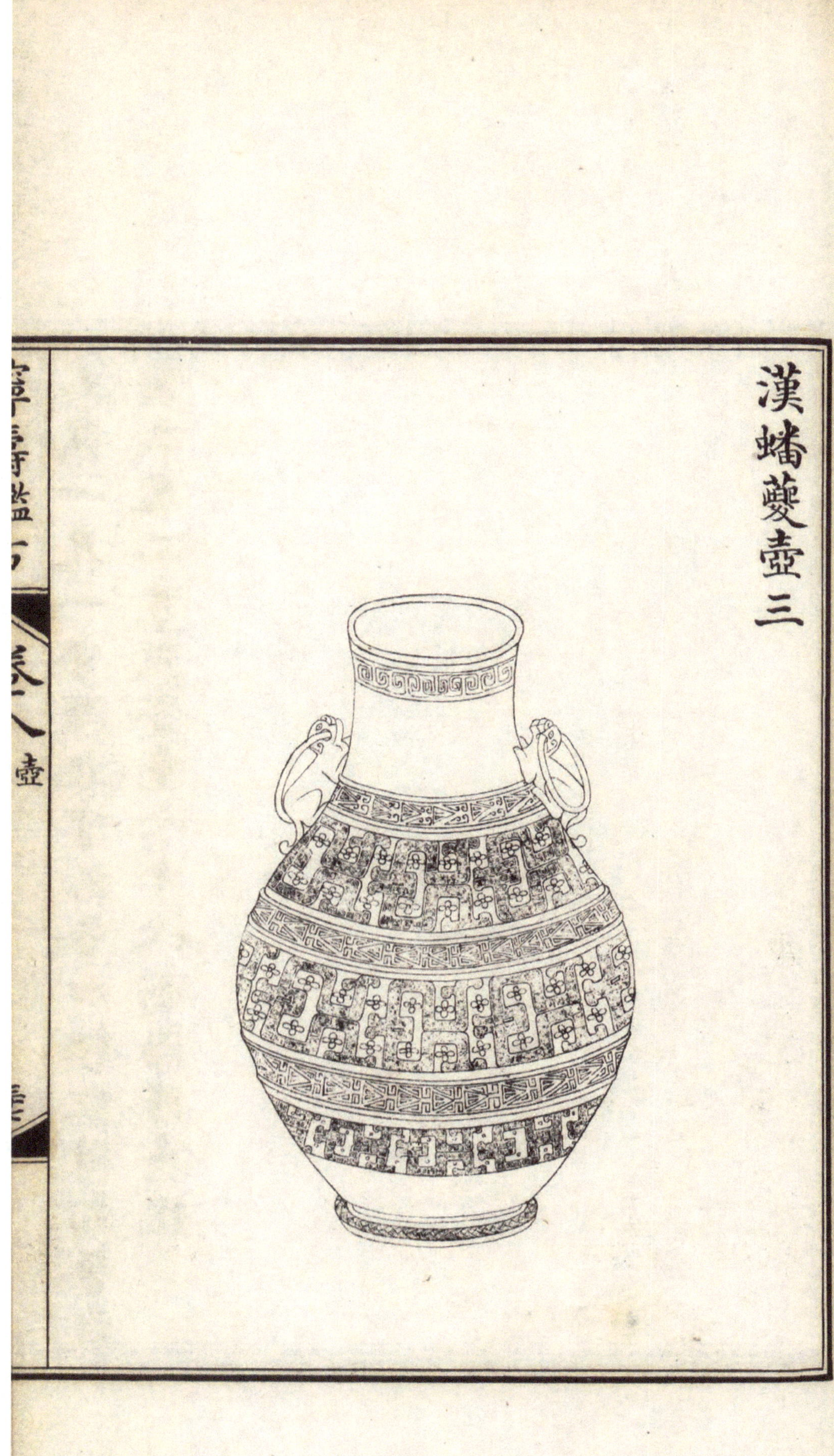

漢蟠夔壺三

右高一尺一分深九寸五分口徑三寸四分腹圍二尺二寸三分重七十八兩兩耳連環

漢蟠夔壺四

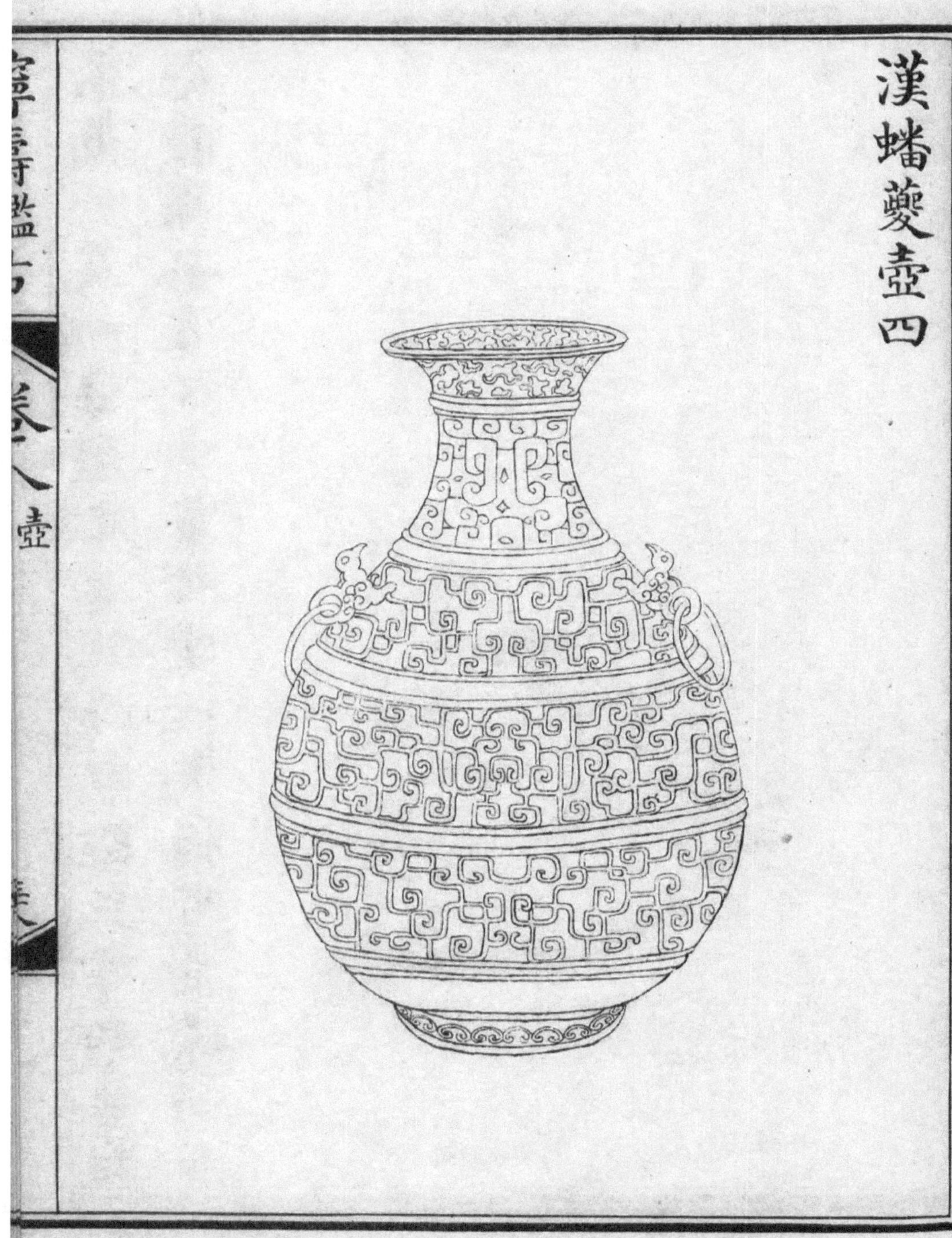

右高一尺一寸五分深一尺七分口徑五寸四
分腹圍二尺六寸重一百六十兩兩耳連環金
銀錯

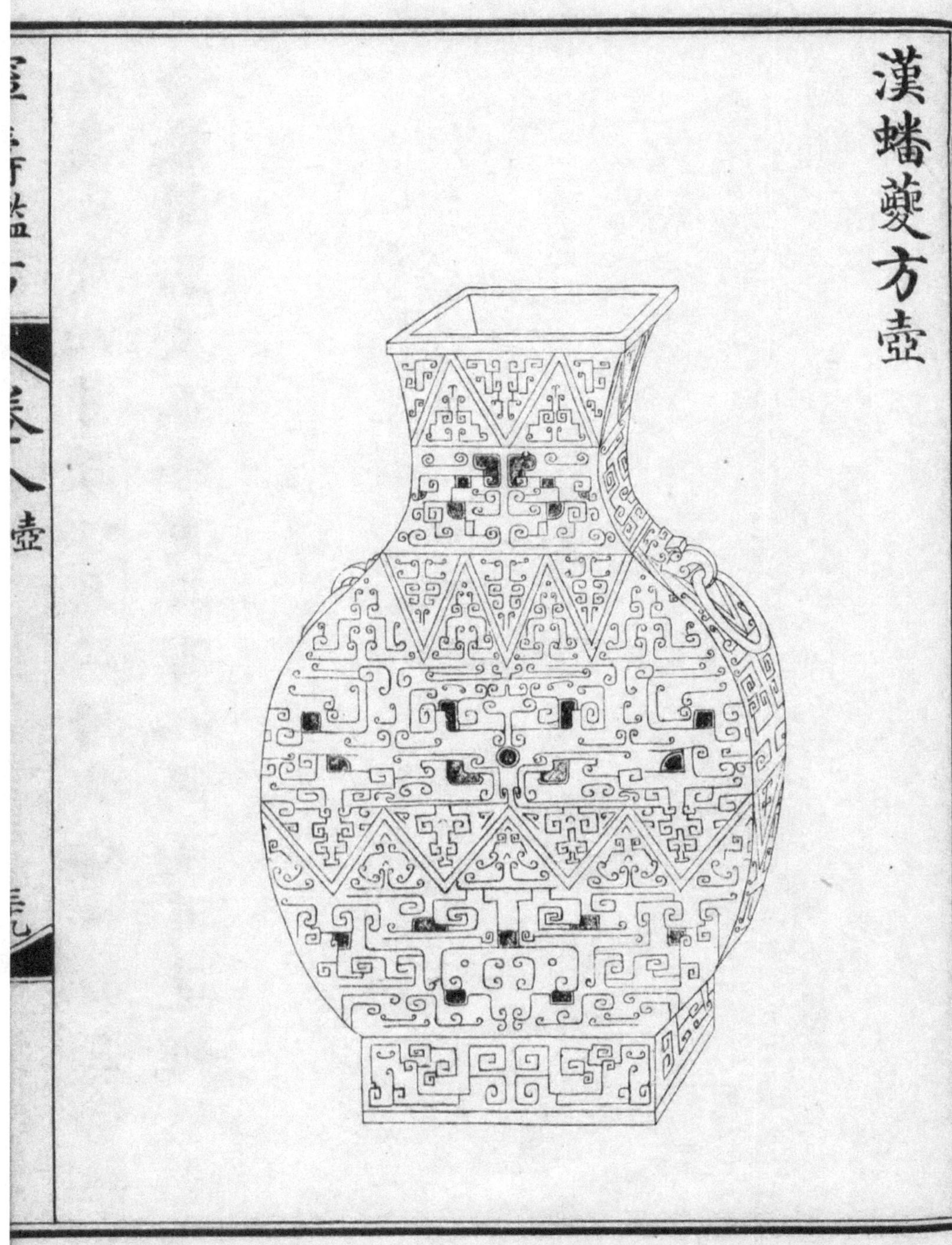

漢蟠夔方壺

右高一尺四寸深一尺二寸六分口徑三寸七分腹圍三尺五分重二百八兩兩耳連環

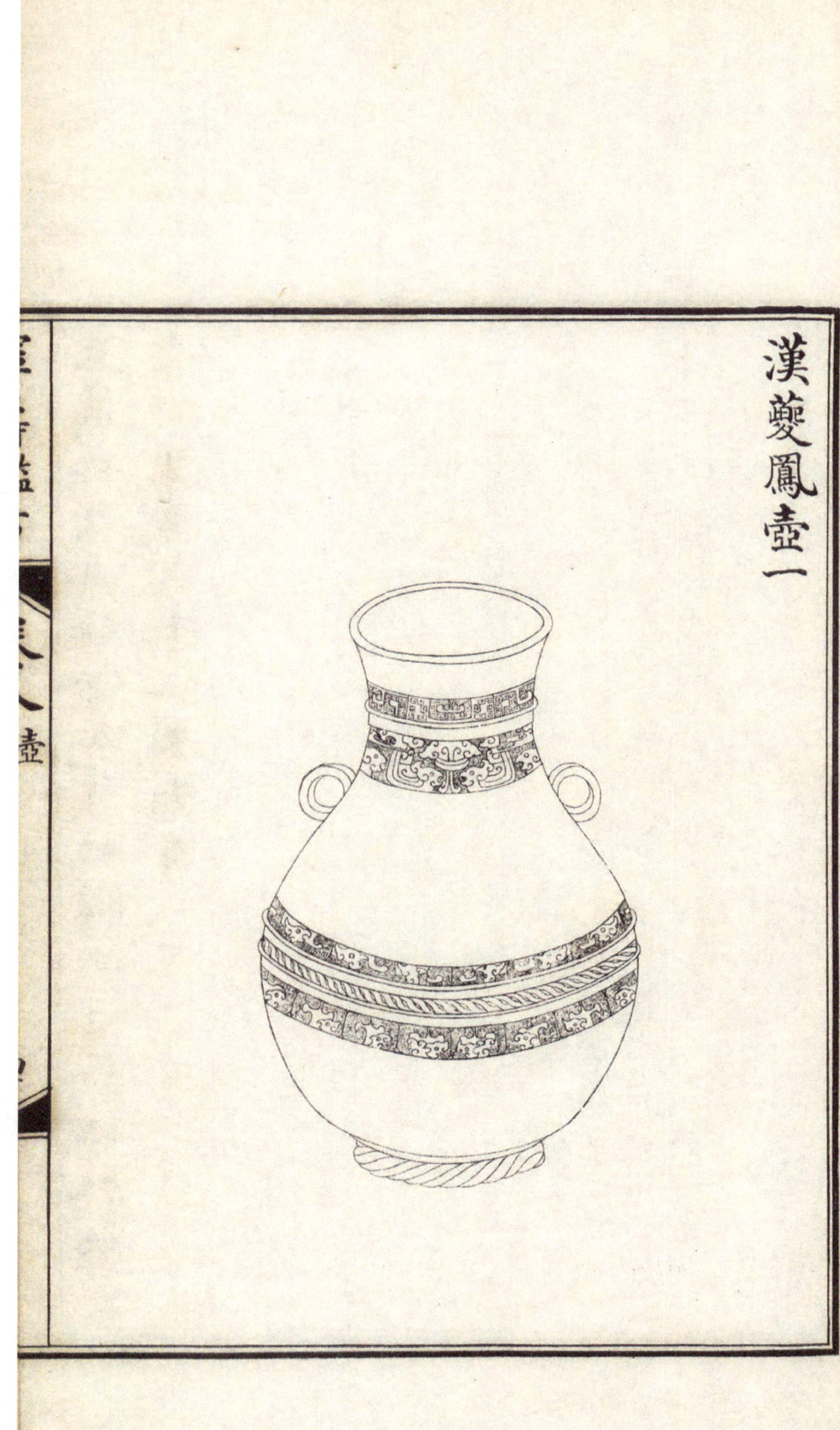

漢夔鳳壺一

右高九寸五分深九寸口徑三寸二分腹圍二尺一寸重六十八兩兩耳

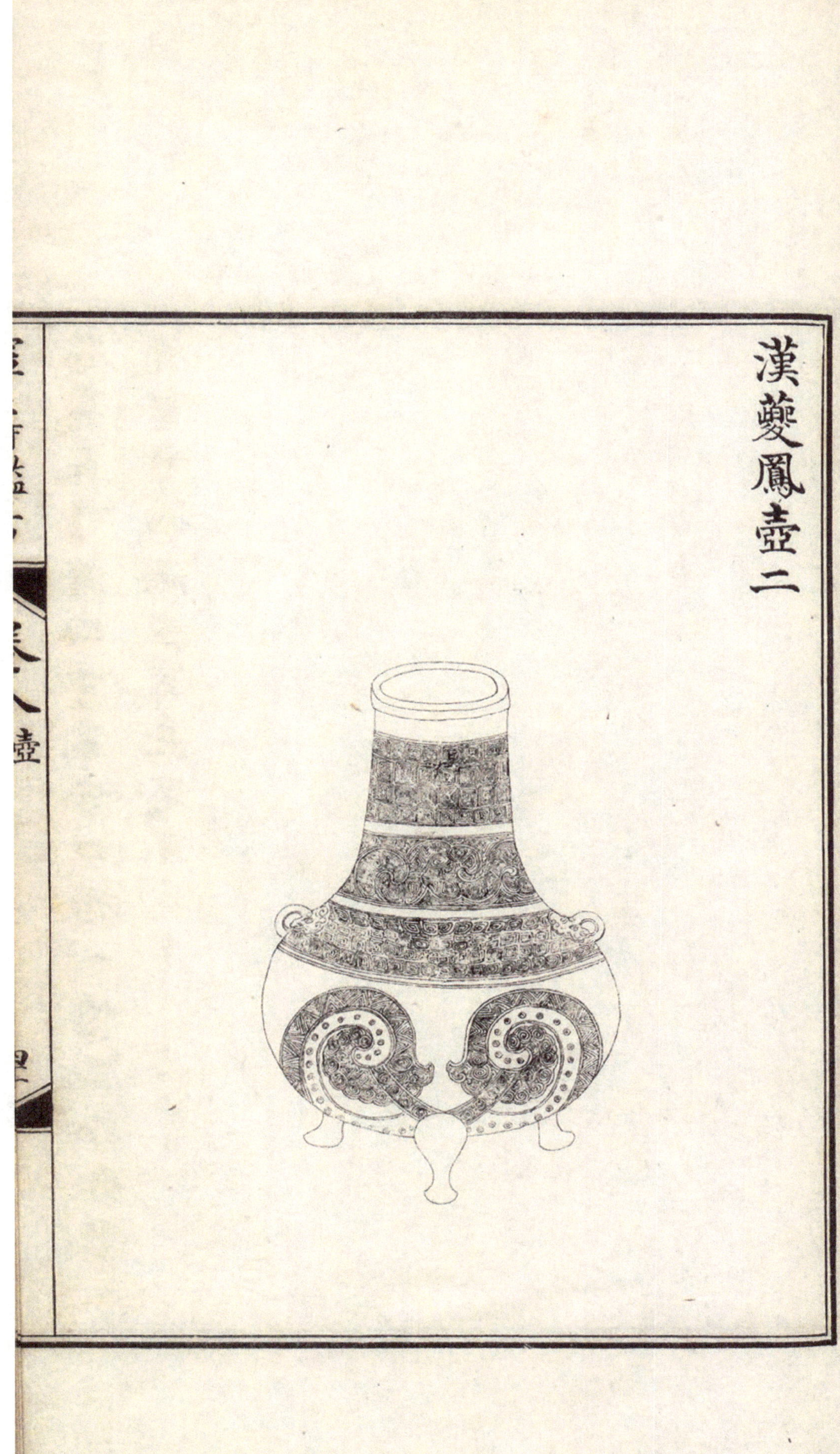

漢夔鳳壺二

右高五寸深四寸五分口徑一寸五分腹圍一尺重十八兩三耳三足

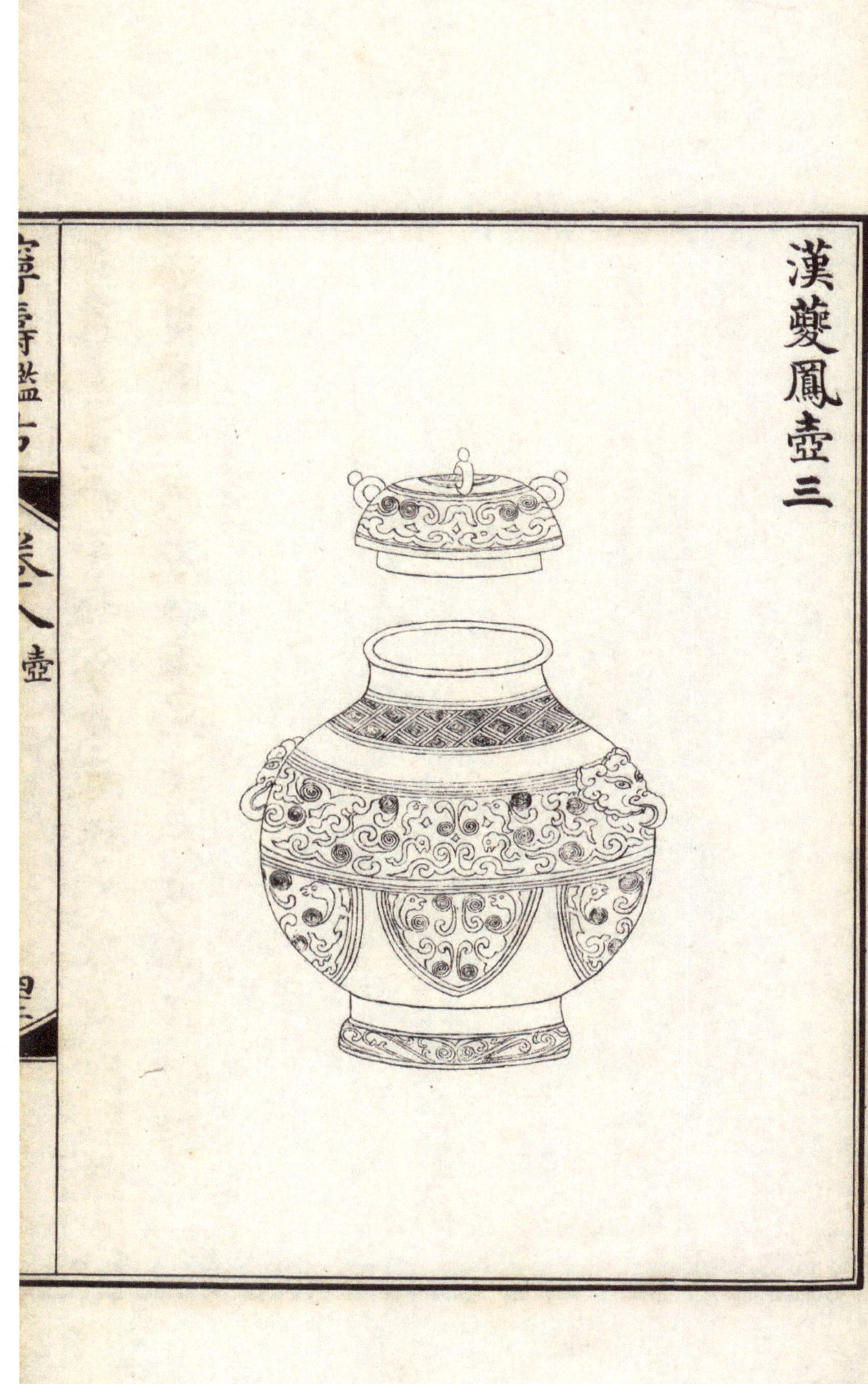

漢夔鳳壺三

右通蓋高四寸四分深二寸八分口徑一寸八分腹圍一尺五分重二十六兩兩耳銀錯

漢蟠螭壺

右高一尺五寸四分深一尺三寸六分口徑五寸七分腹圍三尺二寸五分重三百十二兩兩耳

寧壽鑑古卷九目録

壺二

漢

弦紋壺
絡紋壺
粟紋壺
錢紋壺
篆帶壺
獸環壺一
獸環壺二
獸環壺三
獸環壺四
獸環壺五

獸環方壺二

獸環方壺三

獸環方壺四

獸環方壺五

獸耳壺一

獸耳壺二

獸耳方壺一

獸耳方壺二

繩耳壺

貫耳壺

唐

獸環小方壺

漢雷紋壺一

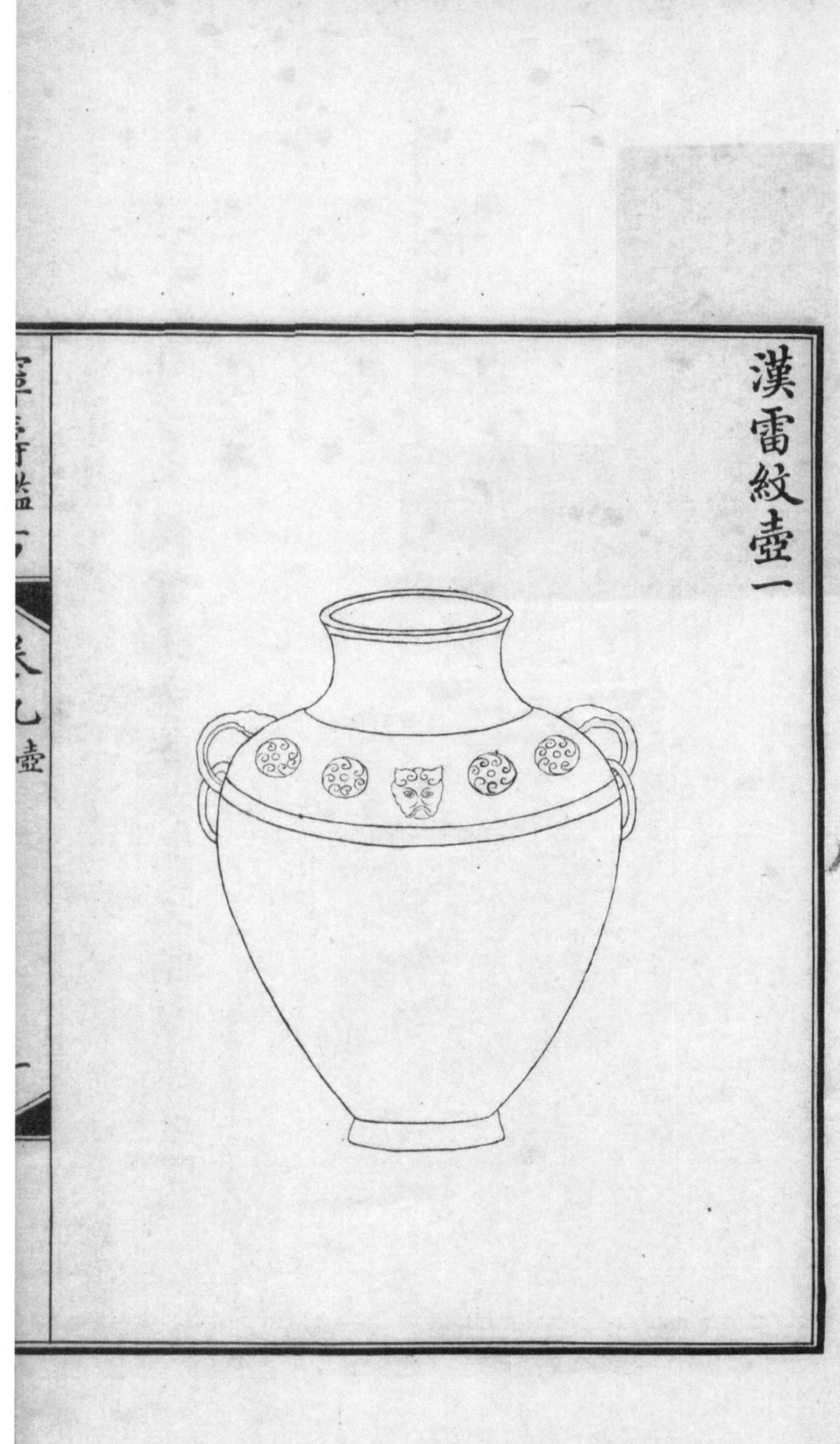

右高七寸四分深六寸八分口徑三寸六分腹圍一尺九寸六分重六十二兩兩耳連環

漢雷紋壺二

右高六寸五分深六寸四分口徑二寸四分腹圍一尺三寸八分重四十八兩兩耳

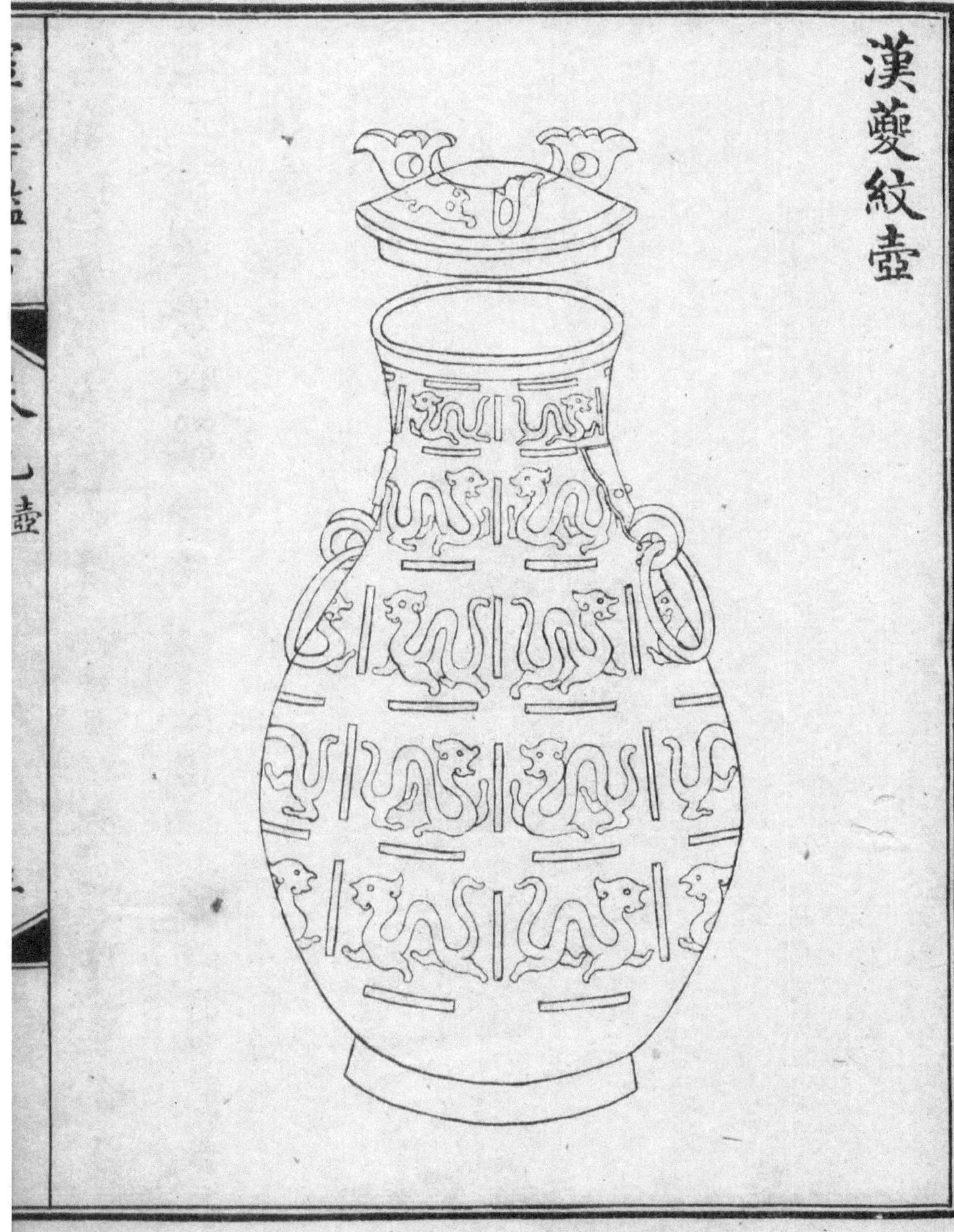

漢夔紋壺

右通蓋高一尺三寸六分深一尺一寸五分口
徑三寸九分腹圍二尺四寸重一百七十六兩
兩耳連環

漢蟬紋壺一

右高一尺八分深一尺一分口徑二寸二分腹圍一尺七寸四分重四十七兩案漢書輿服志蟬與貂同飾古今注蟬取其清虛是亦飲食之器所宜尊者也

漢蟬紋壺二

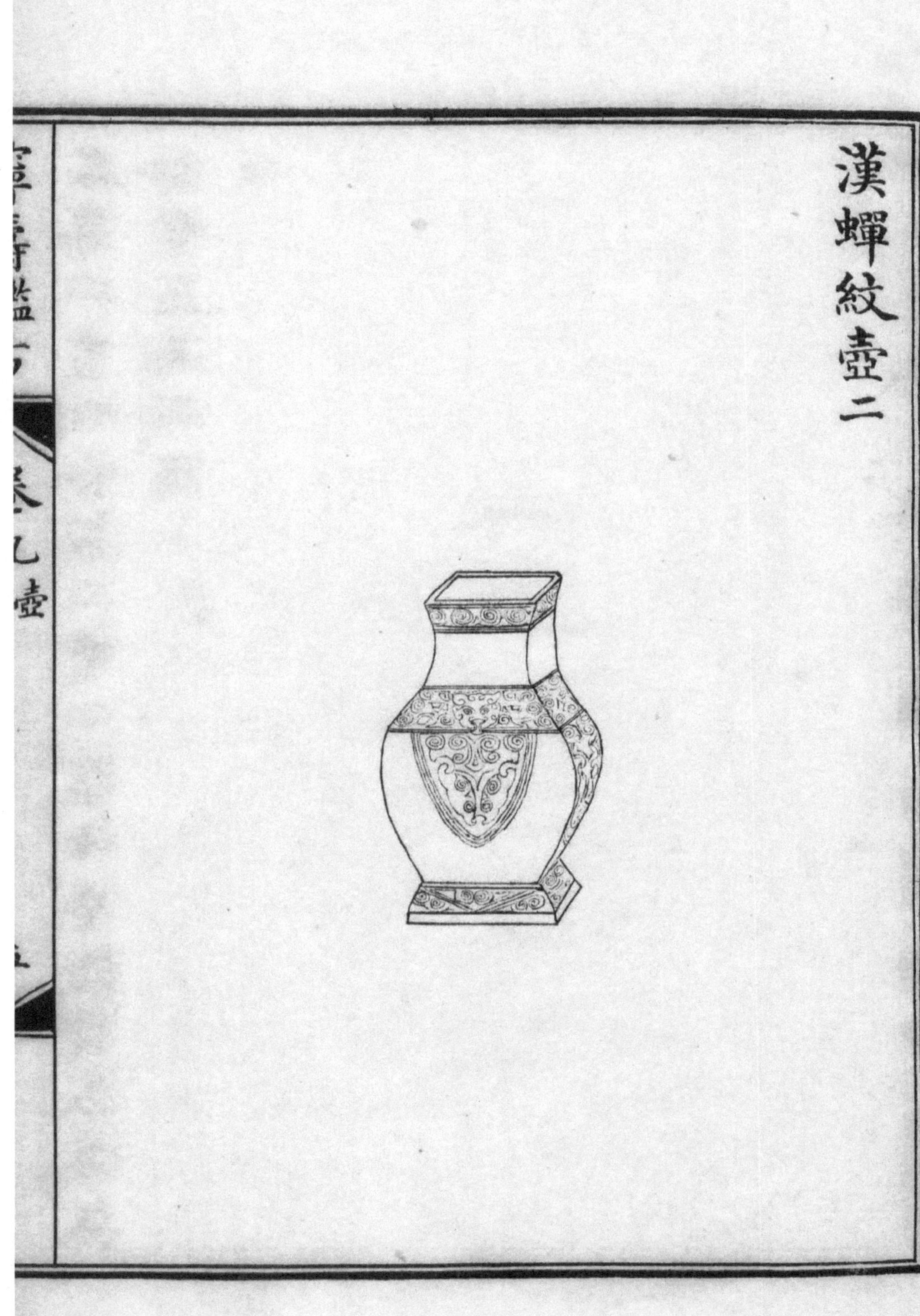

右高二寸四分深二寸口徑七分腹圍五寸五分重五兩兩耳

漢斜紋壺

右高七寸三分深二寸六分口徑二寸九分腹圍一尺五寸五分重六十六兩兩耳金銀錯翡翠飾

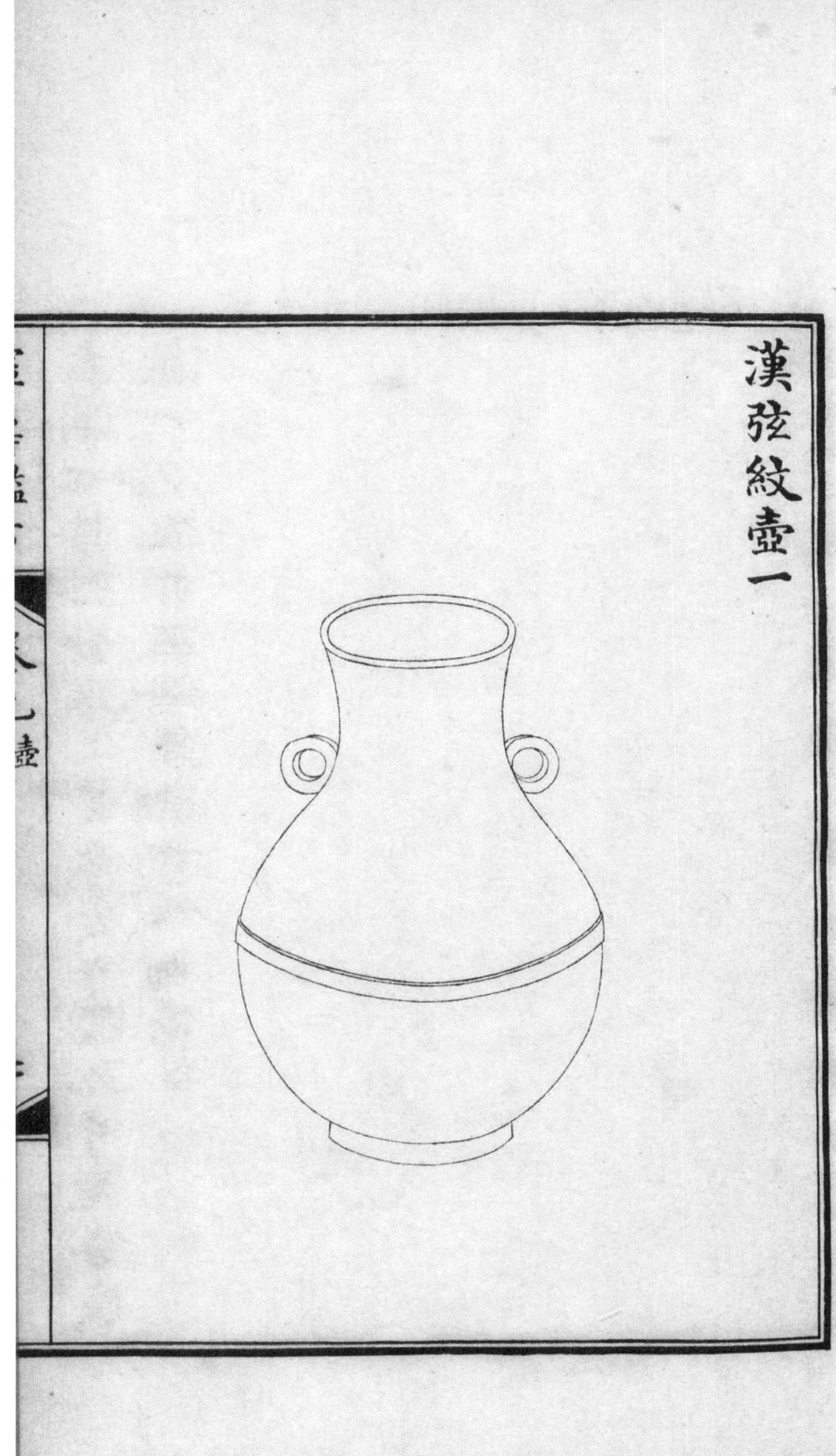

漢弦紋壺一

右高八寸五分深七寸八分口徑三寸四分腹圍一尺九寸五分重五十八兩兩耳

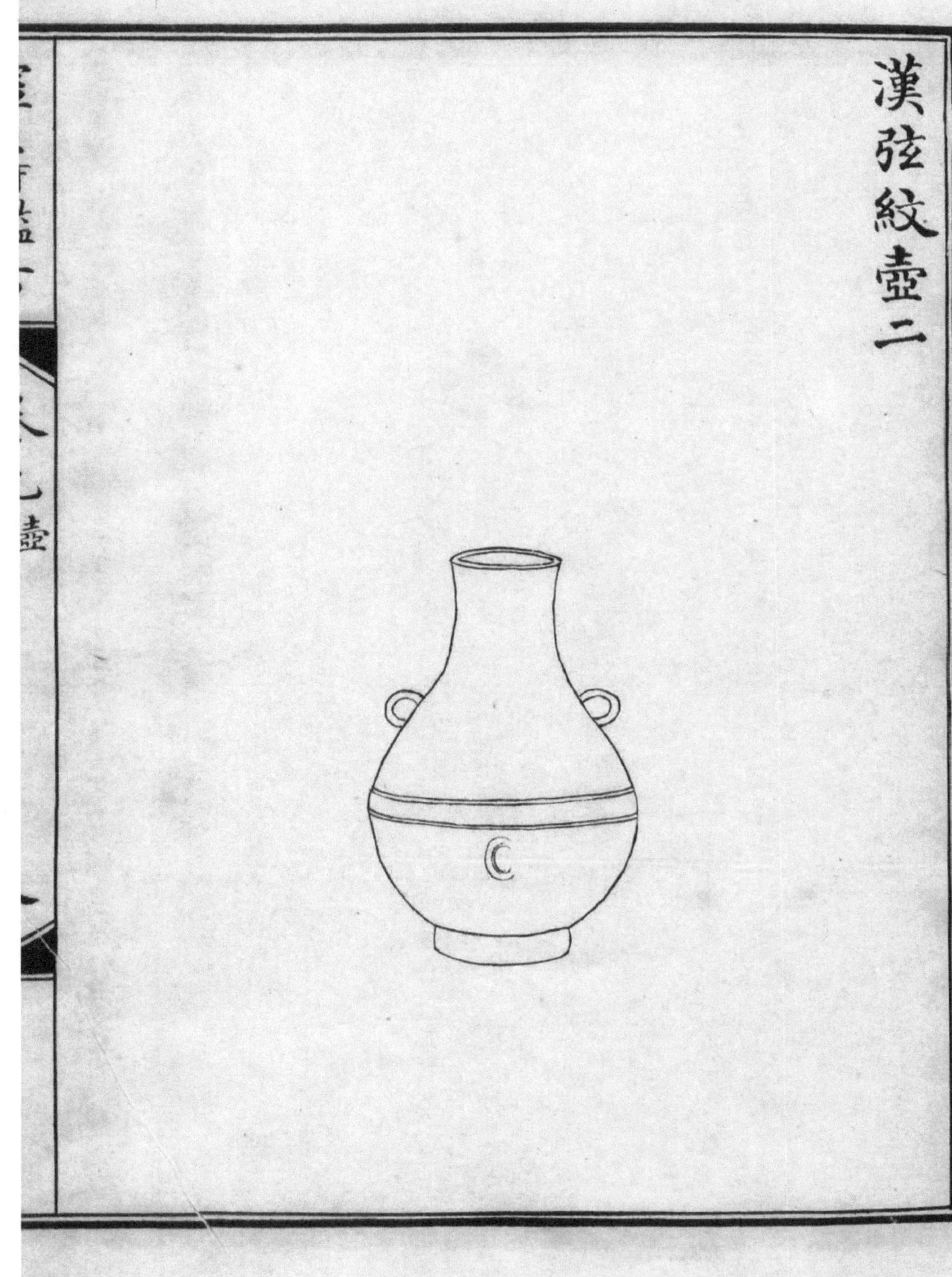

漢弦紋壺二

右高二寸八分深二寸六分口徑八分腹圍五寸八分重三兩有半兩耳一鼻

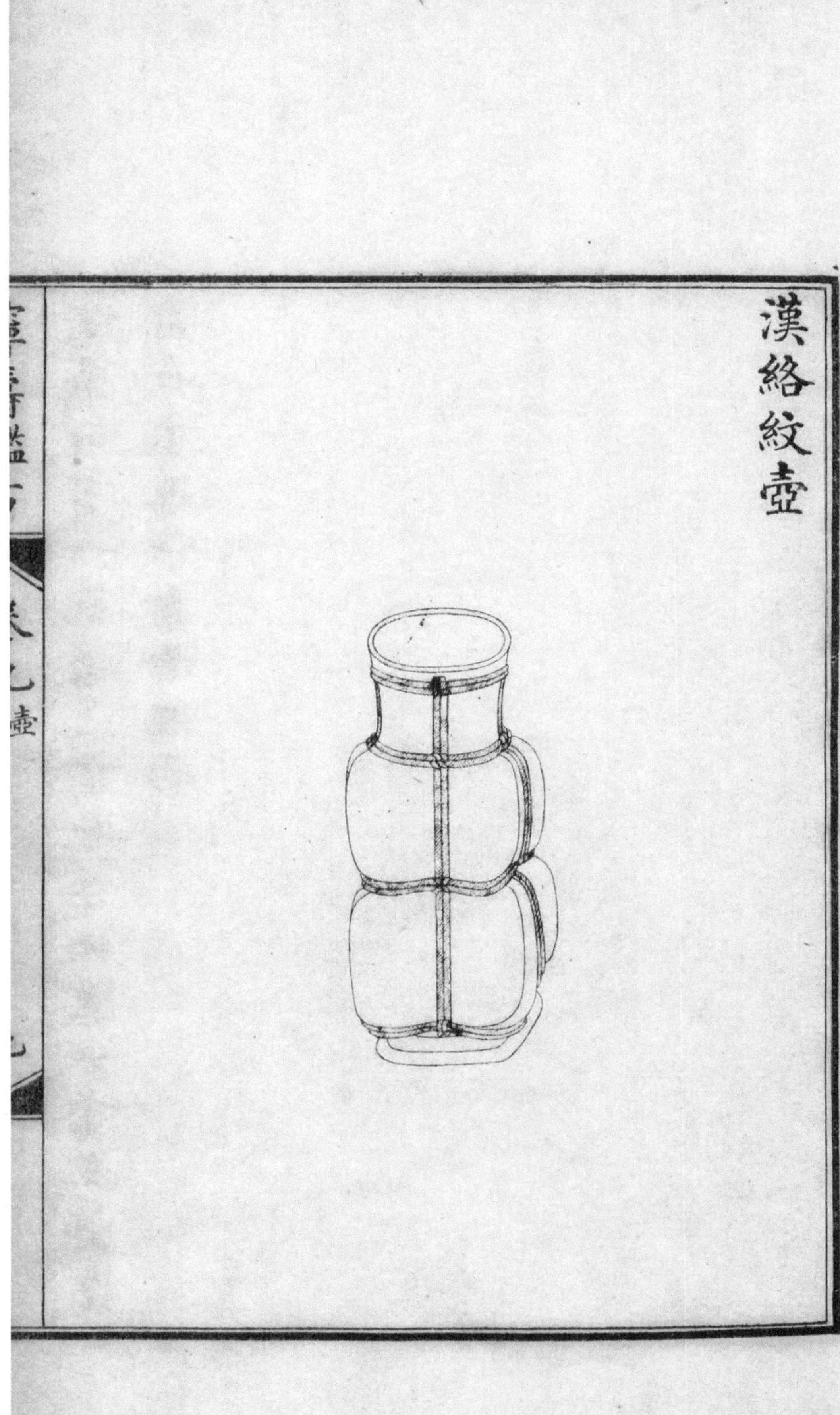

漢絡紋壺

右高四寸一分深三寸七分口徑一寸五分腹圍七寸五分重十三兩

漢粟紋壺

右高七寸六分深一寸一分口徑二寸一分腹圍一尺五寸重四十二兩兩耳案周禮典瑞榖圭注曰其飾若粟文然盖榖所以養人故壺之取象如此

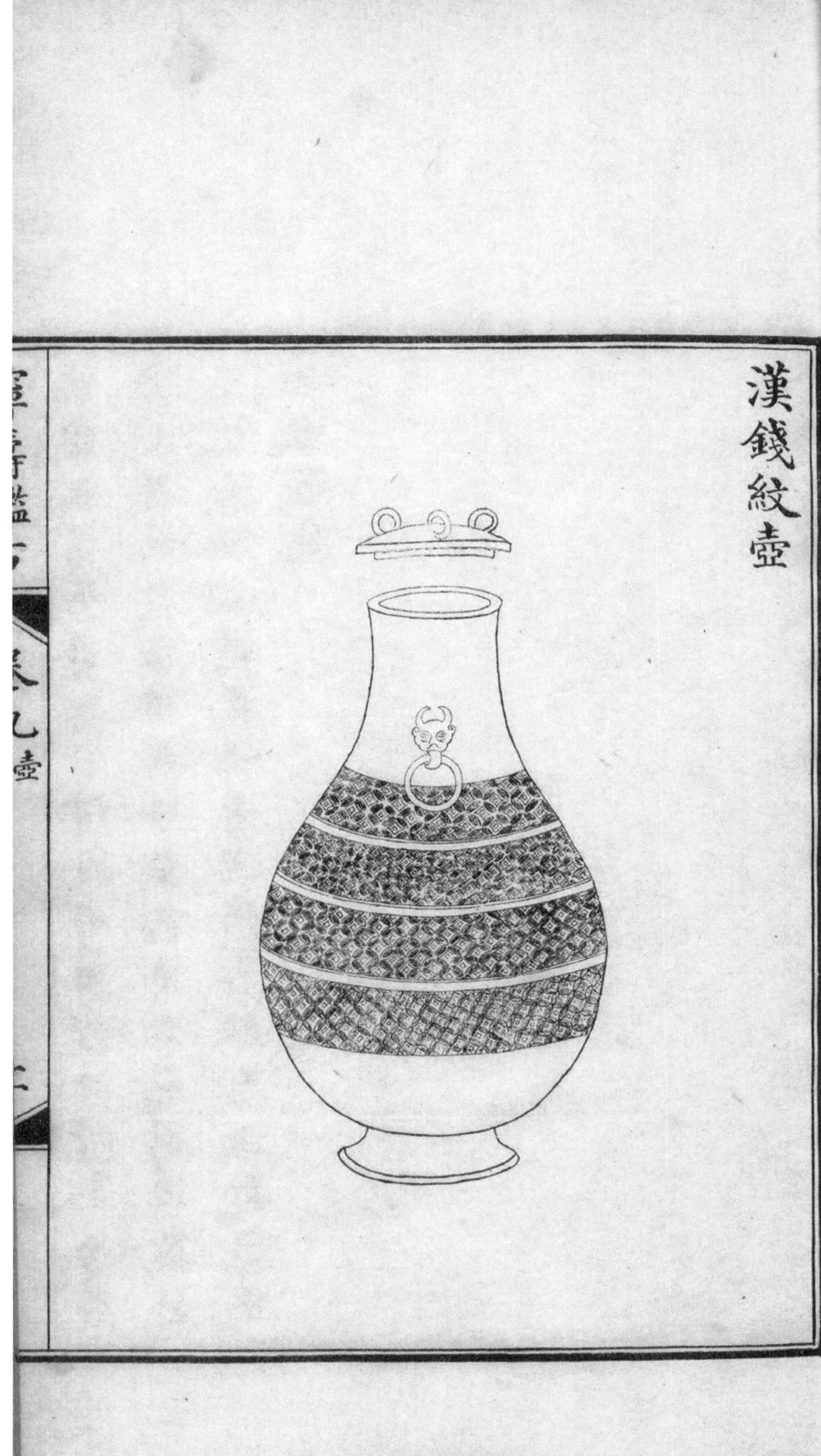
漢錢紋壺

右通蓋高九寸二分深七寸五分口徑二寸一分腹圍一尺五寸五分重四十六兩兩耳連環三代器無以錢為飾者西清古鑑有漢錢文盂殆此類也

漢篆帶壺

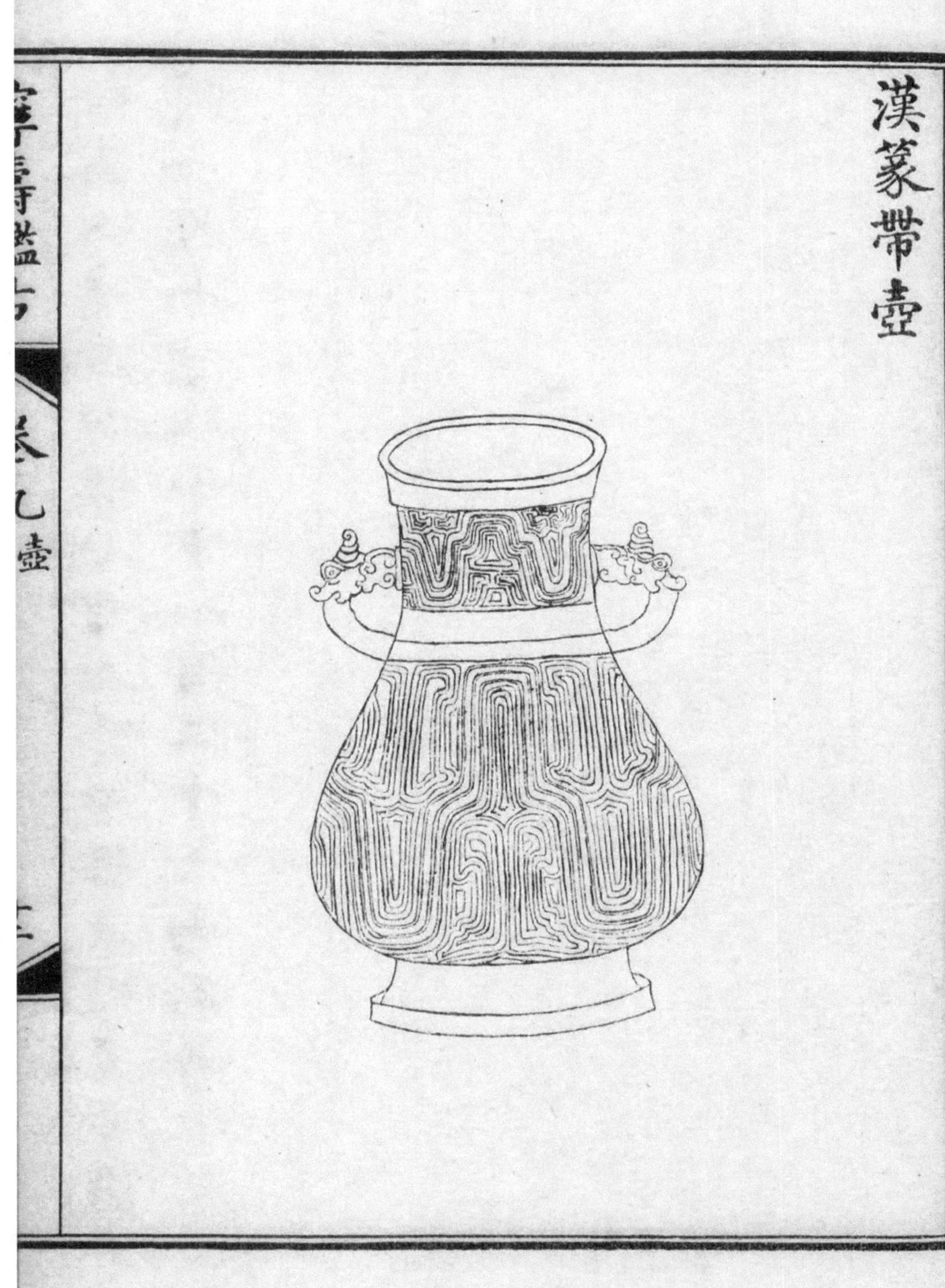

右高八寸二分深七寸二分口徑三寸五分腹圍一尺七寸八分重一百二十六兩兩耳

漢獸環壺一

右通蓋高九寸七分深七寸四分口徑三寸一分腹圍一尺九寸八分重六十二兩兩耳連環

漢獸環壺二

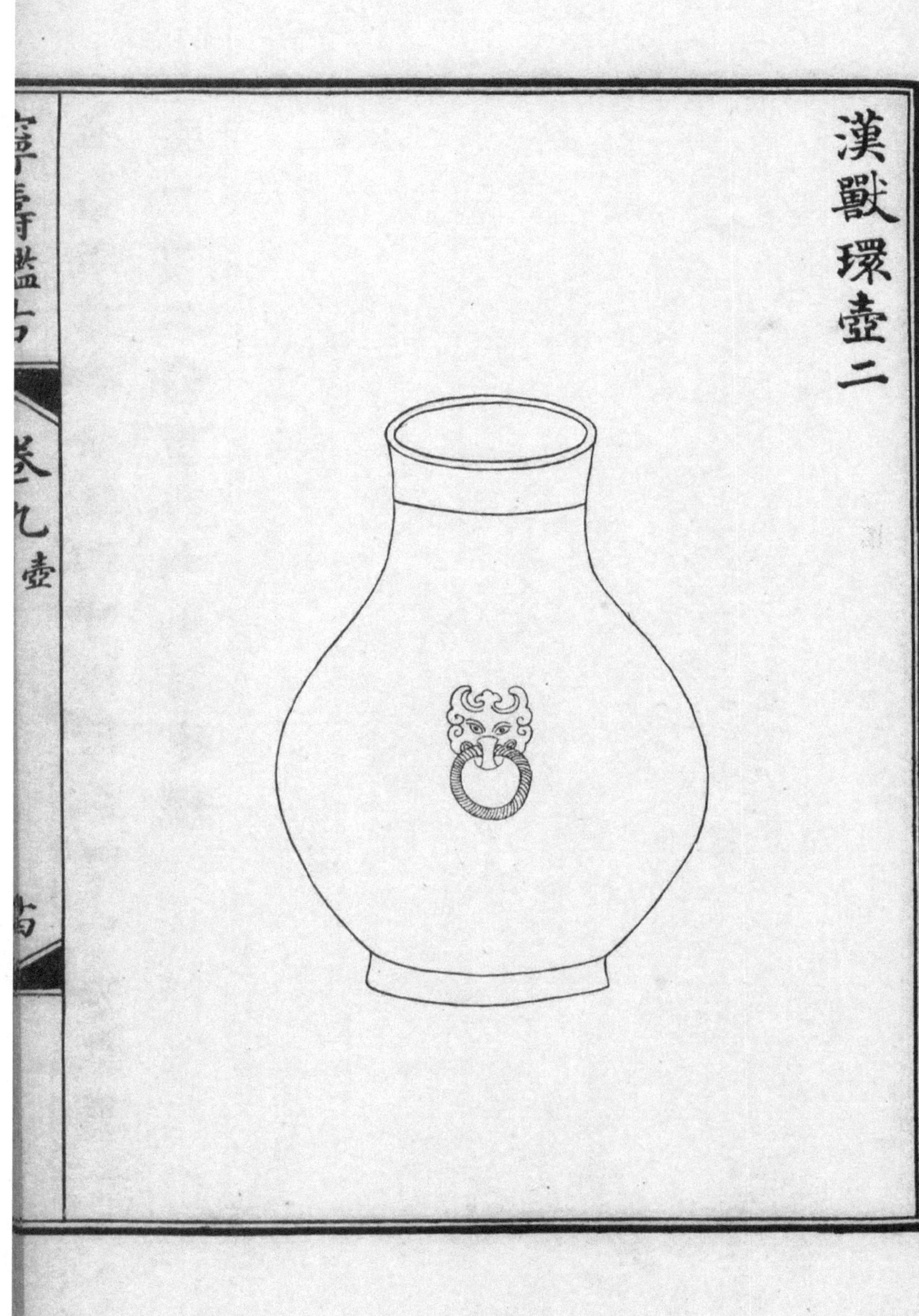

右高四寸四分深四寸口徑二寸一分腹圍一尺一寸二分重九兩兩耳連環

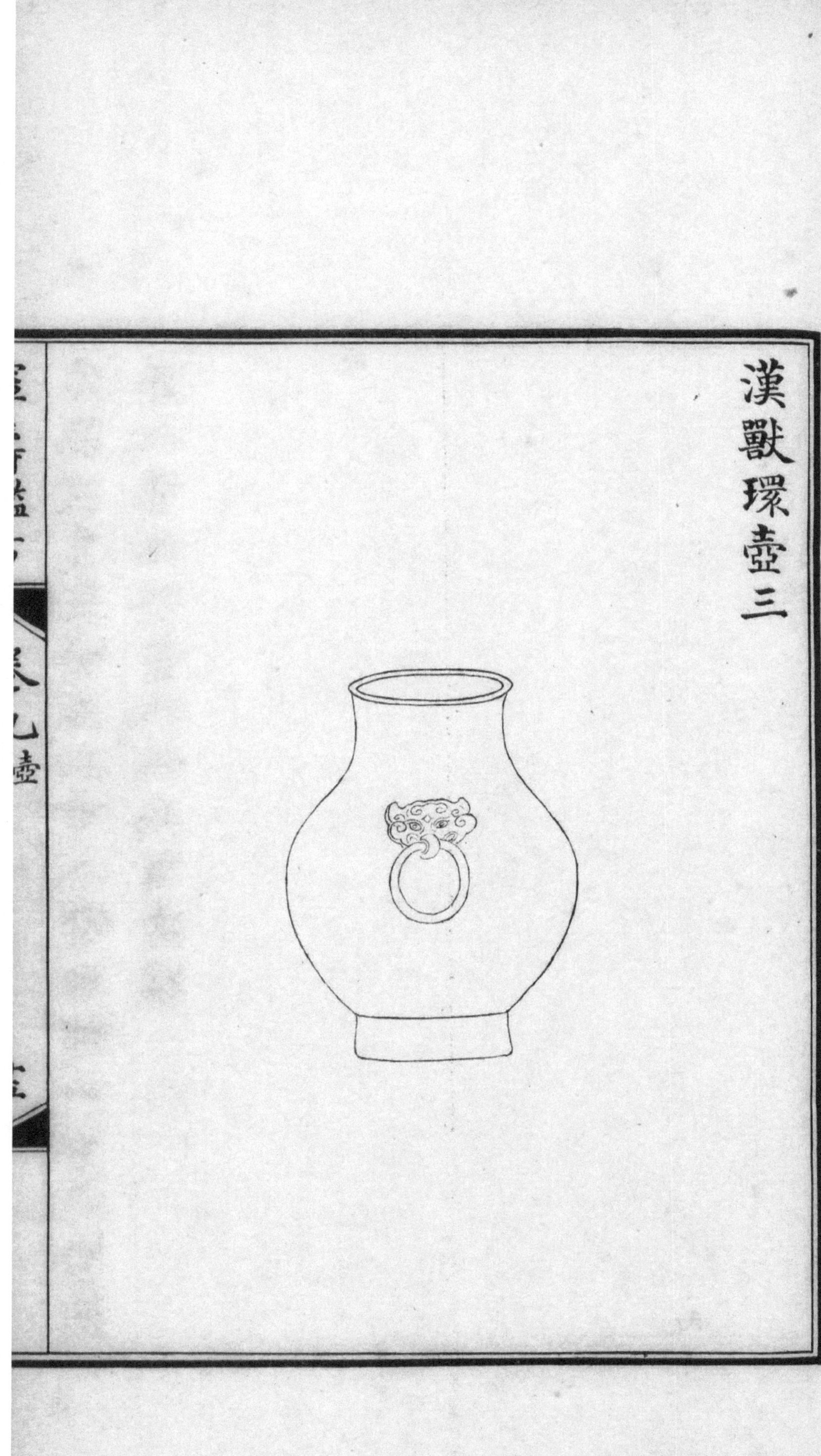
漢獸環壺三

右高三寸三分深二寸八分口徑一寸一分腹圍八寸四分重八兩兩耳連環

漢獸環壺四

右高九寸深八寸口徑三寸三分腹圍二尺一寸五分重八十兩兩耳連環塗金

漢獸環壺五

右高九寸深七寸五分口徑三寸二分腹圍二尺六分重七十八兩兩耳連環

漢獸環壺六

右高六寸二分深五寸四分口徑二寸七分腹
圍一尺五寸八分重三十二兩兩耳連環

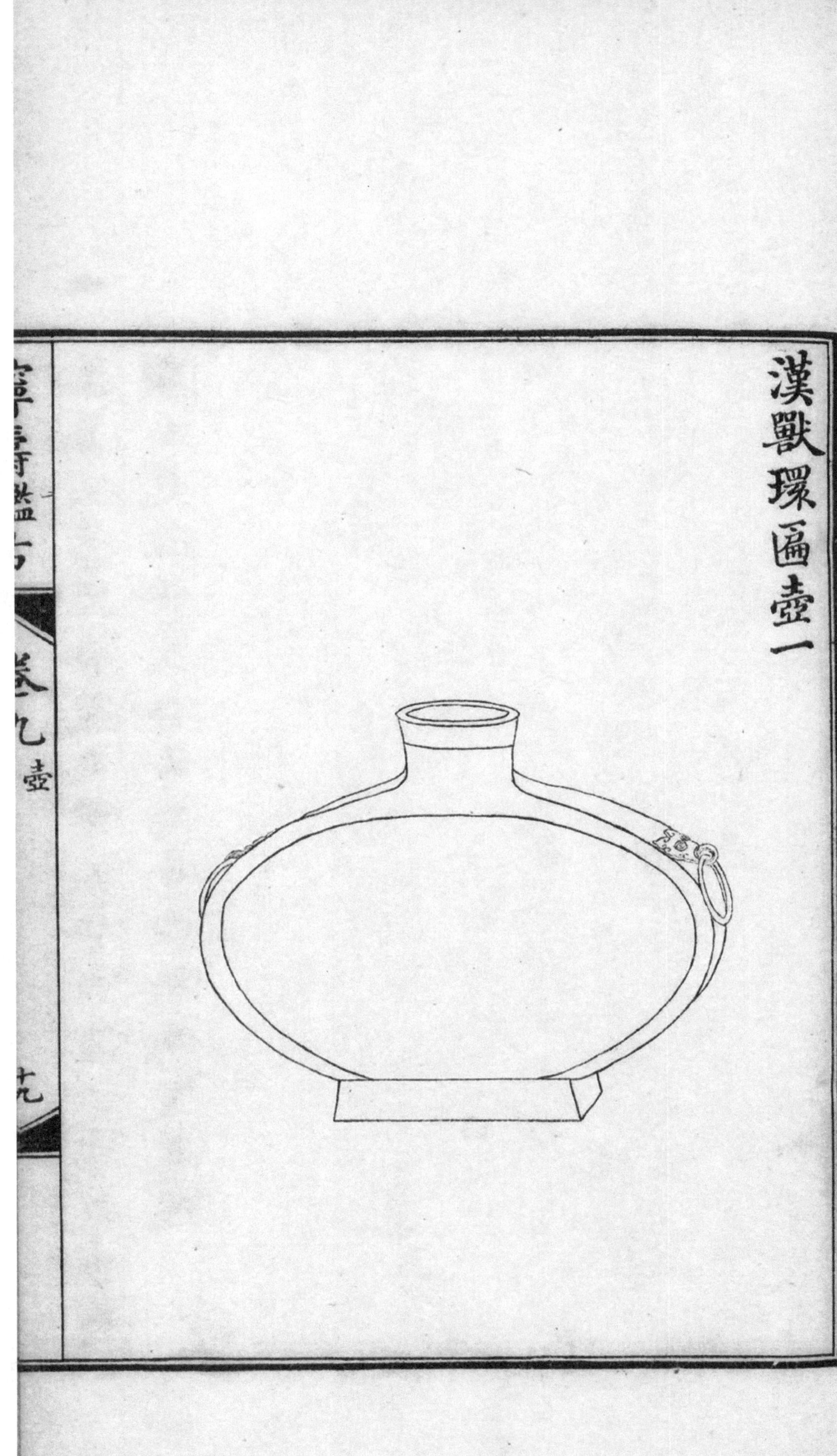
漢獸環匾壺一
寧壽鑑古
卷九 壺
十九

右高八寸二分深七寸五分口經二寸二分腹圍二尺三寸二分重七十二兩兩耳連環

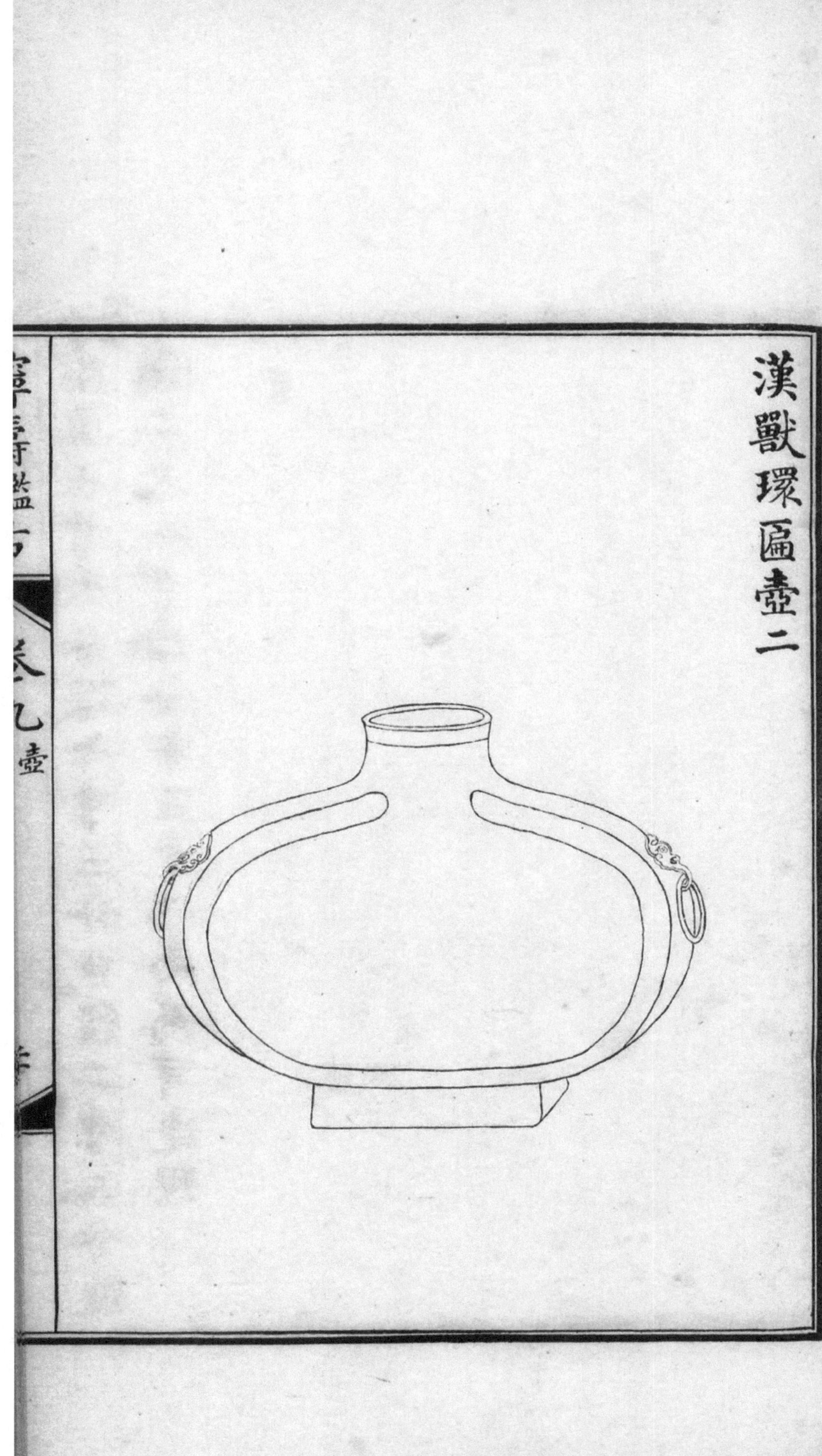

漢獸環匾壺二

右高七寸九分深七寸三分口徑二寸五分腹
圍二尺一寸六分重五十八兩兩耳連環

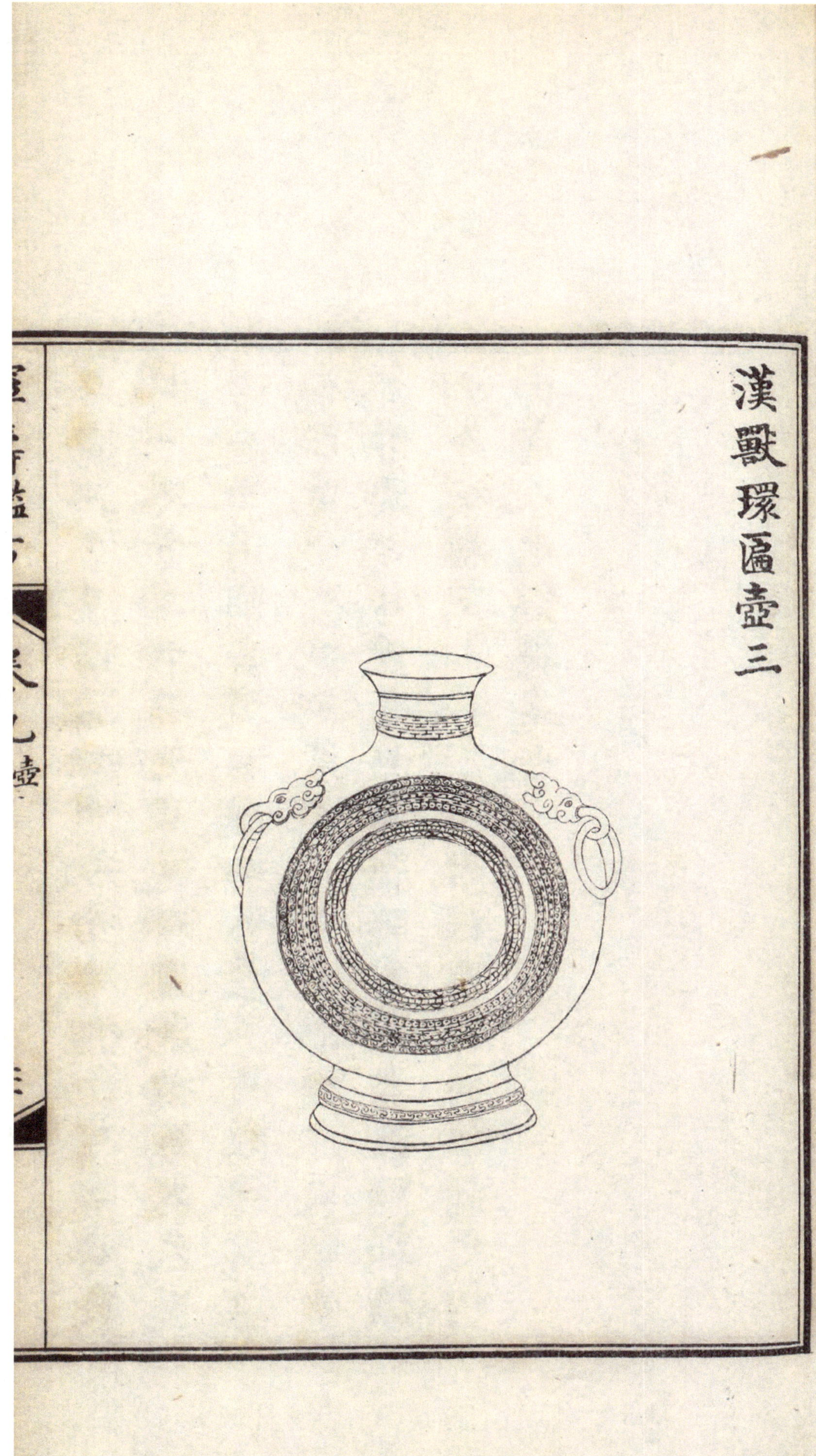
漢獸環匾壺三

右高五寸五分深四寸七分口徑一寸四分腹圍一尺重二十兩兩耳連環案儀禮卿大夫用方壺士用圜壺博古圖以匾壺不見經傳謂漢儒臆見之作然所載周三耳壺形製亦匾則壺於方圜之外兼有此製顏師古漢書注曰椑榼即今偏榼所以盛酒廣雅釋器曰匾榼謂之椑即唐人之偏提是也

漢獸環匾壺四

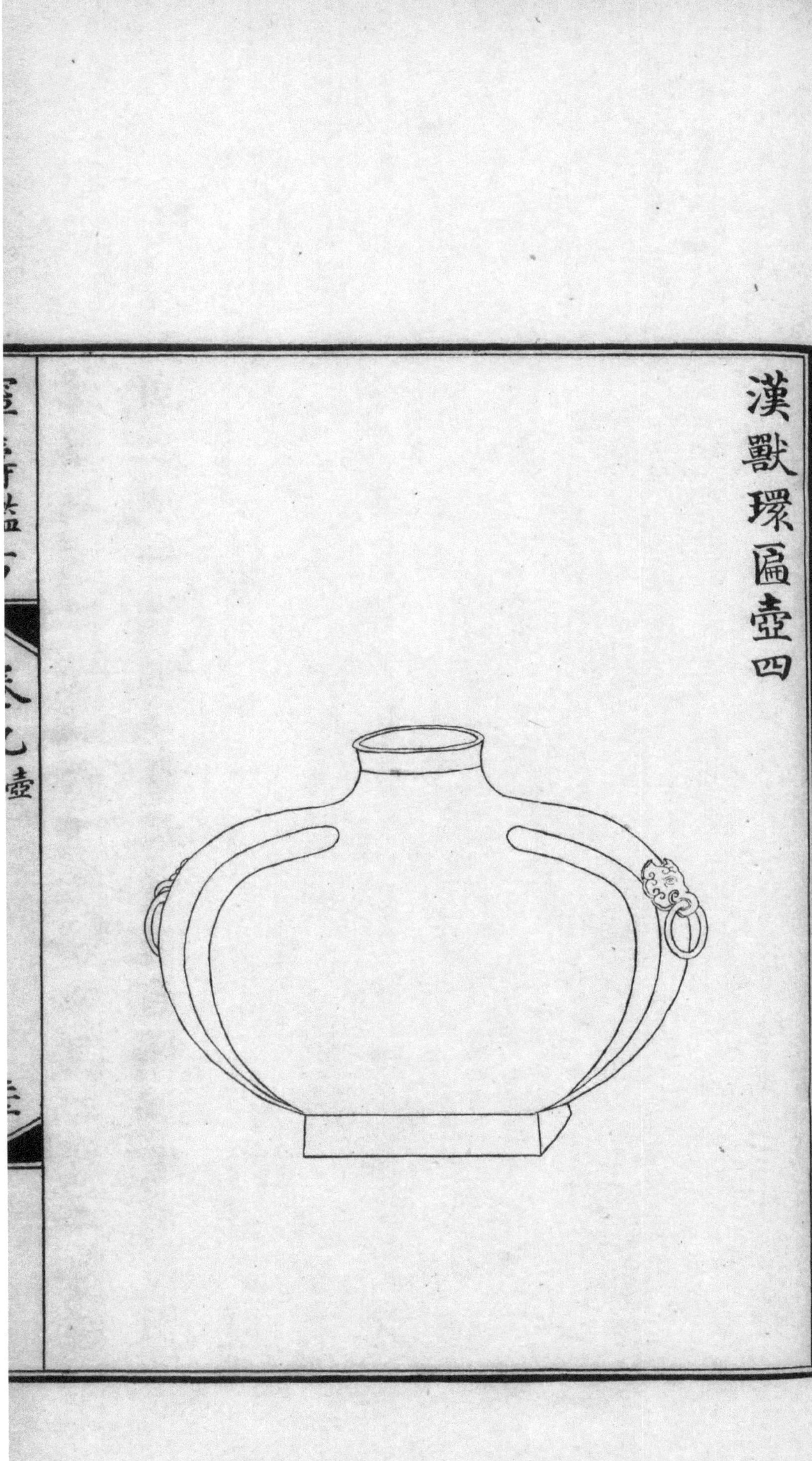

右高七寸二分深六寸九分口徑二寸二分腹圍二尺一寸九分重六十兩兩耳連環

漢獸環匾壺五

右高四寸一分深三寸四分口徑一寸四分腹圍八寸三分重十六兩兩耳連環金銀錯

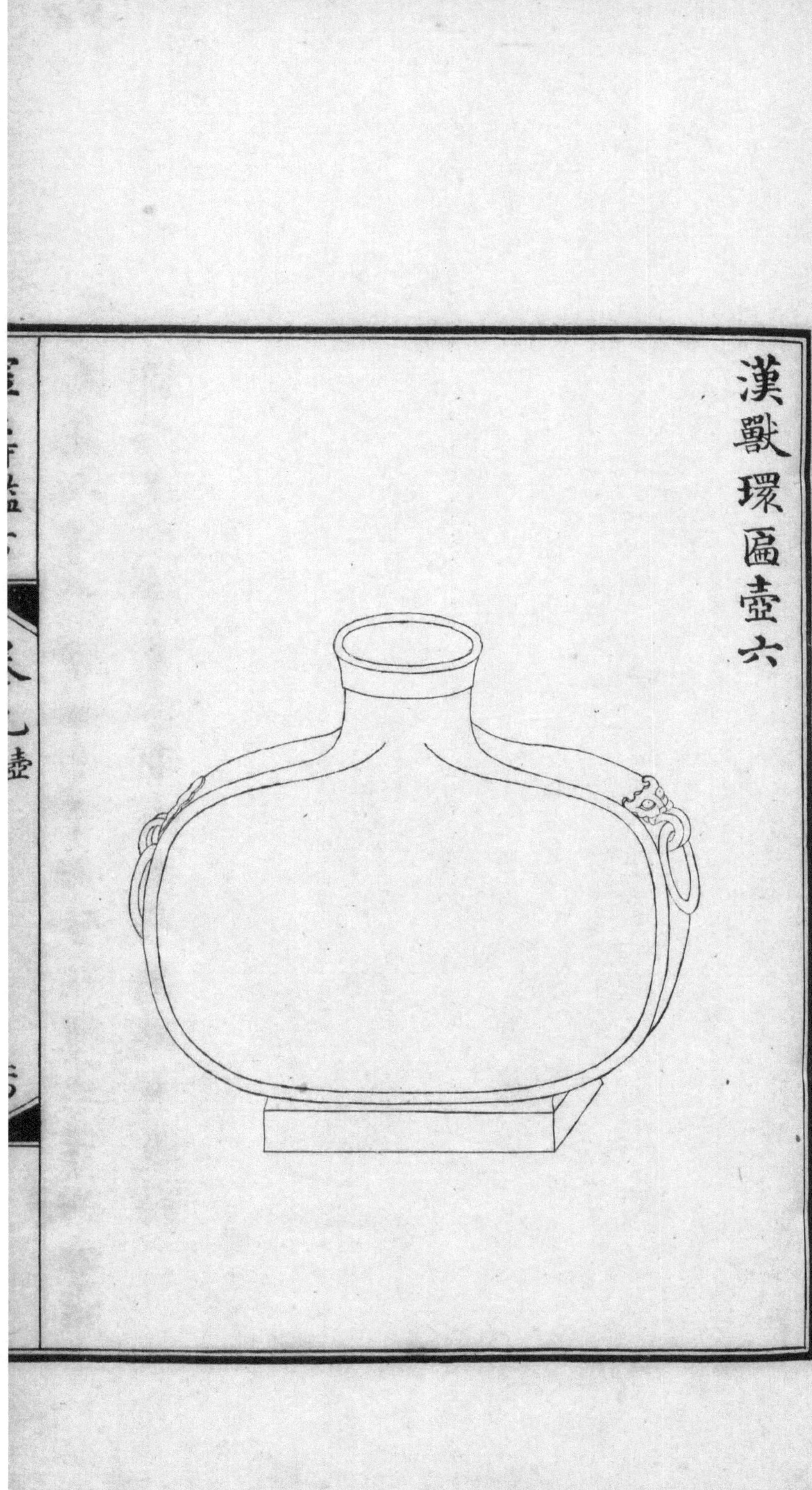
漢獸環匾壺六

右高八寸三分深七寸六分口徑二寸六分腹
圍二尺二寸五分重六十八兩兩耳連環

漢獸環區壺七

右高九寸六分深八寸一分口徑三寸三分腹
圍二尺八分重一百四十兩兩耳連環金銀錯

漢獸環壺圖八

右高五寸四分深五寸一分口徑一寸六分腹圍一尺一寸八分重三十二兩兩耳連環

漢獸環方壺一

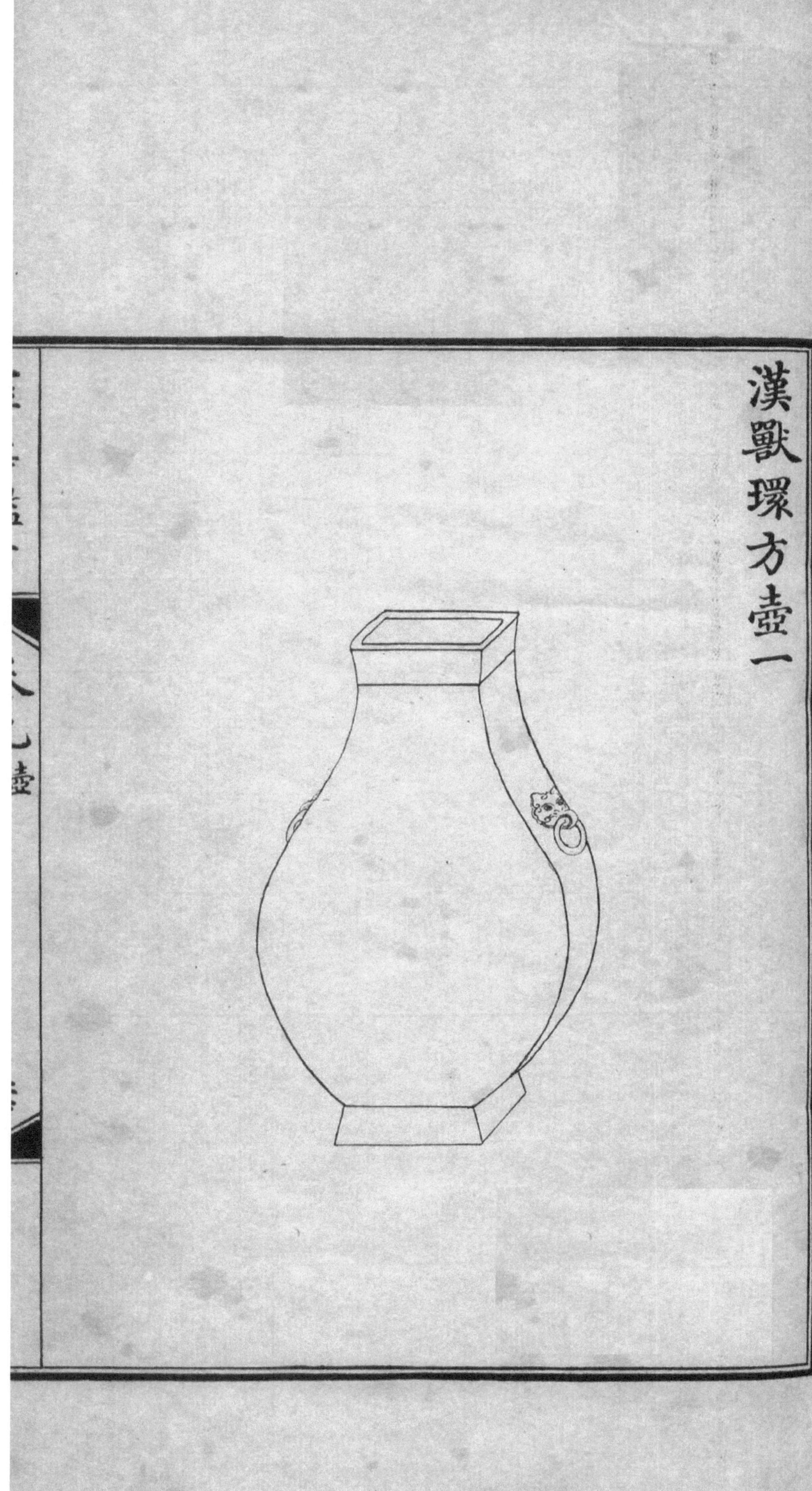

右高八寸五分深八寸口徑二寸七分腹圍二尺重五十八兩兩耳連環

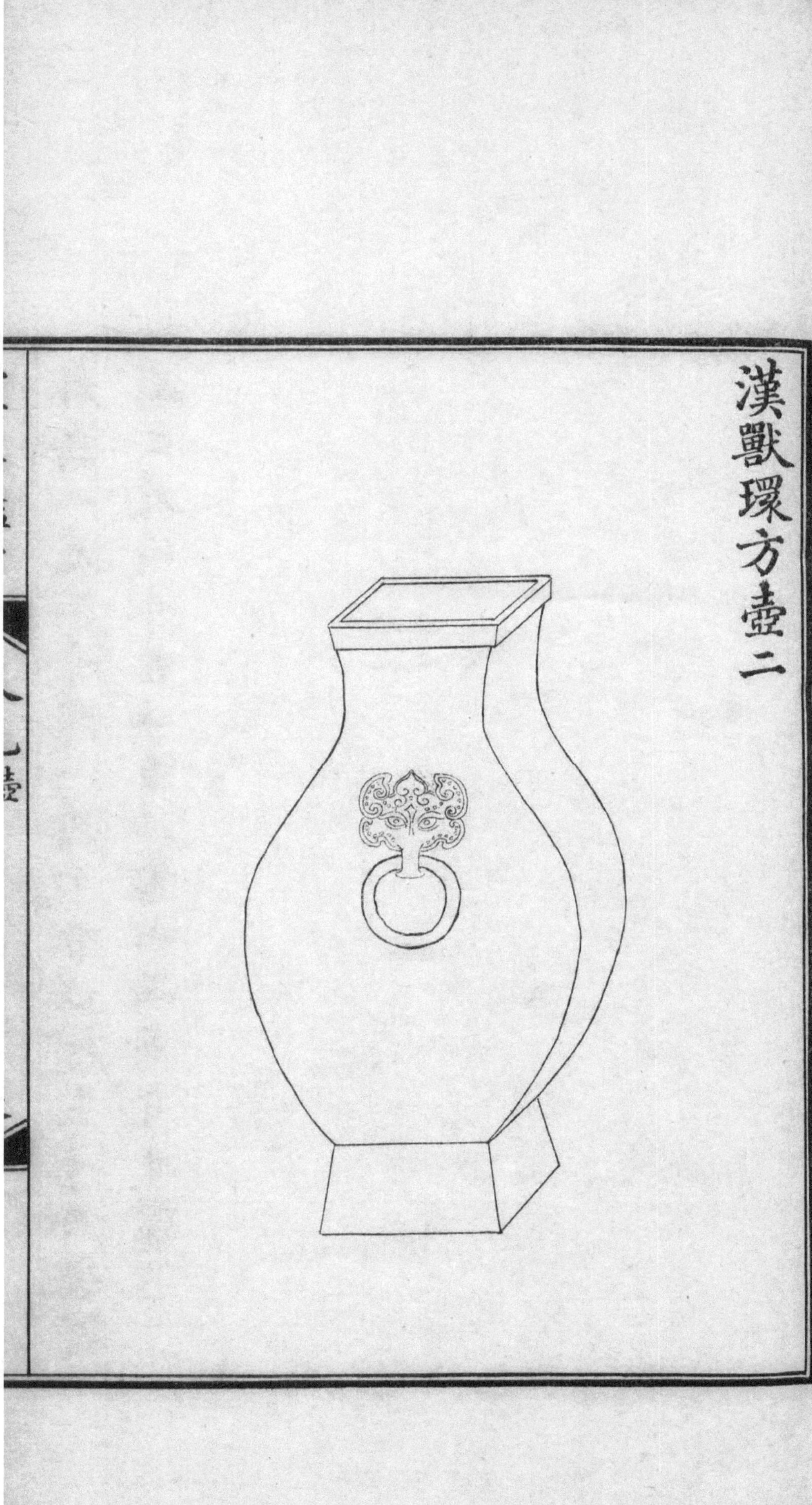

漢獸環方壺二

右高一尺二寸深一尺三分口徑三寸六分腹圍二尺二寸五分重一百六兩兩耳連環

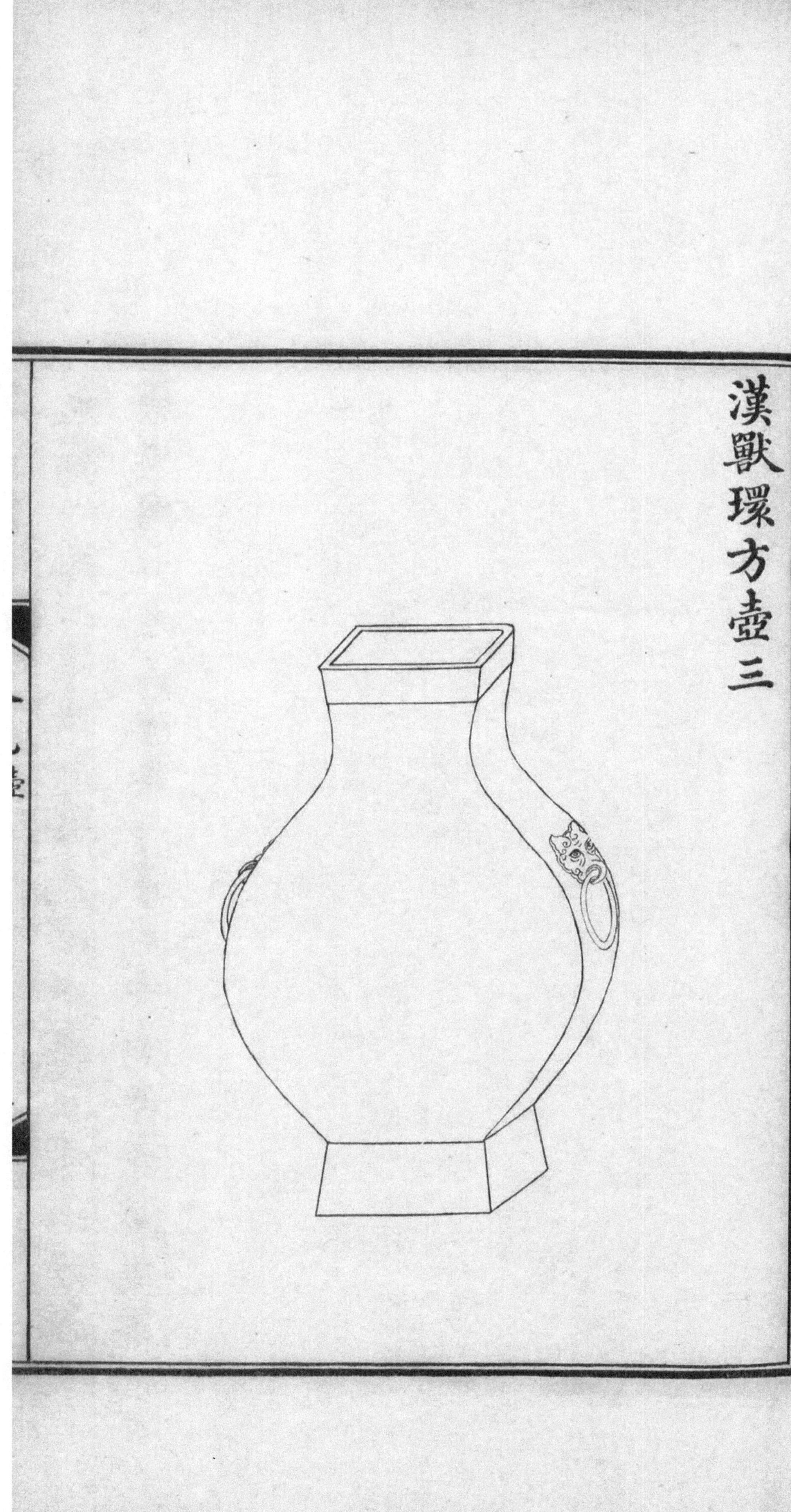
漢獸環方壺三

右高一尺一寸二分深九寸七分口徑三寸四分腹圍二尺六寸二分重九十六兩兩耳連環

漢獸環方壺四

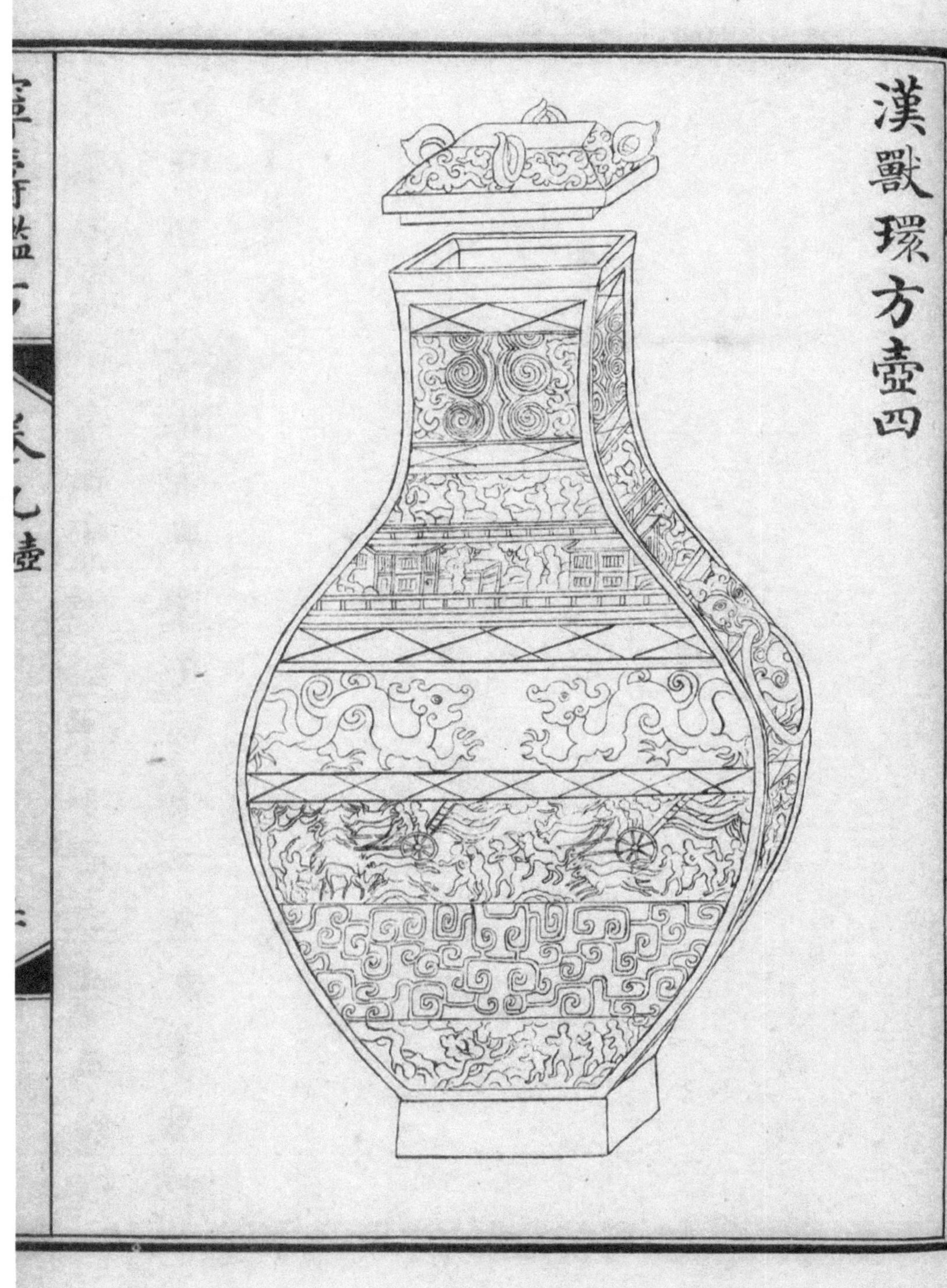

右通蓋高一尺五寸四分深一尺二寸五分口徑三寸六分腹圍二尺九寸重一百九十二兩兩耳連環

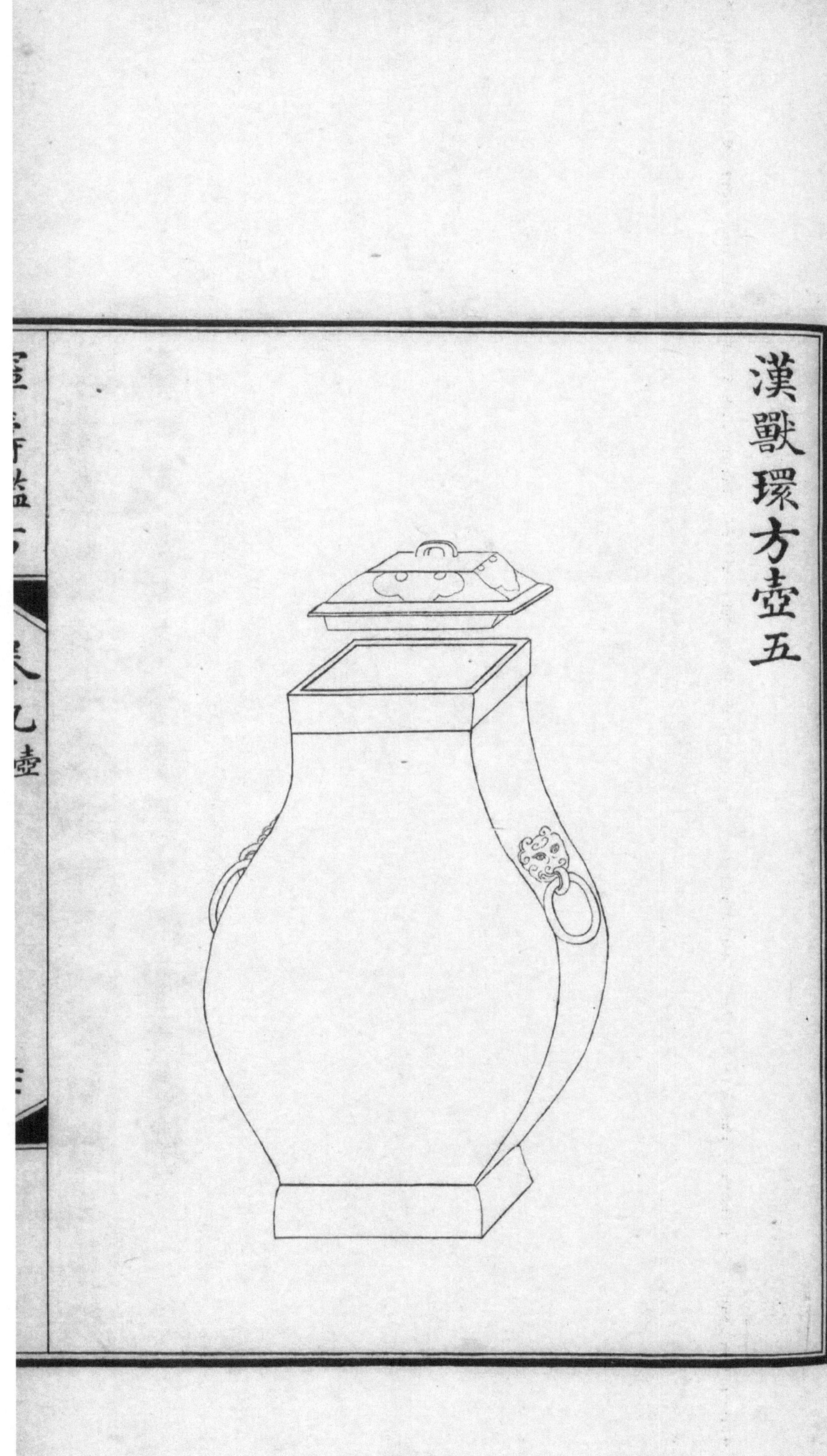
漢獸環方壺五

右通蓋高六寸一分深四寸八分口徑二寸腹圍一尺二寸八分重二十兩兩耳連環

漢獸耳壺一

右高五寸二分深四寸七分口徑二寸三分腹
圍一尺三寸五分重二十兩兩耳

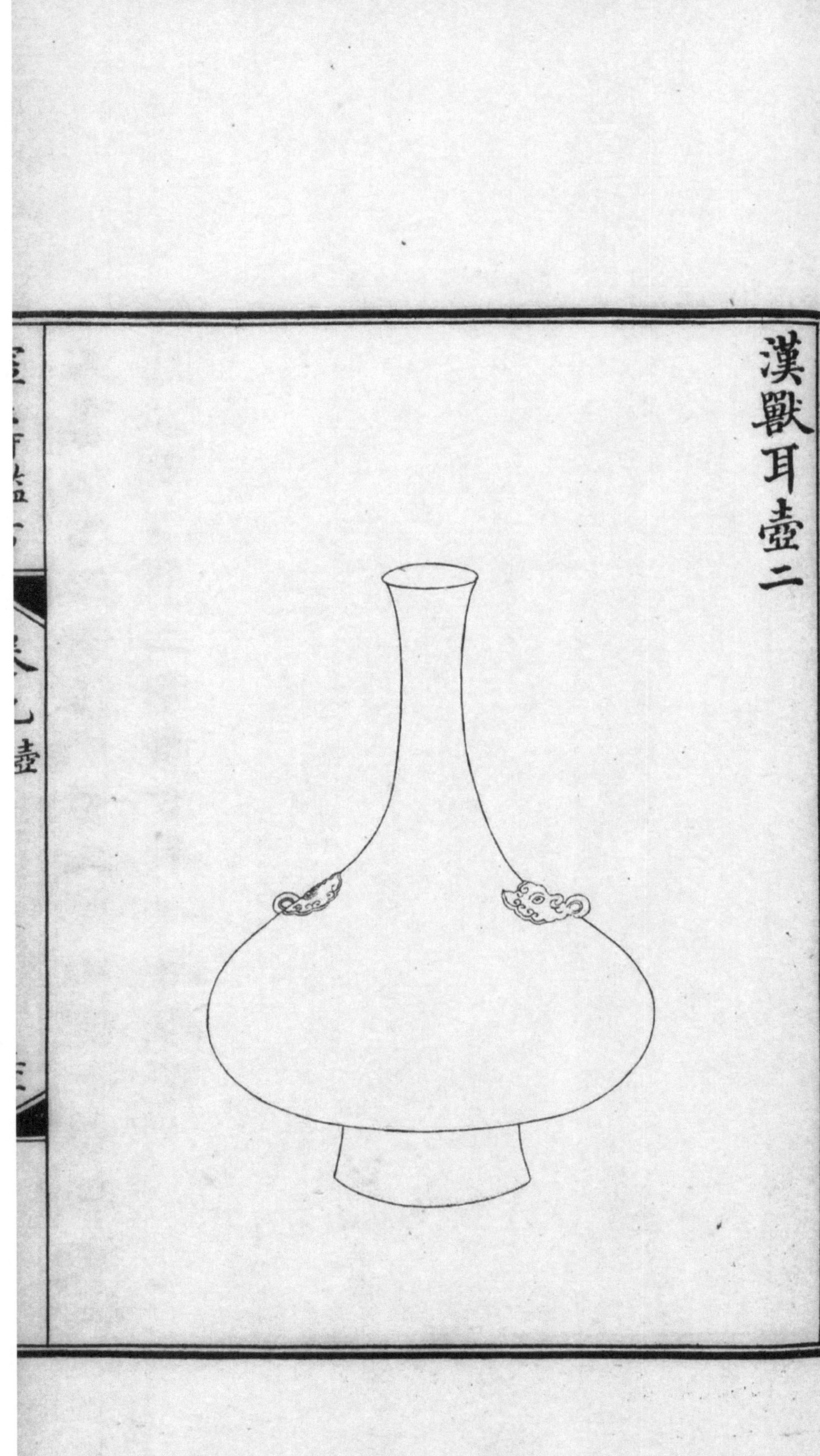
漢獸耳壺二

右高一尺八分深九寸二分口徑一寸二分腹
圍二尺二寸二分重七十一兩兩耳

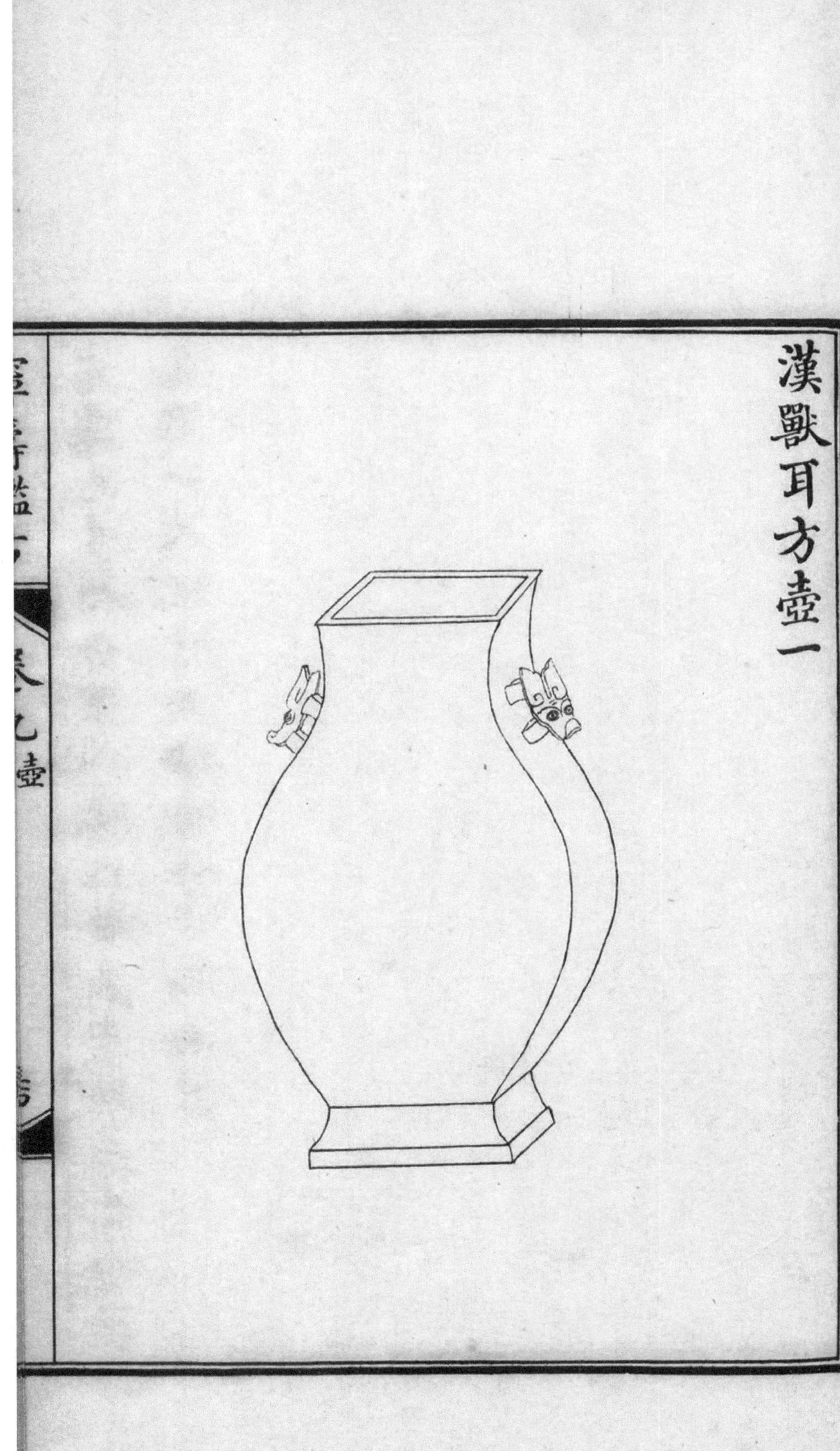

漢獸耳方壺一

右高九寸六分深八寸口縱三寸横三寸六分

腹圍一尺九寸五分重八十兩兩耳

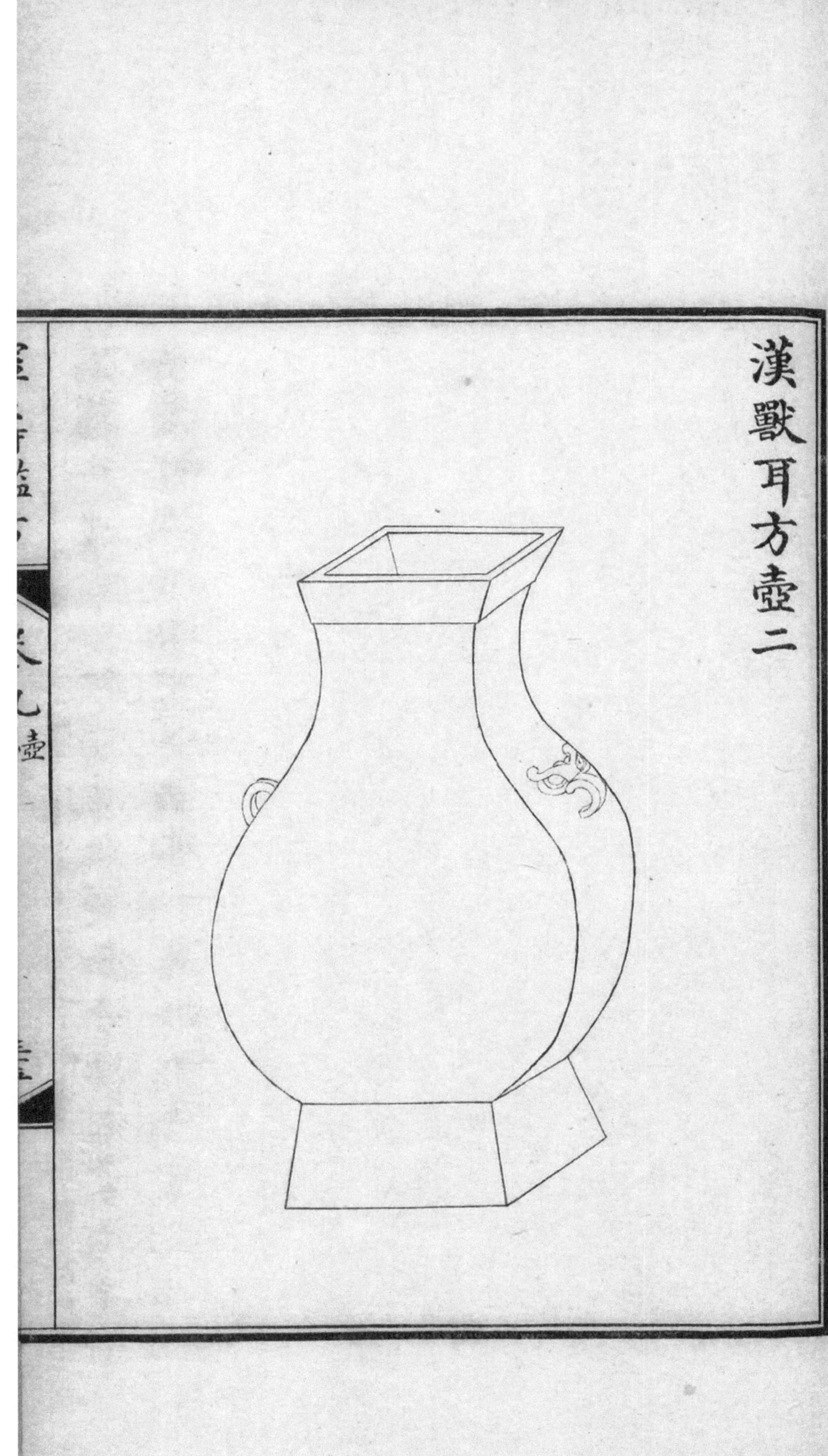
漢獸耳方壺二

右高一尺一寸六分深九寸九分口徑三寸五分腹圍二尺四寸八分重一百四兩兩耳

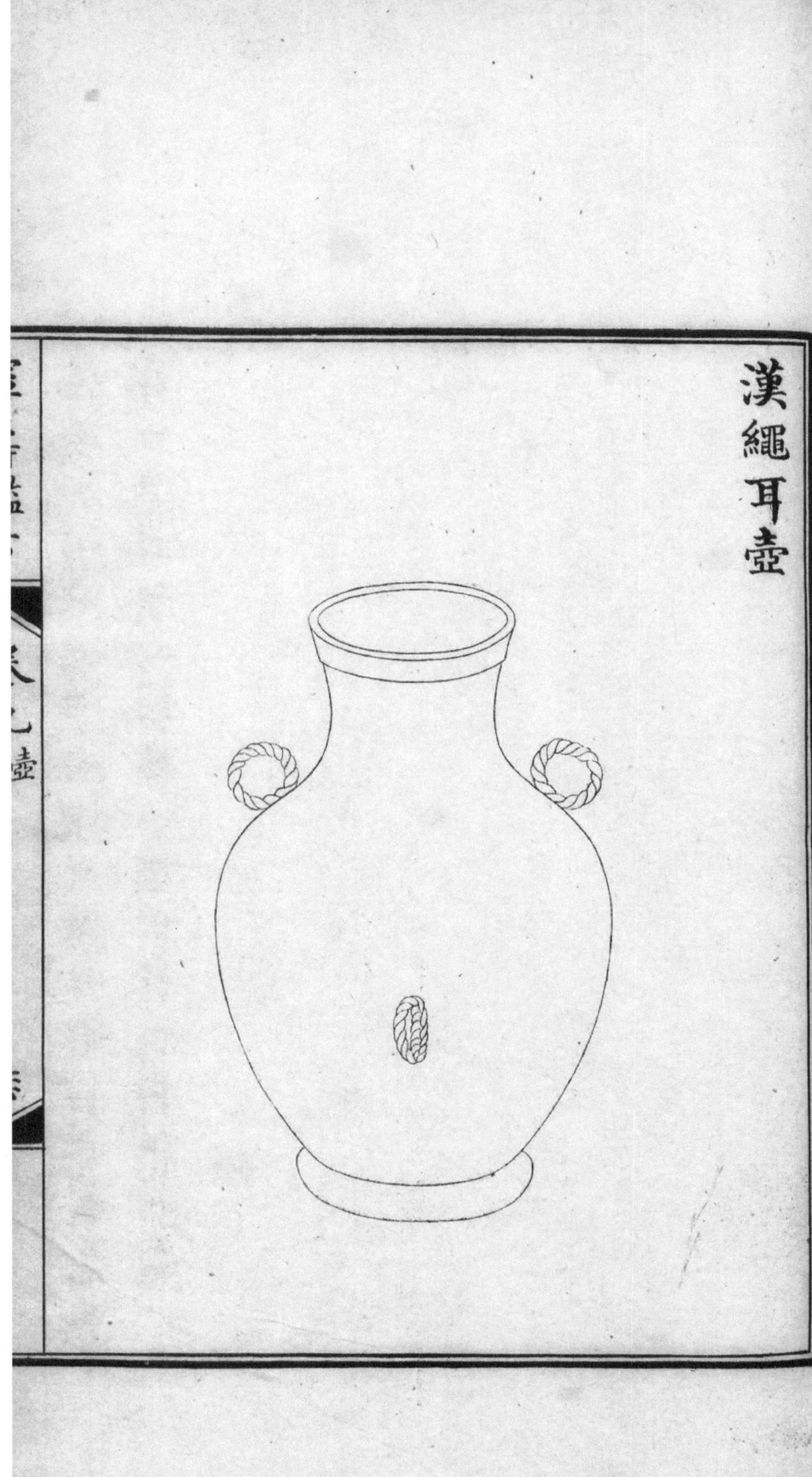
漢繩耳壺

右高九寸七分深八寸六分口徑三寸六分腹圍一尺二寸八分重一百二十兩兩耳一鼻

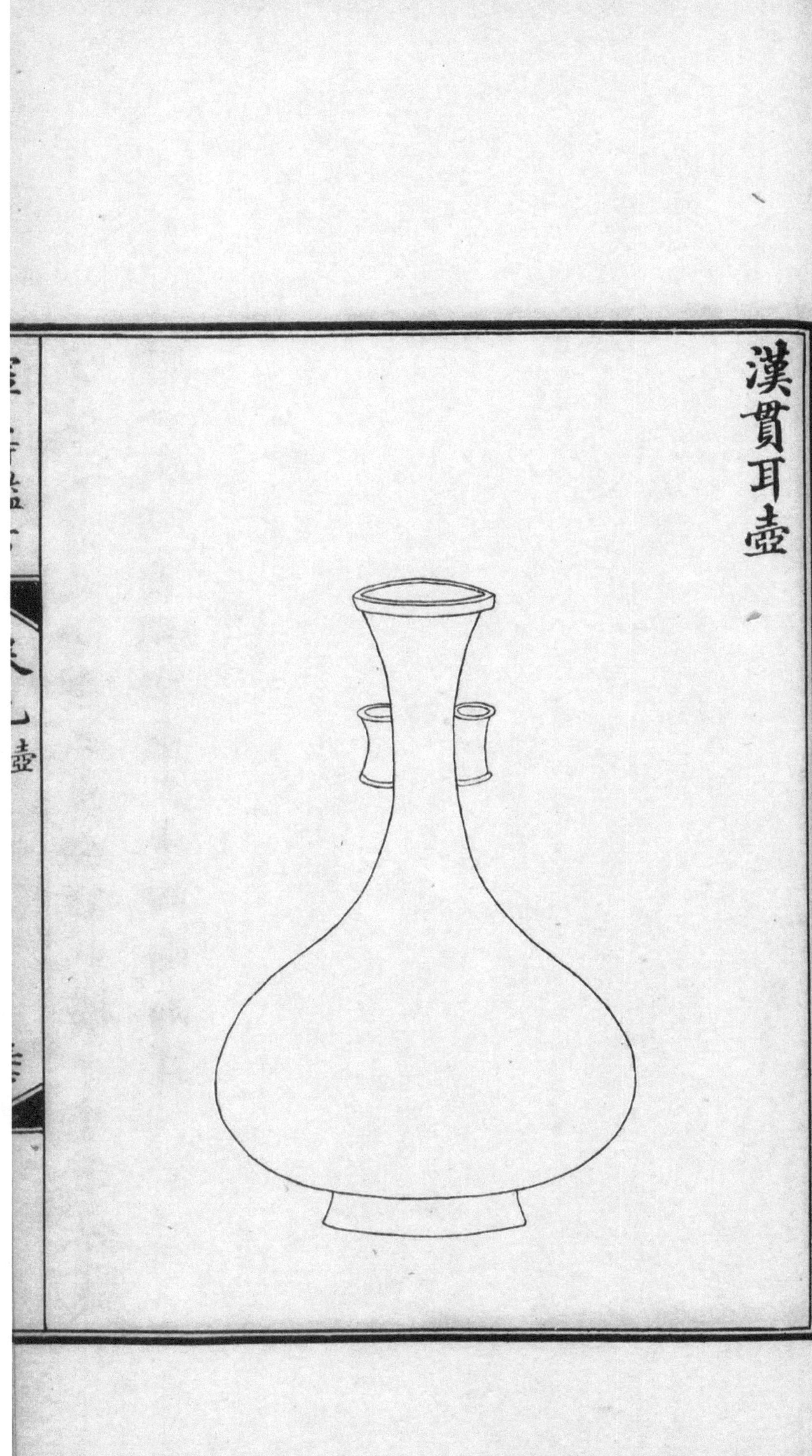

漢貫耳壺

右高七寸七分深七寸四分口經一寸七分腹圍一尺四寸四分重二十四兩兩耳

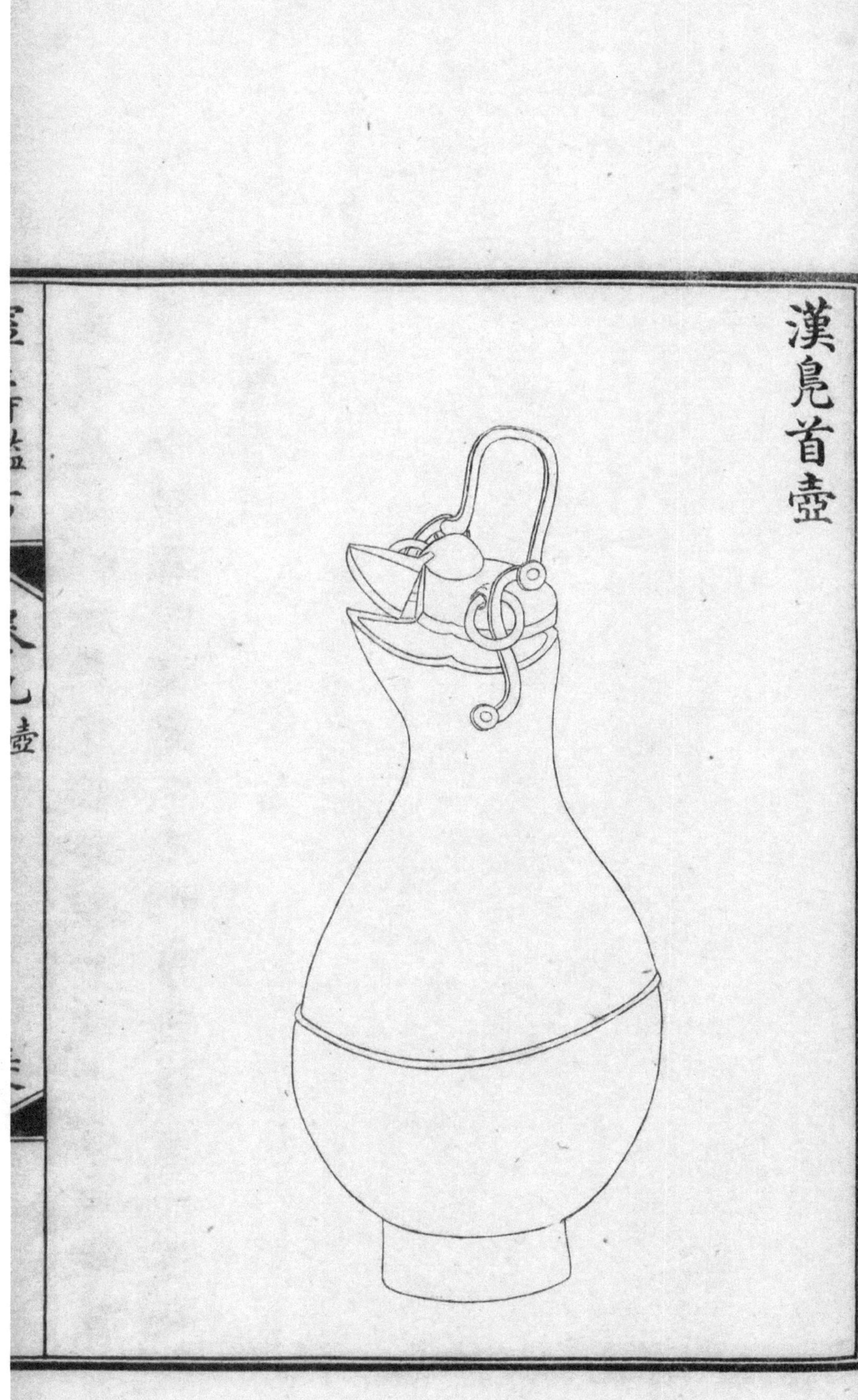

漢鳧首壺

右通蓋高一尺三寸四分深一尺六分口縱三寸八分橫五寸腹圍二尺四寸五分重一百兩有繫有流

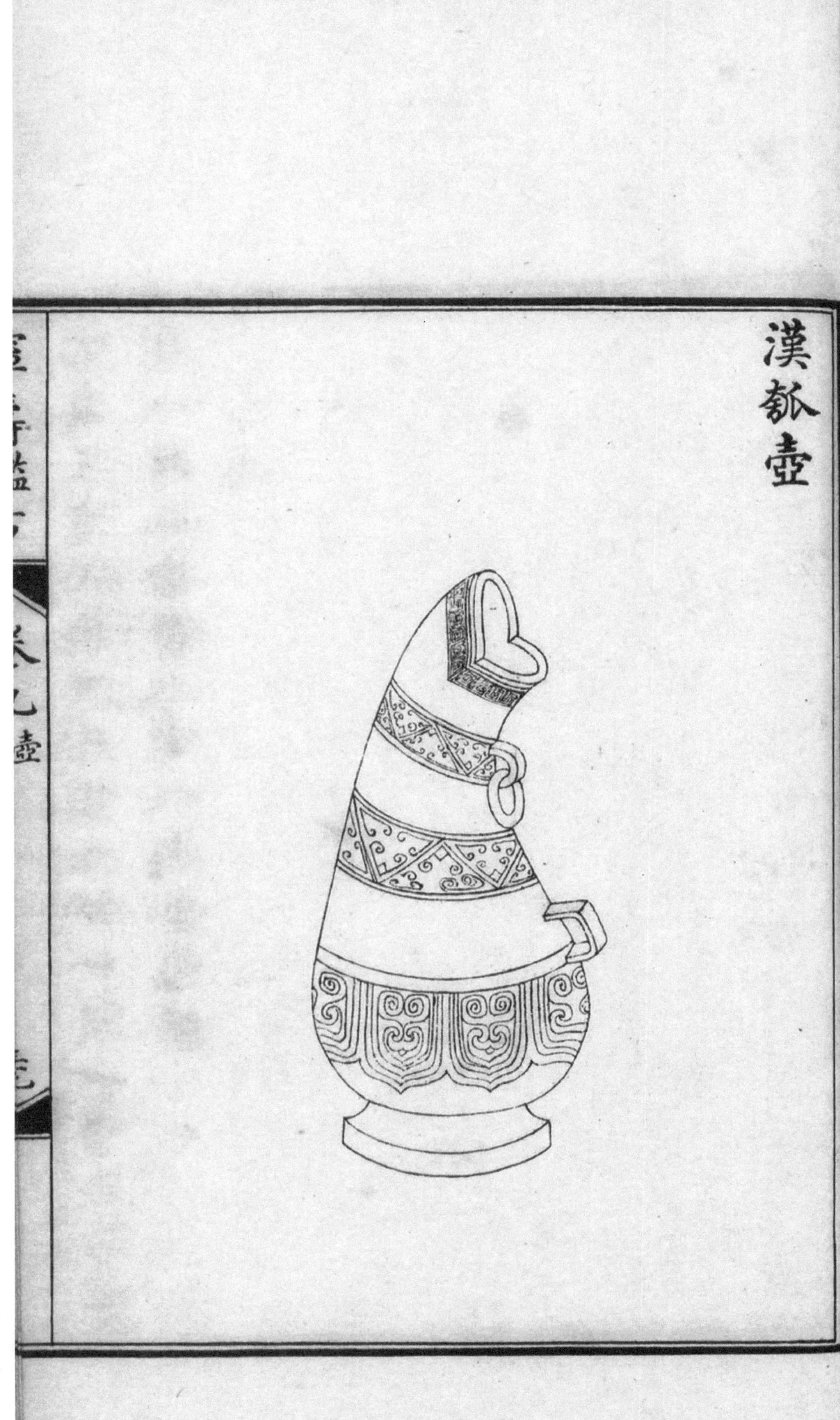

漢瓠壺

右高七寸六分深五寸二分口徑一寸二分腹
圍一尺二分重二十八兩金銀錯

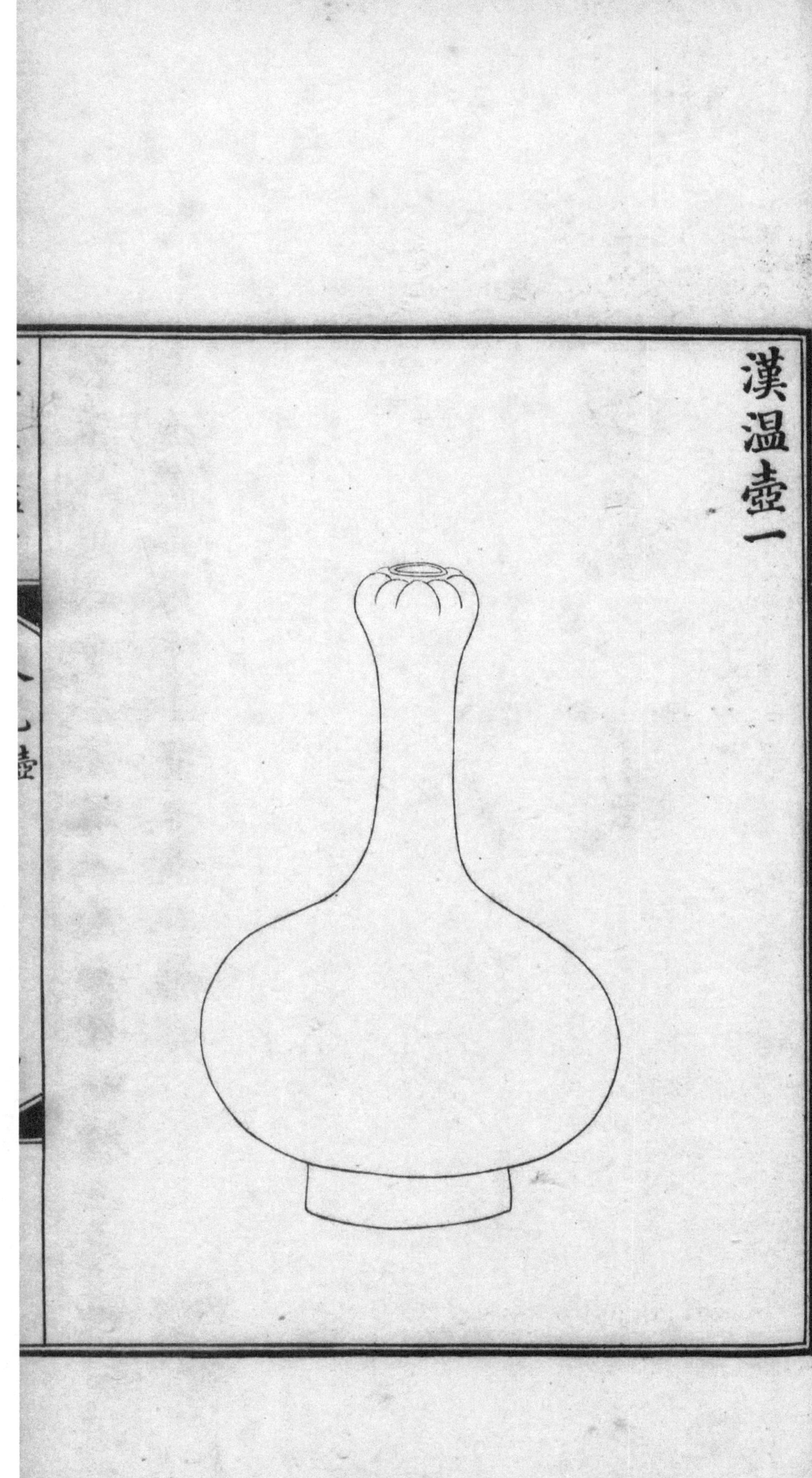
漢温壺一

右高一尺一寸三分深一尺六分口徑一寸一分腹圍二尺一寸重七十二兩

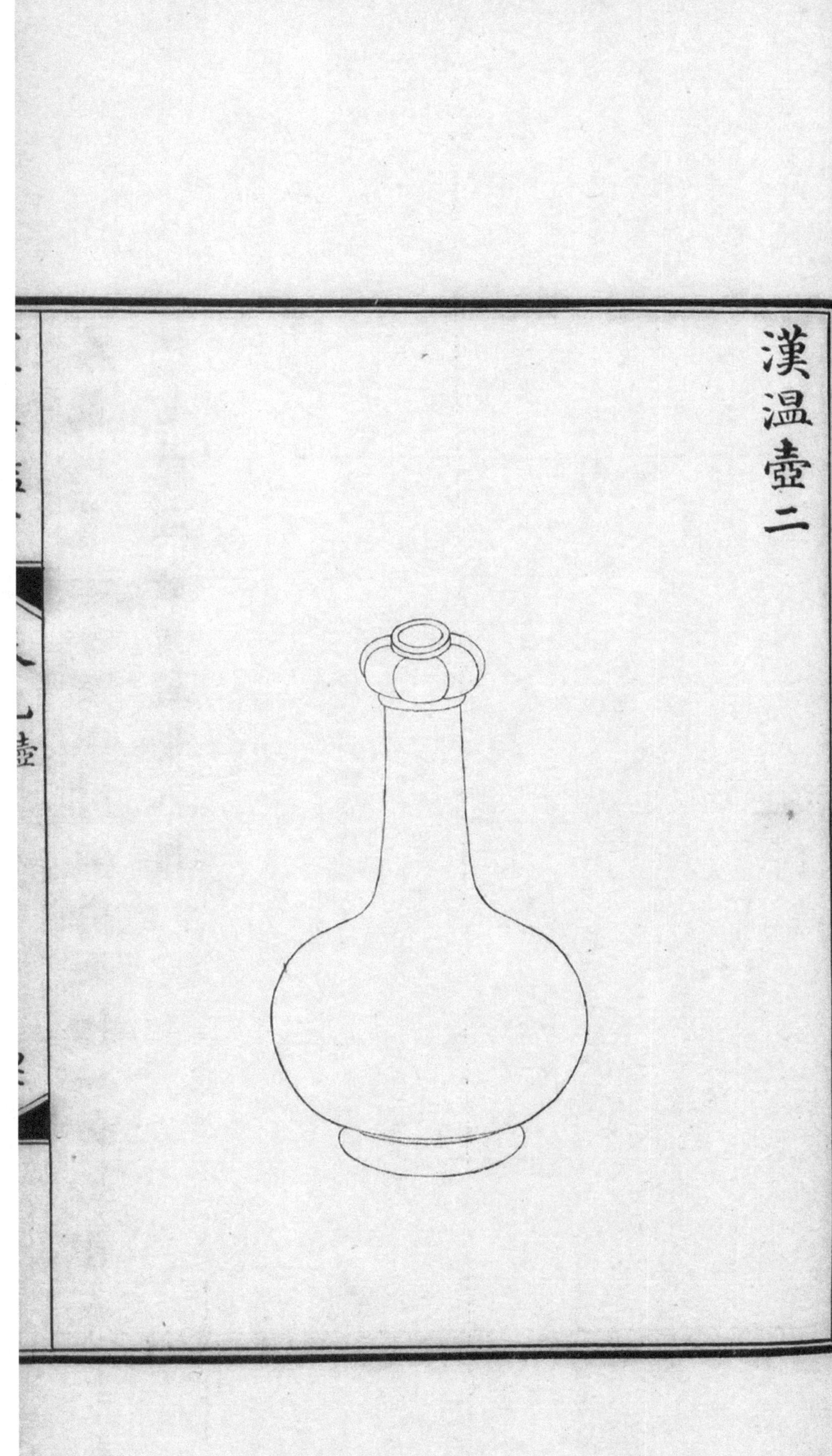

漢溫壺二

右高九寸三分深八寸五分口徑一寸腹圍一尺七寸五分重三十八兩

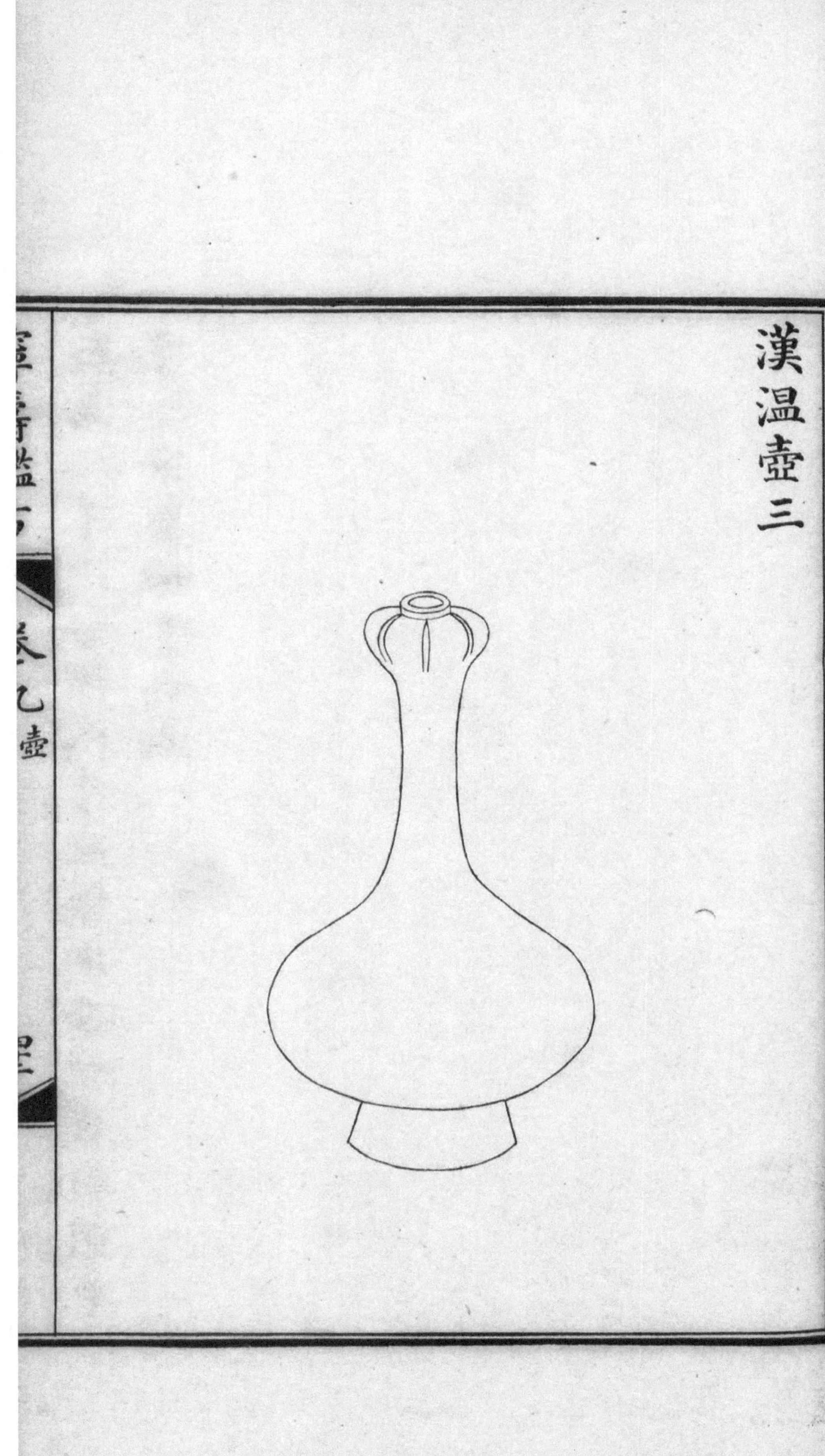

漢温壺三

右高八寸八分深八寸口徑九分腹圍一尺七寸八分重四十二兩

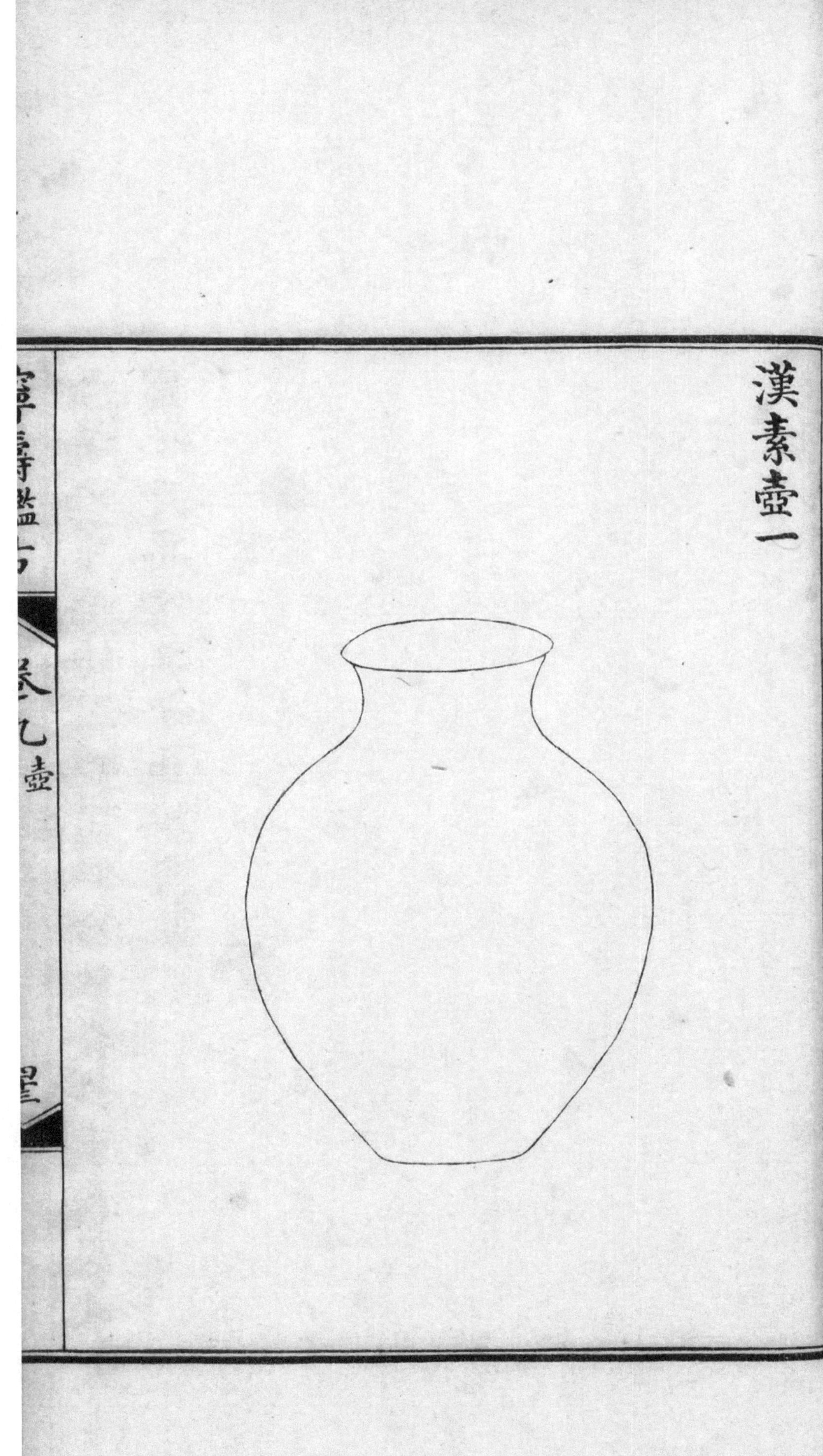
漢素壺一
壺

右高四寸九分深四寸八分口徑二寸三分腹
圍一尺二寸二分重三十兩

漢素壺二

右通蓋高五寸深四寸口徑二寸七分腹圍一尺三寸五分重二十四兩蓋内有菡萏一枝黄長睿東觀餘論周鳳鐘烏鐘於鼓于之側特飾一鳳一烏用代銘欵則菡萏之飾亦鳳烏類也

漢素匾壺

右通蓋高八寸六分深六寸八分口徑二寸二分腹圍二尺六分重七十二兩兩耳

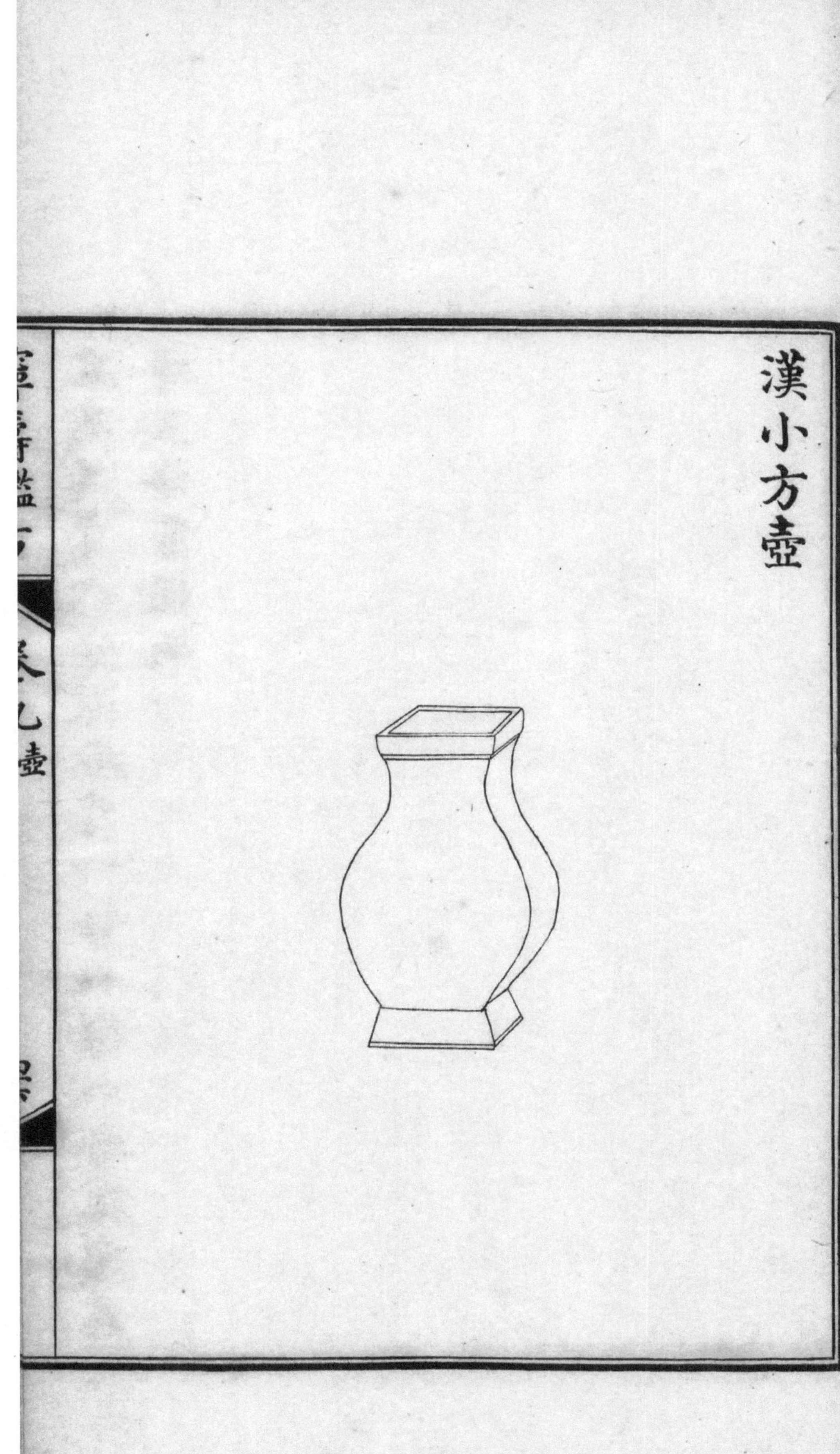
漢小方壺

右高二寸六分深二寸一分口徑八分腹圍五寸五分重四兩

漢唾壺

右通蓋高三寸深二寸八分口徑三寸腹圍一尺八分重十八兩案洞冥記漢武有青珉唾壺魏武上雜物䟽有純金唾壺純銀唾壺又西京雜記廣川王得魏襄王玉唾壺則此器在周戰國時已有其製矣

唐獸環小方壺

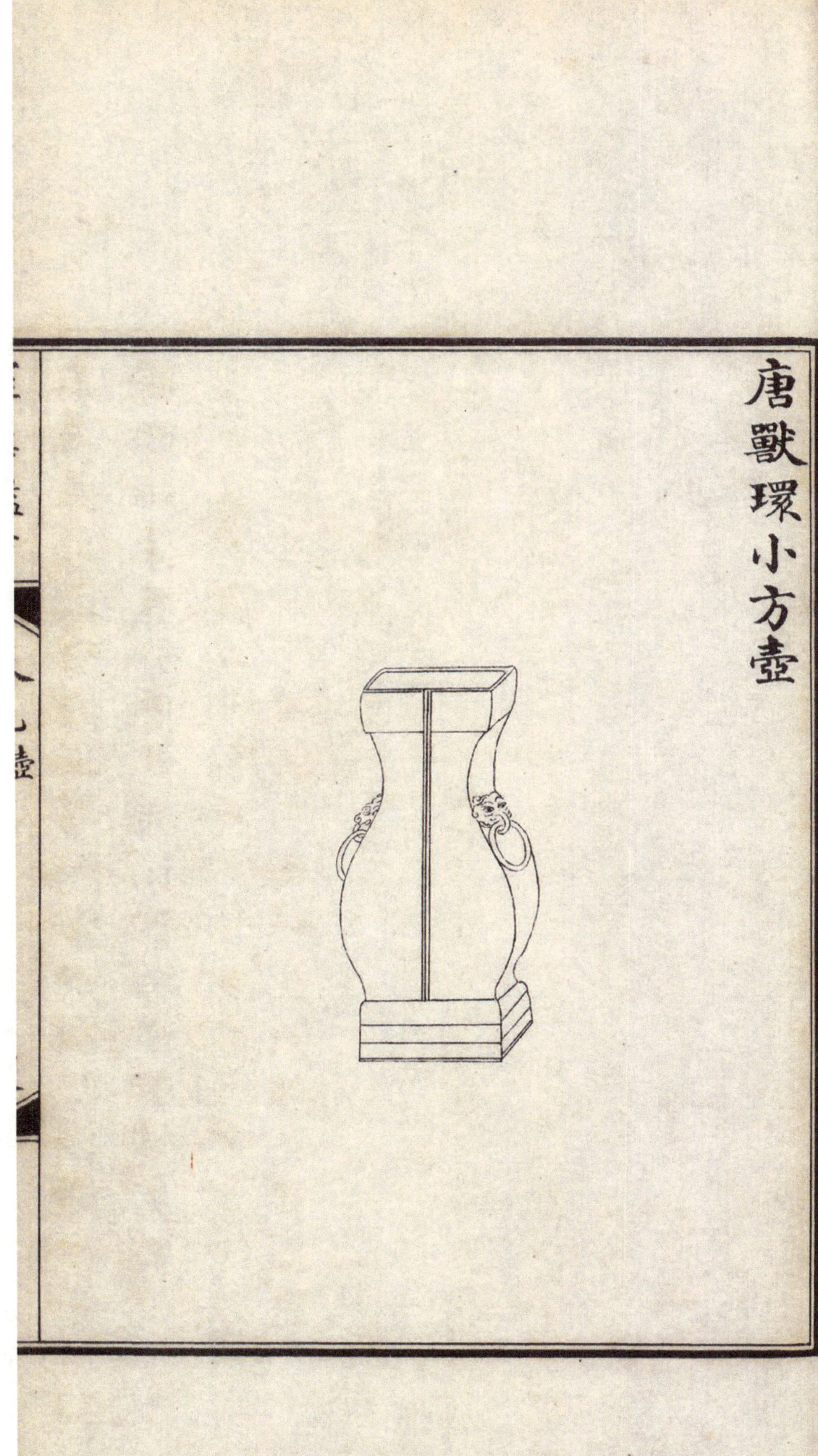

右高三寸四分深二寸八分口縱九分橫一寸
腹圍四寸五分重五兩有半兩耳連環塗金

寧壽鑑古卷十目録

亞斝 有銘

立戈斝 有銘

饕餮斝一

饕餮斝二

觚

商

父乙觚一 有銘

父乙觚二 有銘

父丁觚 有銘

父己觚 有銘

父癸觚有銘

周

子孫觚有銘

子觚一有銘

子觚二有銘

子觚三有銘

亞觚一有銘

亞觚二有銘

亞觚三有銘

木觚一有銘

木觚二有銘
史觚有銘
父觚有銘
主觚有銘
雷紋觚一
雷紋觚二
雷紋觚三
雷紋觚四
雷紋觚五
雷紋觚六

盤雲觚

雲紋觚

夔紋觚

饕餮觚一

饕餮觚二

饕餮觚三

饕餮觚四

素觚一

素觚二

素觚三

素觚四

漢

饕餮觚

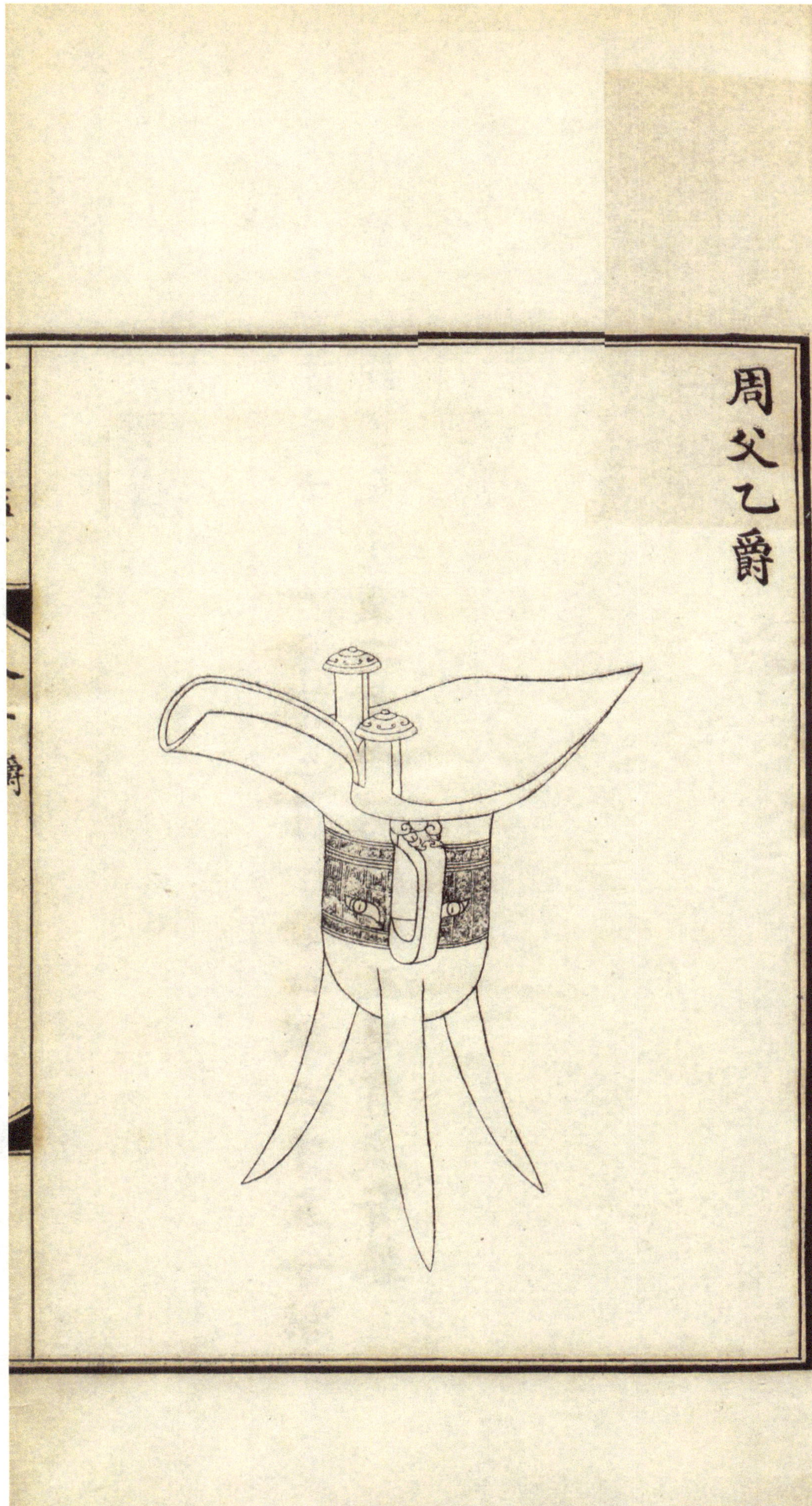
周父乙爵

父乙

右高六寸一分深三寸一分口縱二寸五分橫五寸五分重二十四兩兩柱三足有流有鋬

周父庚爵

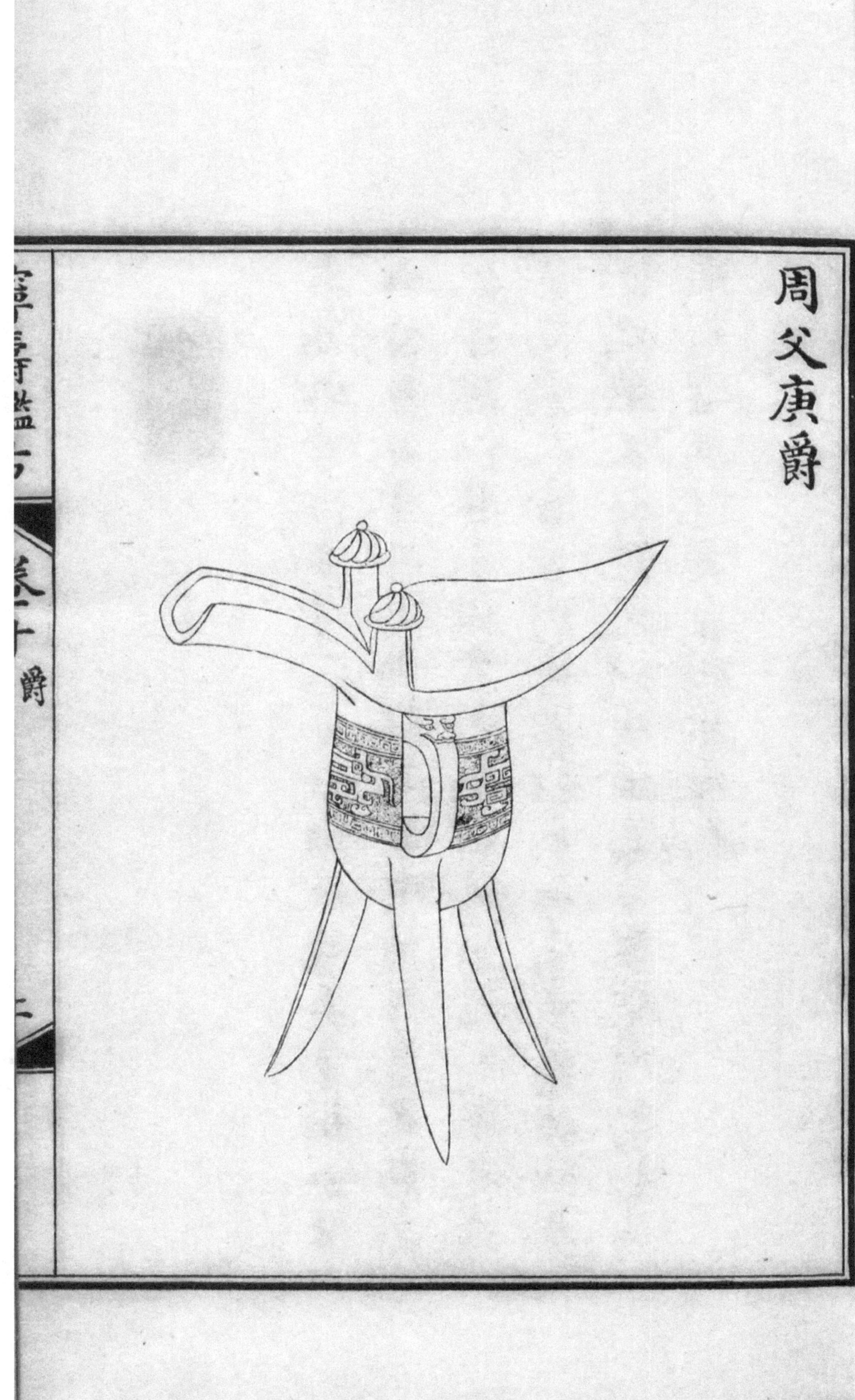

子孫父庚

右高六寸深三寸二分口縱二寸五分橫五寸六分重二十二兩兩柱三足有流有鋬彝器多銘子孫以其承祖考之祀也父庚父乙器之次第而宋人皆目為商器以太庚南庚盤庚祖庚實之然又引說文以庚位西方象秋時萬物庚庚有實其說亦自相矛盾也

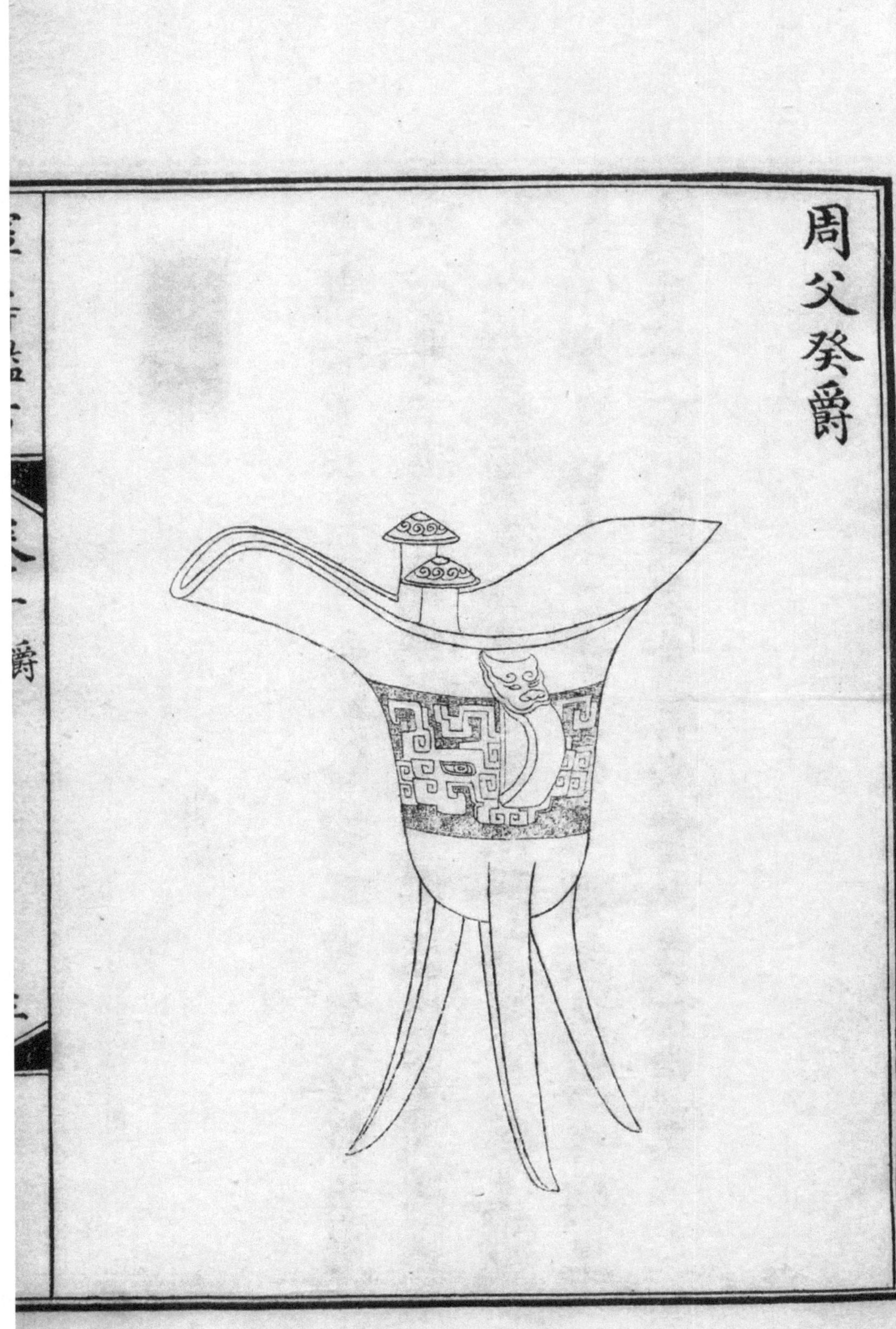

周父癸爵

内父癸

右高六寸深三寸三分口縱二寸五分橫五寸六分重二十二兩兩柱三足有流有鋬博古圖有父癸爵指為成湯之父而於周單父癸卣則又以癸為單氏之宗是癸之不盡為商號明矣銘首一字如商言卣之内字而義不可解

周饕餮爵

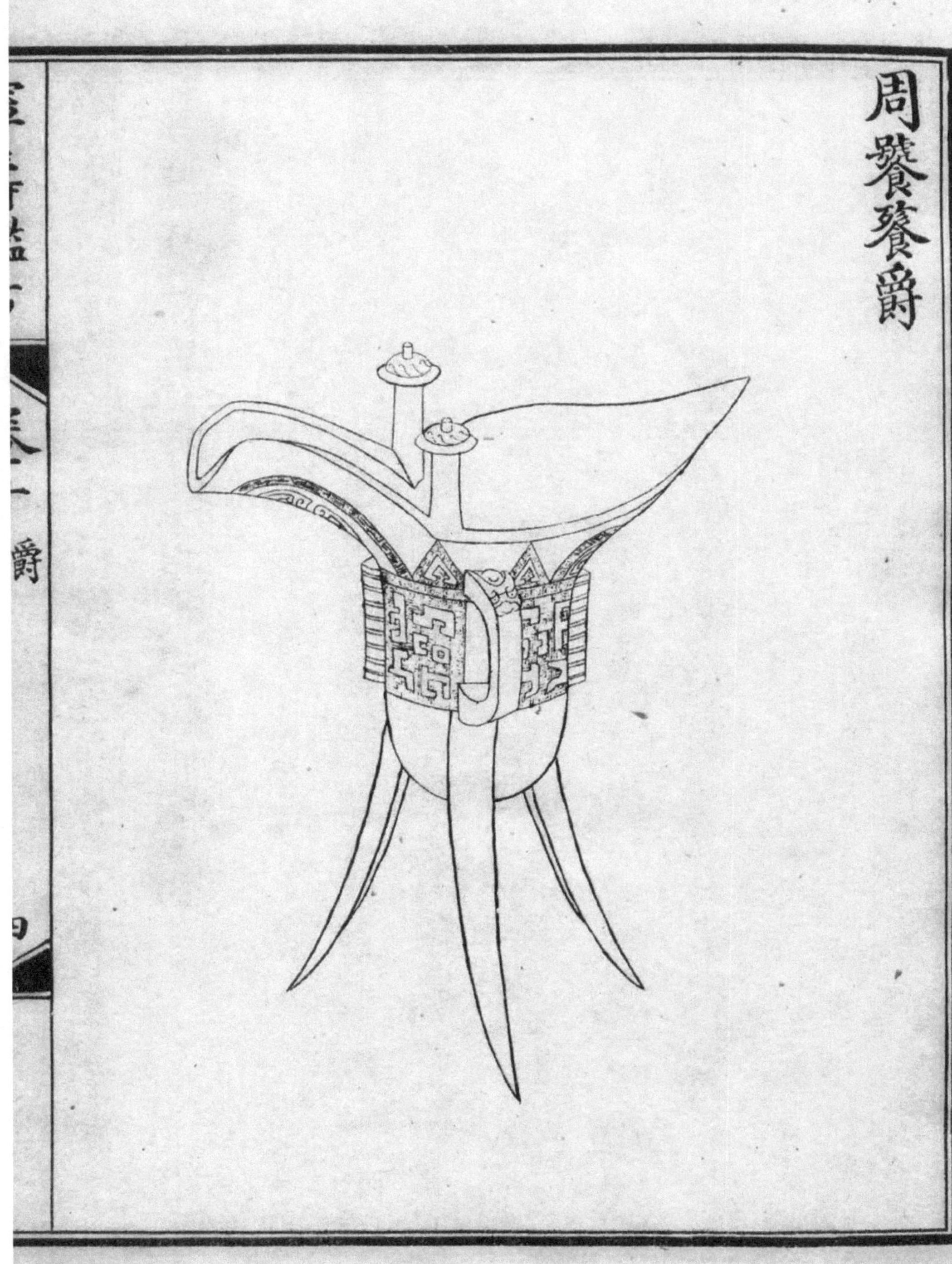

右高六寸深三寸口徑二寸五分横五寸重一
十四兩有半兩柱三足有流有鋬

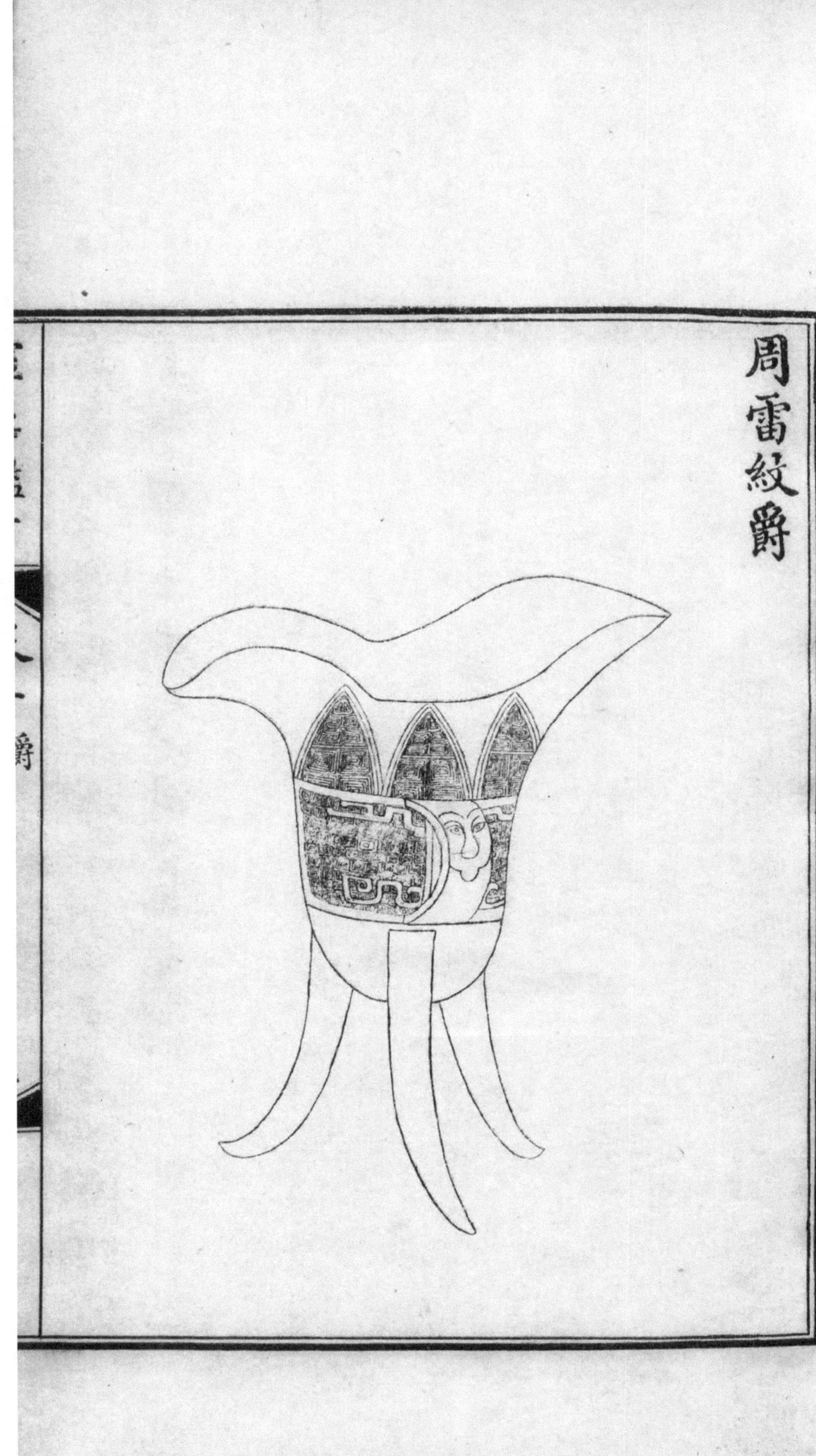
周雷紋爵

右高六寸深三寸一分口縱二寸三分橫五寸
五分重二十兩三足有流有鋬

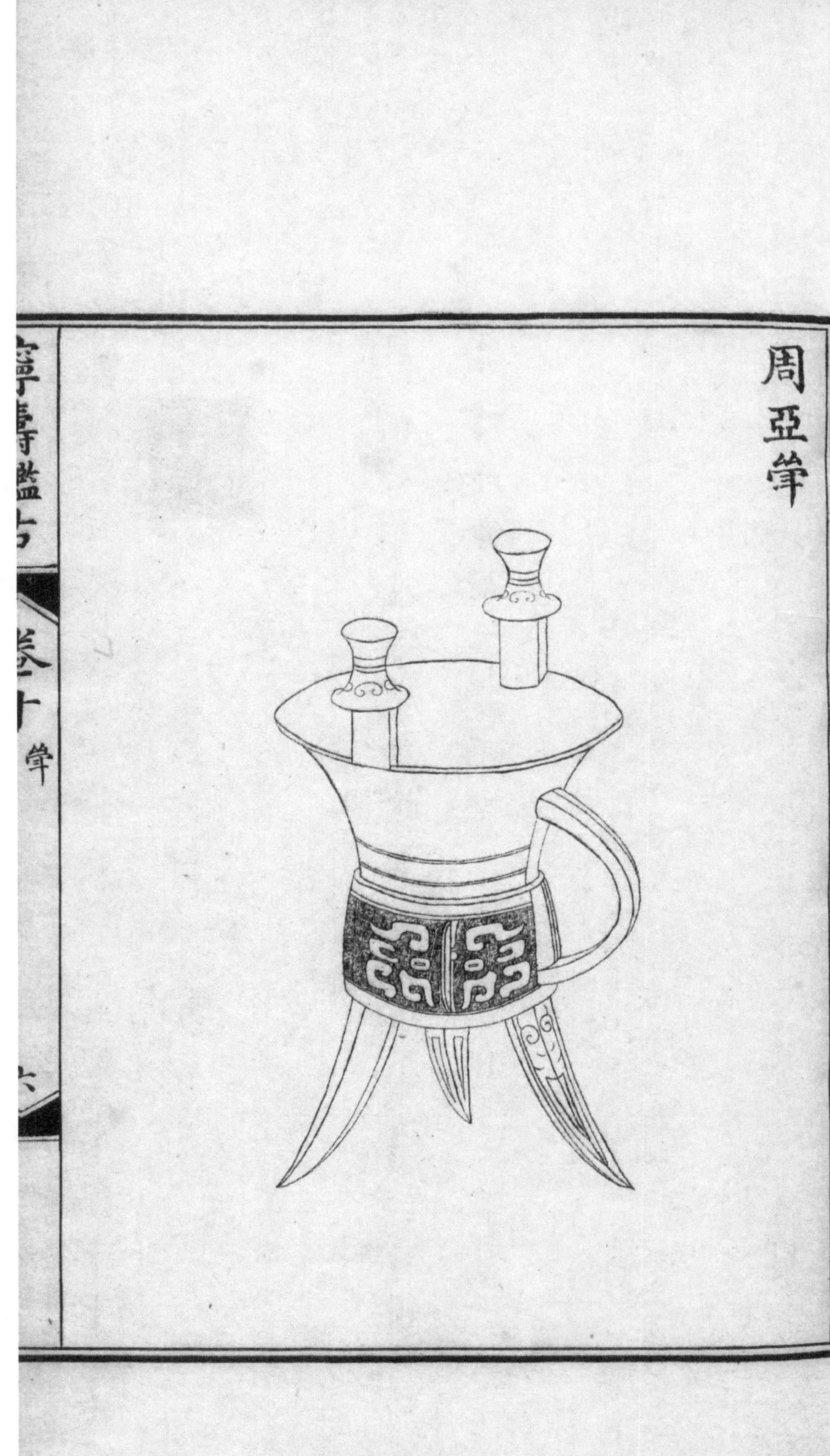

周亞斝

亞形中 格上三矢 尊蓋

右高七寸五分深四寸五分口徑六寸一分重七十兩兩柱三足有鋬

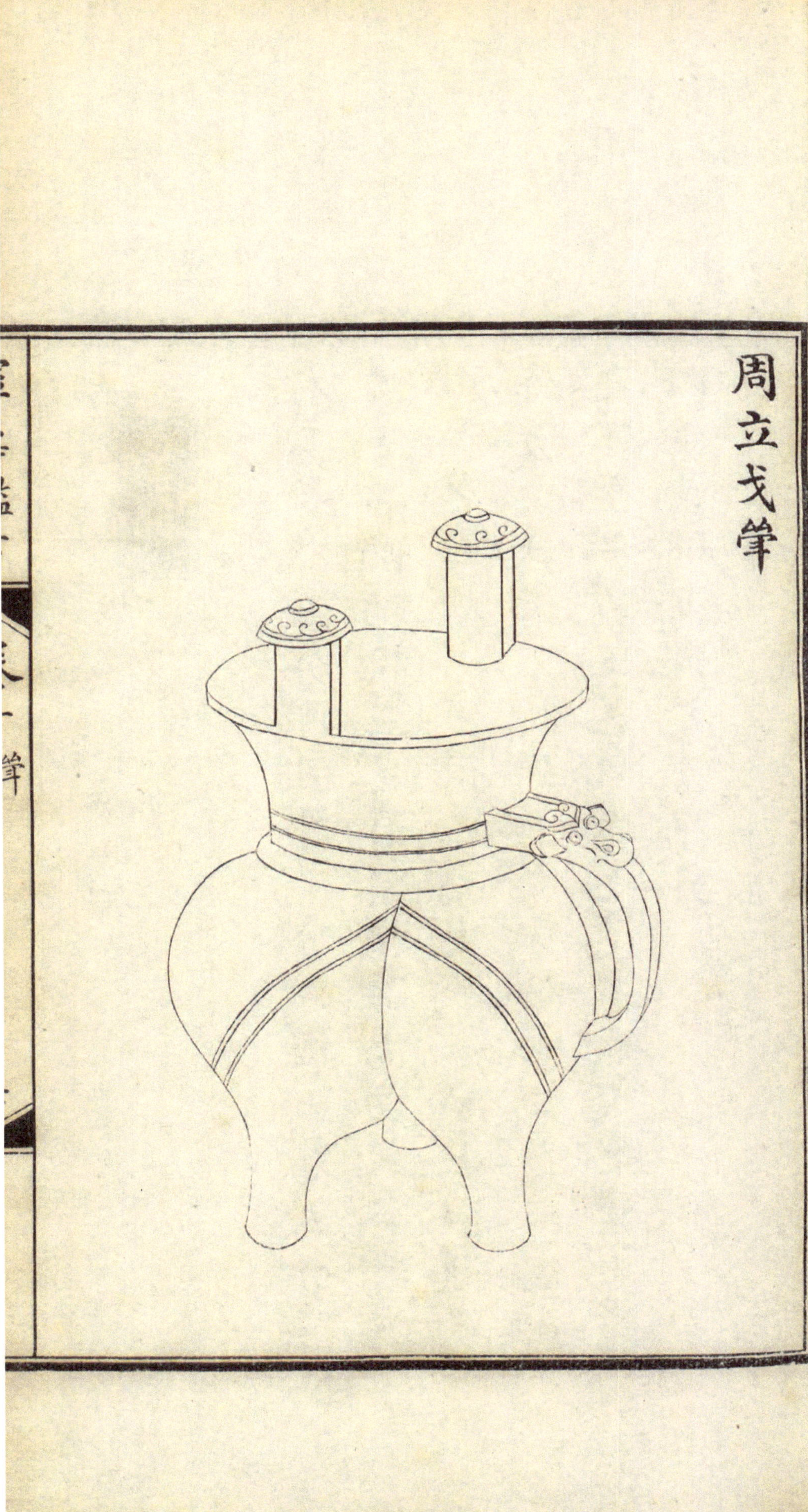

周立戈斝

立戈形　父戊

右高七寸五分深五寸一分口徑五寸五分重一百二兩兩柱三足有鋬按薛尚功人癸尊說曰戈之字从一不得已而用欲一而止令酒器作立戈狀者不特如鼎之節飲食又欲一而止之不至於流湎也爵斝之足本如戈形兹又銘以立戈則寓戒之意深矣

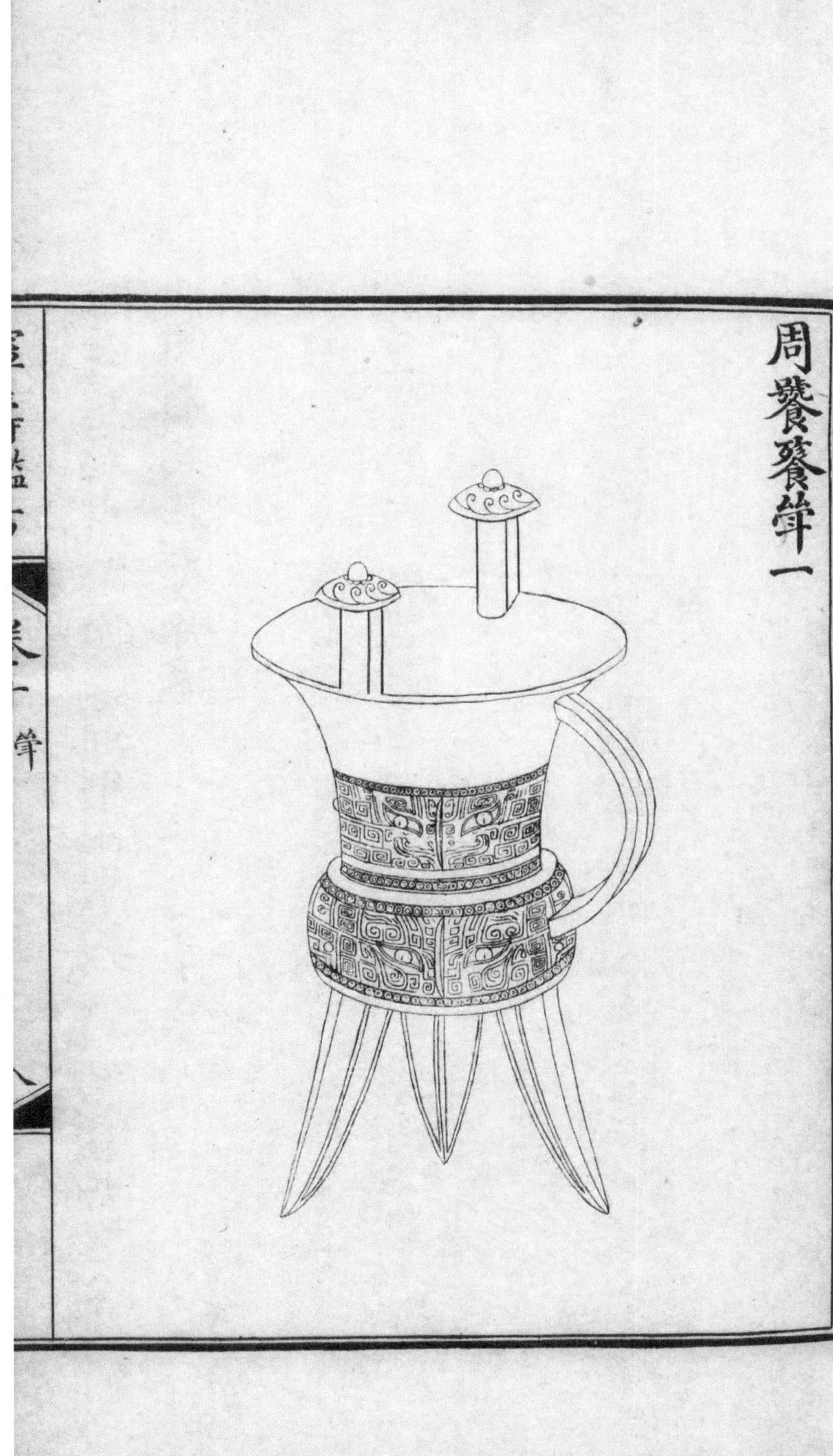

周饕餮斝一

右高九寸九分深六寸口徑六寸四分重一百兩兩柱三足有鋬

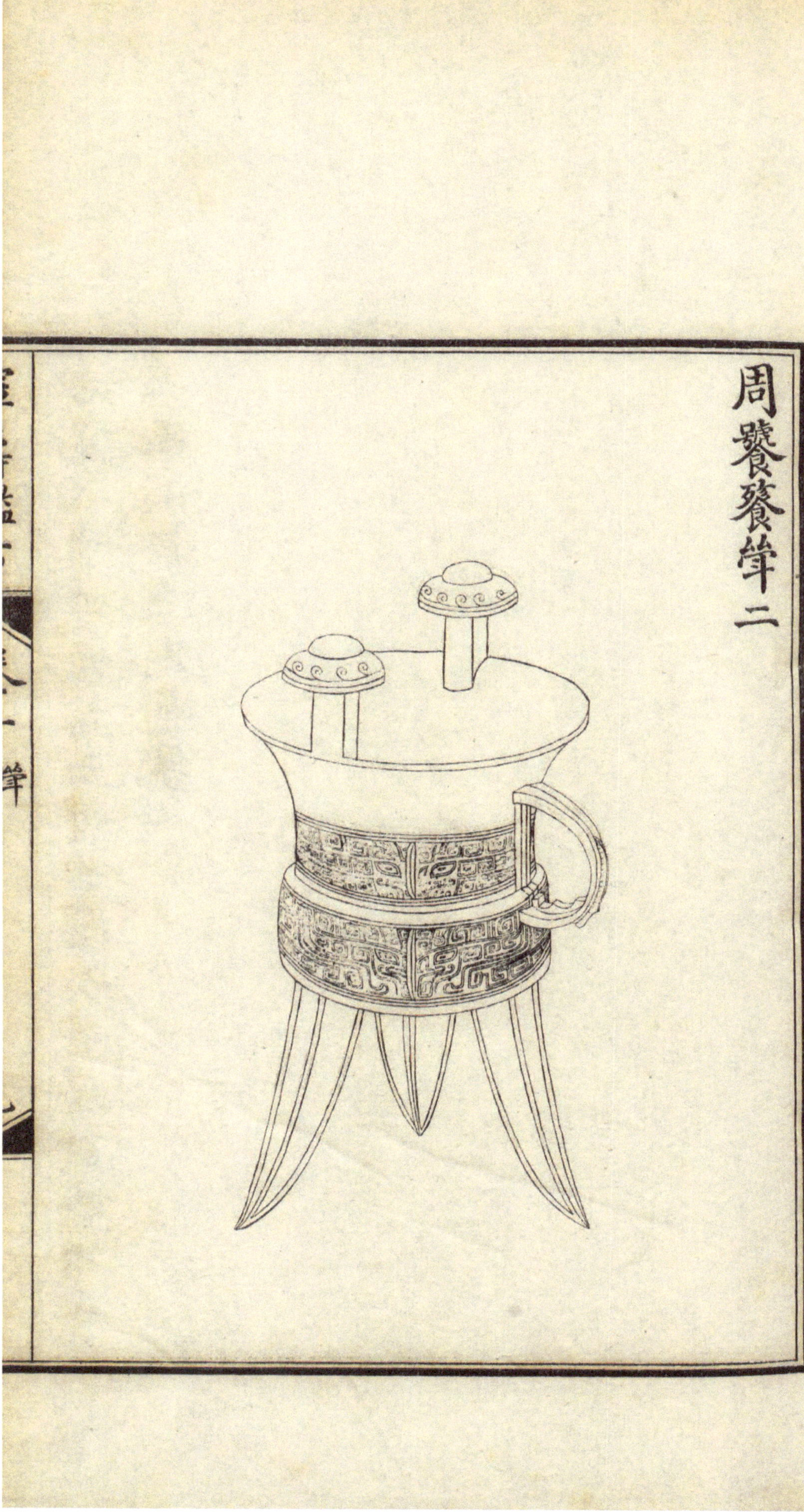

周饕餮斝二

右高八寸二分深五寸口徑六寸二分重七十六兩兩柱三足有鋬

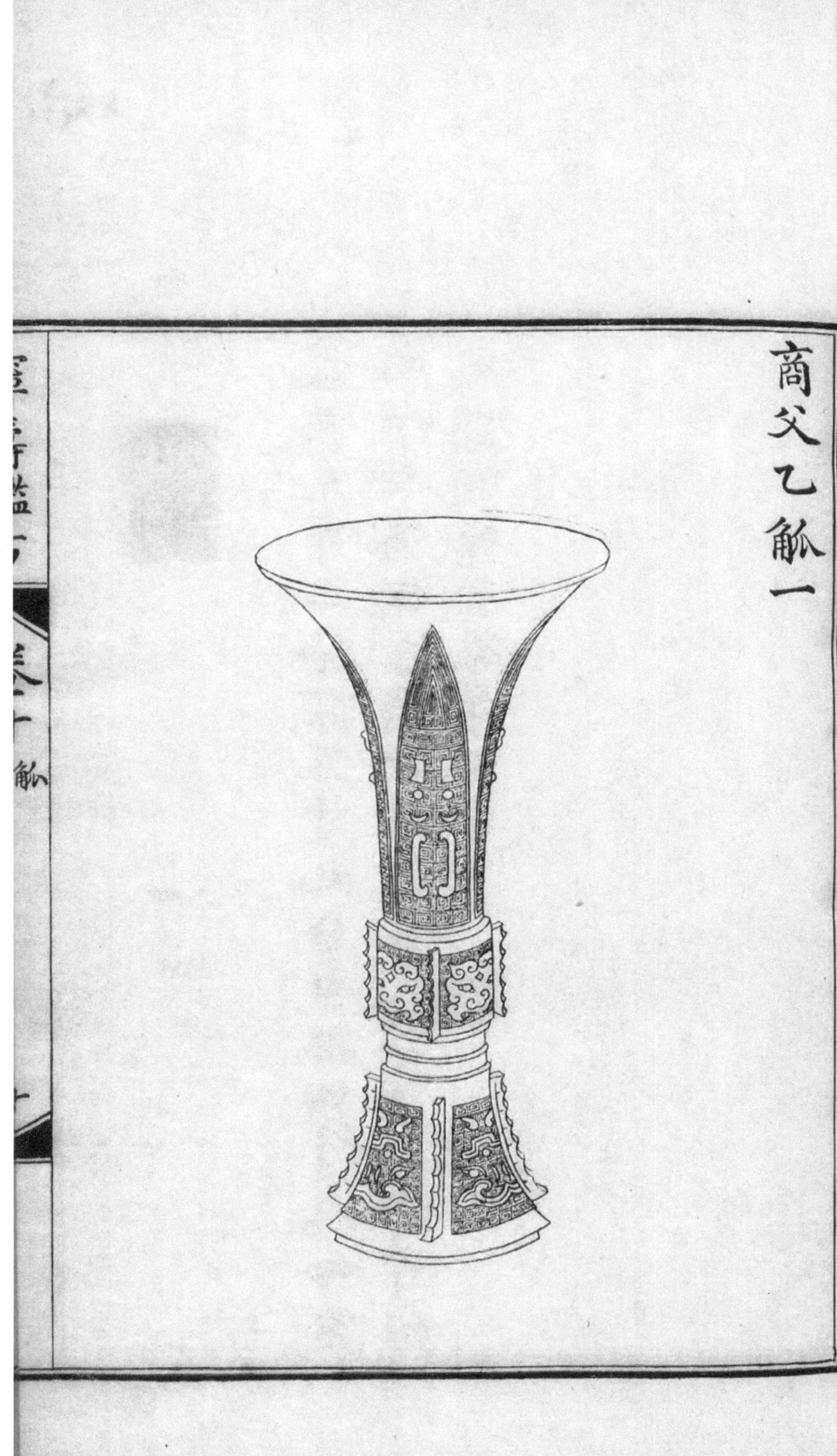
商父乙觚一
觚

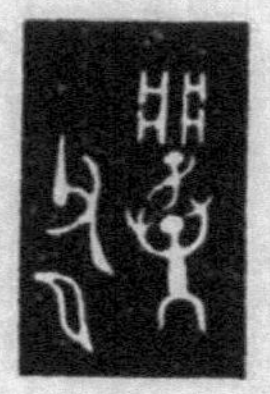

析子孫
父乙

右高九寸二分深五寸九分口徑四寸八分重四十四兩銘言析子孫者呂大臨謂析當作祈見前周析子孫尊說

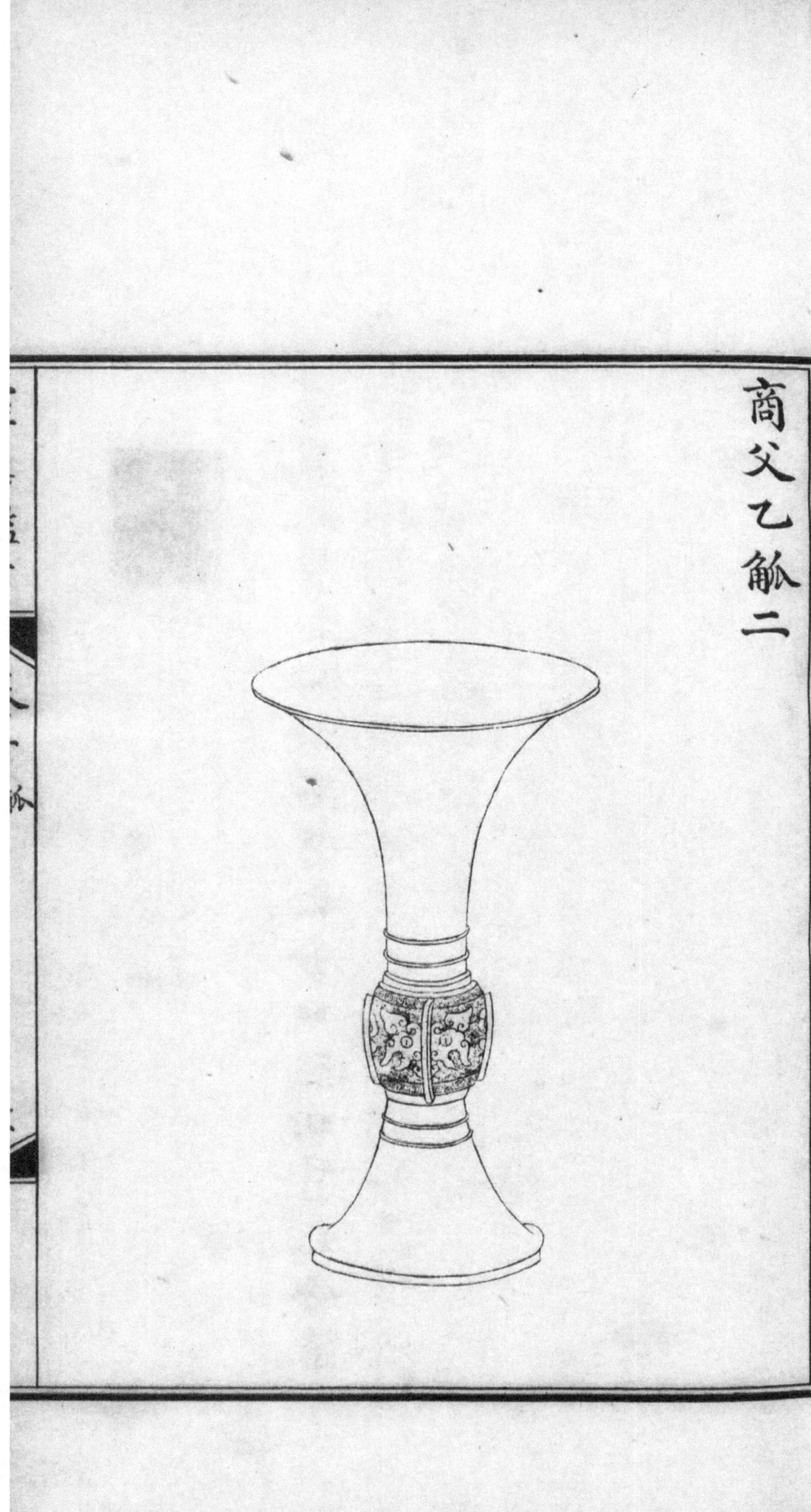
商父乙觚二

析子孫
父乙

右高八寸二分深五寸六分口徑四寸九分重三十兩

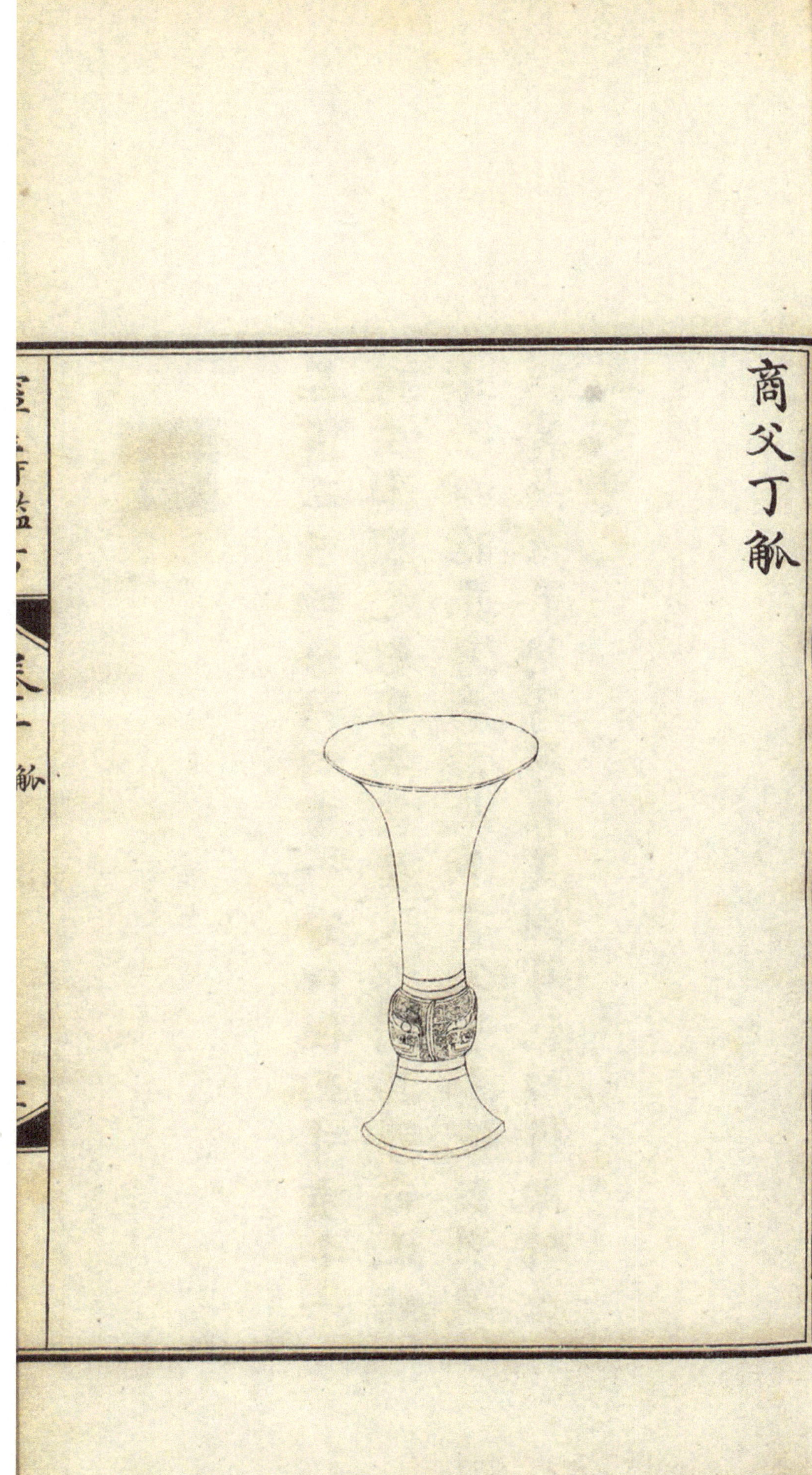

商父丁觚

父丁
子析

右高五寸四分深四寸一分口徑三寸重十一兩古彝器之銘有止言其父以明其子或止銘其子以昭其考者惟此兼言父子與他器異然於義未始不同特詳畧其詞耳銘曰析即析子孫之意也

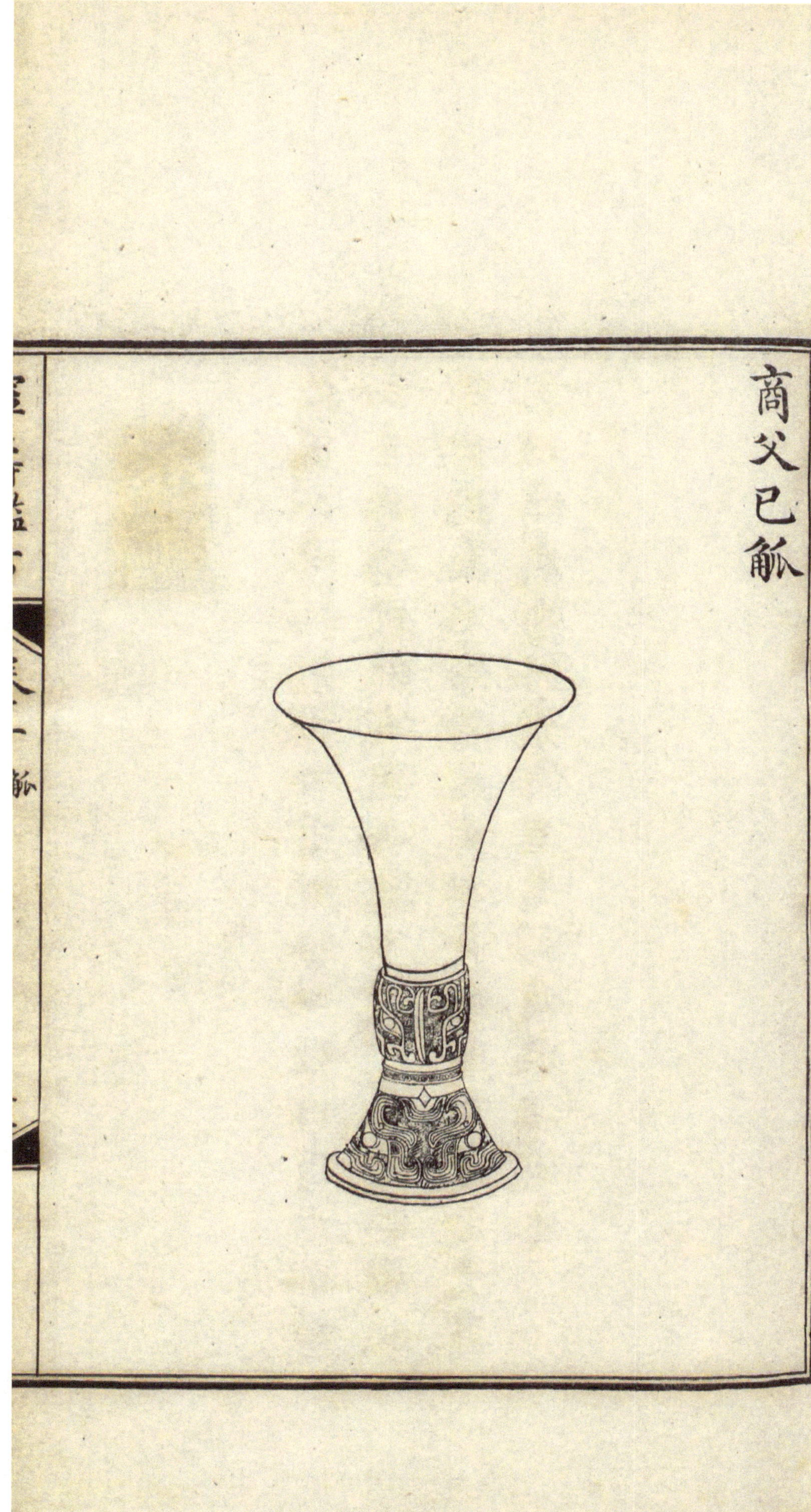

商父已觚

木 立戈形 父己

右高六寸八分深四寸九分口徑四寸一分重二十兩鐘鼎款識有木觚其說以木為仁故取象於此蓋凡禘嘗之義與夫鄉射燕饗之文靡不以仁為質耳旁作立戈形者昭酒戒也

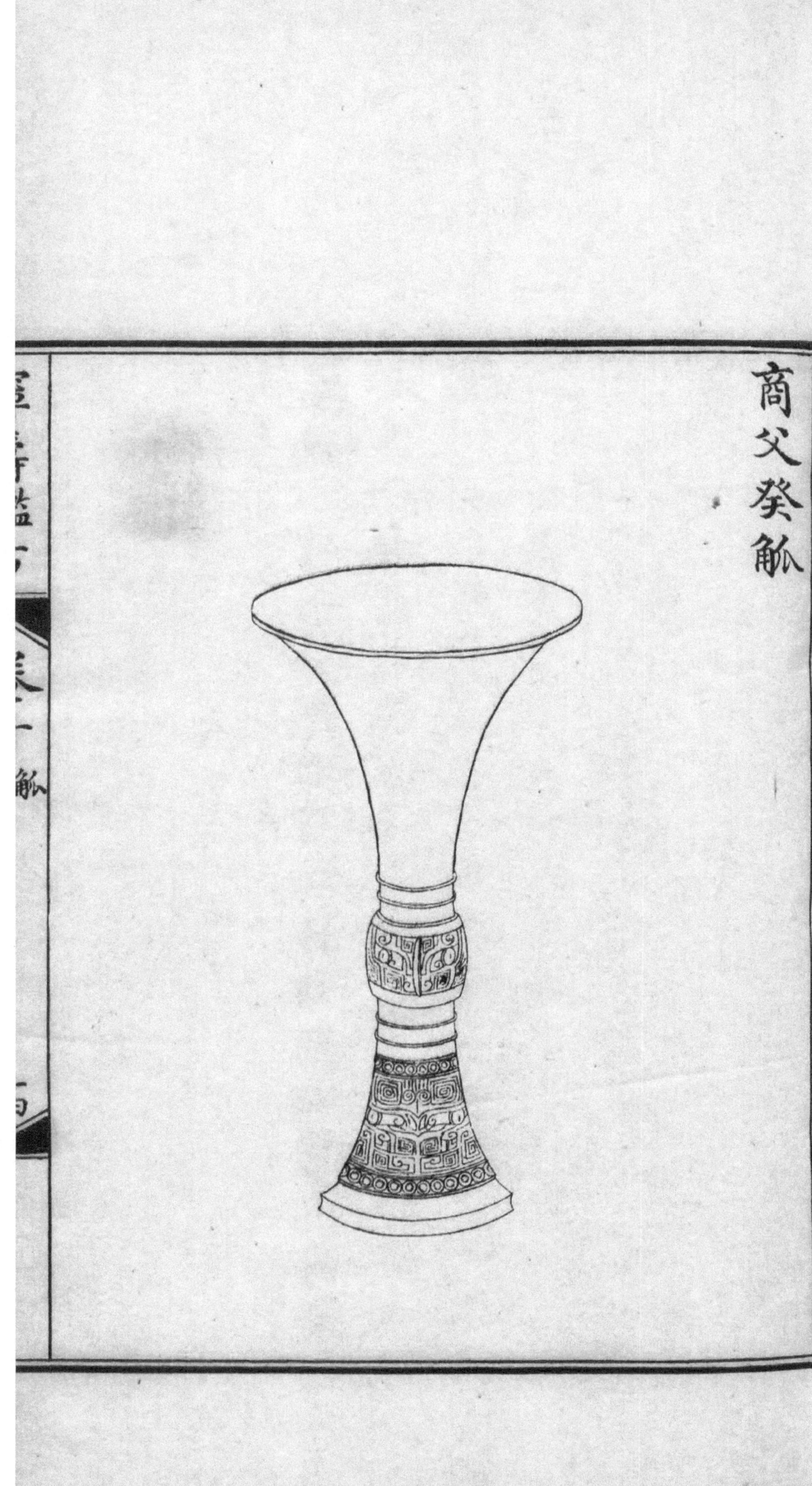
商父癸觚

父癸

右高八寸六分深六寸二分口徑四寸七分重二十六兩

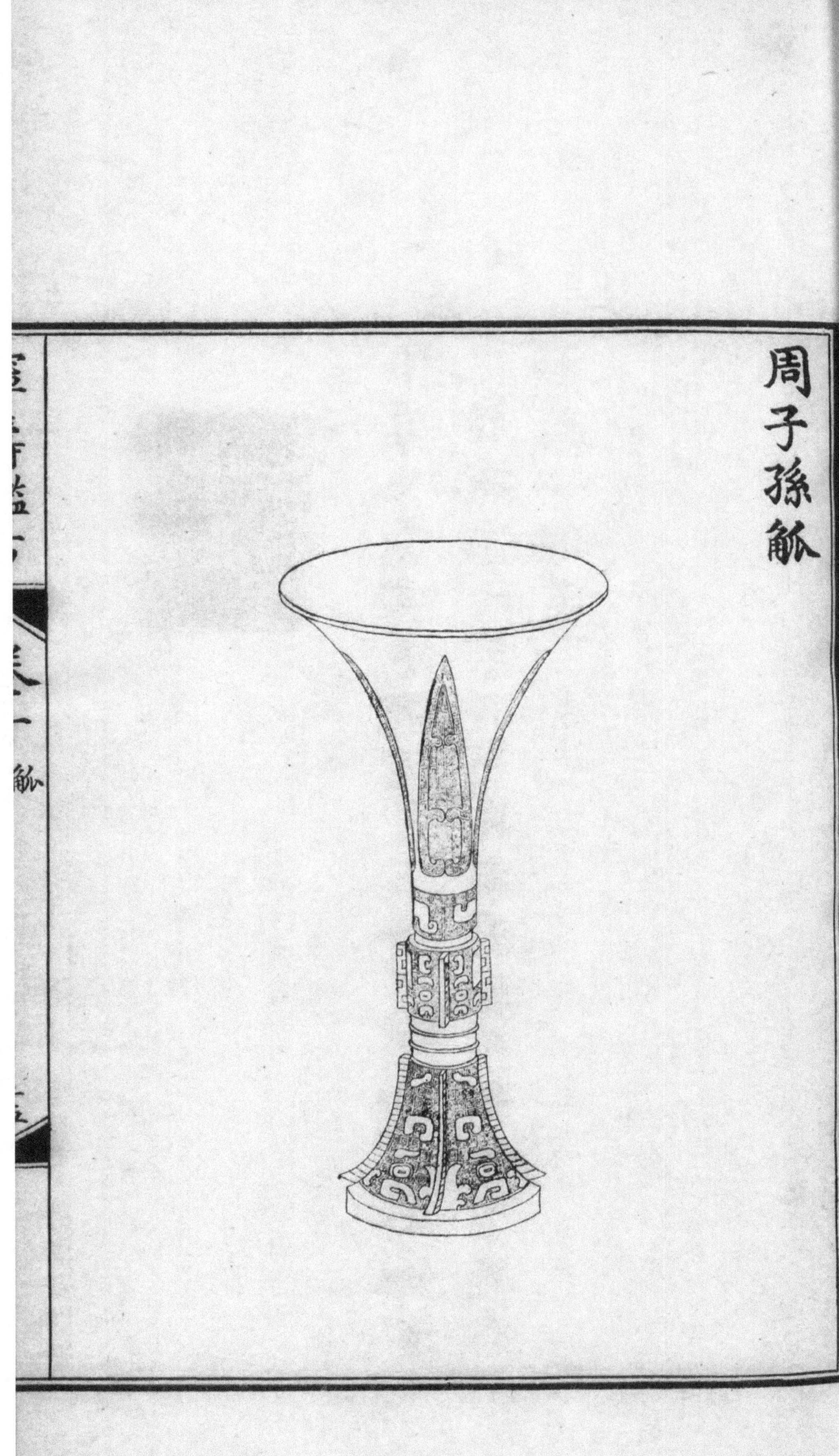
周子孫觚

○錫用作
尊彝
子孫

右高八寸四分深五寸五分口徑四寸七分重三十兩首一字不可辨疑為製器者之名用作尊彝以錫其子孫也

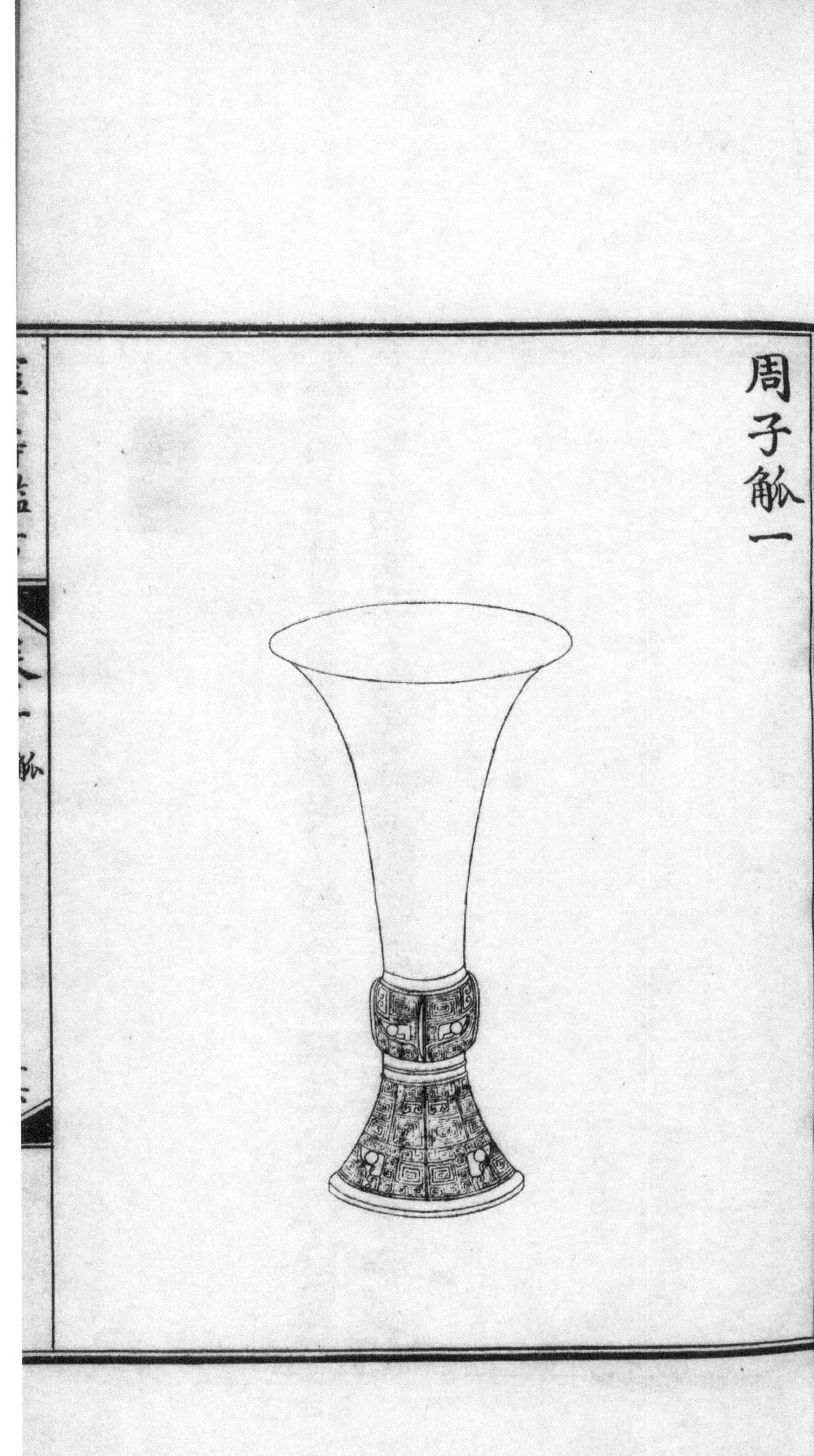

周子觚一

子

右高七寸八分深五寸四分口徑四寸五分重二十四兩子為姓或主器者自稱所以承祀也

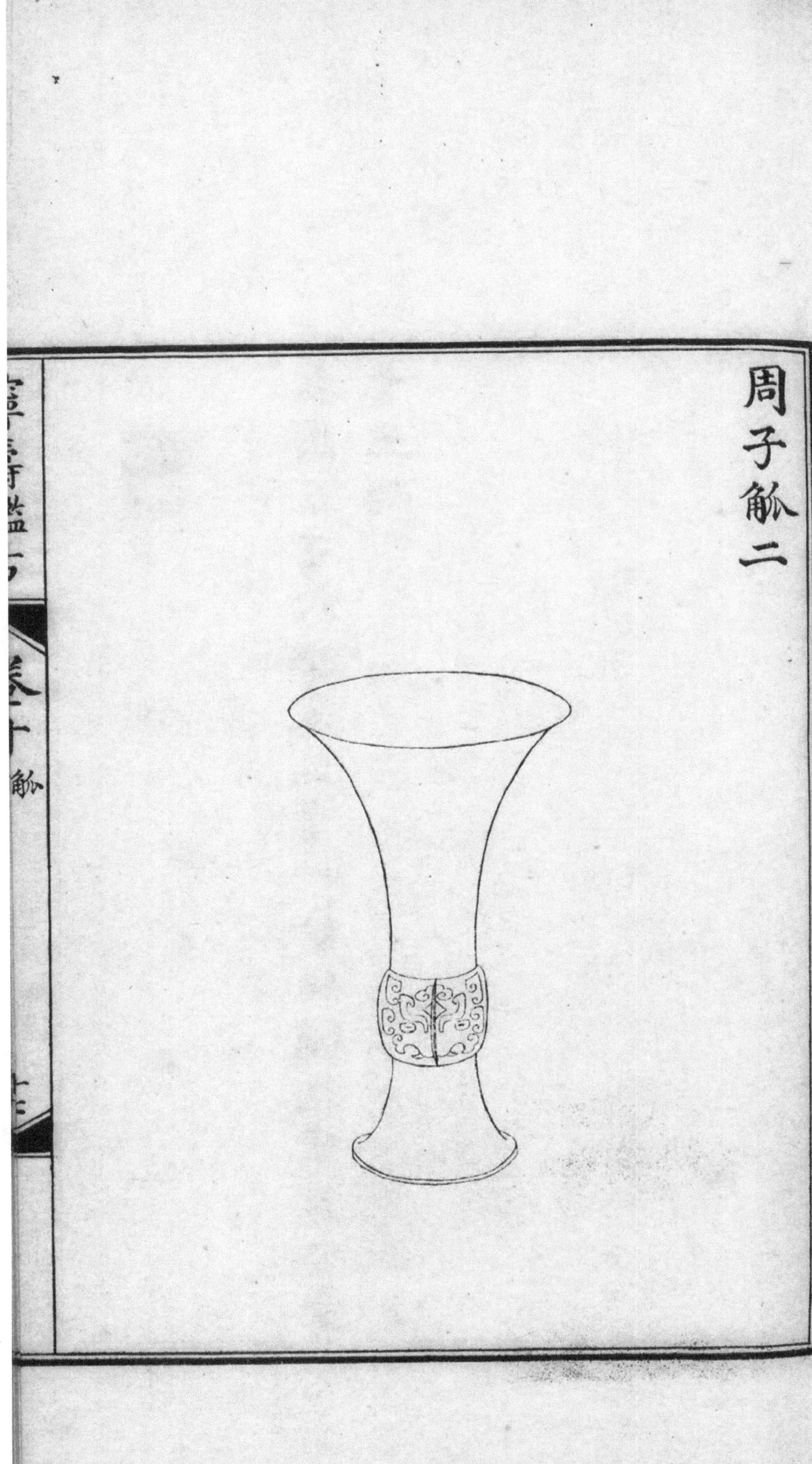
周子觚二
觚

子

子

右高五寸六分深三寸一分口徑三寸五分重十三兩

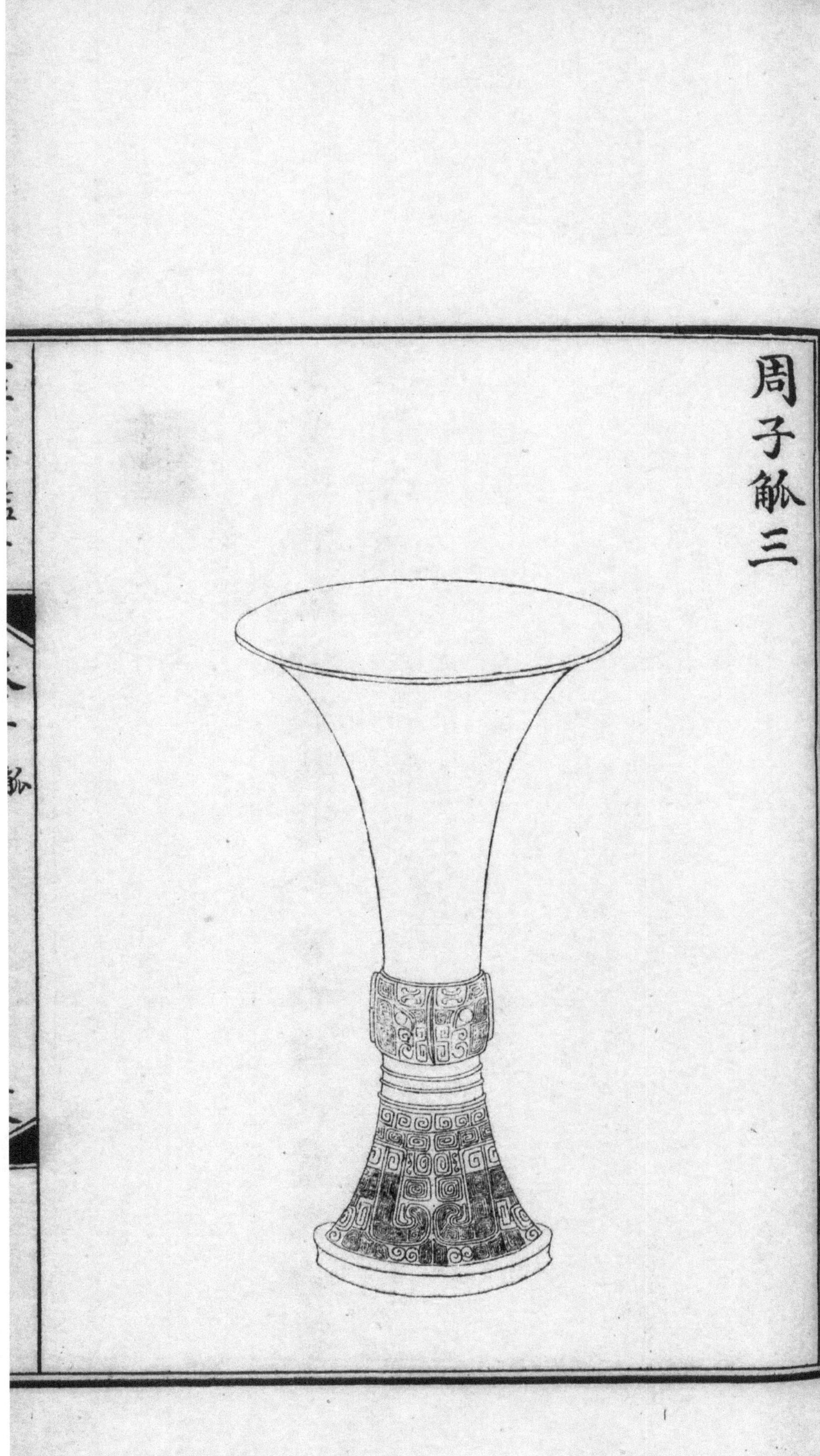

周子觚三

子

右高七寸五分深四寸九分口徑四寸六分重二十六兩

周亞觚一

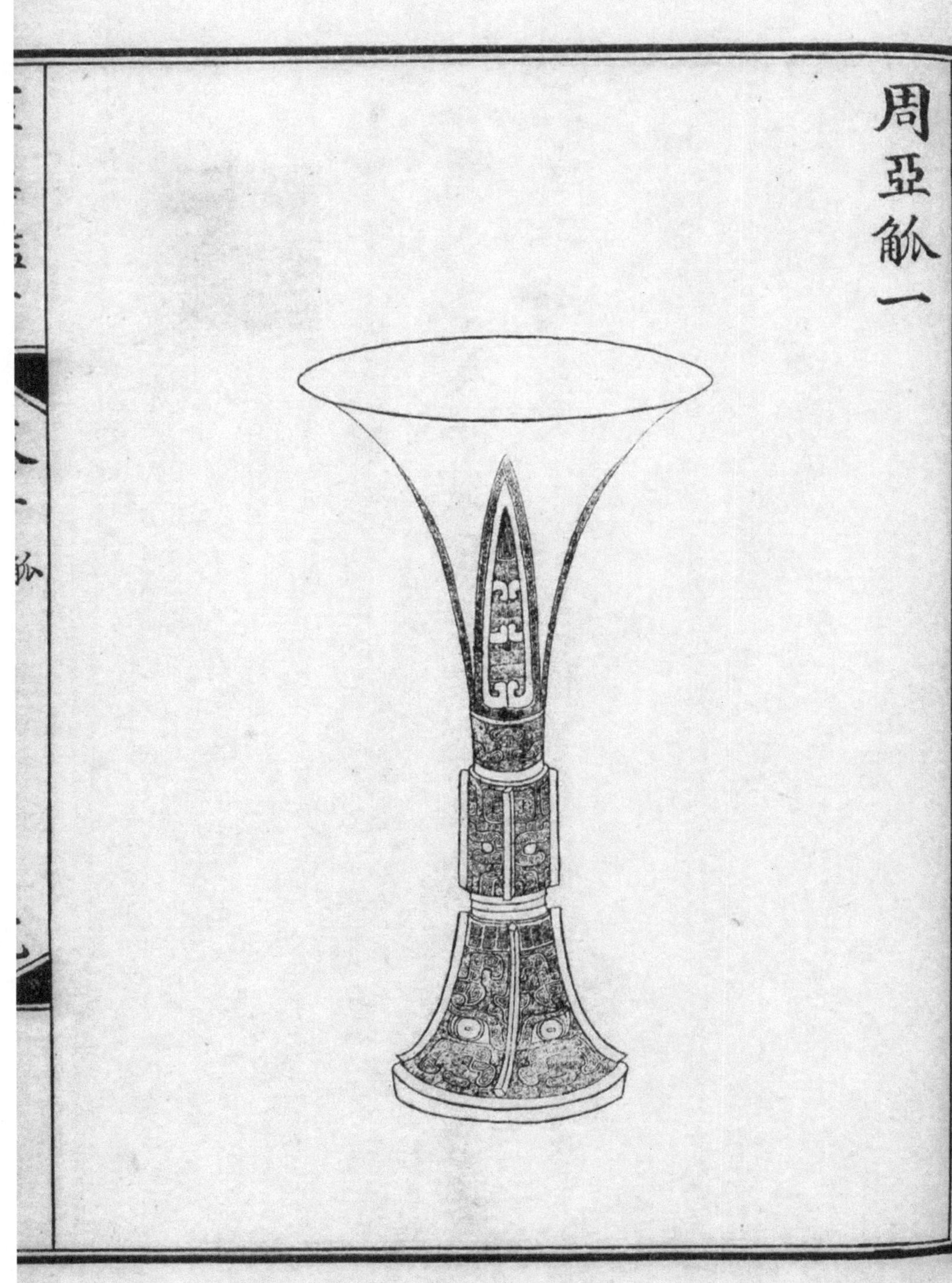

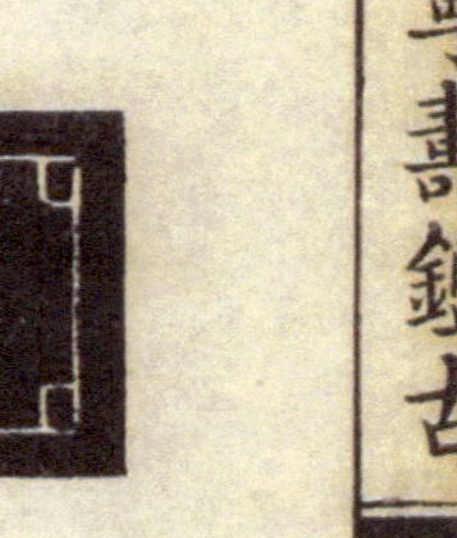

亞形格上三矢

中尊綦

右高八寸五分深五寸六分口徑四寸九分重三十二兩

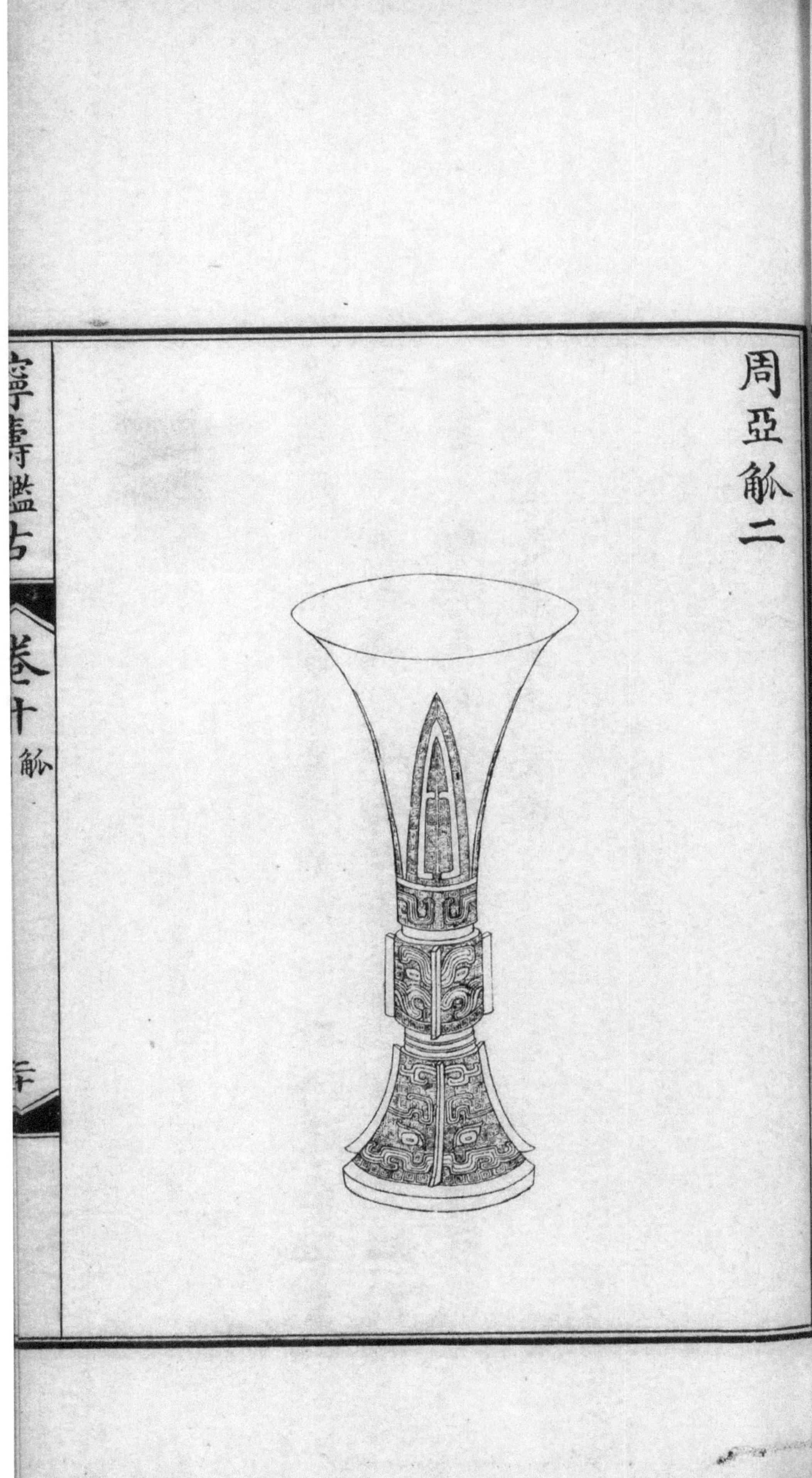
周亞觚二
寧壽鑑古
卷十
觚

亞形中雞形

右高八寸二分深五寸七分口徑四寸五分重二十六兩案周人灌用雞彝觚亦尊彝之類周禮雞人疏曰凡大祭祀夜呼旦此銘作雞形而在亞室之中義或取此

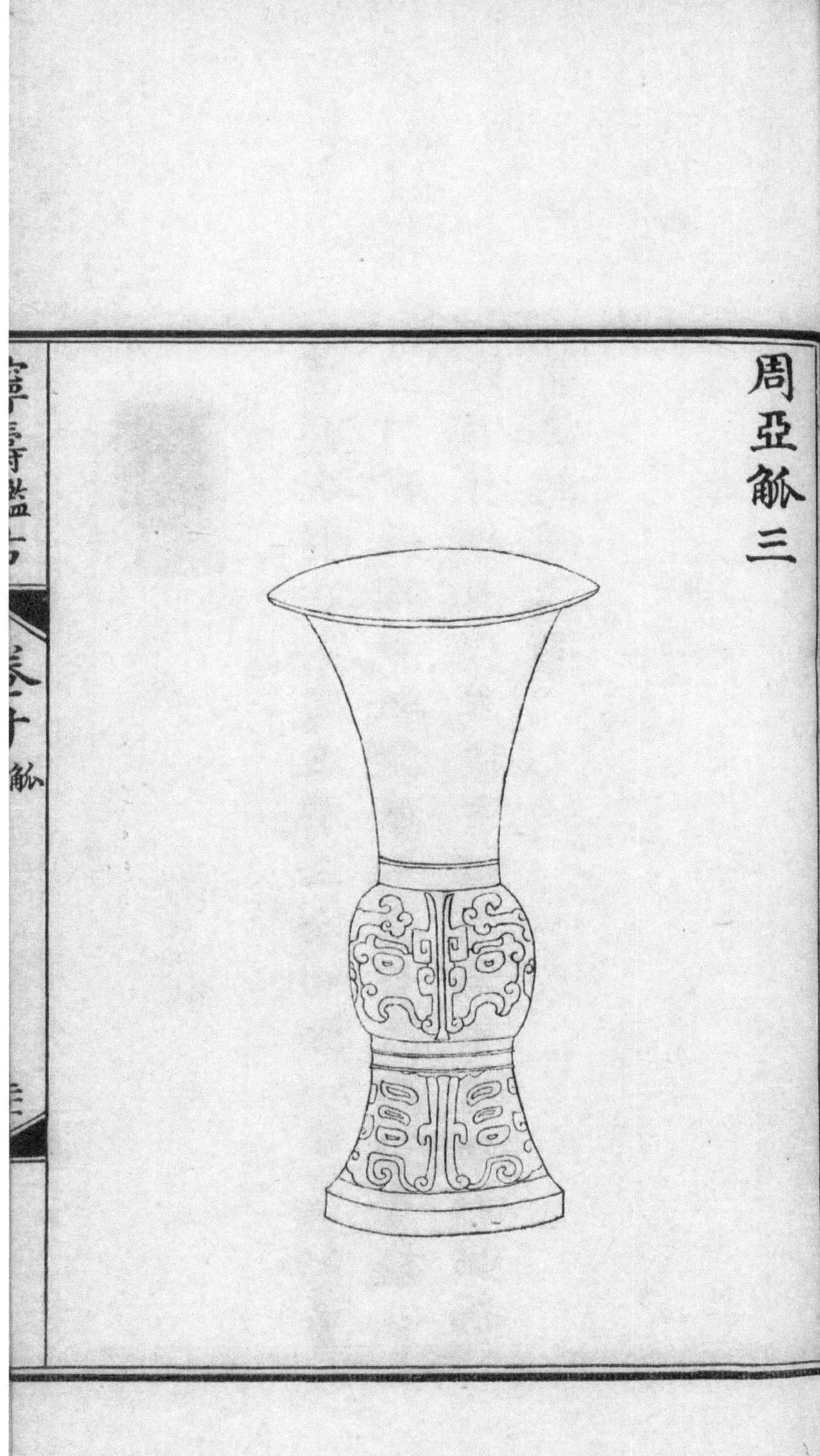

周亞觚三

亞形中格父癸

右高七寸七分深五寸三分口徑一寸八分重三十兩亞形中格字案西清古鑑父乙尊格刀尊俱有此形然或格中横戈格中作刀形此獨中空與他銘異

周木觚一

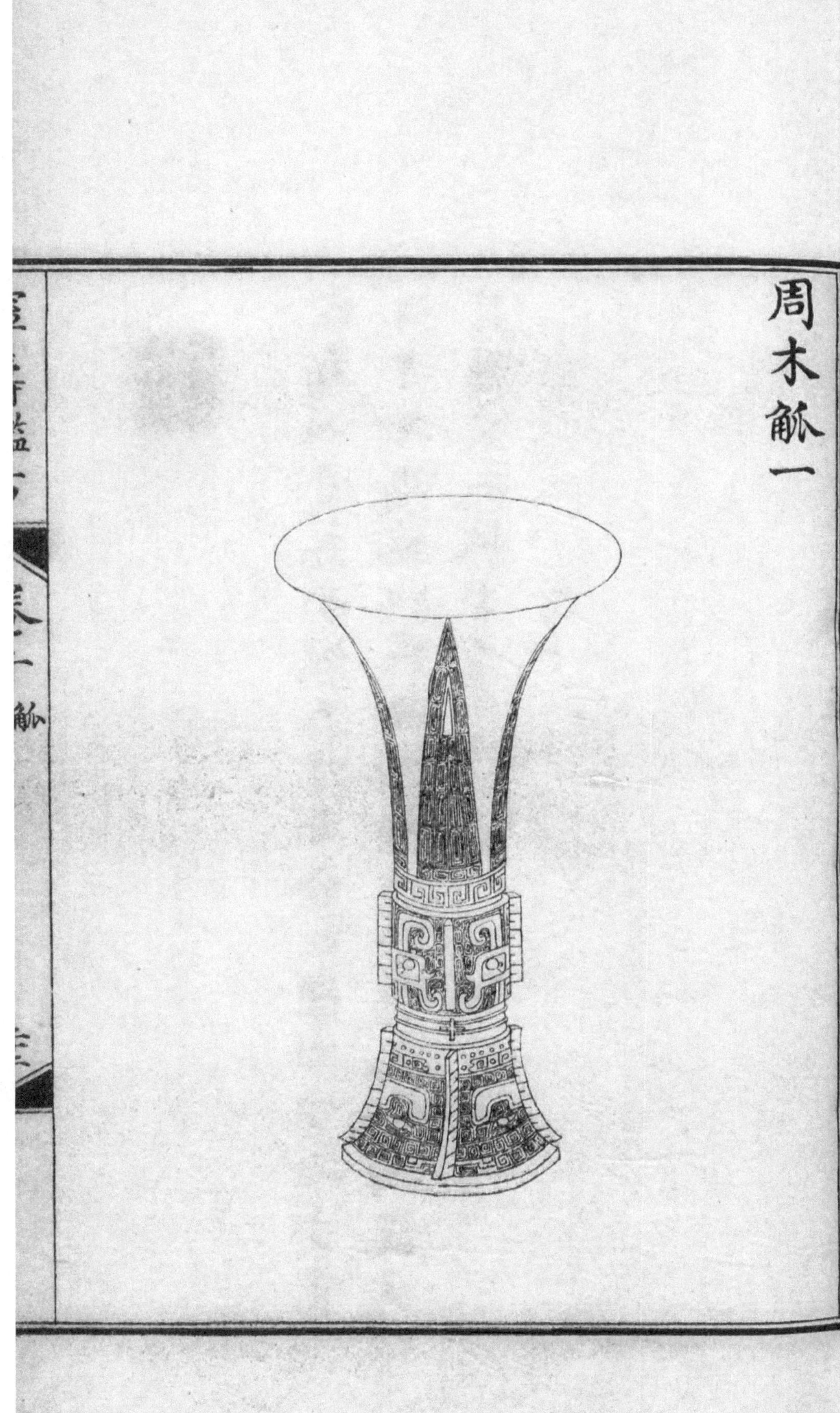

木

右高八寸三分深五寸七分口徑四寸七分重二十七兩銘與薛尚功鐘鼎款識木觚同說見前商父己觚考中

周木觚二

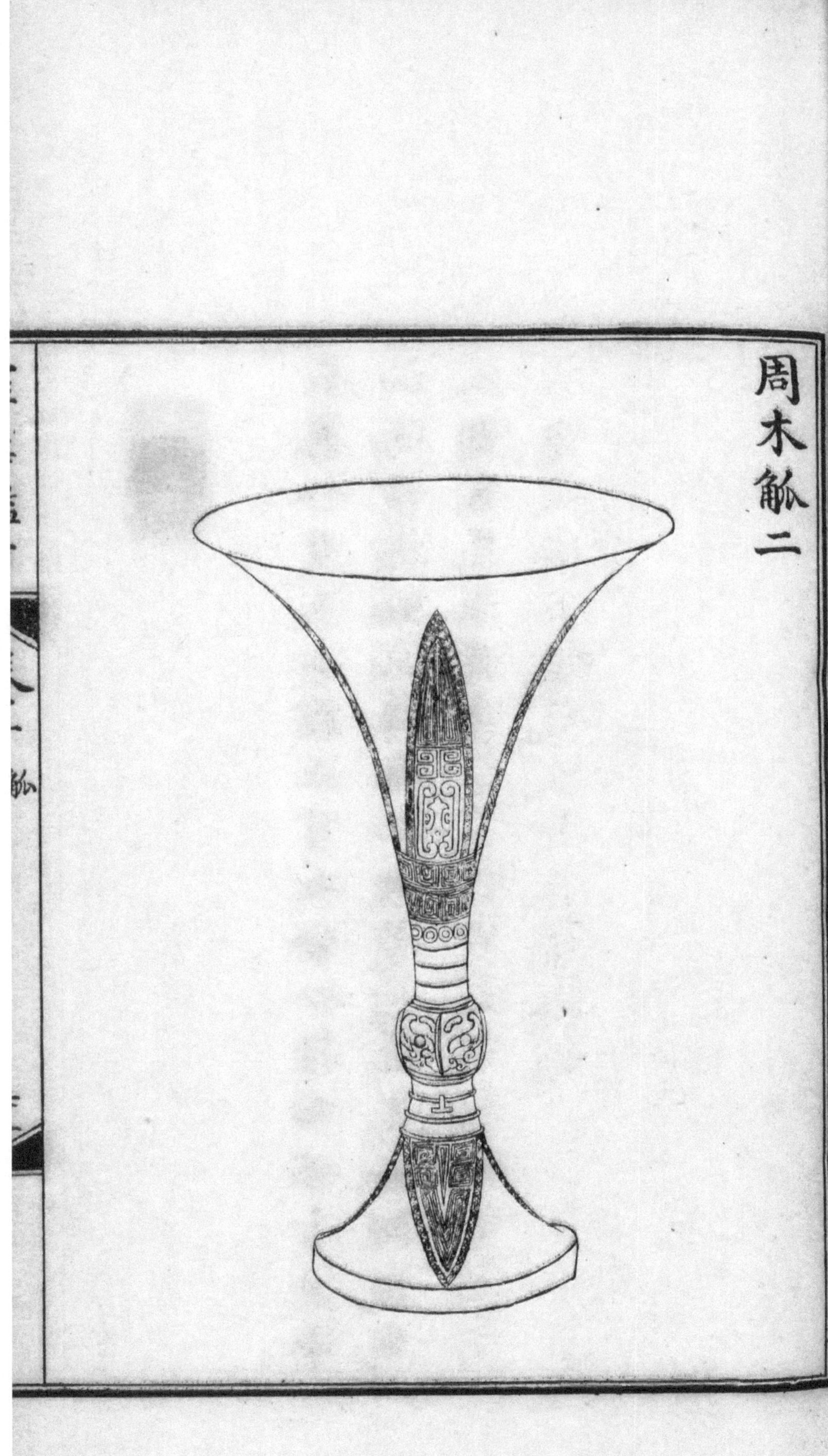

木

右高一尺八分深七寸口徑六寸七分重五十六兩薛尚功以木為仁見前商父已觚説或周人製器有自識其名者則楚之子木晉之先丹木魯之后木魏之段干木皆是也

周史觚

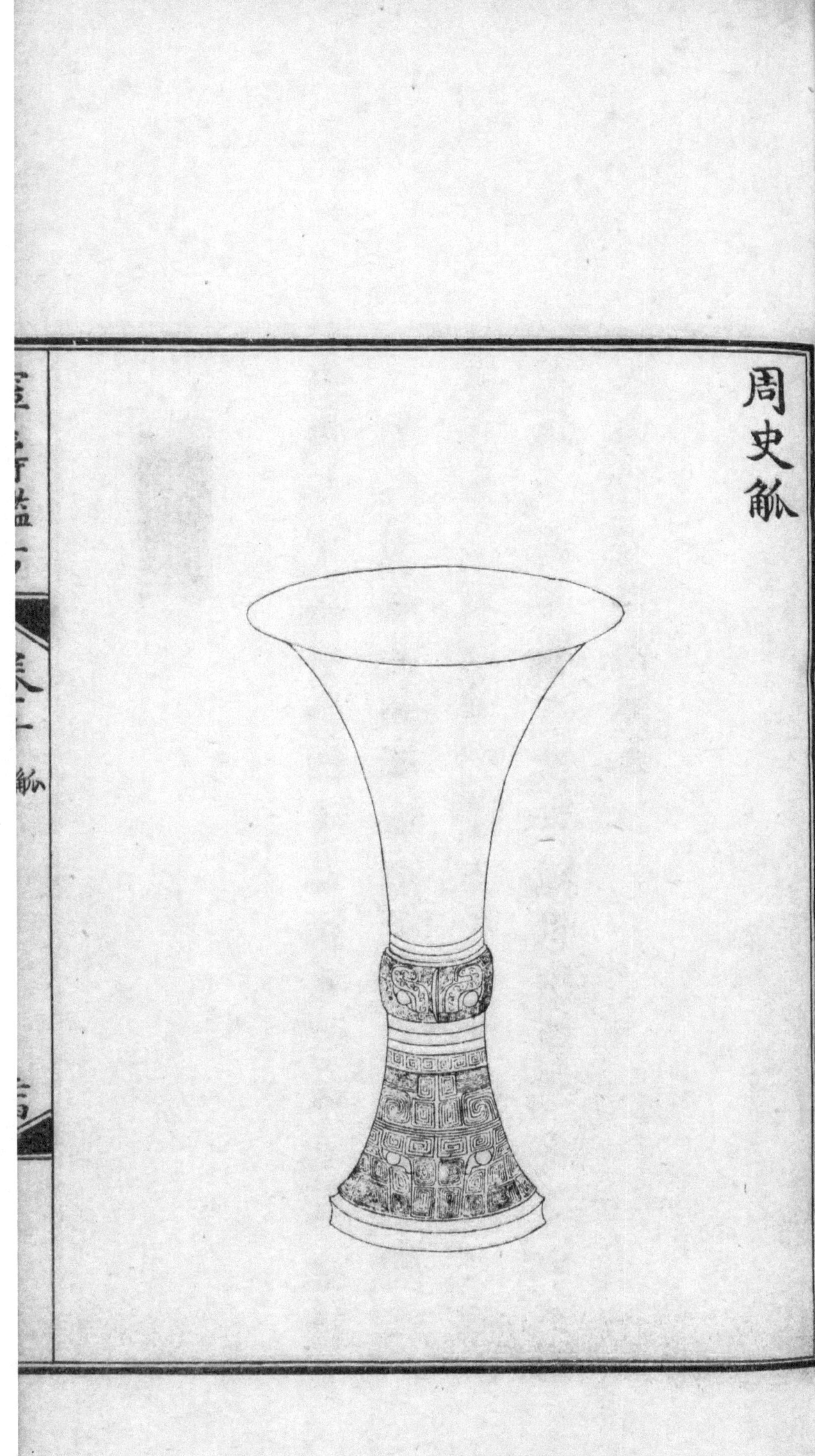

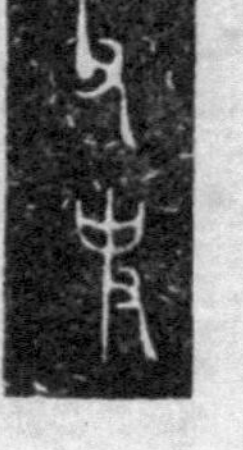

父史

右高七寸五分深四寸九分口徑四寸五分重二十八兩案世本黃帝始立史官周禮六卿之屬亦多名史後世以官為氏如史佚史鰌史蘇史趙之類此銘父史與鐘鼎欵識所載之祖庚史卣皆史之祭器也

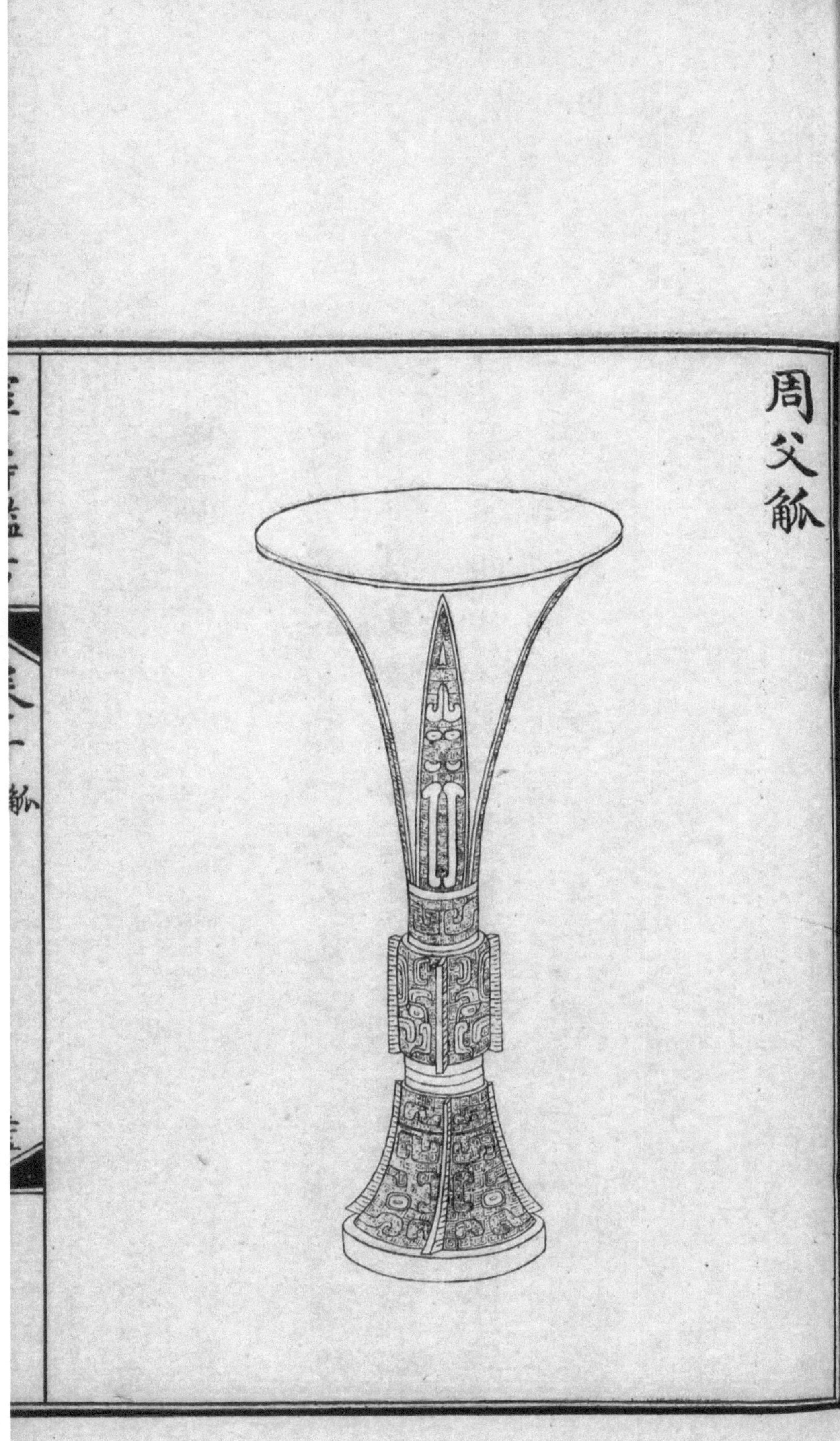

周父觚

父辛 冊 室形中○

右高一尺深七寸一分口徑四寸九分重三十六兩薛尚功曰凡言冊者皆承君錫然後享於宗廟之器此銘冊字居上重君賜也室形中字不可辨

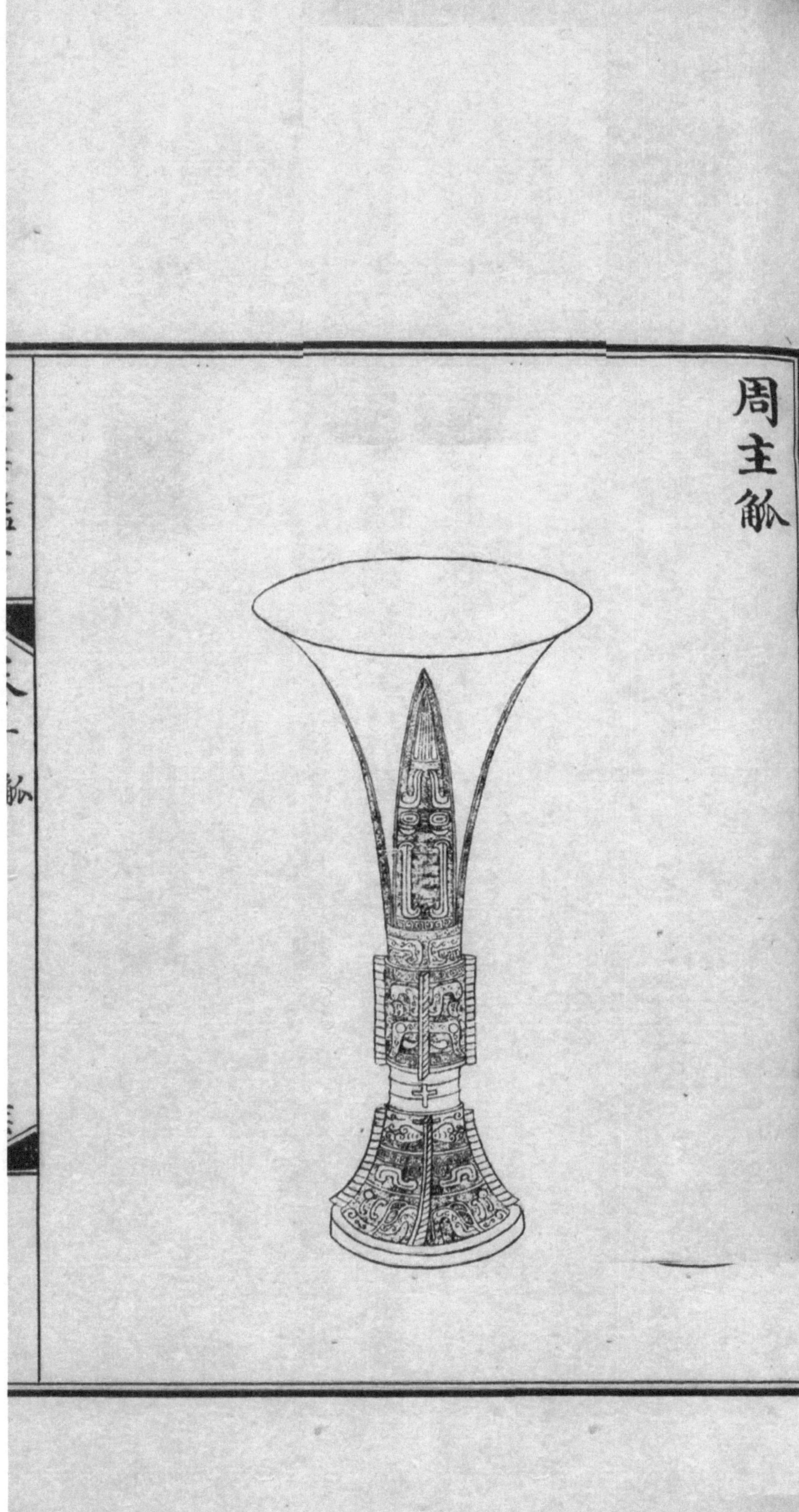

周主觚

父主

右高八寸八分深六寸口徑四寸九分重二十八兩銘詞與主孫彝相類然曰主孫乃主祭者自謂此銘父主則以所祭為主矣

周雷紋觚一

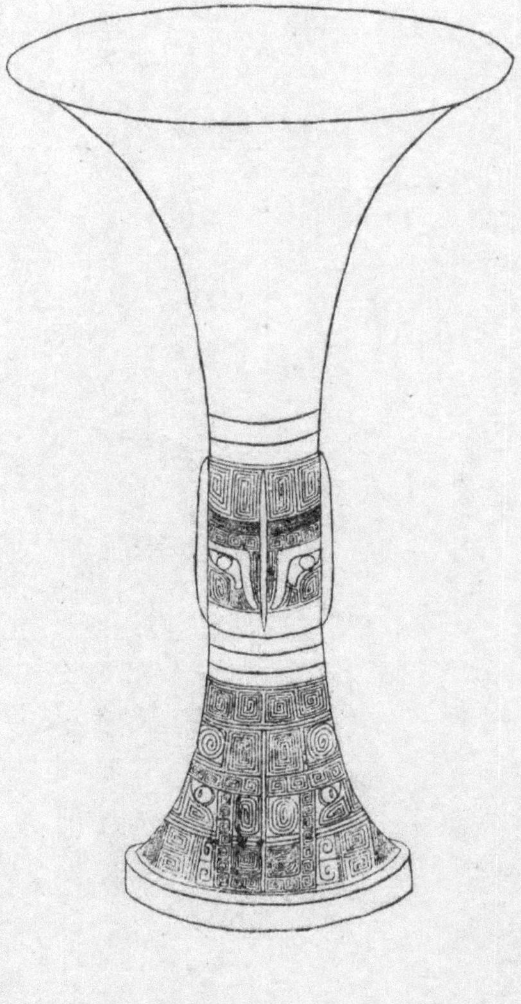

右高八寸一分深五寸三分口徑四寸七分重二十四兩

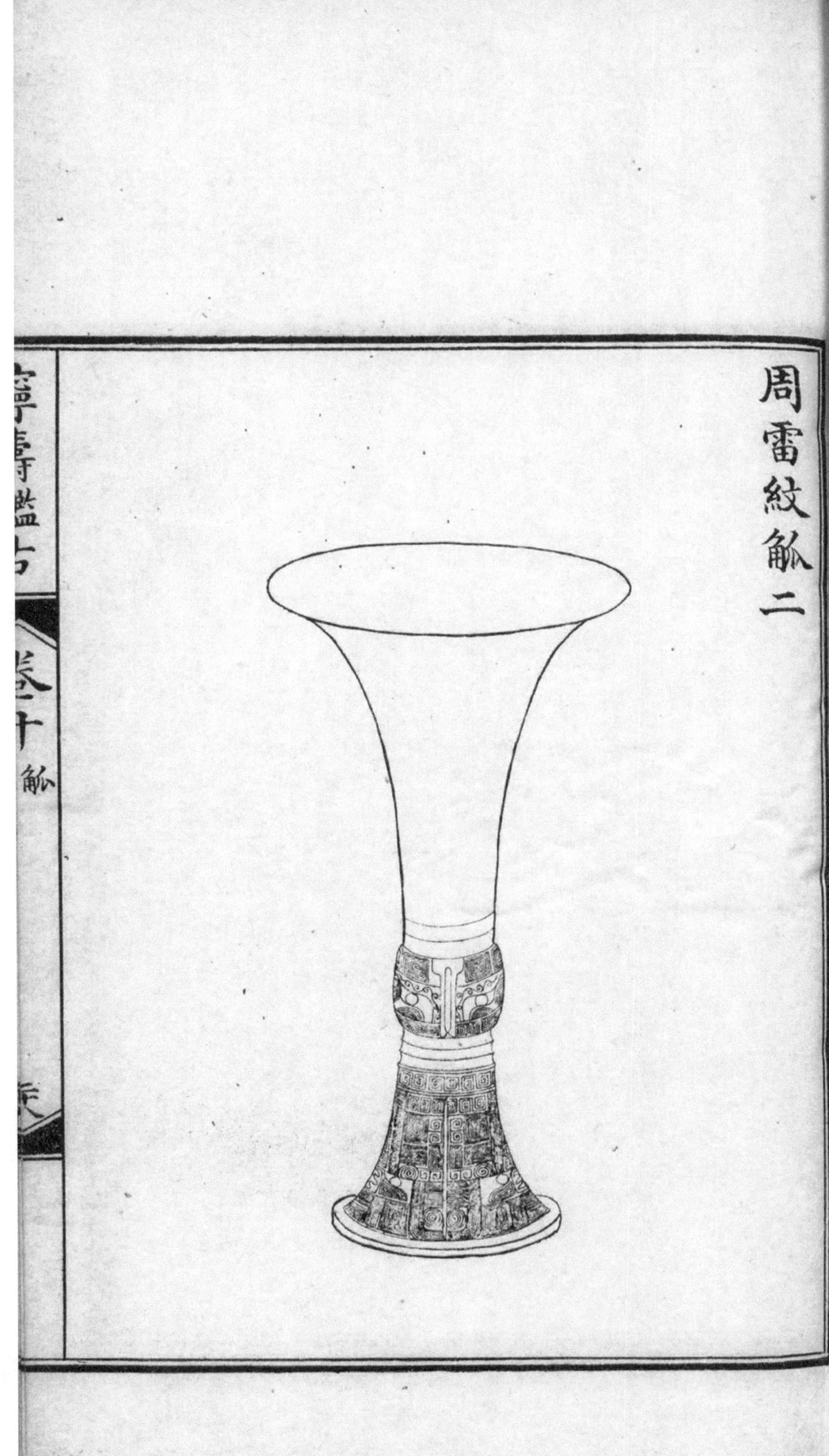

周雷紋觚二

右高七寸九分深五寸四分口徑四寸五分重
二十四兩

周雷紋觚三

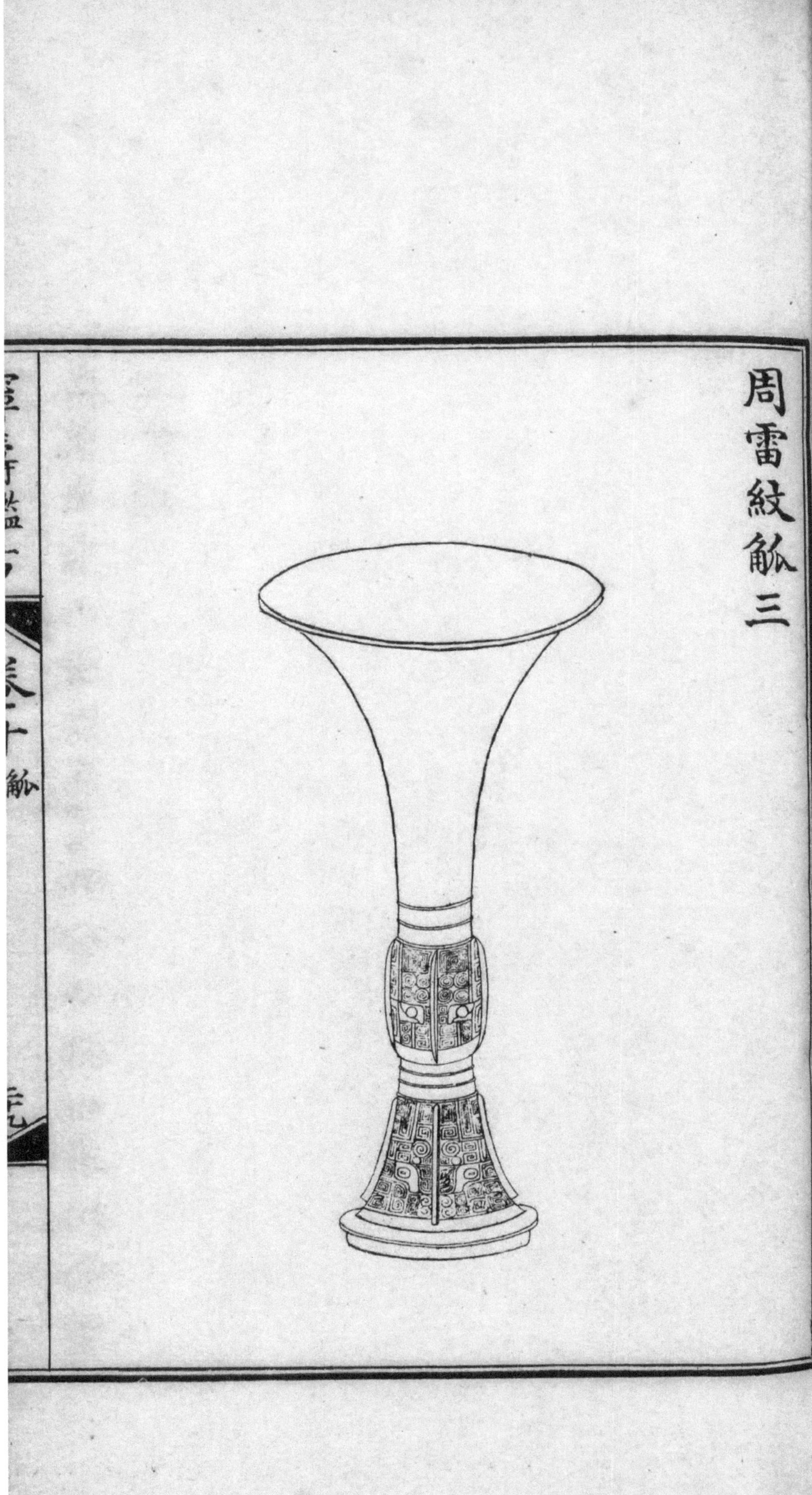

右高七寸八分深五寸六分口徑四寸一分重二十兩

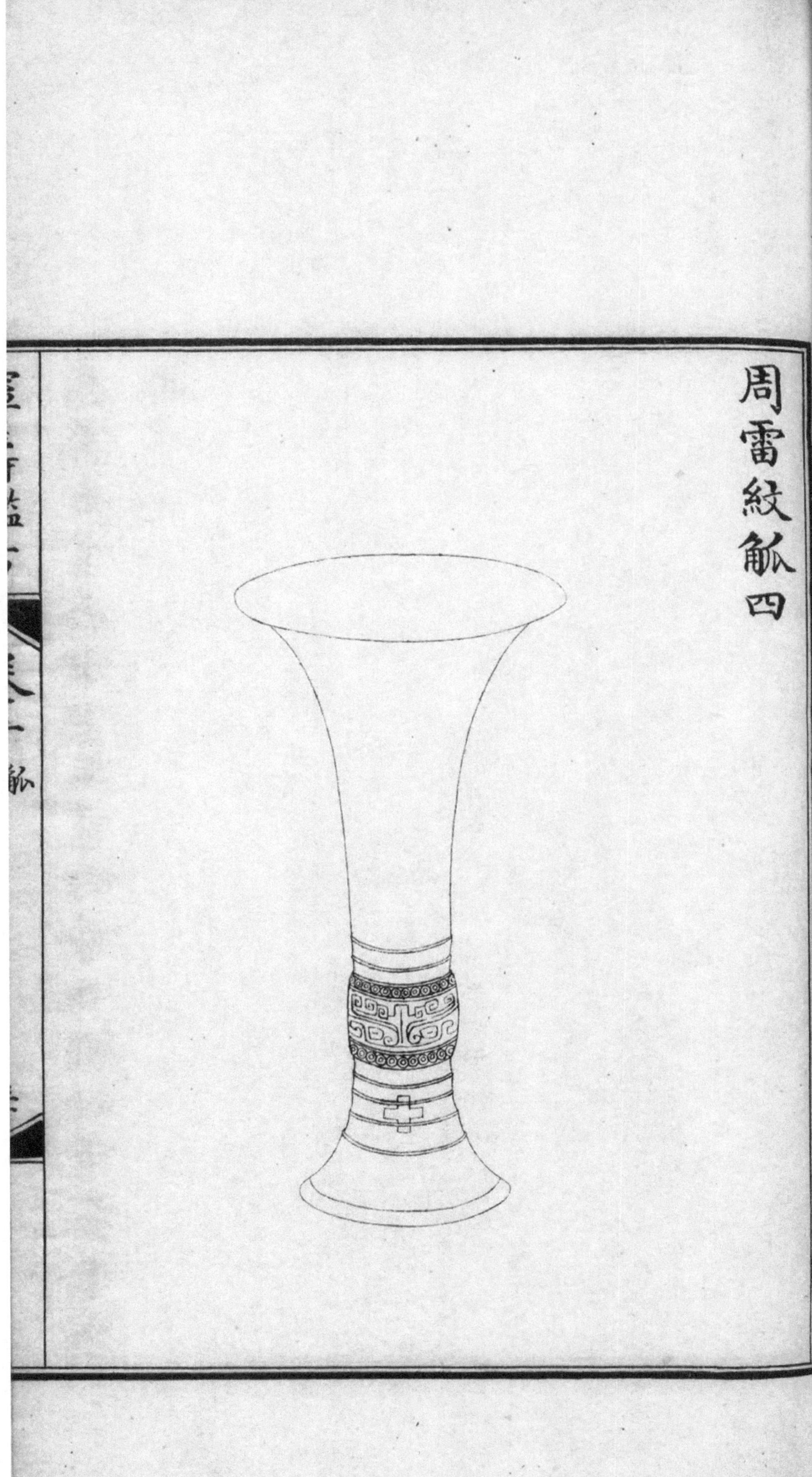

周雷紋觚四

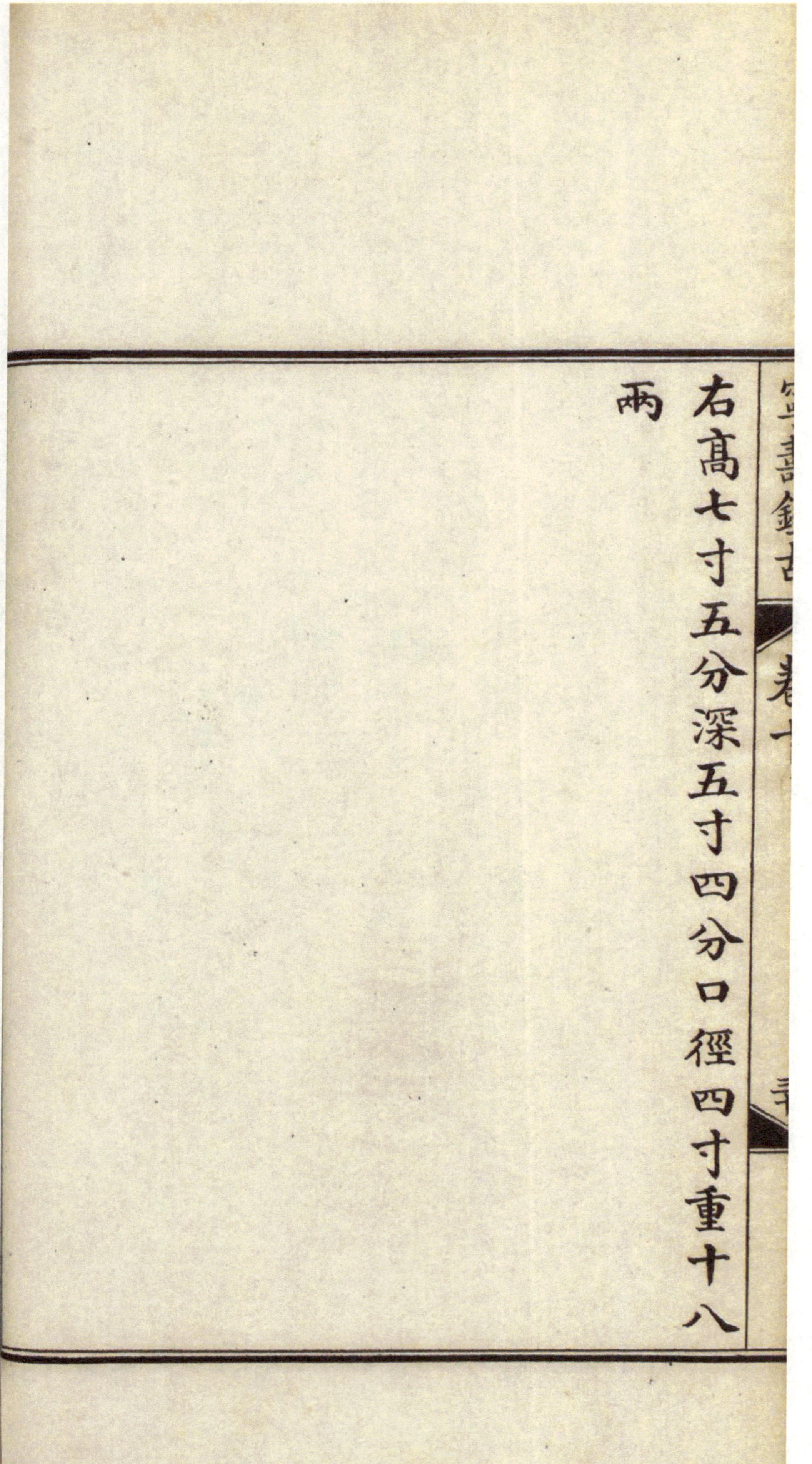

右高七寸五分深五寸四分口徑四寸重十八兩

周雷紋觚五

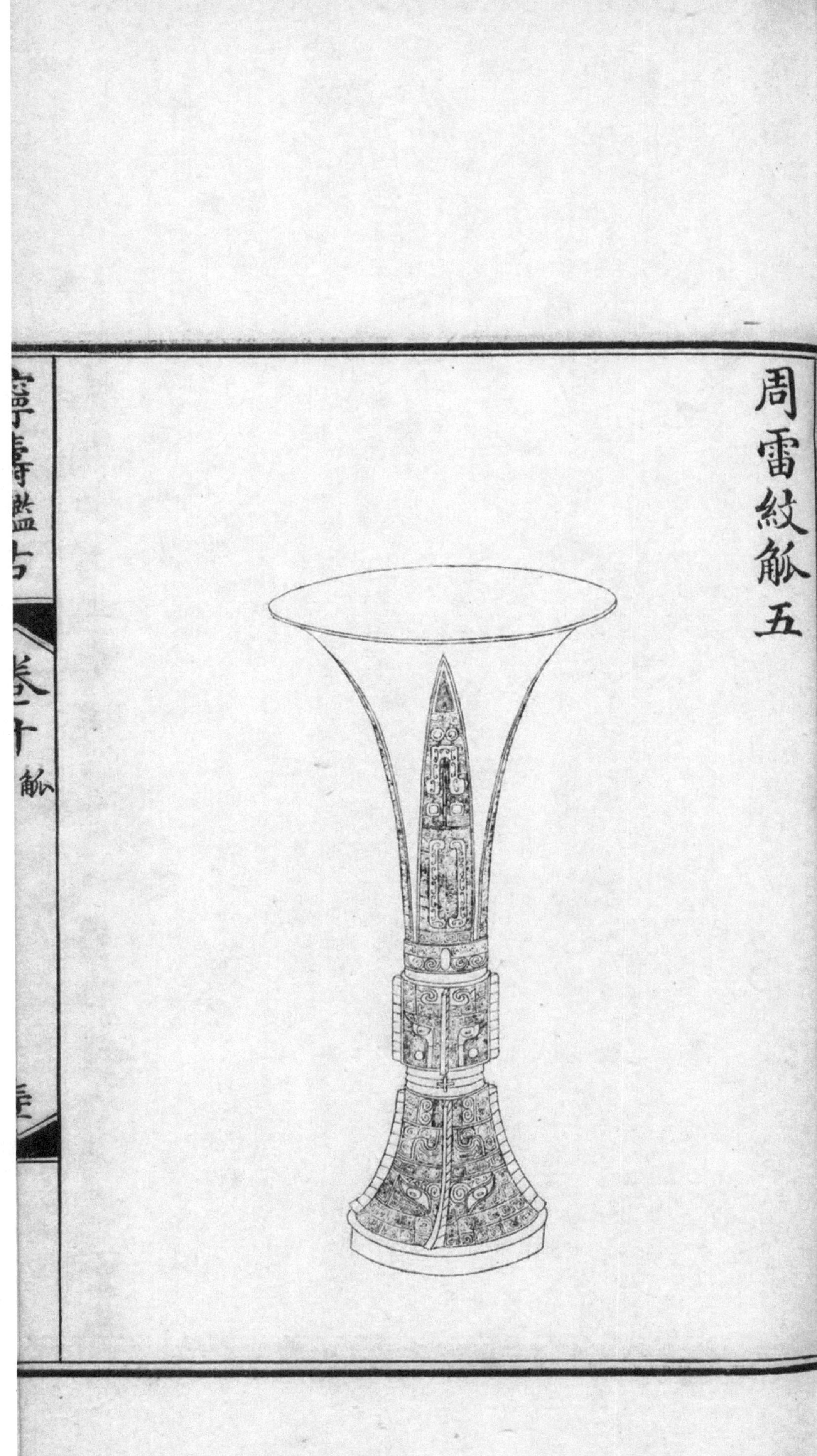

右高九寸五分深六寸八分口徑五寸一分重三十八兩

周雷紋觚六

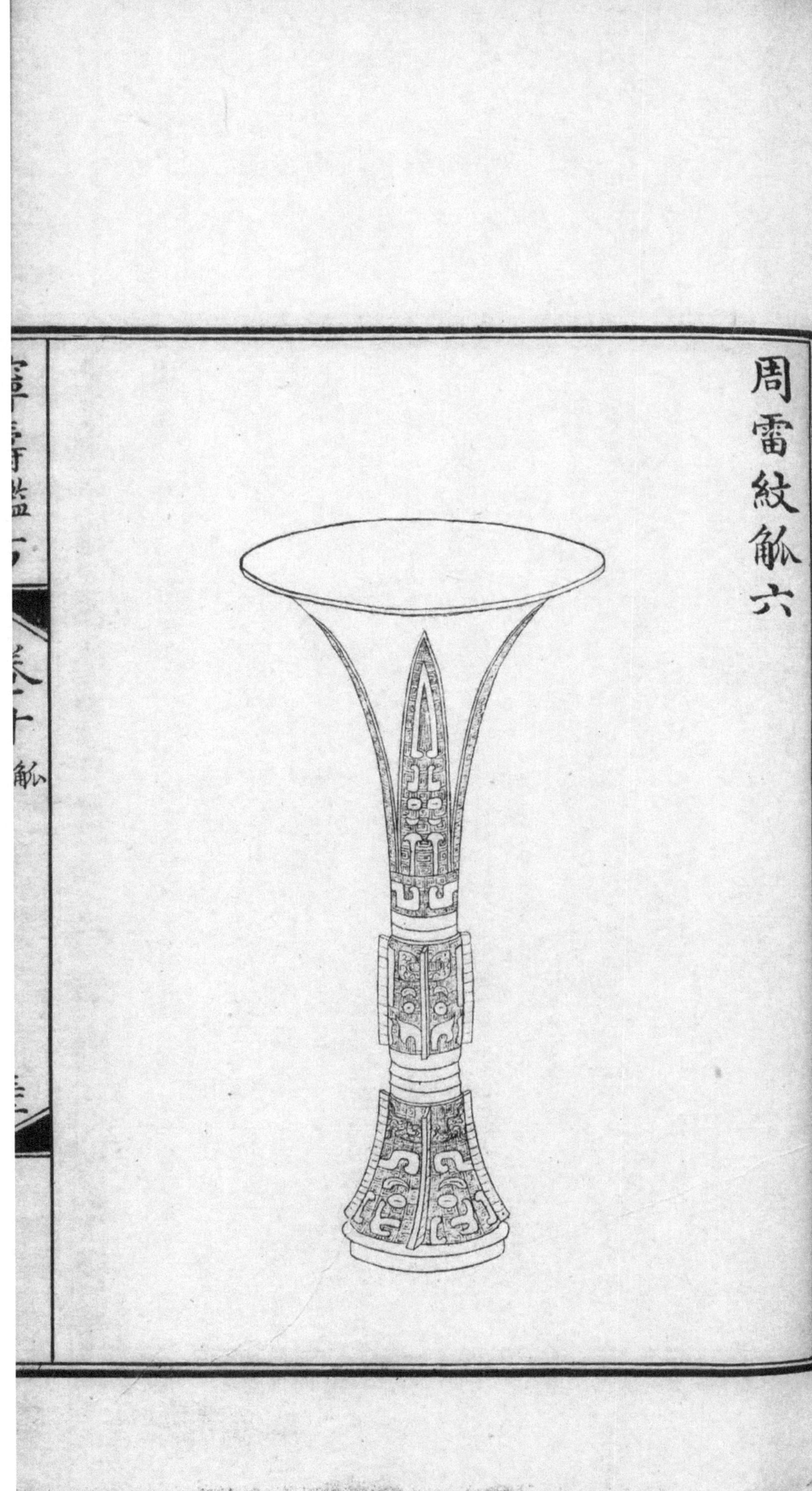

右高一尺深七寸一分口徑五寸三分重三十兩

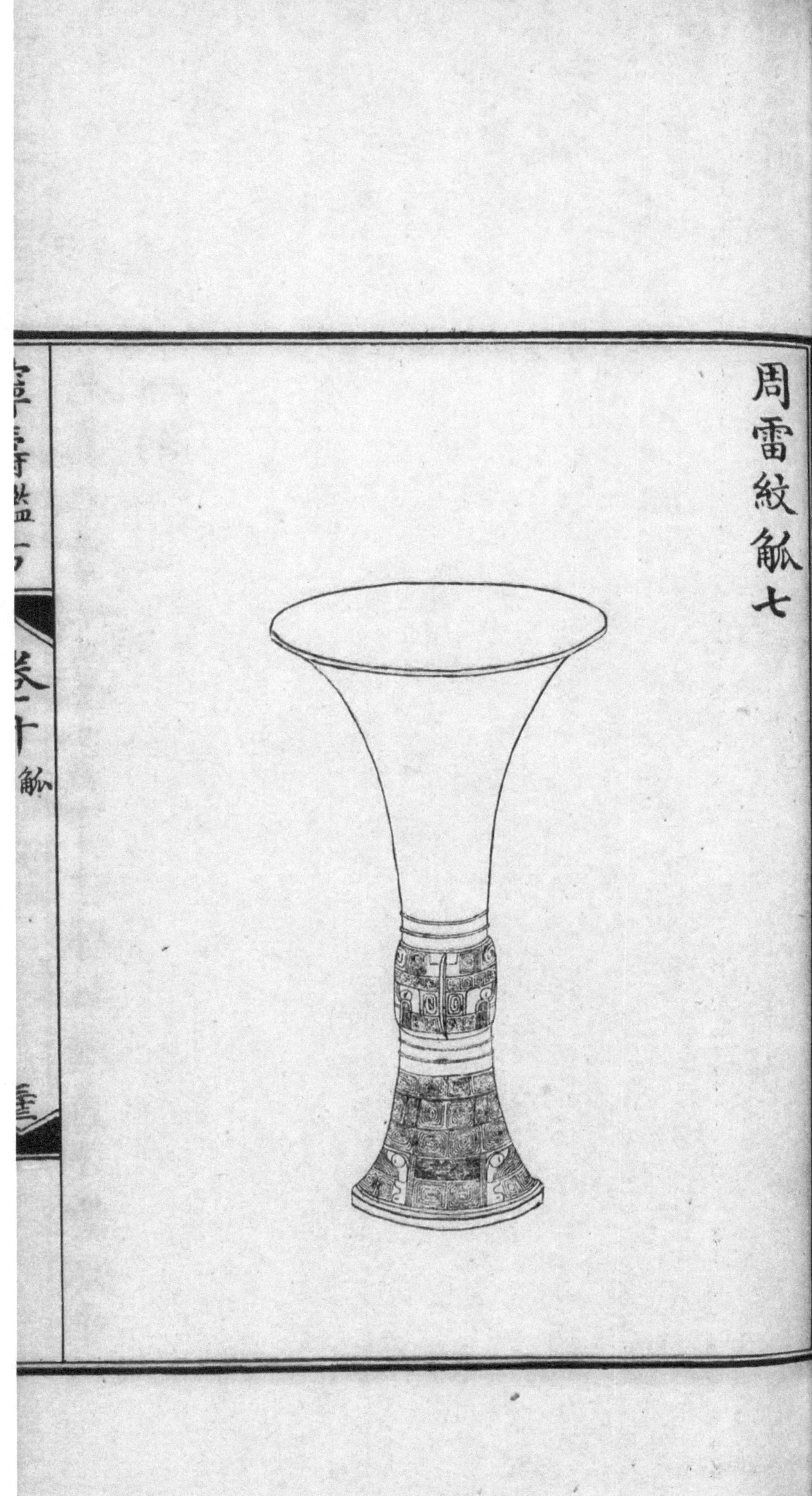
周雷紋觚七
寧壽鑑古 卷二十 觚

右高八寸一分深五寸三分口徑五寸重二十八兩

周雷紋觚八

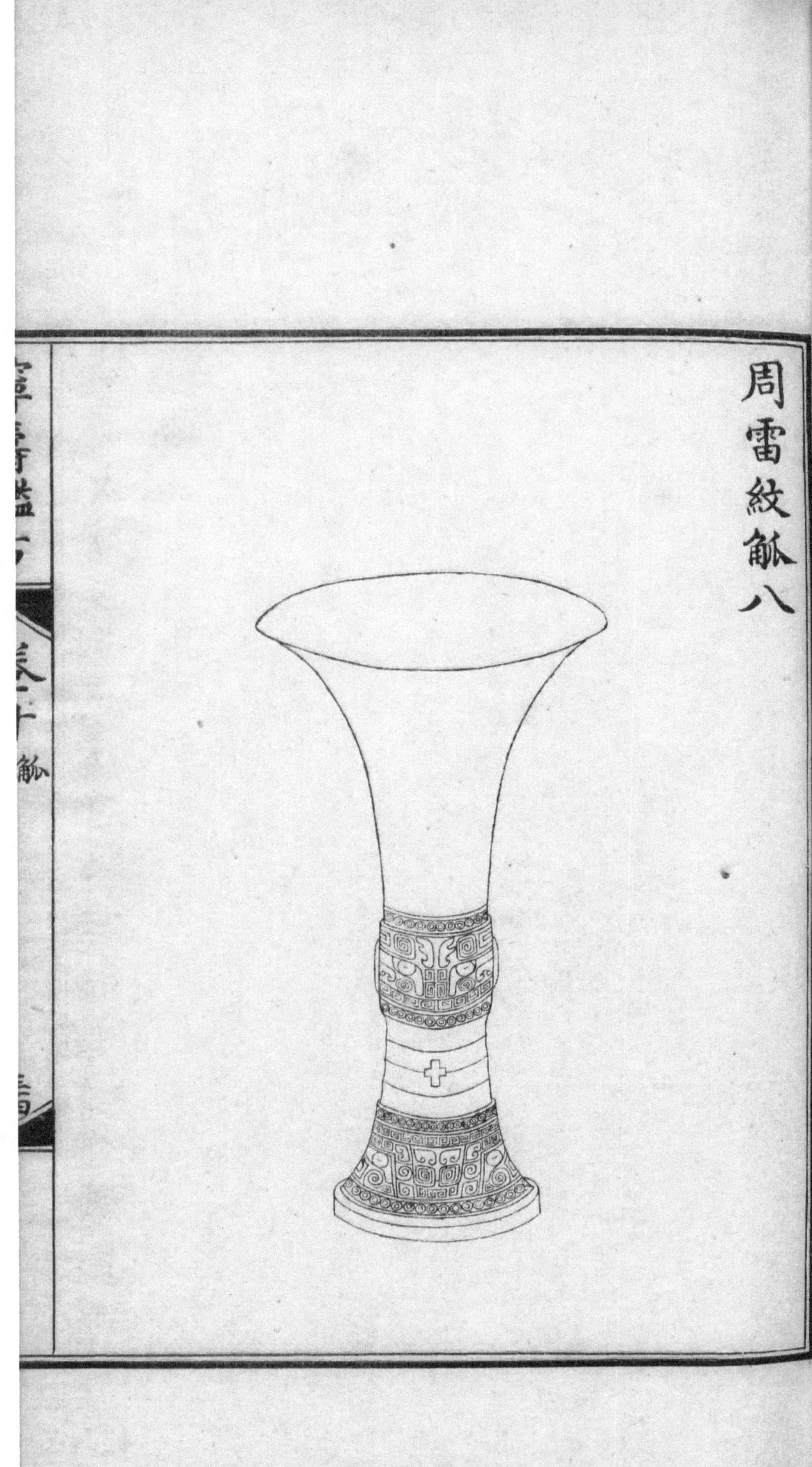

右高七寸三分深五寸口徑四寸四分重三十六兩

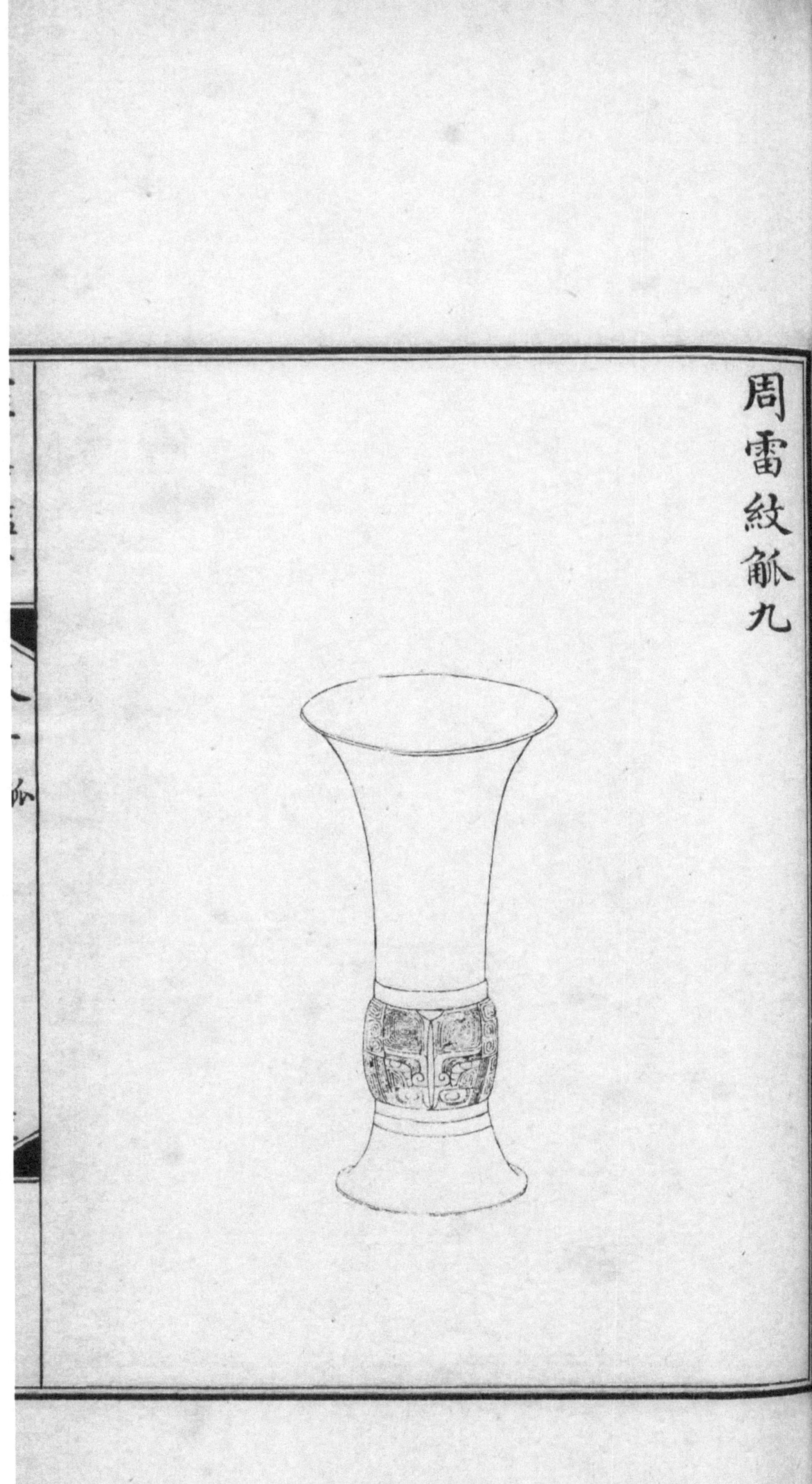

周雷紋觚九

右高六寸深四寸五分口徑三寸五分重十三兩有半

周雷紋觚十

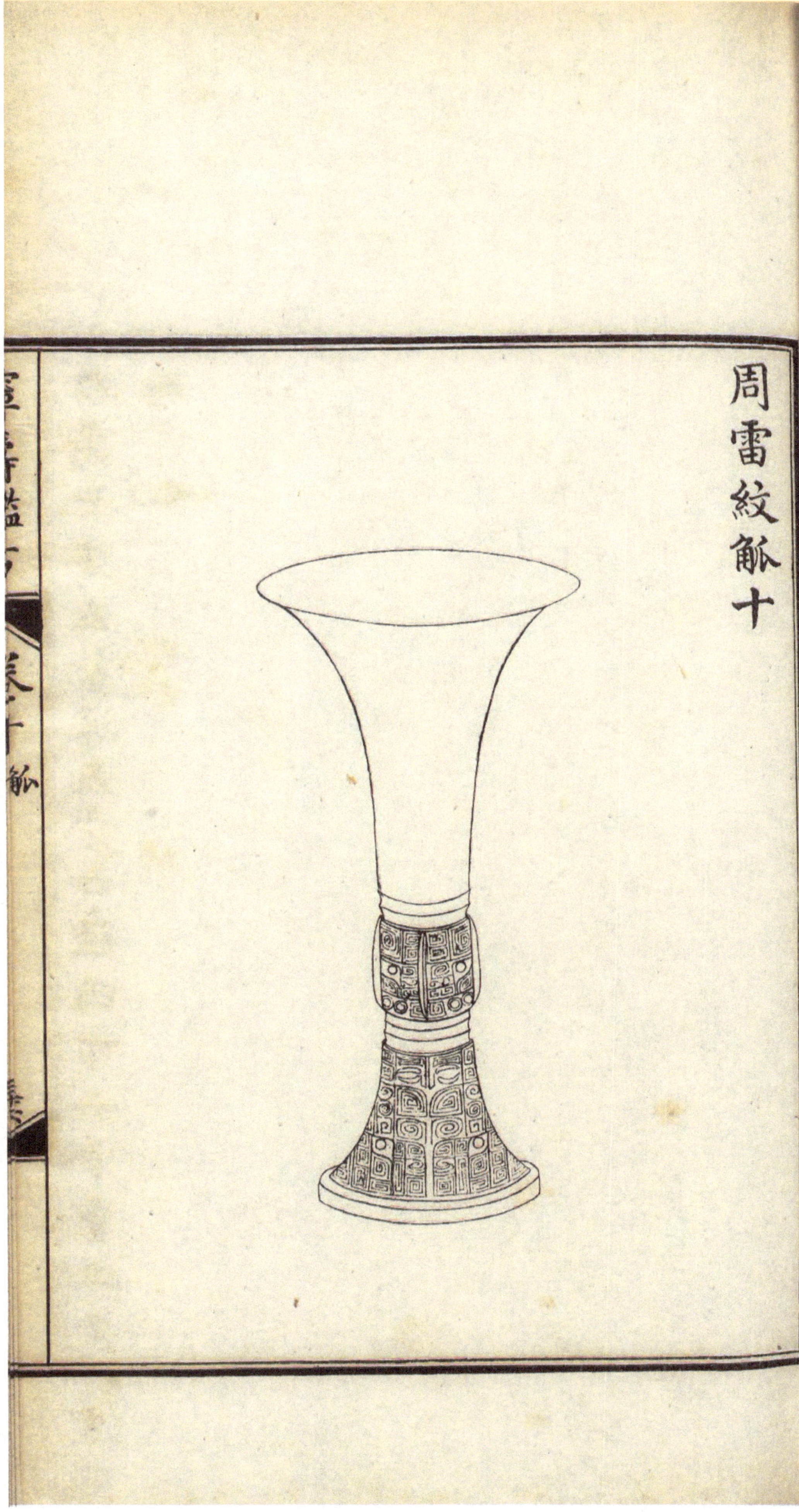

右高七寸五分深五寸口徑四寸一分重二十兩

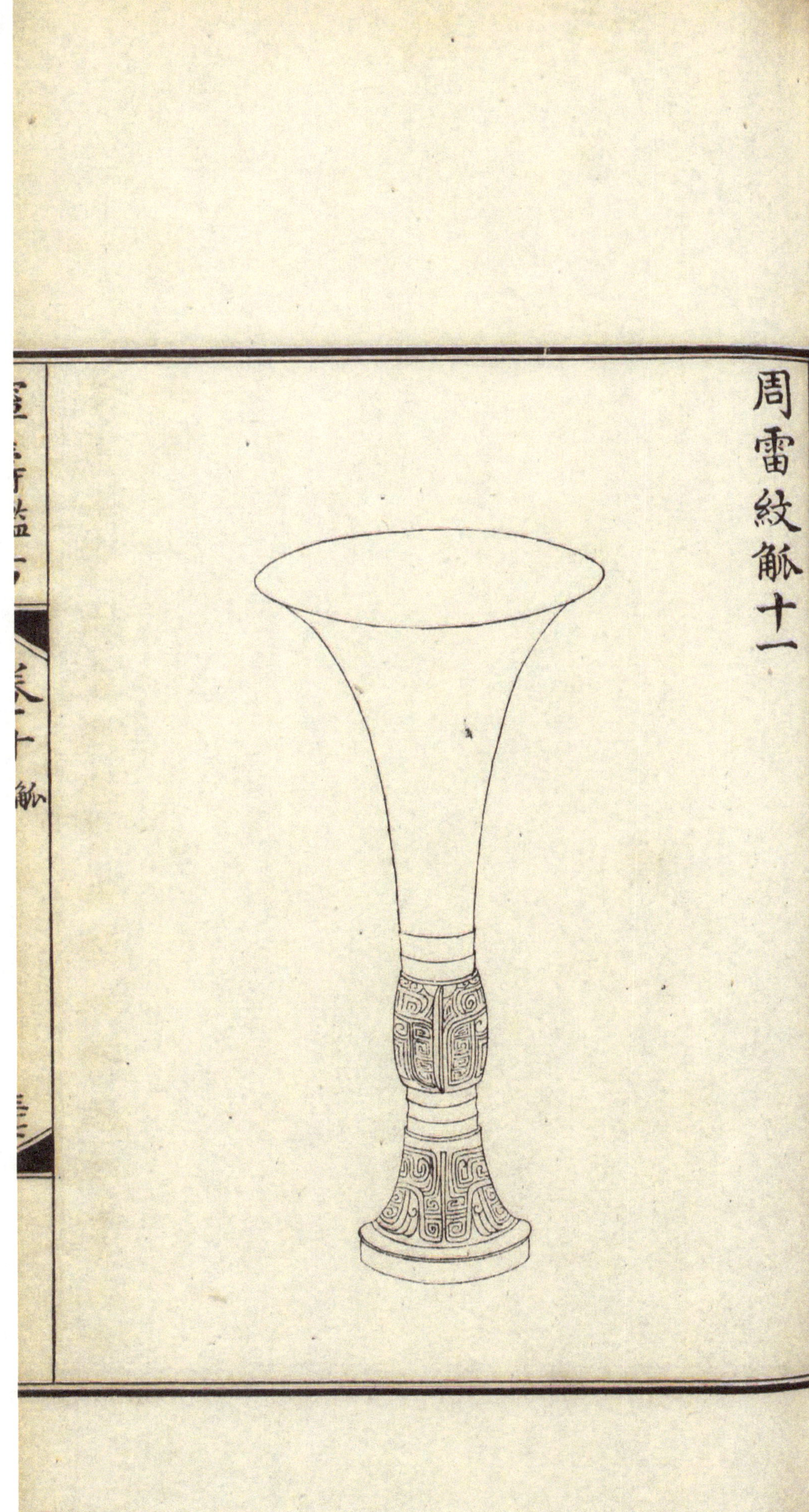

周雷紋觚十一

右高九寸五分深六寸九分口徑五寸重二十六兩

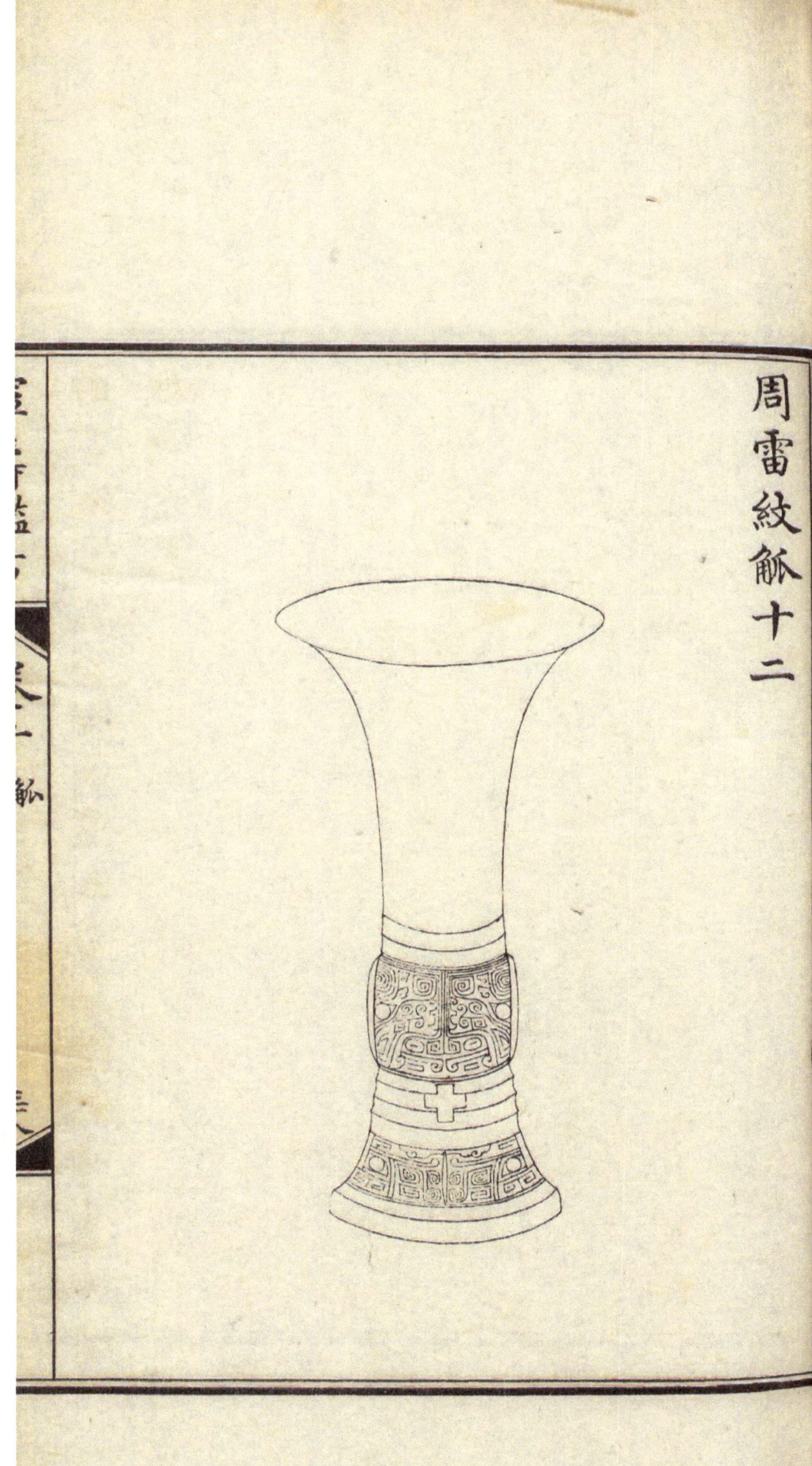

周雷紋觚十二

右高七寸五分深五寸五分口径四寸三分重二十四兩

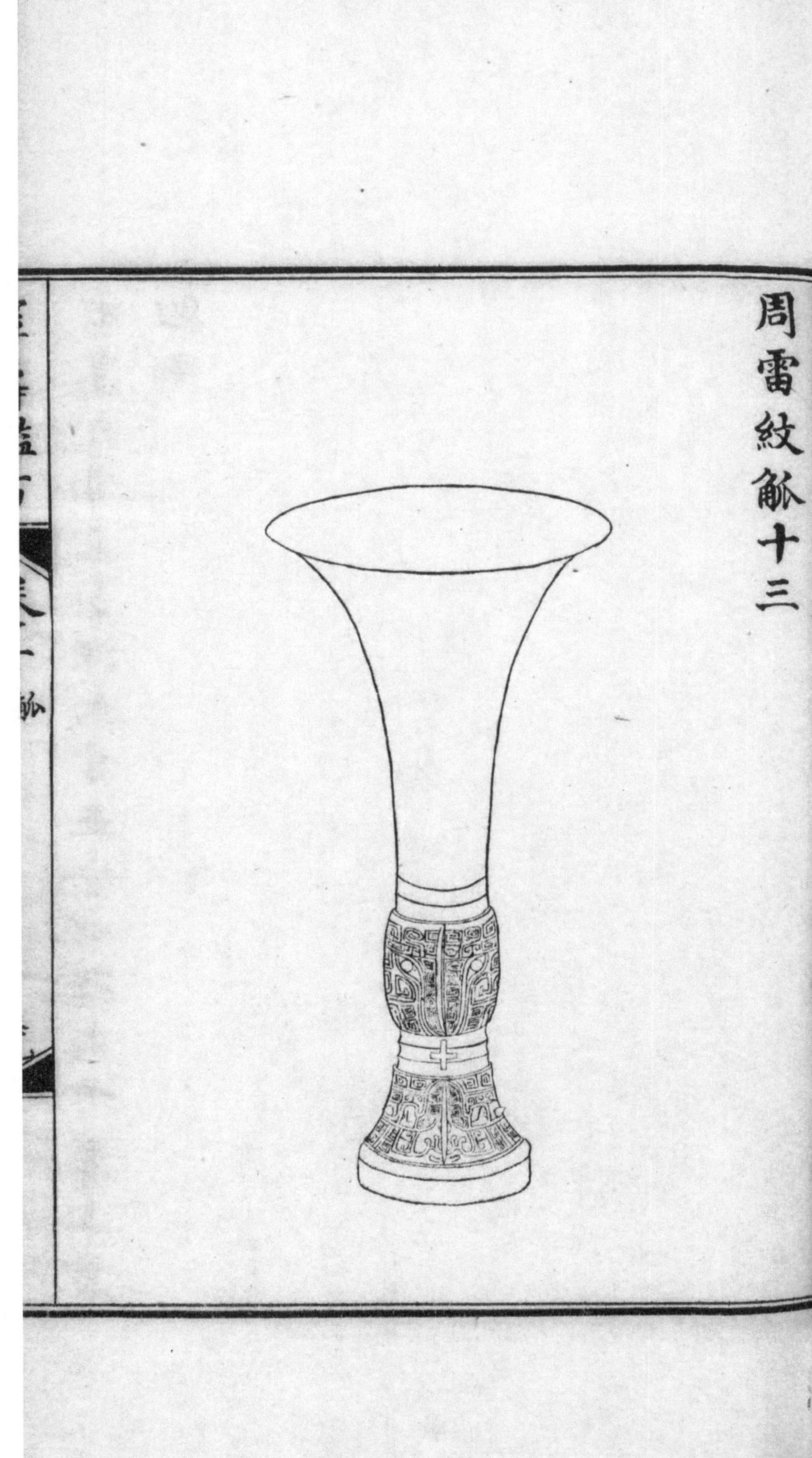

周雷紋觚十三

右高九寸三分深六寸五分口徑五寸重二十
四兩

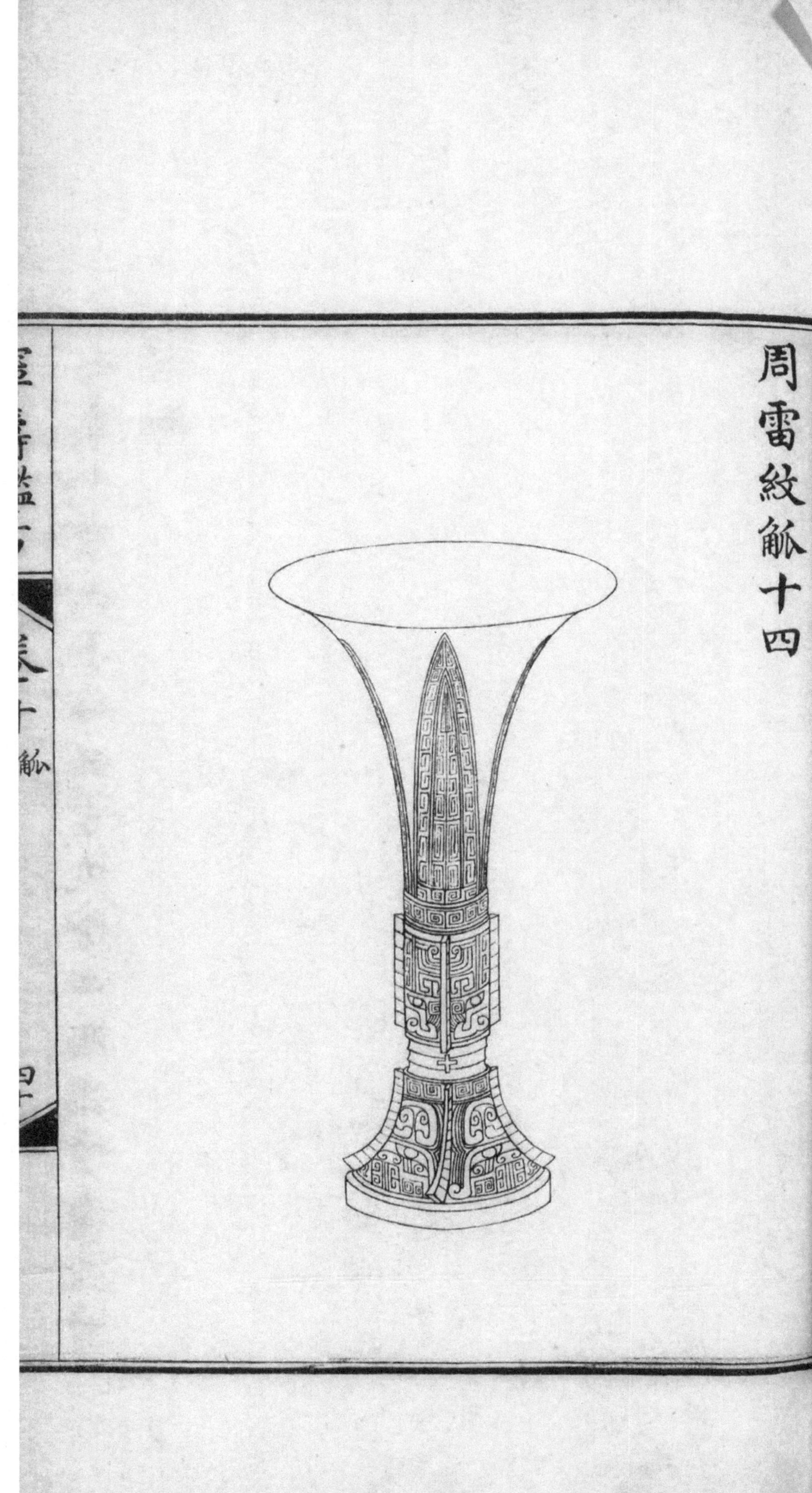

周雷紋觚十四

右高八寸六分深五寸九分口徑五寸重三十四兩

周雷紋觚十五

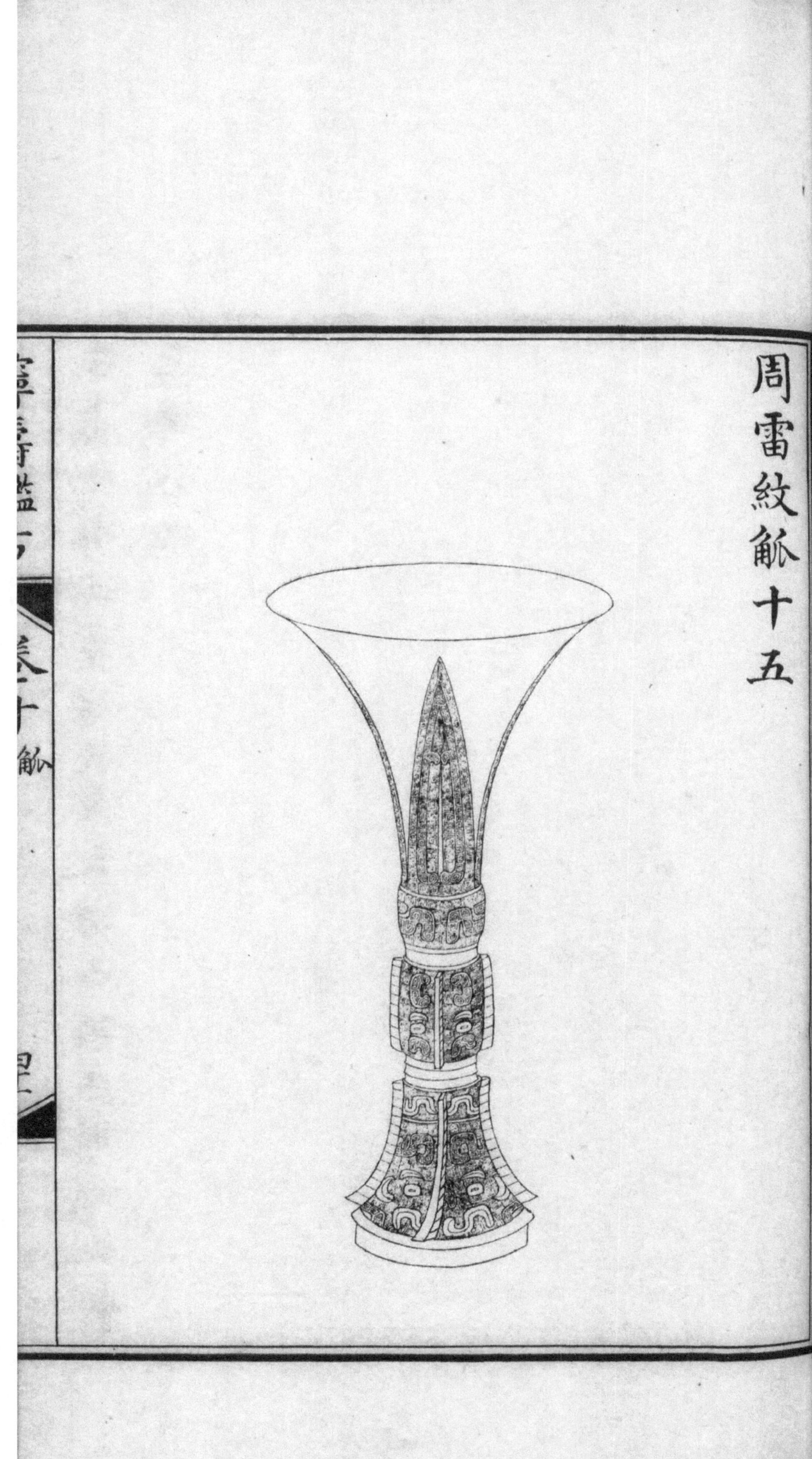

右高九寸四分深六寸三分口徑五寸一分重三十八兩

周雲雷觚

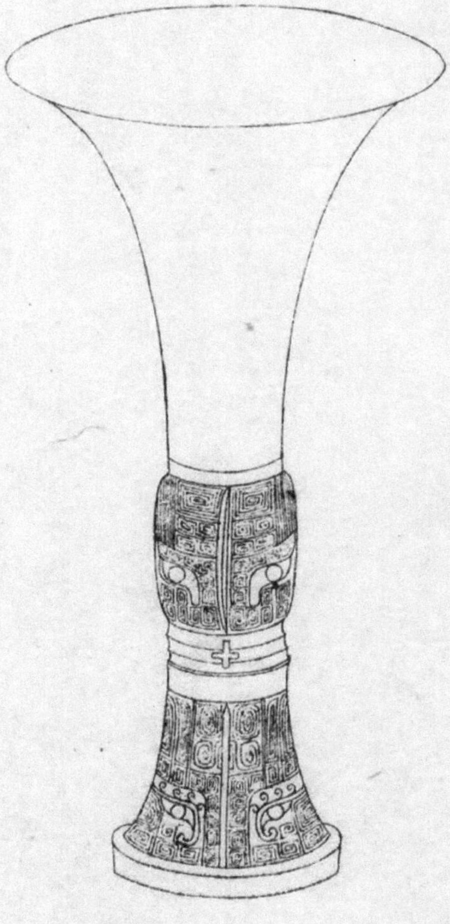

右高七寸六分深五寸口徑四寸二分重十八兩

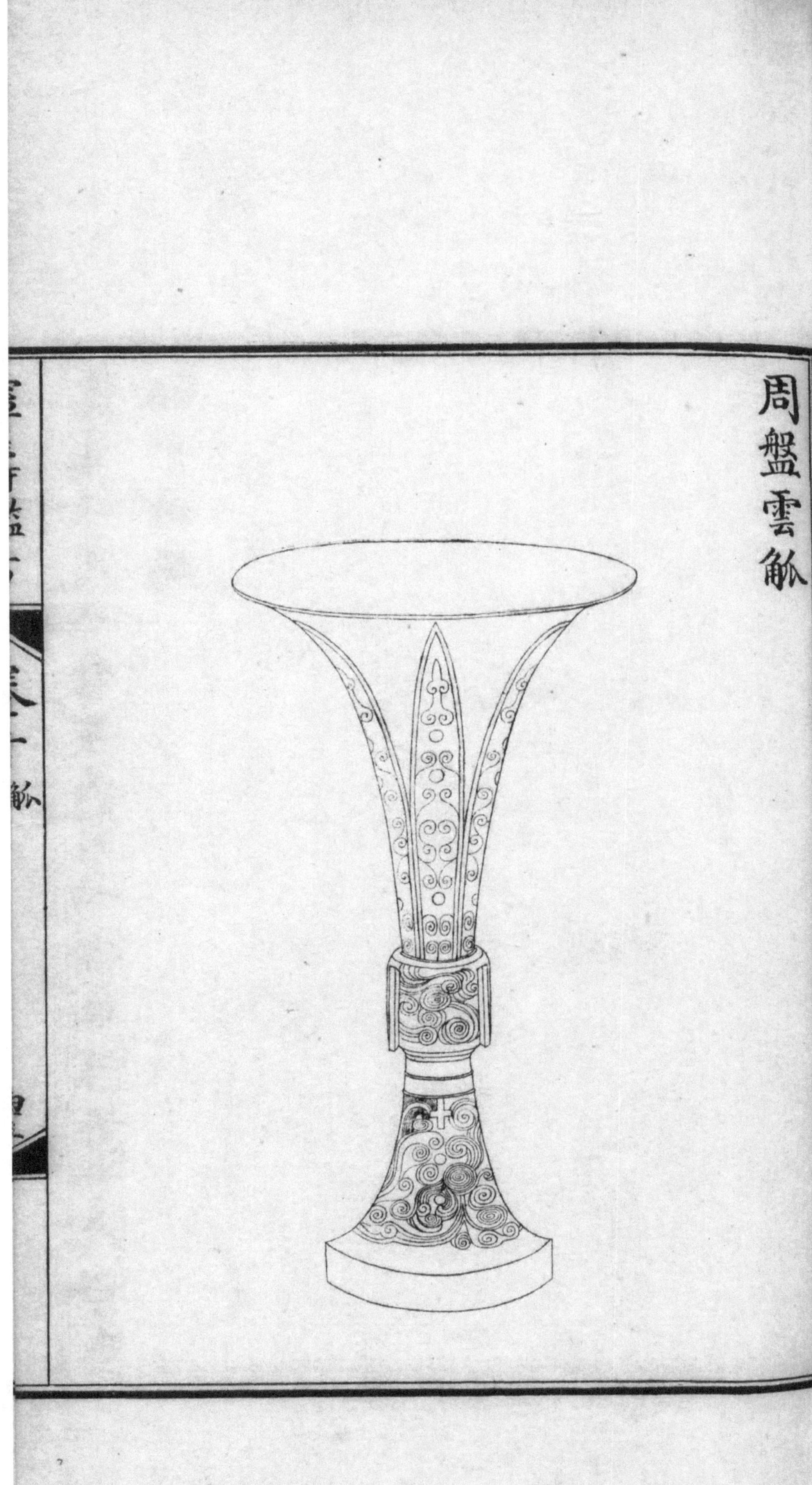

周盤雲觚

右高一尺一分深六寸四分口徑五寸八分重四十四兩

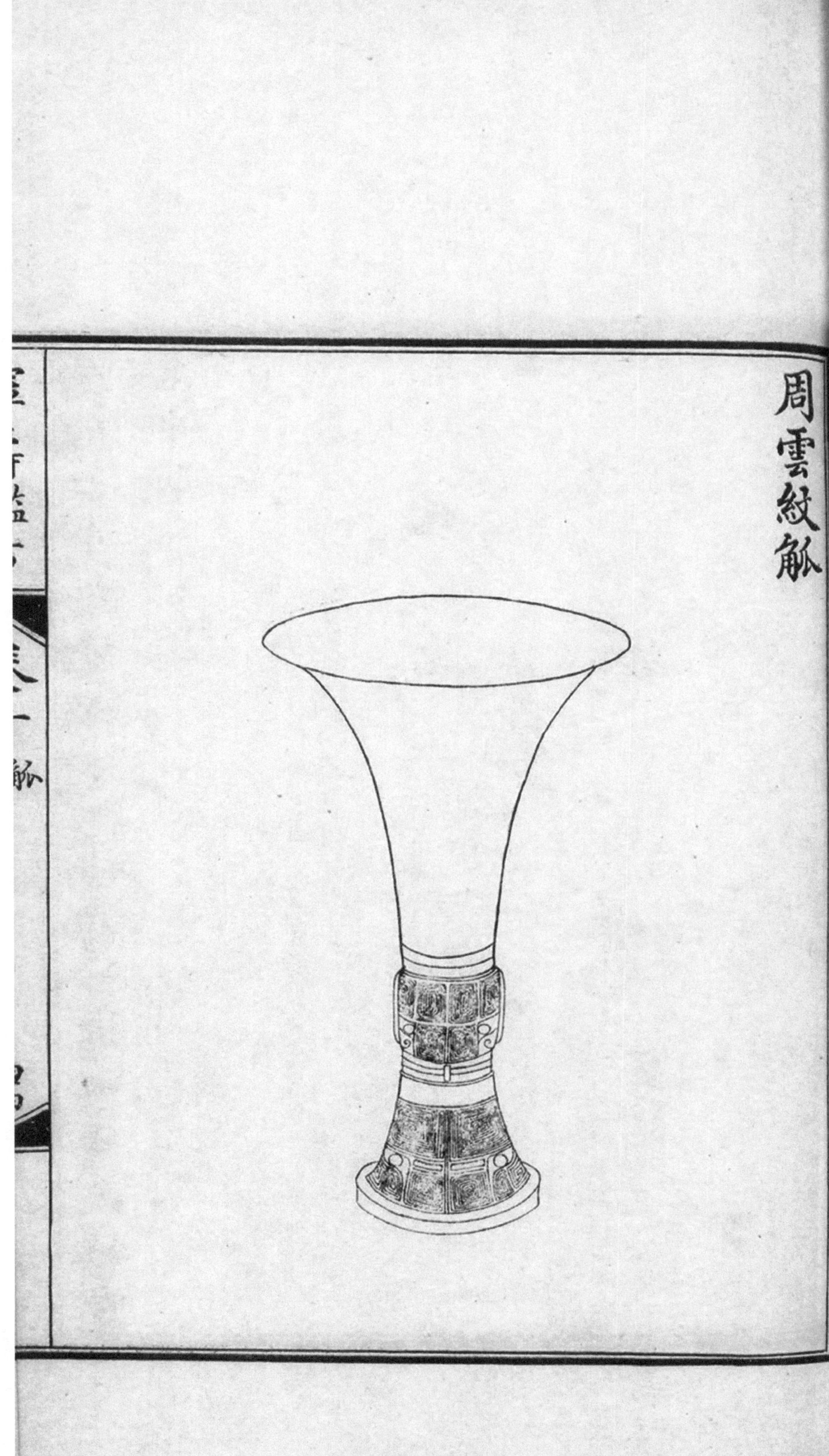

周雲紋觚

右高六寸九分深四寸六分口徑四寸二分重二十兩

周夔紋觚

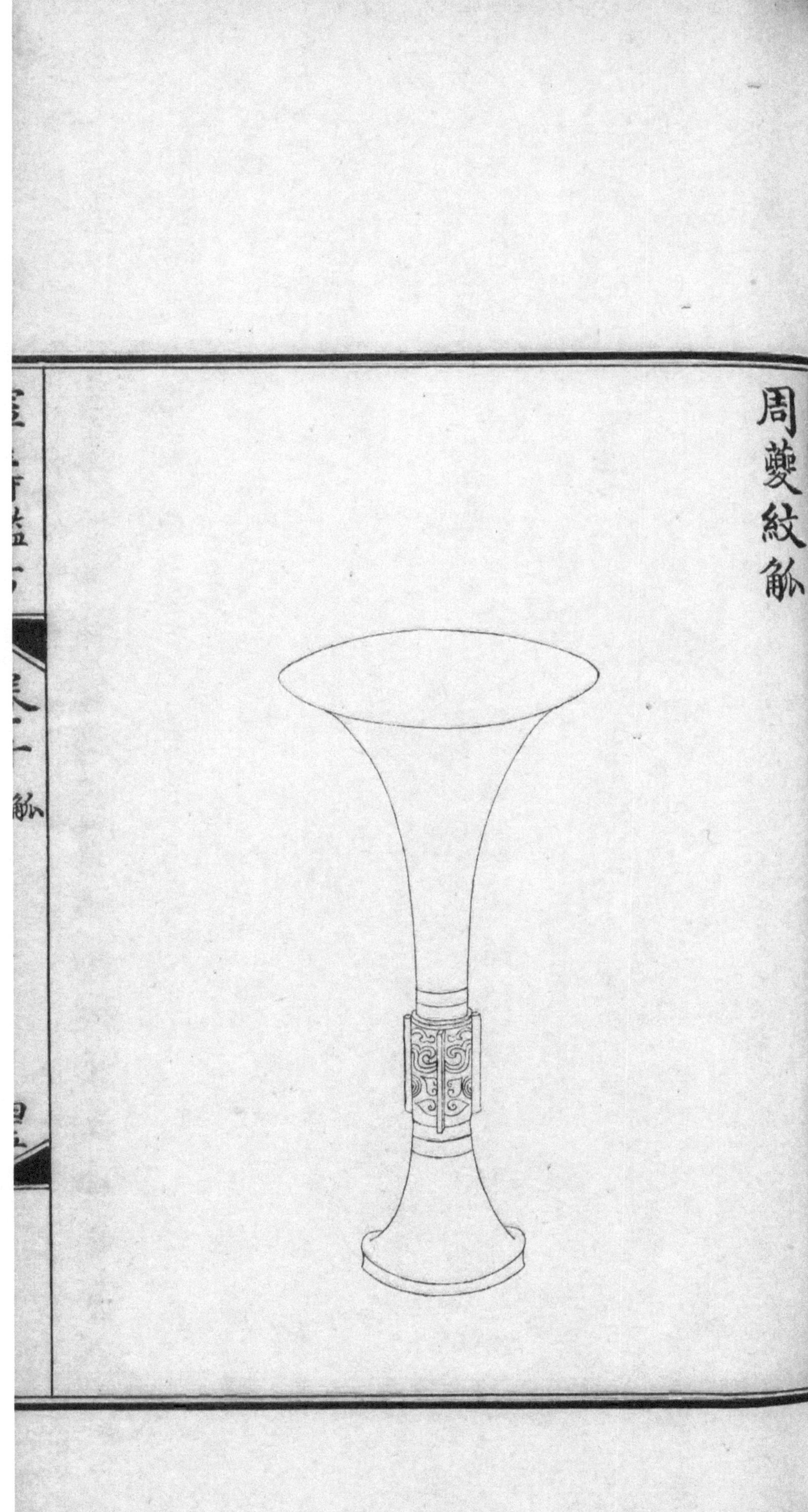

右高八寸三分深六寸口徑四寸五分重十八兩

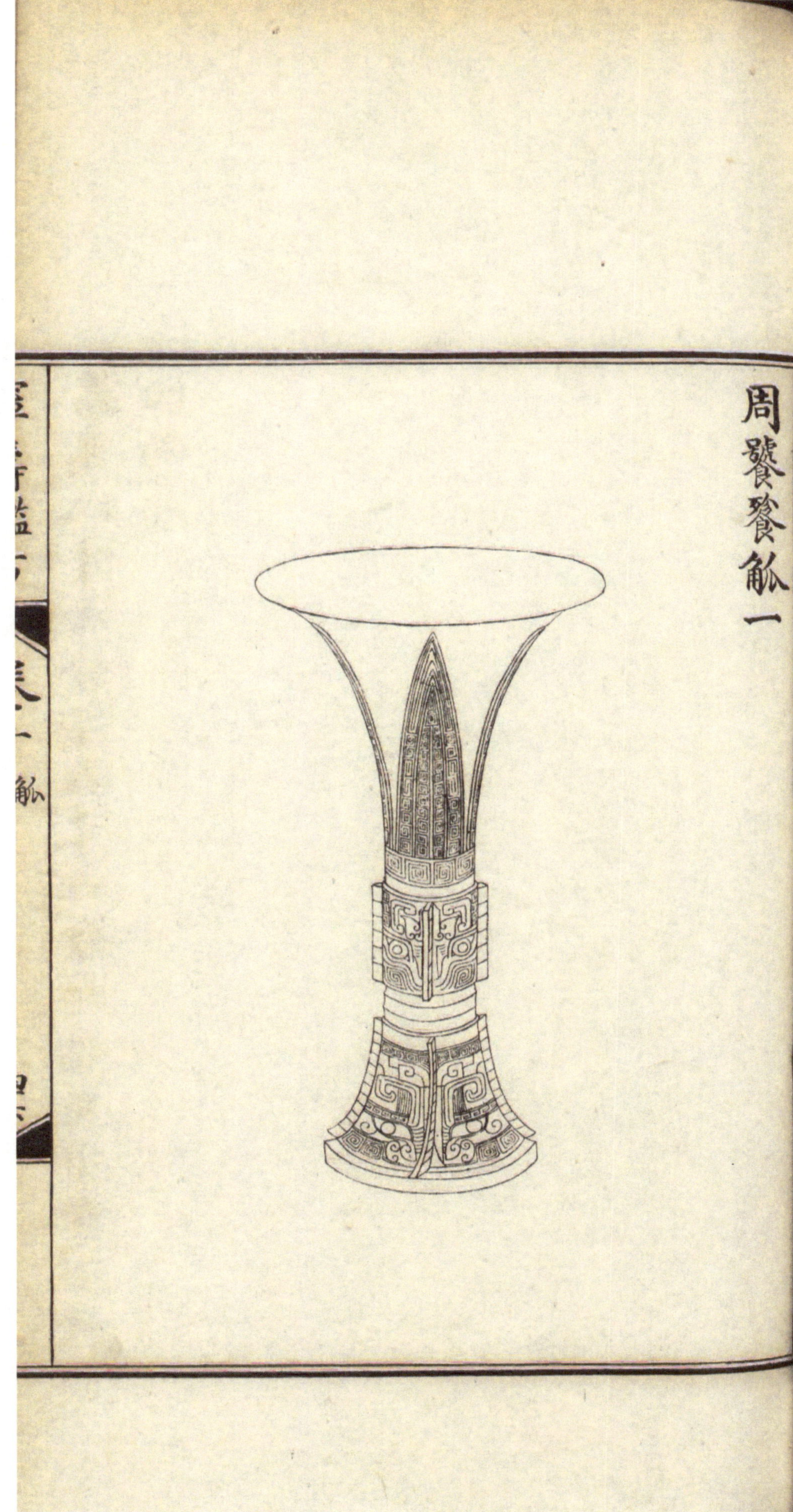

周饕餮觚一

右高八寸七分深五寸八分口徑五寸重三十四兩

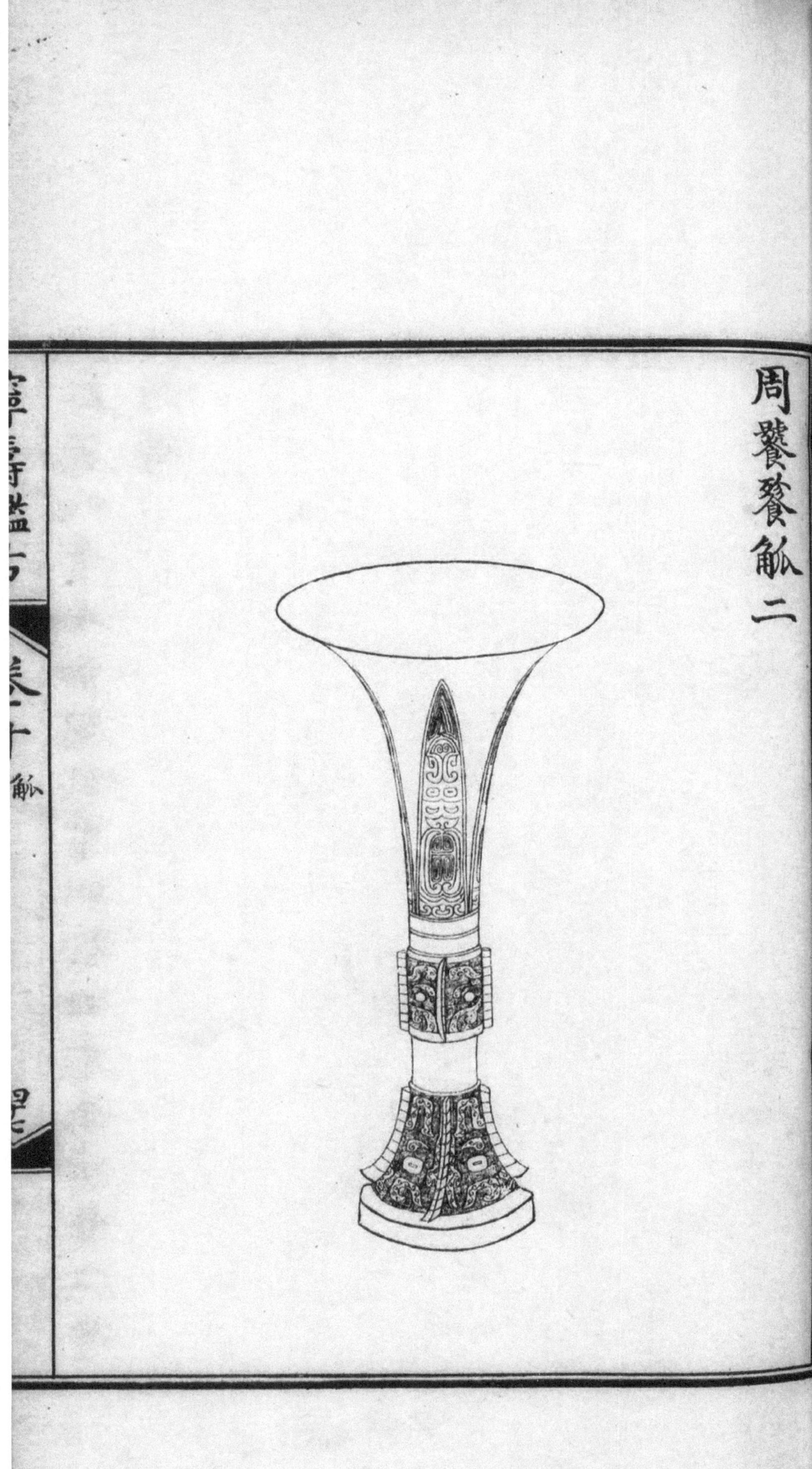
周饕餮觚二
寧壽鑑古 卷十 觚

右高八寸七分深六寸口徑四寸七分重二十六兩

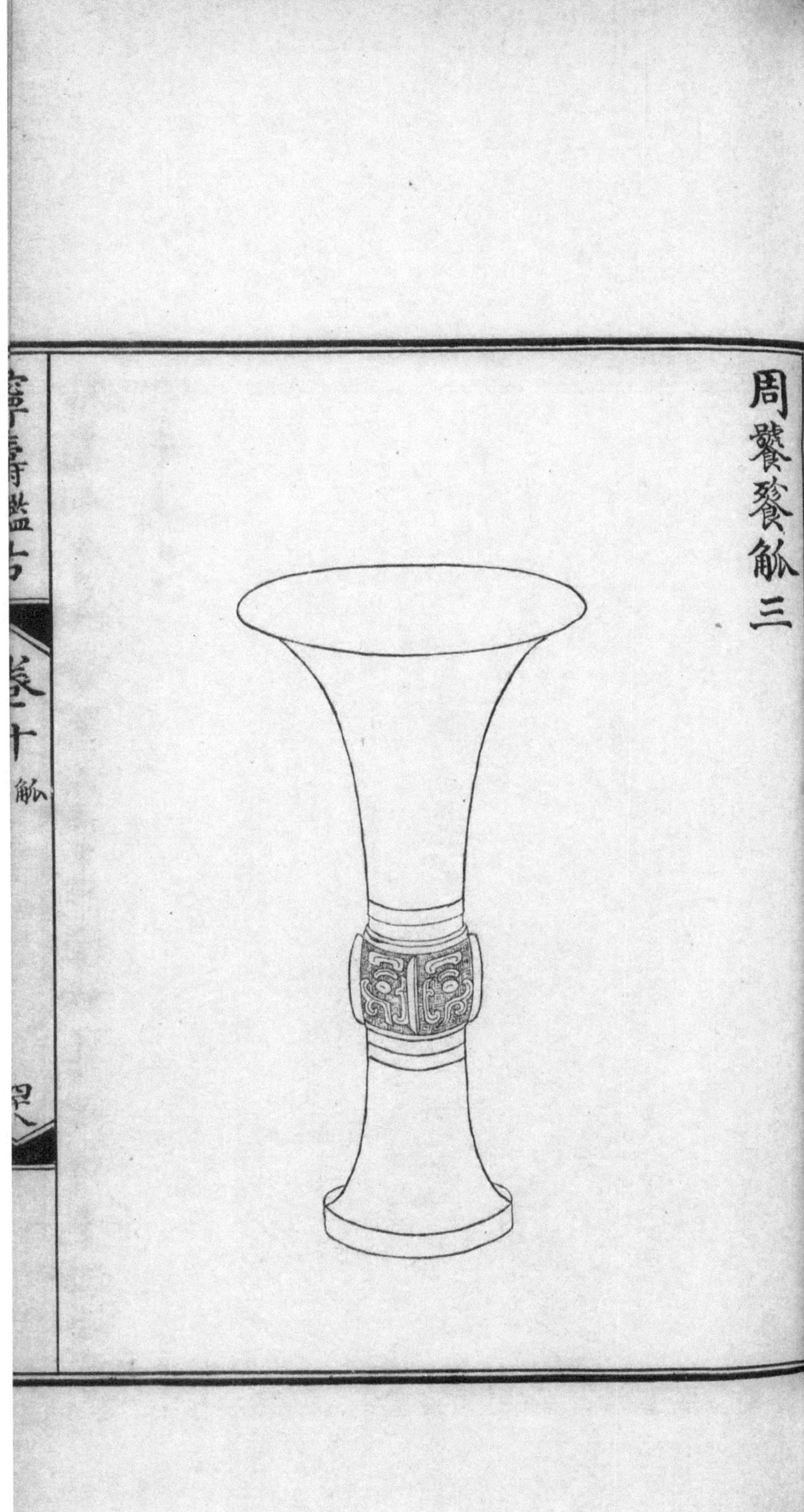

周饕餮觚三

右高七寸八分深五寸三分口徑四寸三分重三十兩

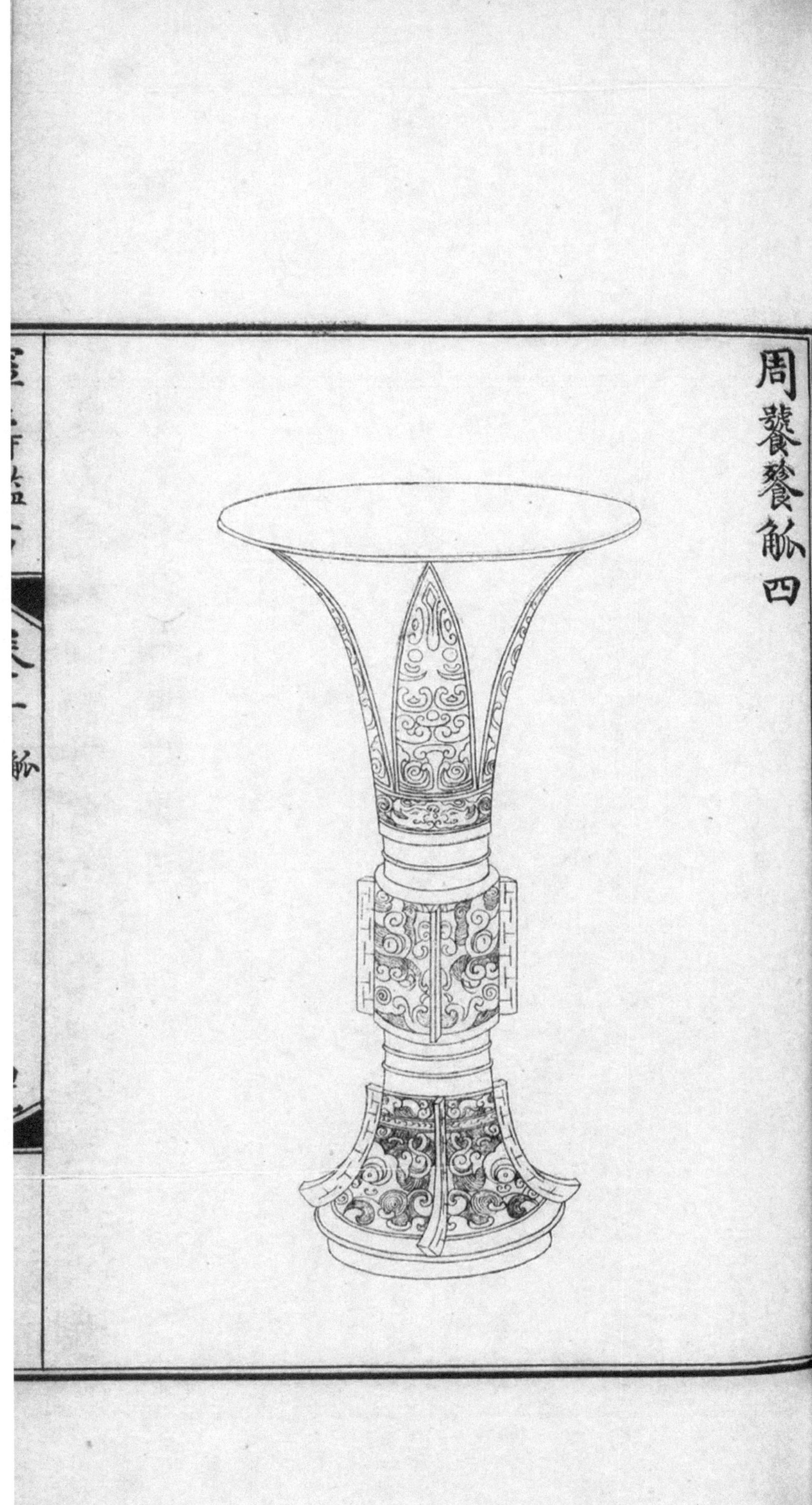

周饕餮觚四

右高一尺九寸八分深一尺二分口徑八寸重
一百四十二兩金銀錯

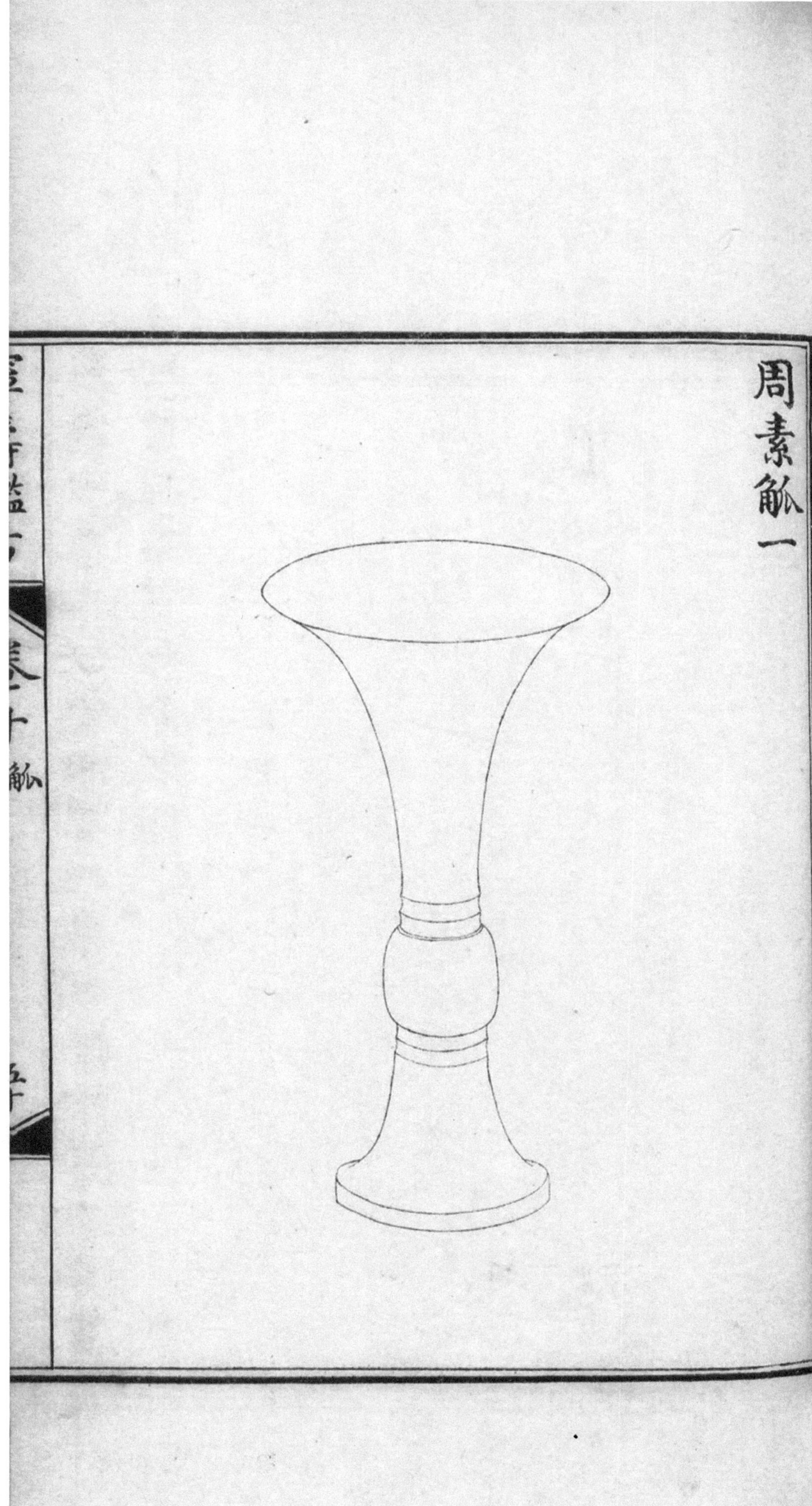
周素觚一

右高七寸二分深四寸八分口徑四寸二分重
二十四兩

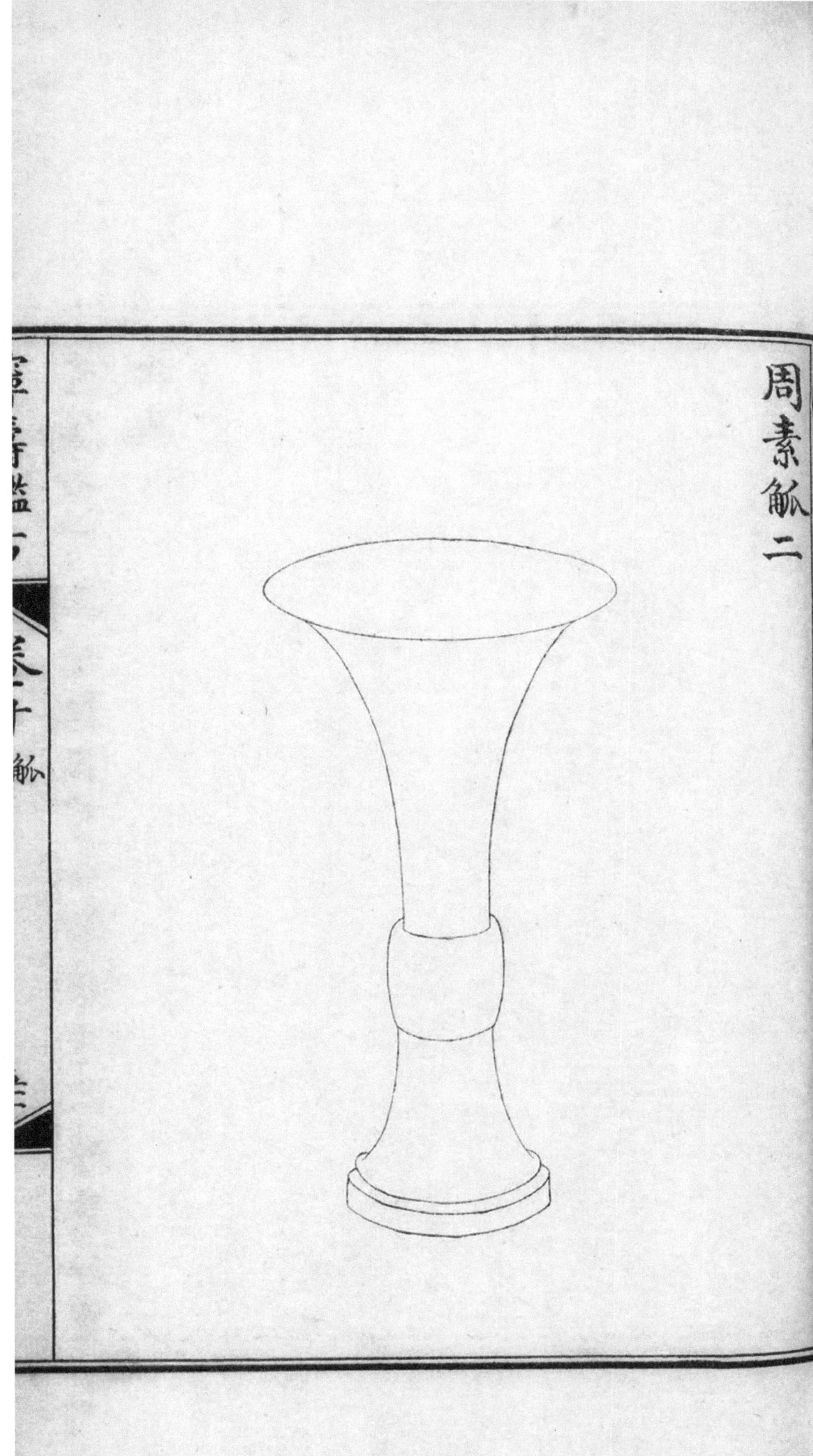

周素觚二

右高七寸五分深五寸口徑四寸二分重二十四兩

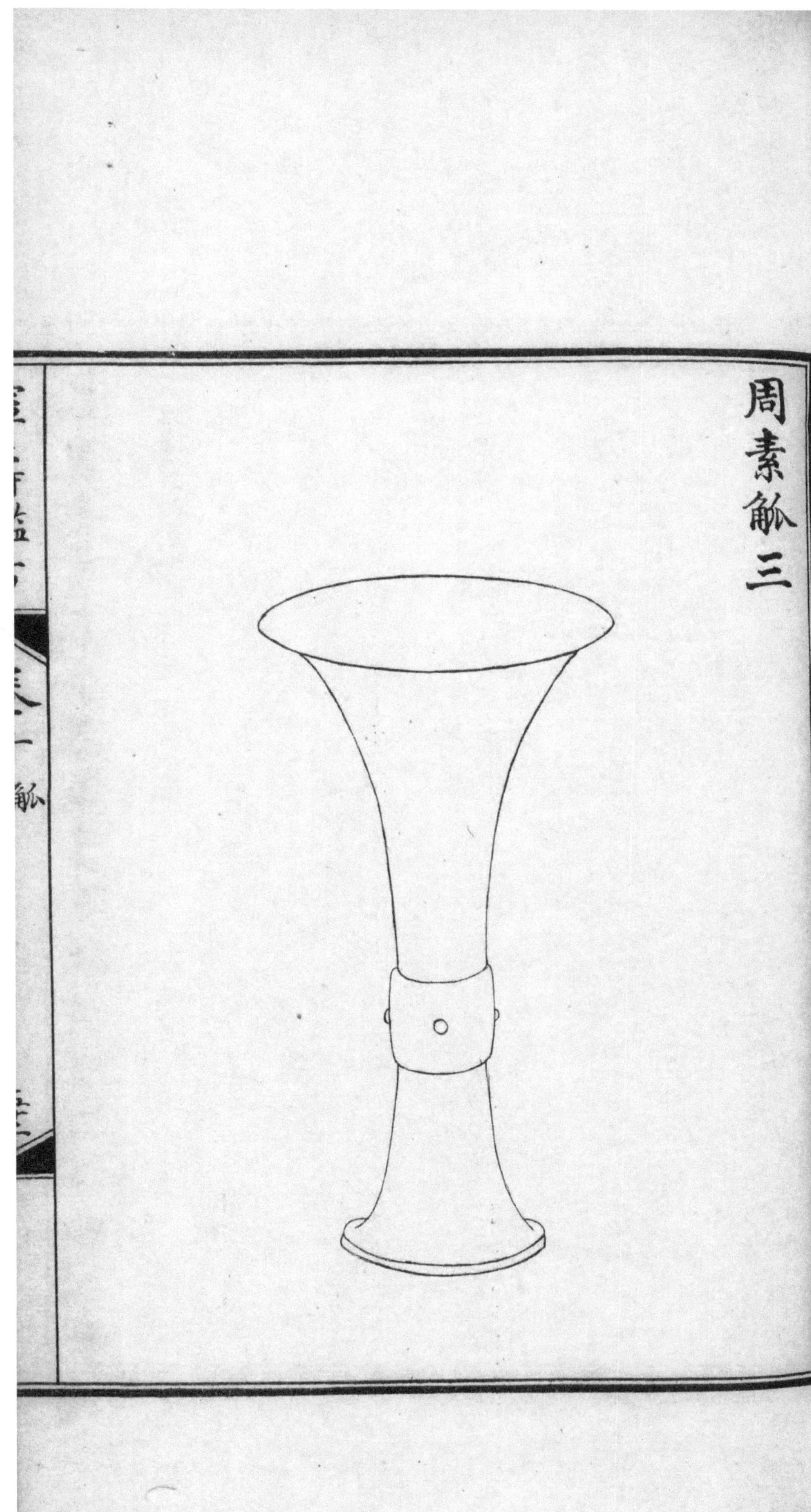

周素觚三

右高七寸七分深五寸二分口徑四寸四分重二十六兩

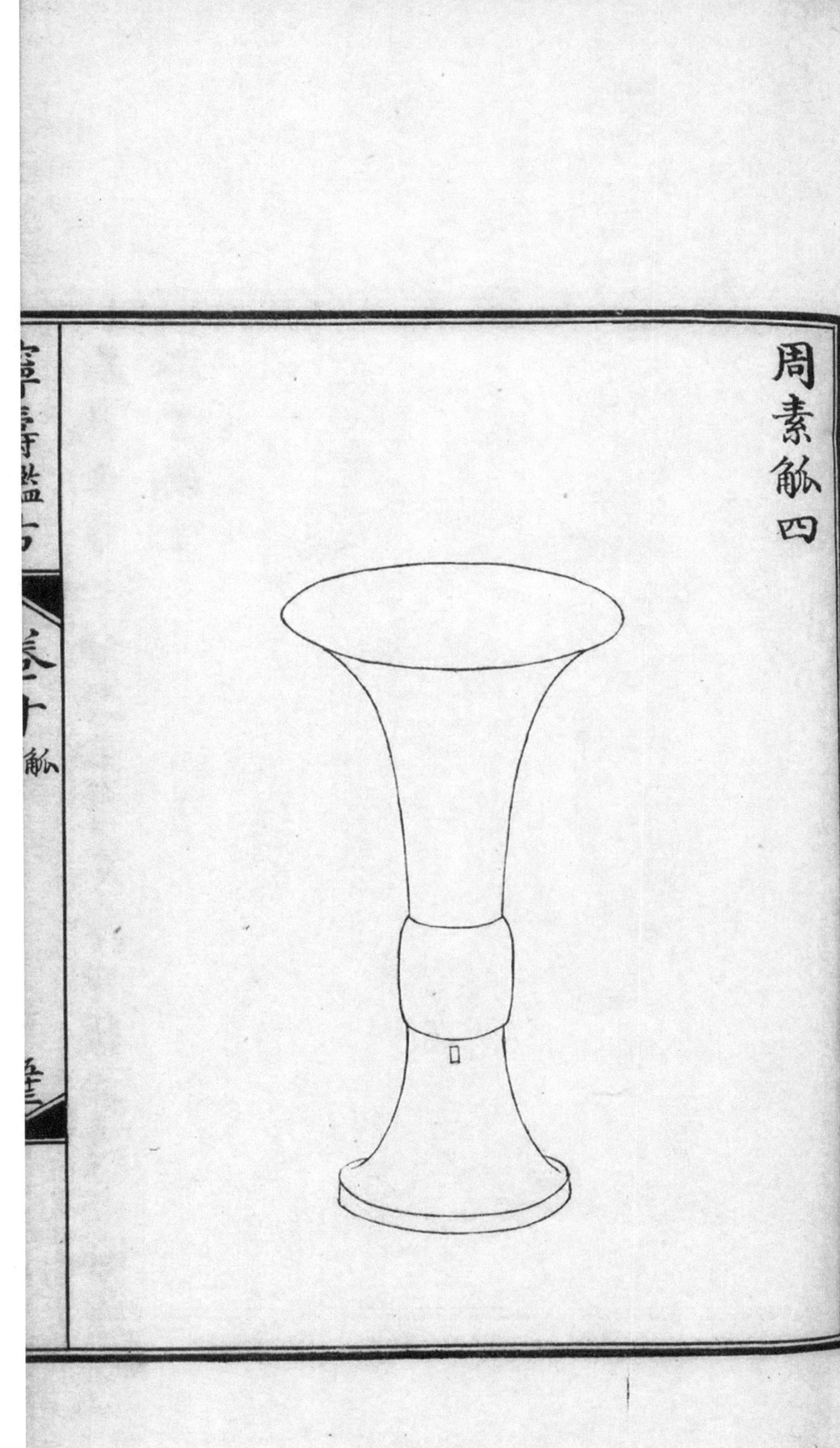

周素觚四

右高七寸一分深四寸三分口徑三寸八分重二十兩

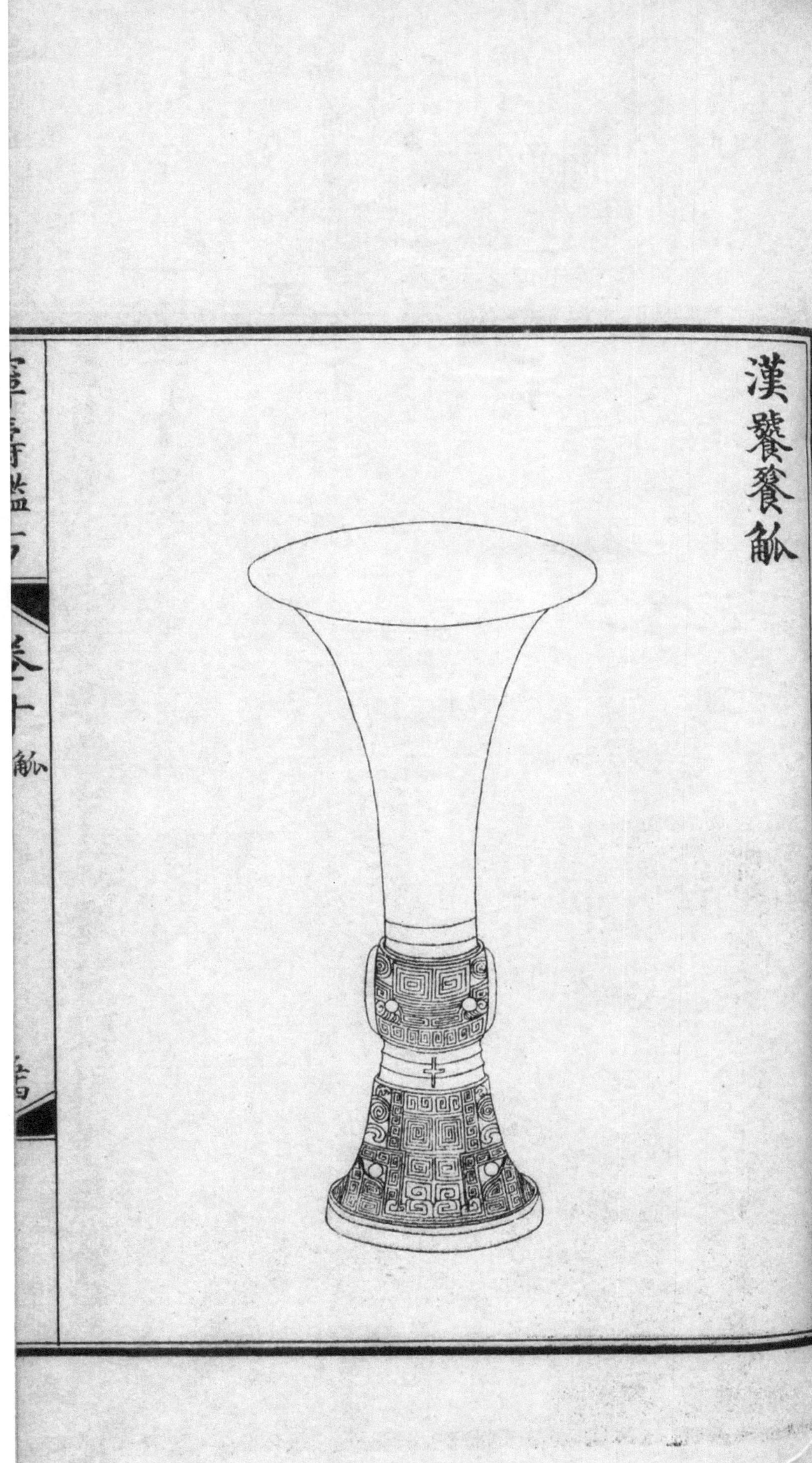
漢饕餮觚

右高七寸九分深五寸二分口徑四寸五分重三十兩

寧壽鑑古卷十一目録

觶

周

雷紋觶
弦紋觶
漢
雷紋觶
蟬紋觶
勺
周
龍勺
卮
漢

犧首卮
夔首卮
蟠虺卮
雷紋卮
環紋卮
獸環卮

敦

周

基敦 有銘
夔紋敦一

夔紋敦二

環紋敦

簠

周

旅簠有銘

叔姬簠有銘

蟠夔簠

簋

周

環紋簋一

素豆二

鋪

周

杜嬬鋪

周史觶

史揮作寶

史揮作寶

右高四寸一分深三寸七分口縱三寸橫三寸七分重一十七兩案玉篇旗與揮古字通考諸經傳齊有公孫揮鄭有行人子羽名揮然皆非史官惟衛祝史揮見左氏傳則官與名適與銘詞相合疑是衛器

周秉仲觶

秉仲戊

右高四寸二分深三寸二分口縱二寸二分横二寸七分腹圍七寸八分重十五兩鐘鼎款識有秉仲爵銘曰辛秉仲薛尚功曰秉仲無所經見而秉者疑其爲名仲則伯仲之稱辛者紀其日也然則此銘戊者與銘辛同類

周交觶

交

右高三寸七分深三寸一分口縱二寸三分橫二寸九分重一十三兩案說文交交也象易六交頭交也然於觶義無所取應是人名如西清古鑑所載之禹爨瞿卣側觚帶斝皆一字銘也

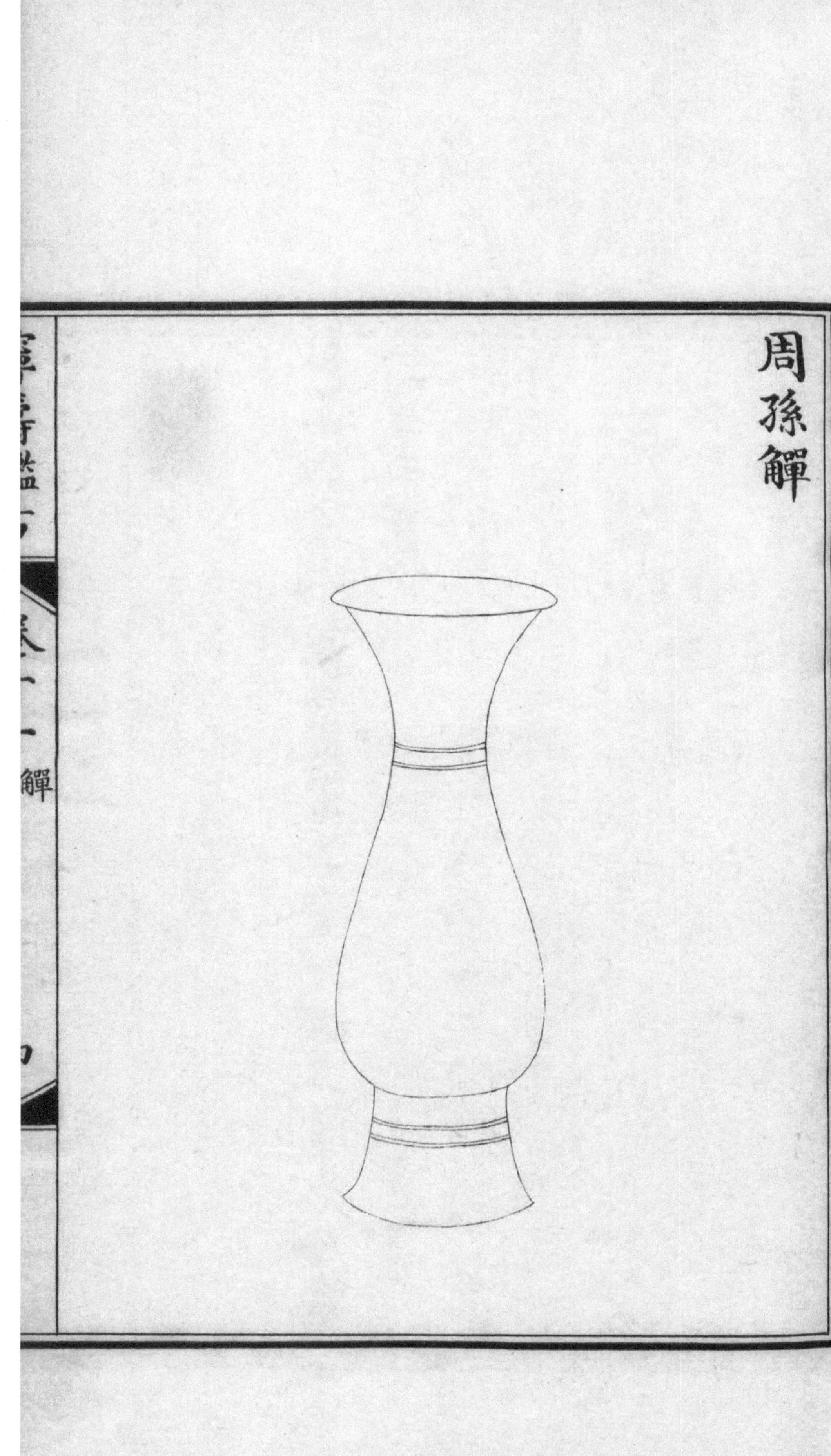
周孫觶

孫

右高六寸八分深五寸五分口徑二寸八分重一十八兩

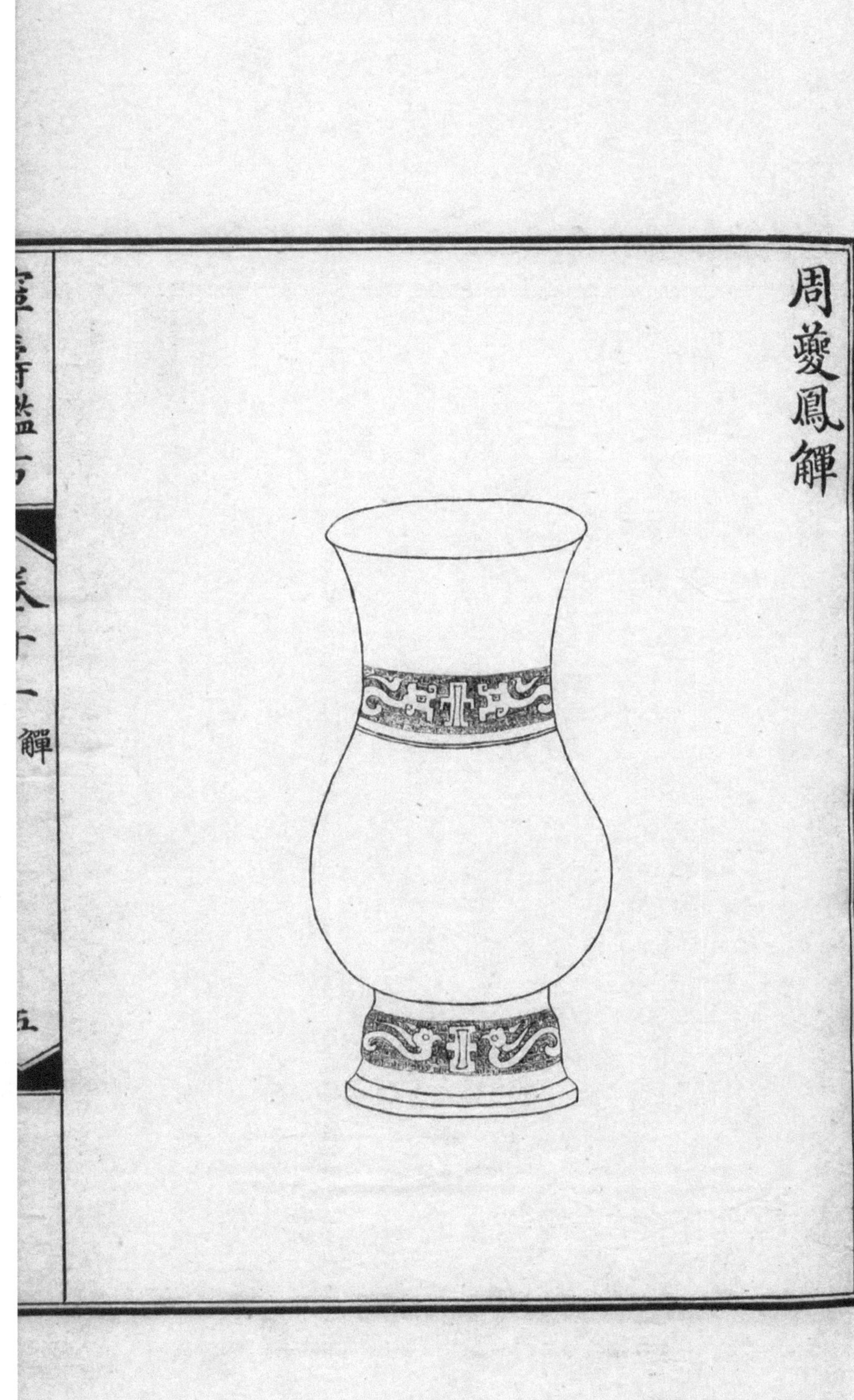
周夔鳳觶
寧壽鑑古 卷十一 觶 五

右高四寸六分深三寸八分口徑二寸一分重一十二兩

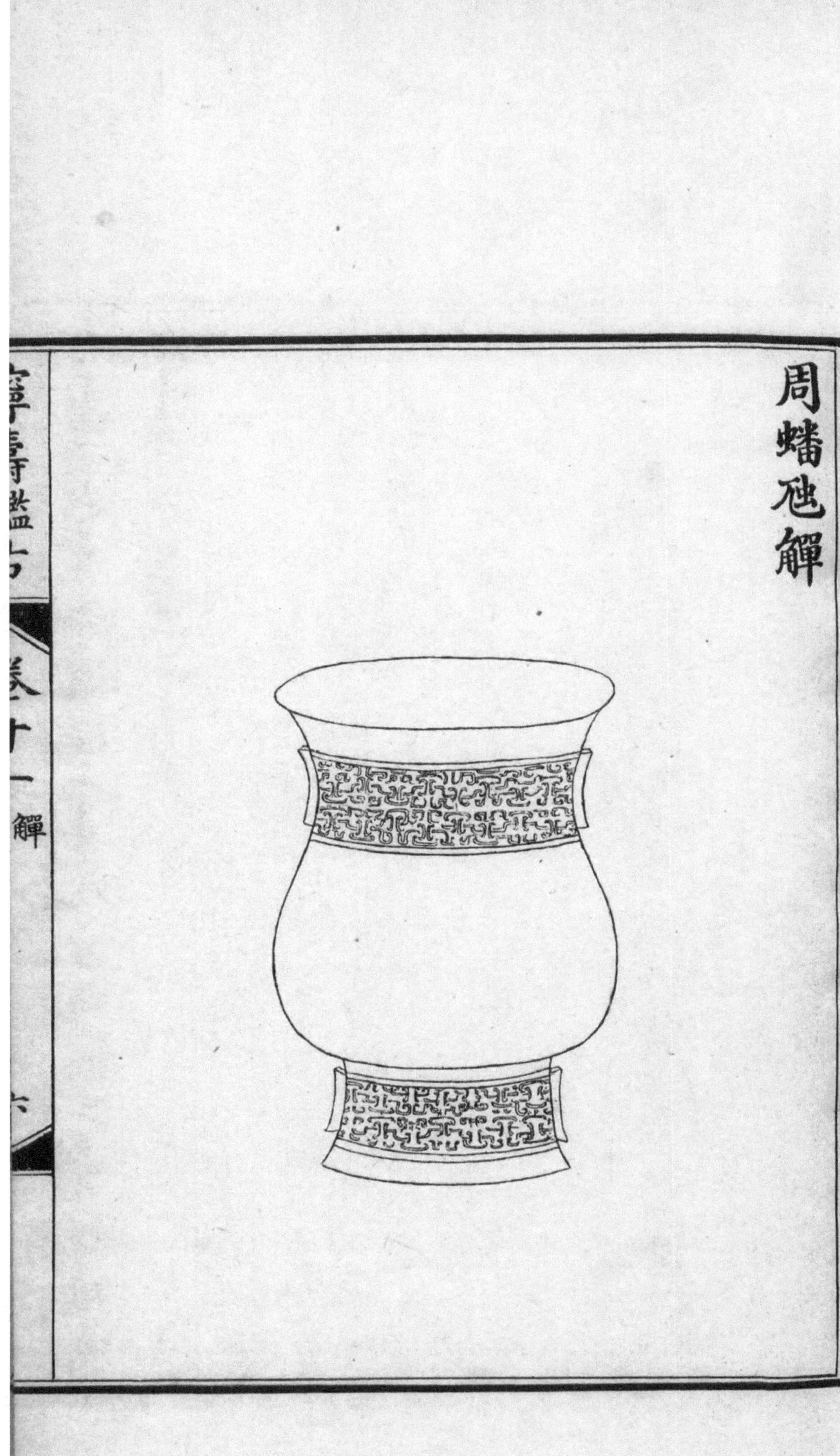
周蟠虺觶

右高三寸八分深二寸九分口縱二寸五分橫

三寸一分重二十兩

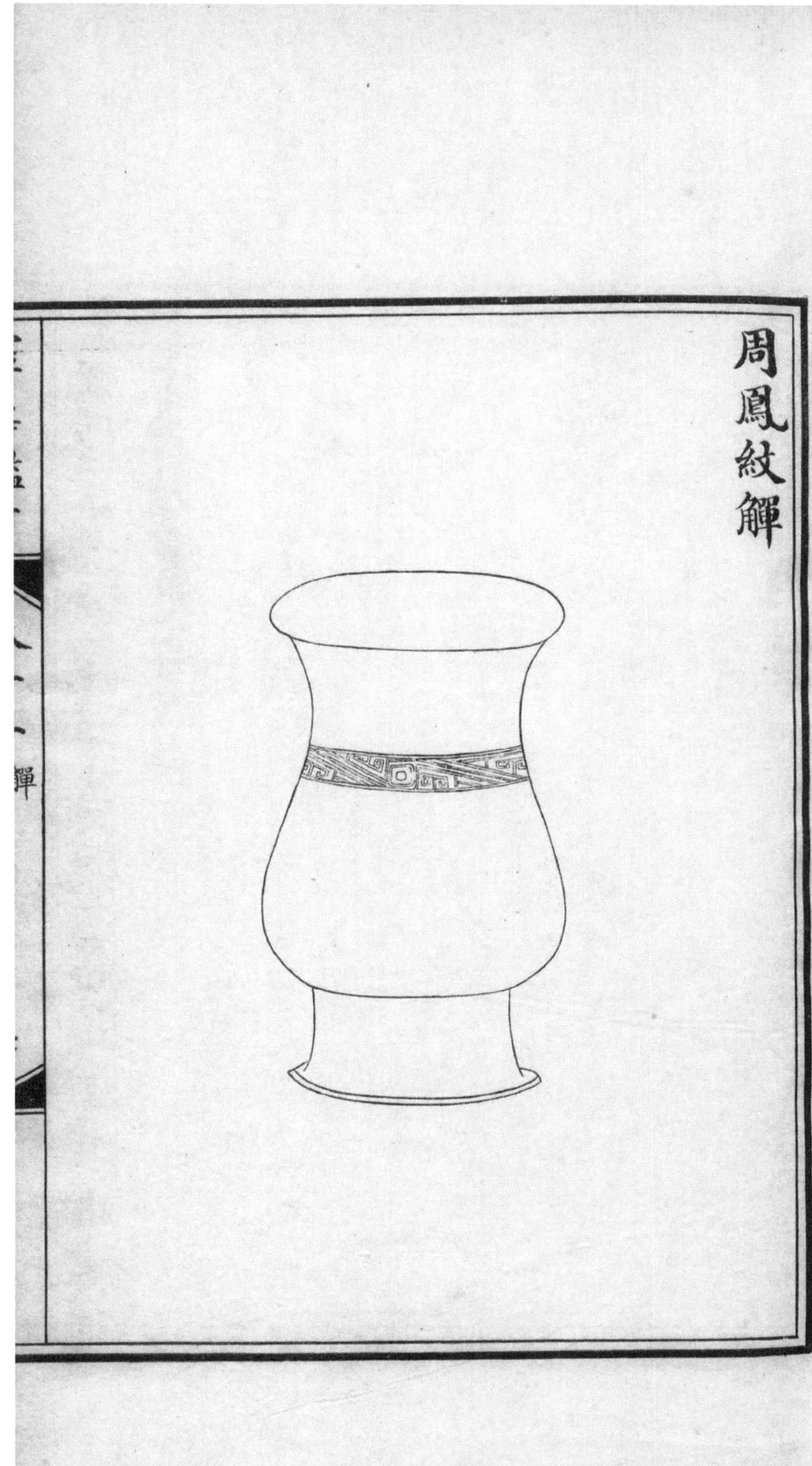

周鳳紋觶

右高四寸一分深三寸二分口縱二寸二分横二寸六分重九兩

周雷紋觶

右高三寸九分深三寸四分口縱二寸一分横
二寸六分腹圍八寸三分重十一兩

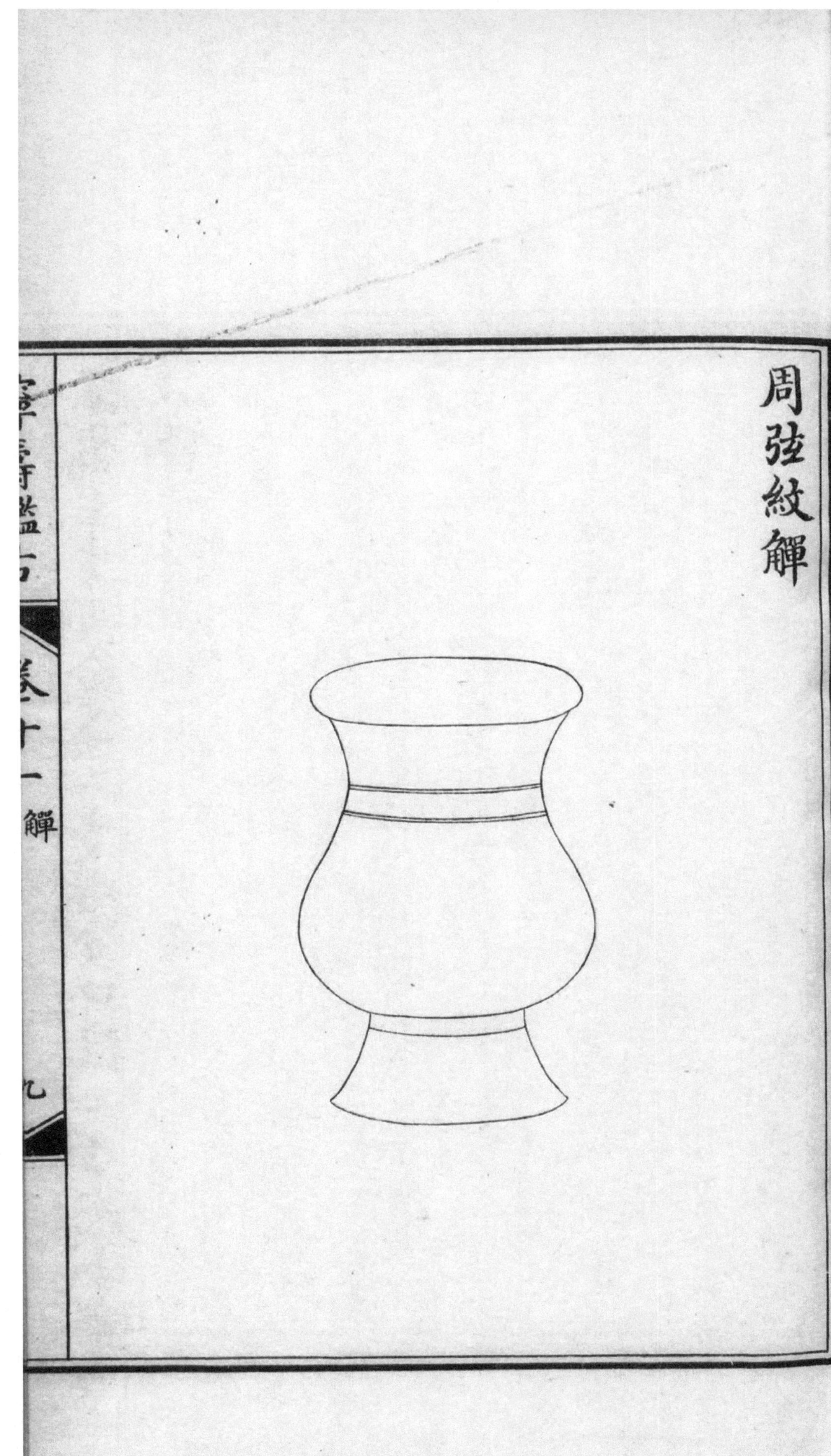

周弦紋觶

寧壽鑑古　卷十一　觶　九

右高三寸五分深二寸八分口徑一寸九分重七兩

漢雷紋觶

右高三寸一分深二寸六分口縱一寸八分橫二寸二分重六兩

漢蟬紋觶

右高二寸五分深二寸口縱一寸六分橫一寸八分重六兩有半

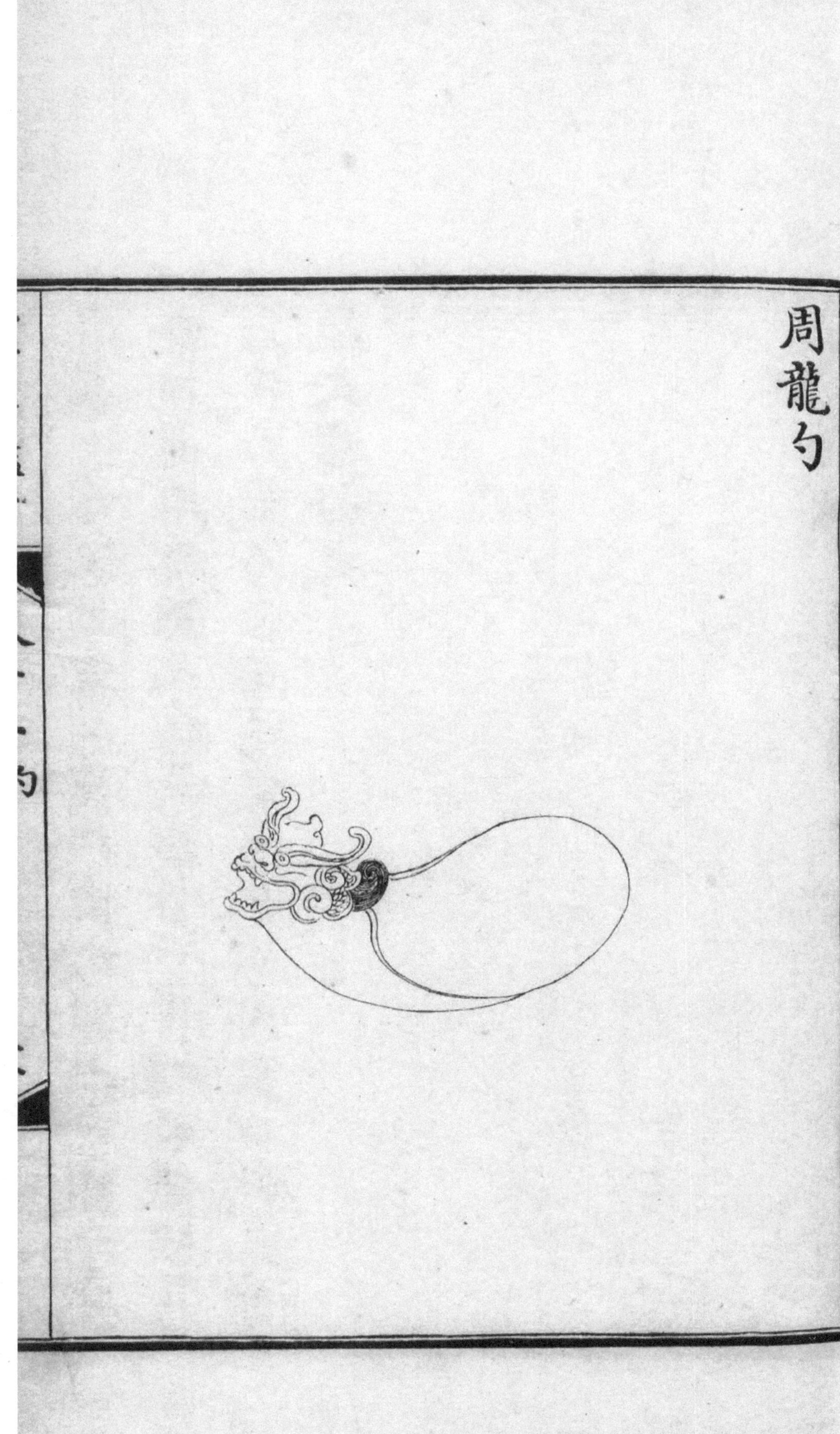

周龍勺

右高一寸深六分通長二寸九分闊一寸九分重四兩周禮梓人為飲器勺一升禮明堂位夏后氏以龍勺注曰為龍頭狀柄周監二代之禮故文亦如之

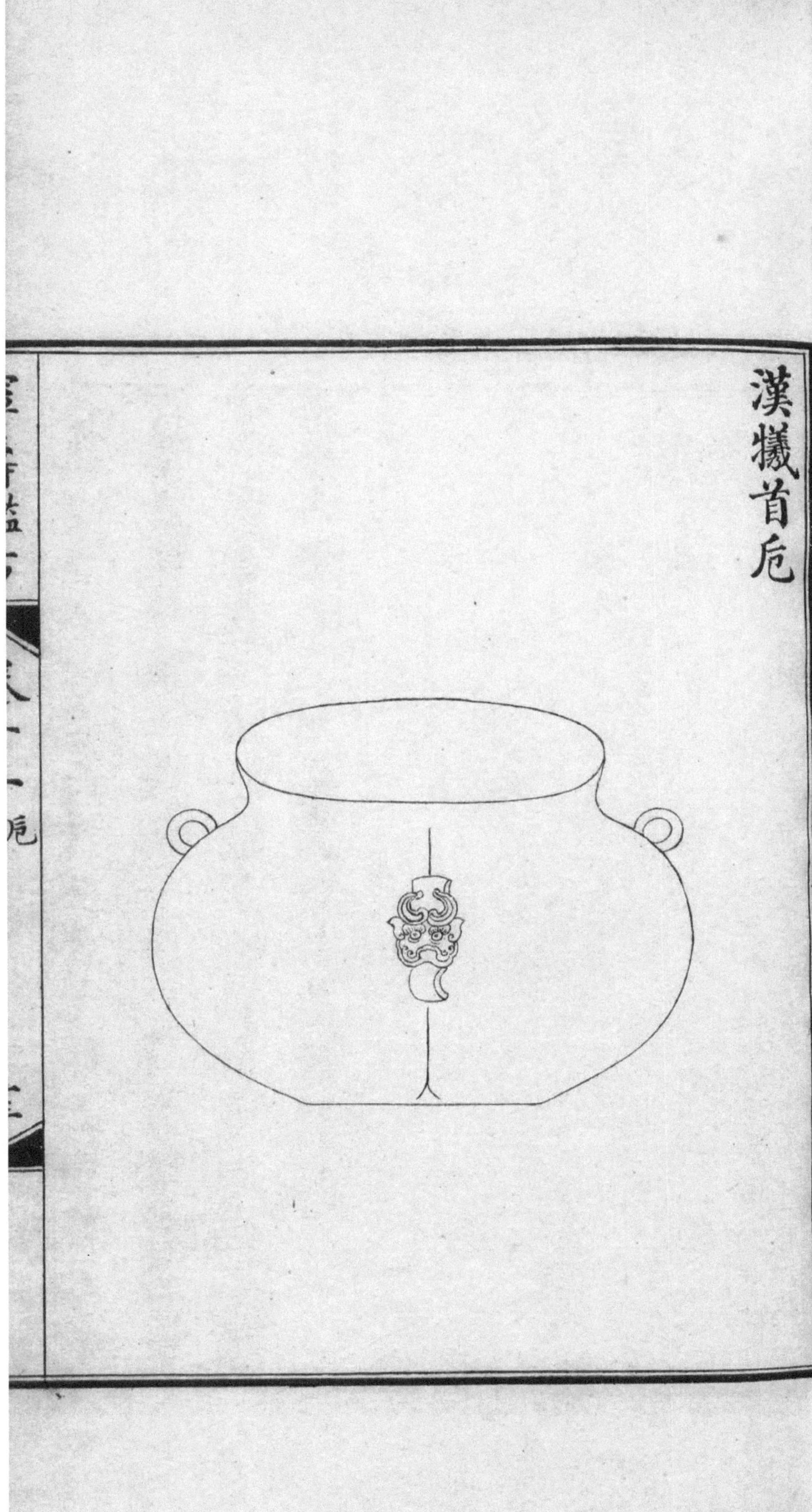

漢犧首卮

右高三寸六分深三寸五分口縱三寸二分横四寸腹圍一尺五寸重二十八兩漢書高帝紀奉玉巵應劭曰飲酒禮器令作犧首形同於尊罍疑亦祭祀之用重農事而奉孝享也

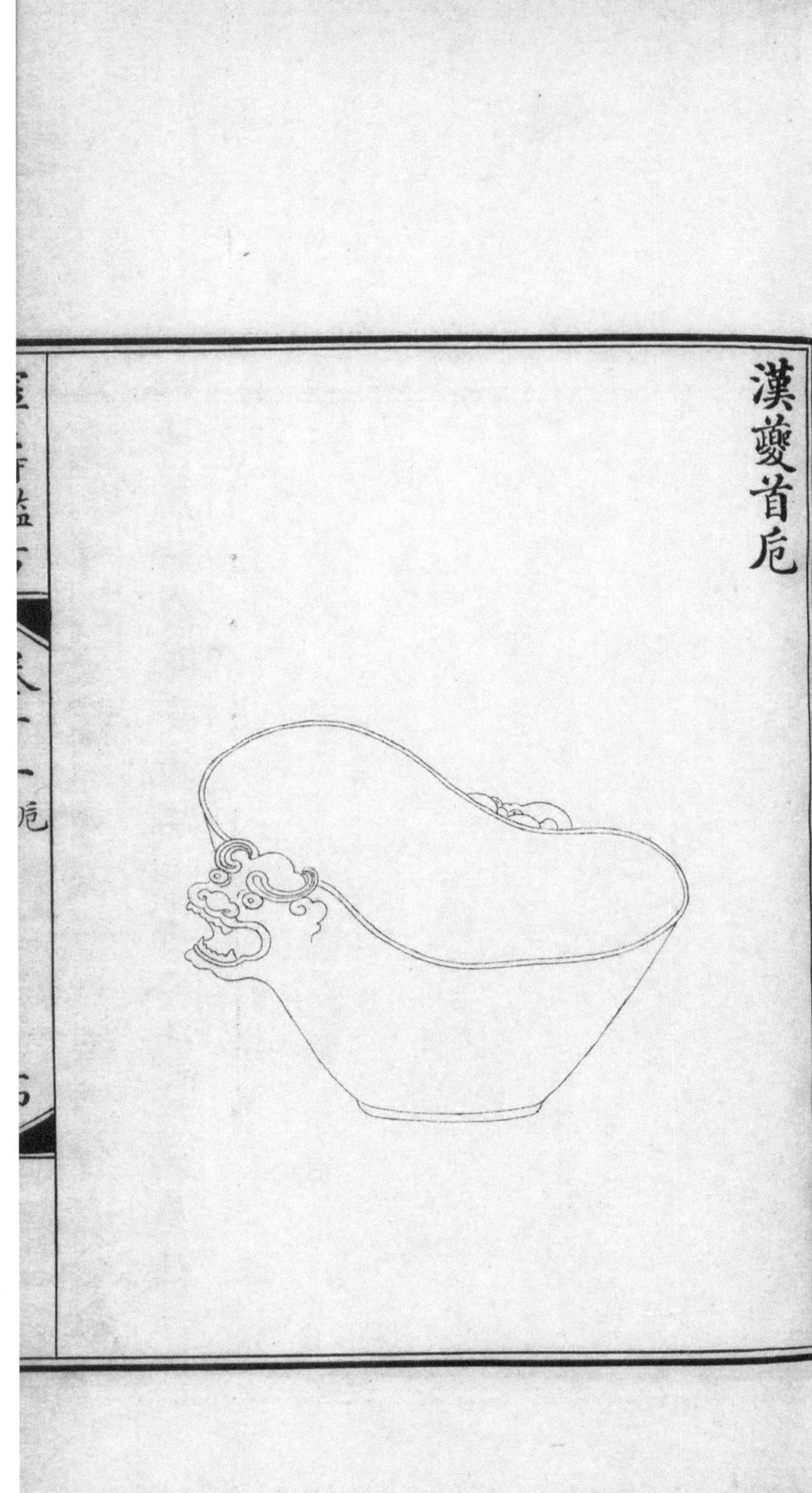

漢夔首卮

右高二寸三分深一寸五分口縱四寸六分横四寸三分腹圍一尺二寸五分重十兩有流

漢蟠虺卮

右高二寸五分深二寸二分口縱三寸五分横四寸五分腹圍一尺三寸五分重二十八兩

漢雷紋卮
寧壽鑑古 卷十一 卮

右高二寸六分深二寸五分口縱三寸横四寸
腹圍一尺三寸五分重一十一兩

漢環紋卮

右高一寸九分深一寸八分口徑二寸五分腹
圍九寸八分重八兩

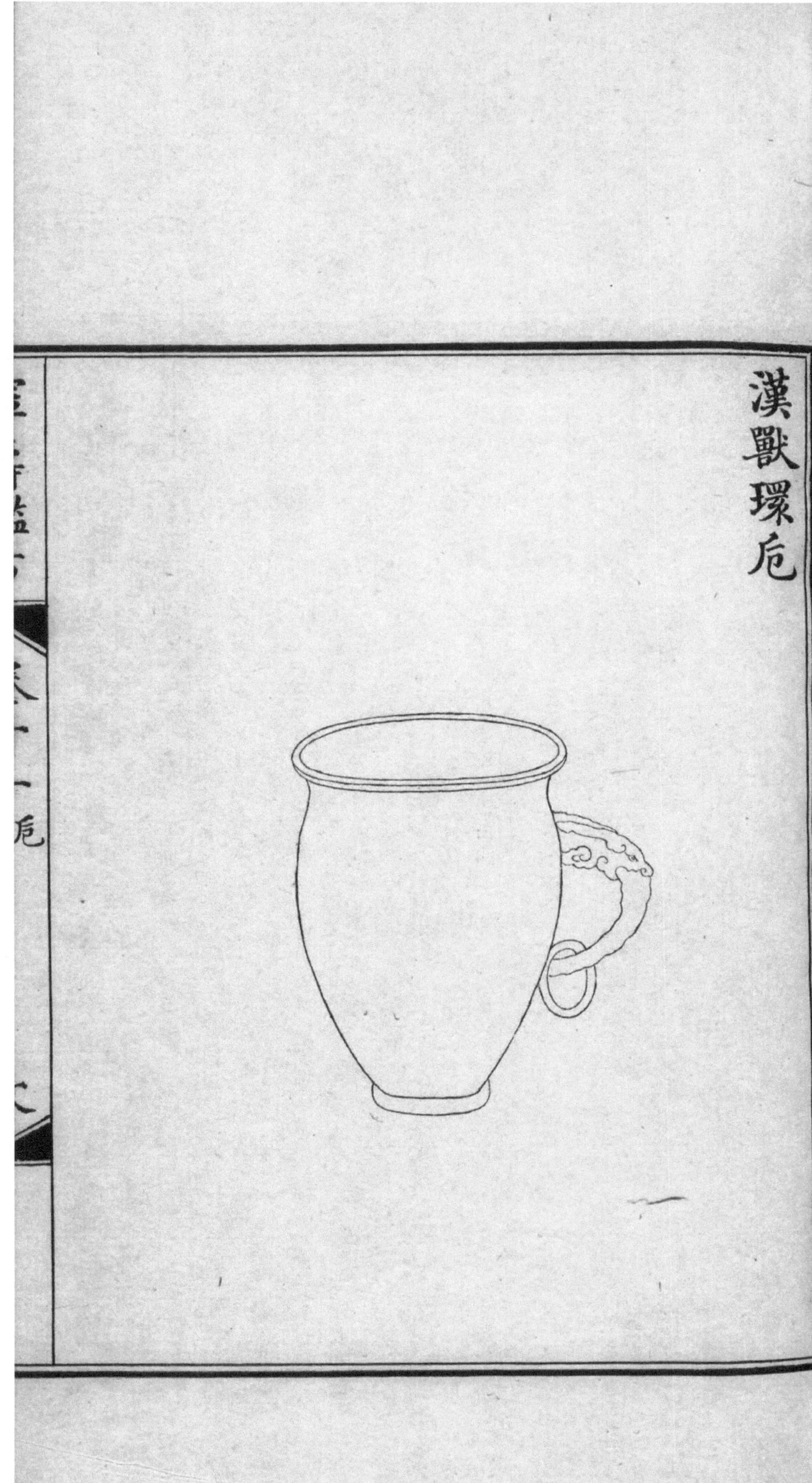
漢獸環卮

右高二寸六分深二寸四分口徑二寸四分腹圍七寸七分重九兩

周基敦

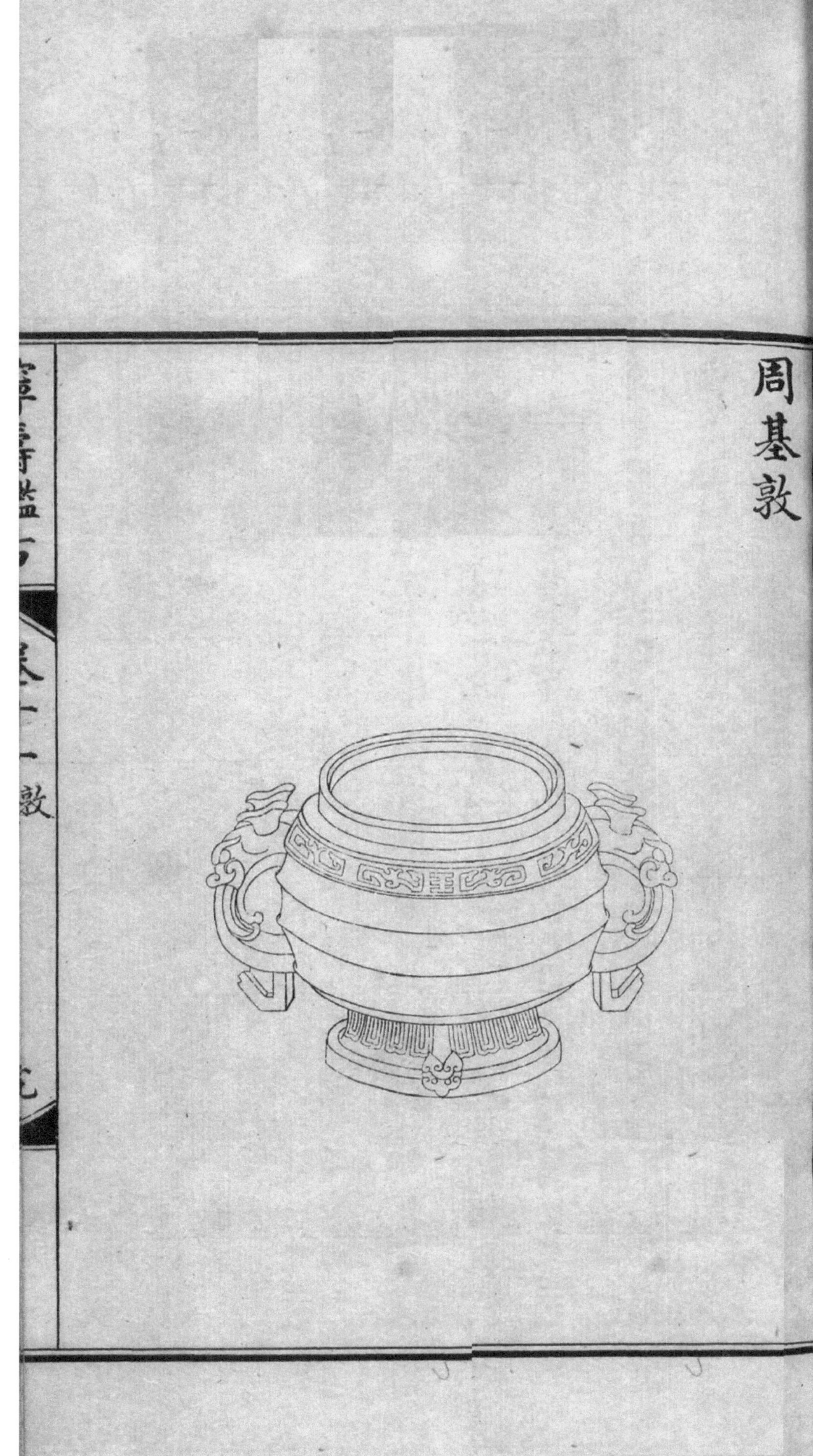

基父乙

戔形又甲

右高三寸九分深二寸八分口徑三寸一分腹圍一尺五寸二分重四十二兩兩耳有珥缺蓋博古圖鐘鼎款識有綦父乙鼎釋者以綦為國名引史記綦國之竹為證然不見於經傳而彝器之銘尊綦者甚多不應皆綦國之物按詩云自堂徂基基與綦古文相通且堂基皆廟室地

此銘似當讀作基西清古鑑辨之詳矣

周夔紋敦一

右高七寸三分深三寸三分口徑六寸腹圍一尺七寸五分重九十四兩兩耳有珥

周夔紋敦二

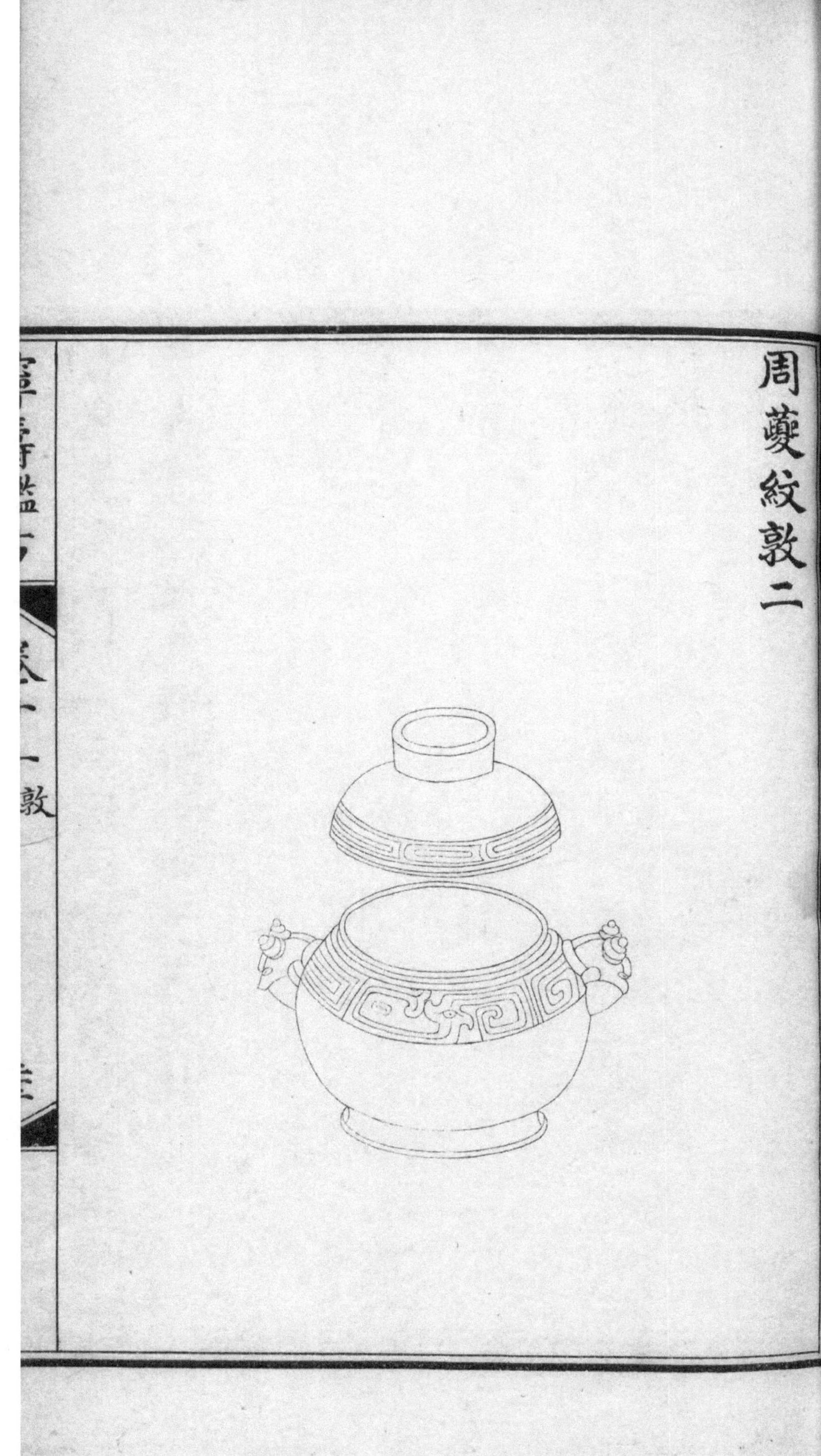

右通蓋高三寸一分深一寸九分口徑二寸三分腹圍一尺九分重三十三兩兩耳

周環紋敦

右通蓋高七寸深三寸六分口徑六寸腹圍二尺三寸八分重一百三十三兩兩耳有珥三足

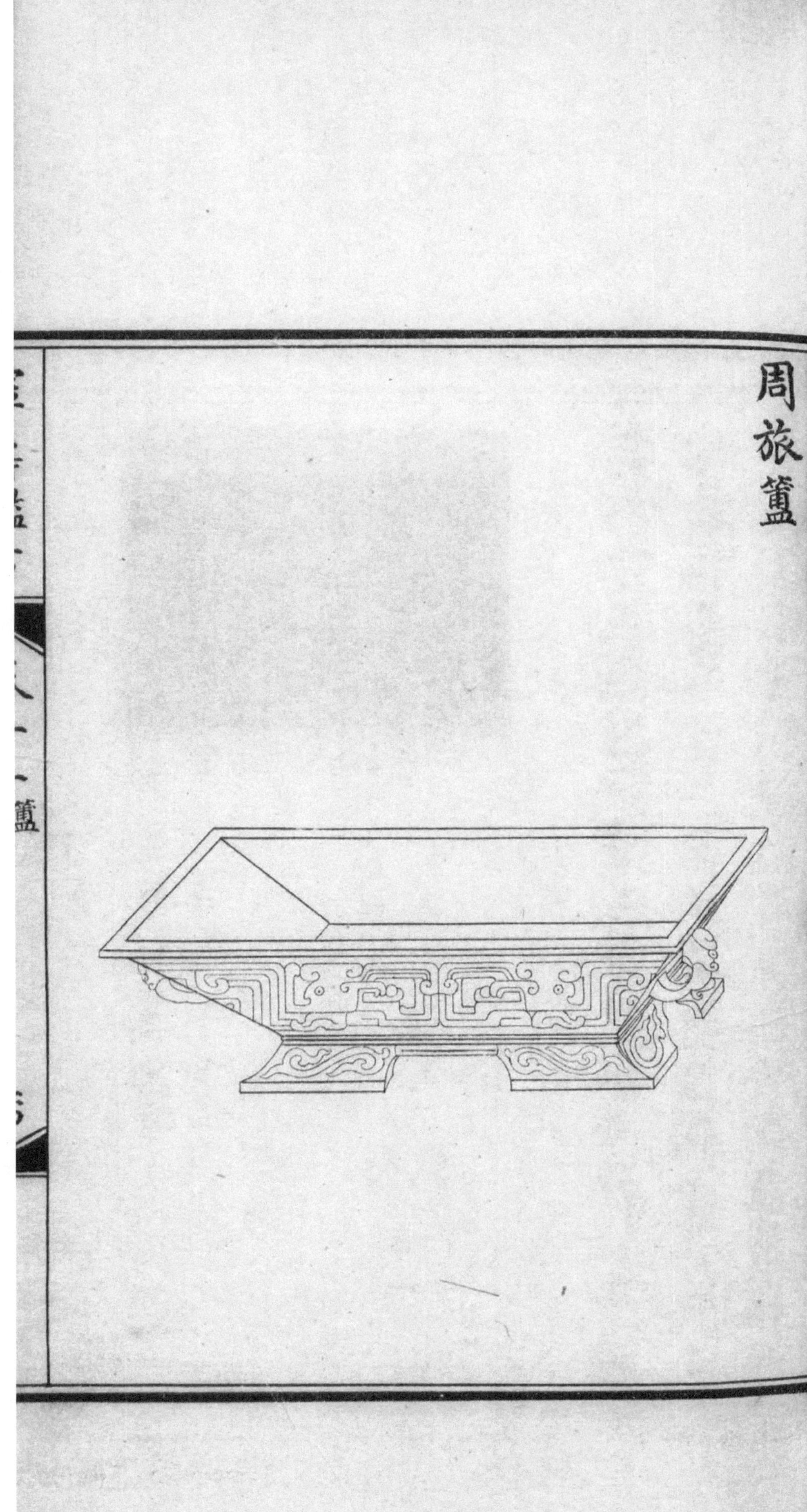

周旅簠

鄭伯大司空台叔山父作旅簠用享用孝用匃眉壽子子孫孫用為永寶

右高二寸五分深一寸五分口縱七寸二分横八寸七分重八十二兩兩耳案左傳士蔿為大司空杜注卿官也鄭之司空見於春秋者惟子

耳一人他無所聞名公之後世爲周卿亦未聞有仕於鄭者然西清古鑑虢仲敦銘曰鄭虢仲作寶敦虢仲之上旣系以鄭則名氏之爲鄭大司空者亦應有之叔山父與仲山甫同義薛尚功鐘鼎款識有名仲考父壺亦其類也

周叔姬簠

享叔姬
作寶簠
其永用

右高二寸七分深一寸九分口縱五寸五分橫
七寸四分重四十三兩兩耳顏師古曰姬本周
姓其女貴於列國之女所以婦人美號皆稱姬
博古圖有伯姬鼎季姬匜此銘尗姬其序也孔
安國禮記注曰奉上之謂享此簠為叔姬孝享
之器故銘曰享叔姬

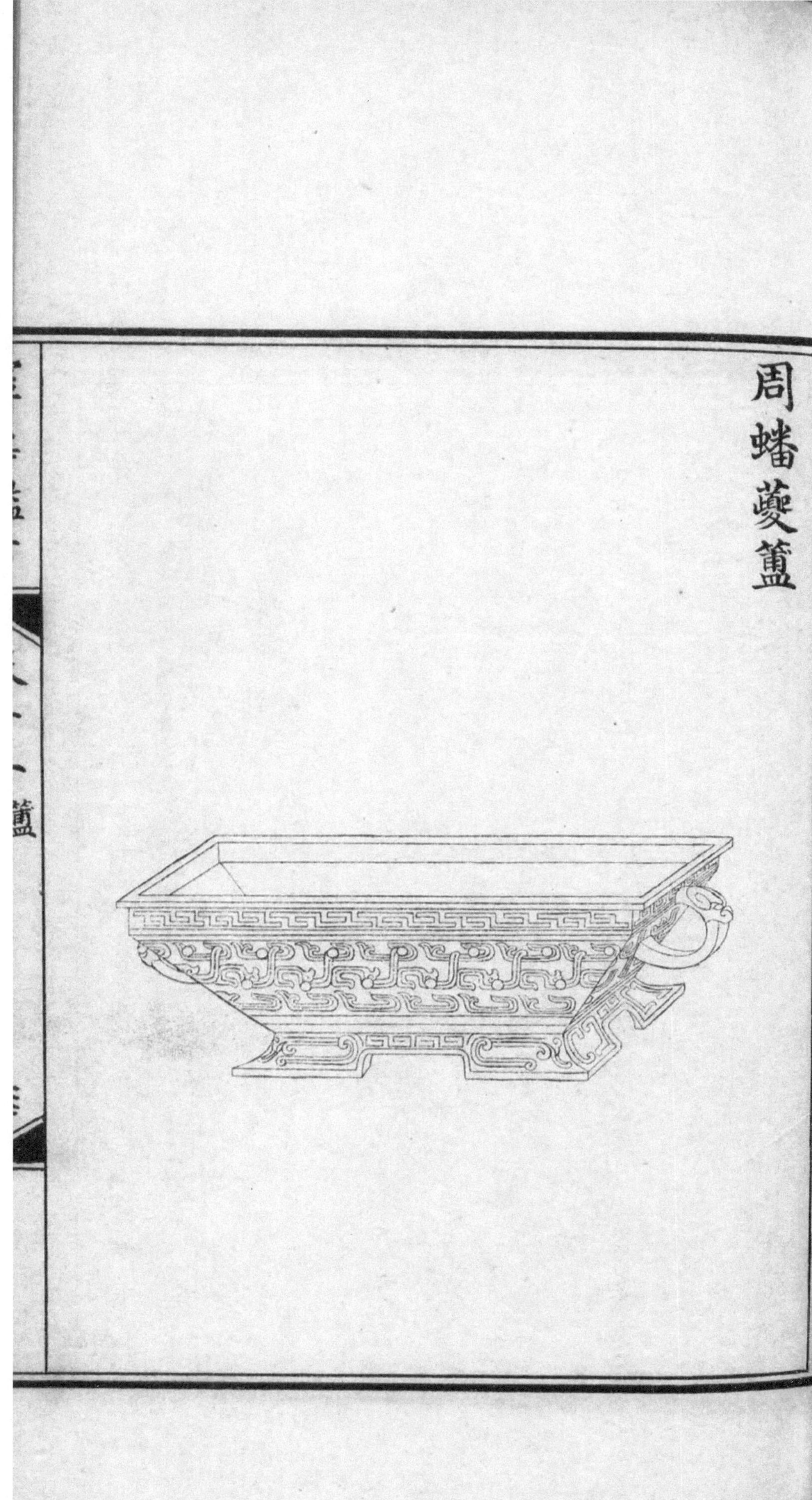

周蟠夔簠

右高二寸五分深一寸八分口縱六寸一分横七寸九分重五十六兩兩耳

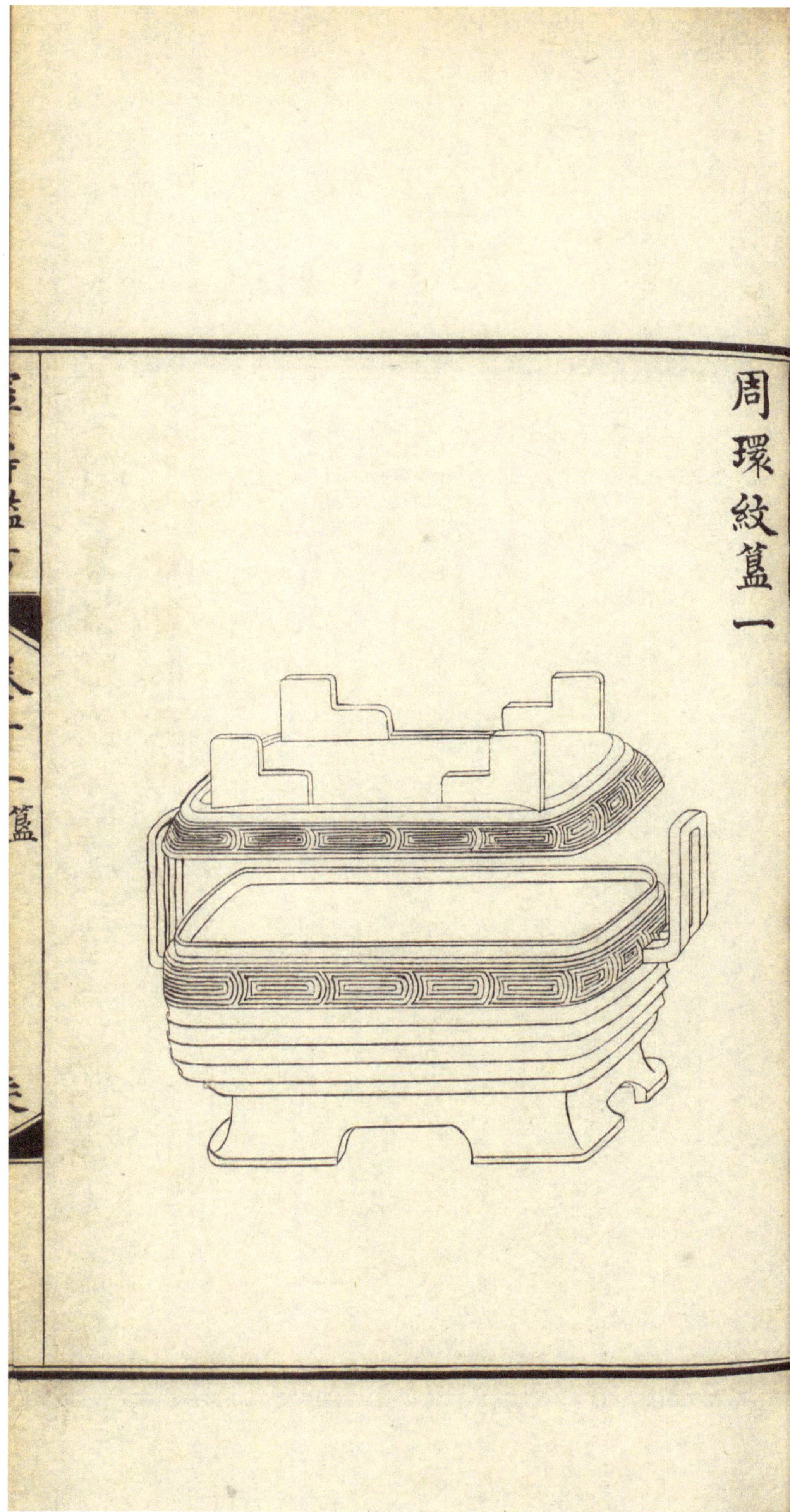
周環紋簠一

右通蓋高五寸九分深三寸口縱四寸七分横

七寸一分重一百四四兩兩耳

周環紋簋二

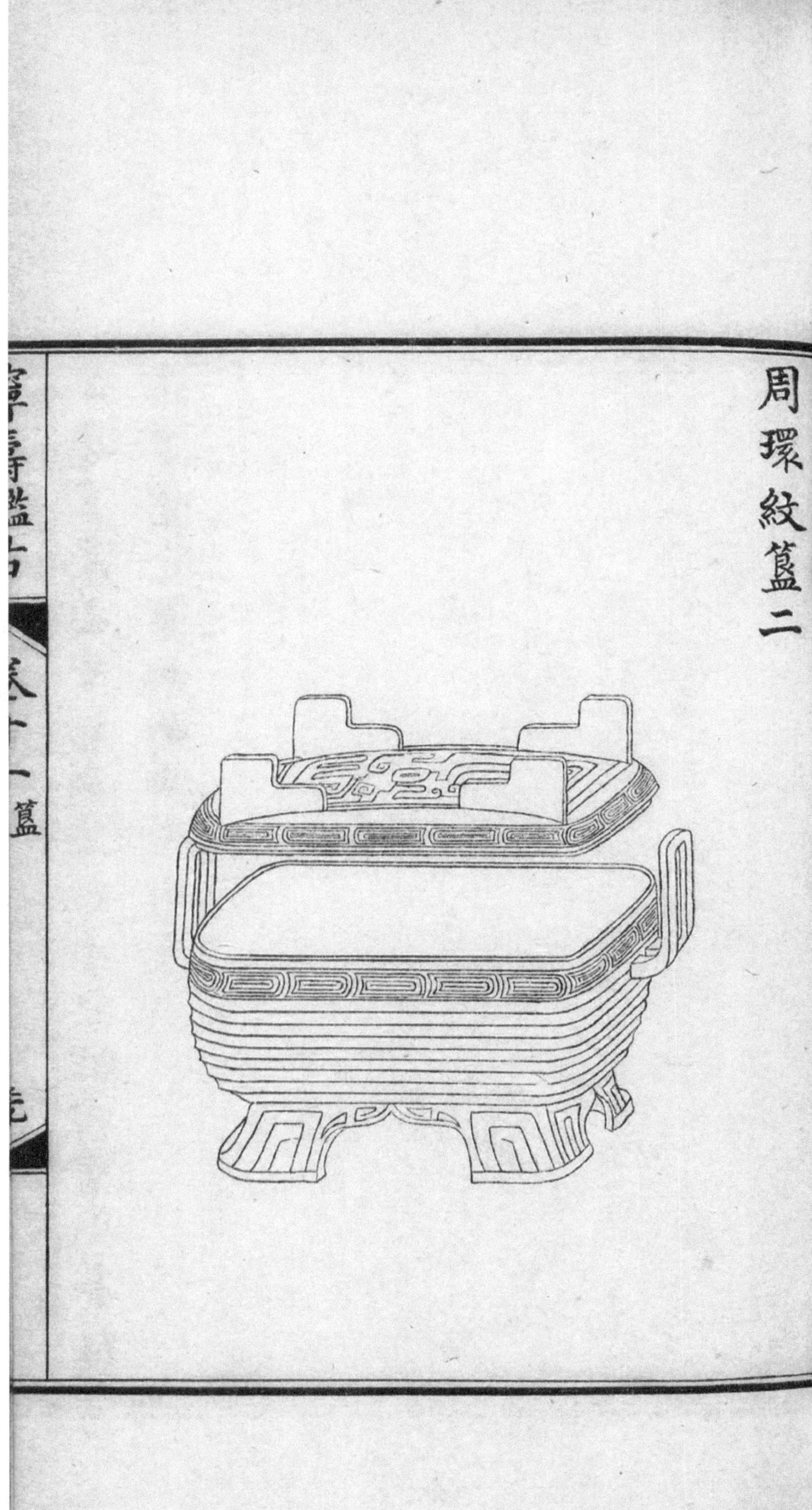

右通蓋高六寸深二寸八分口縱四寸一分横七寸重一百兩兩耳

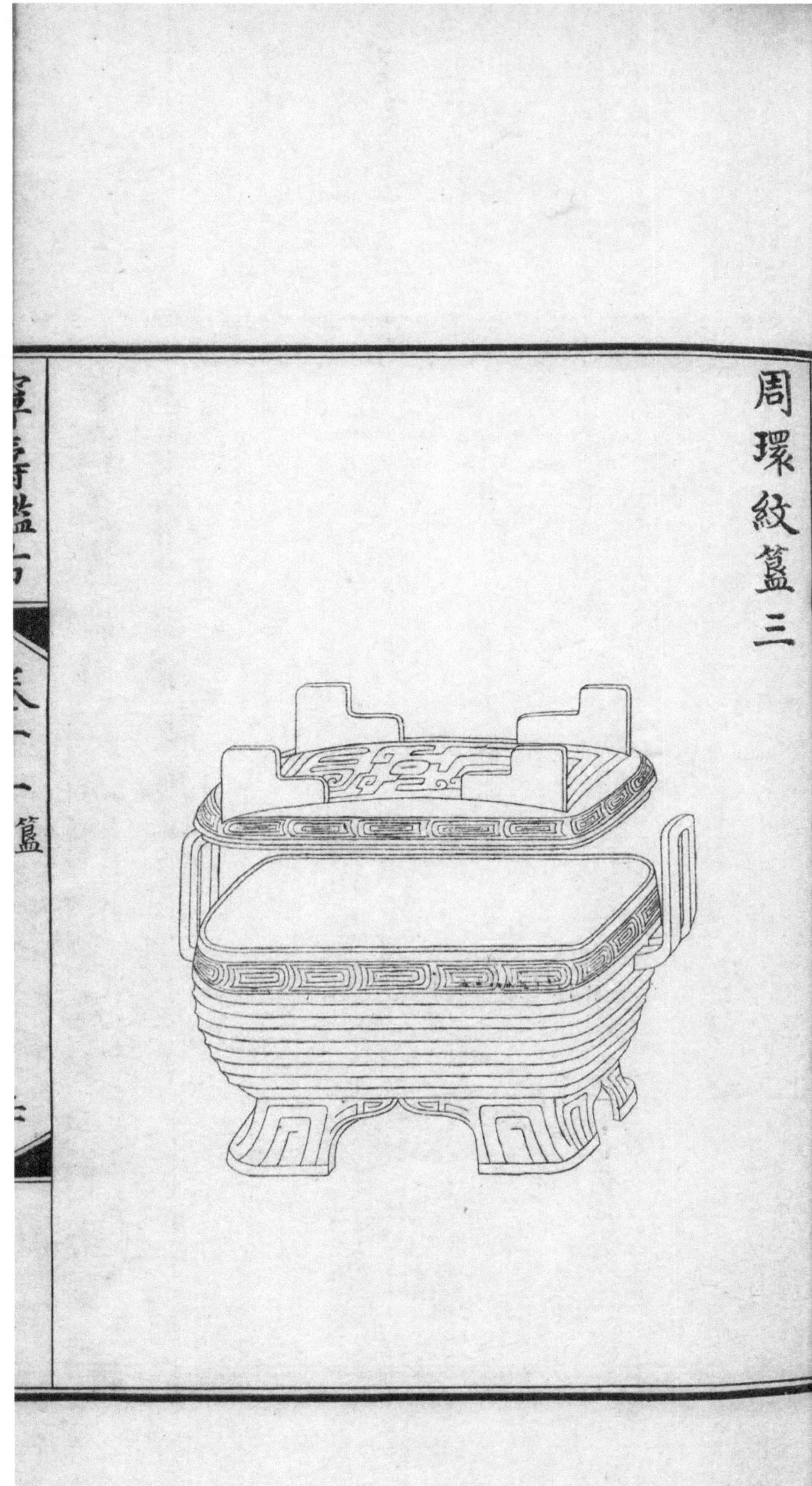

周環紋簋三

右通蓋高六寸一分深二寸九分口縱五寸三分橫六寸二分重九十六兩兩耳

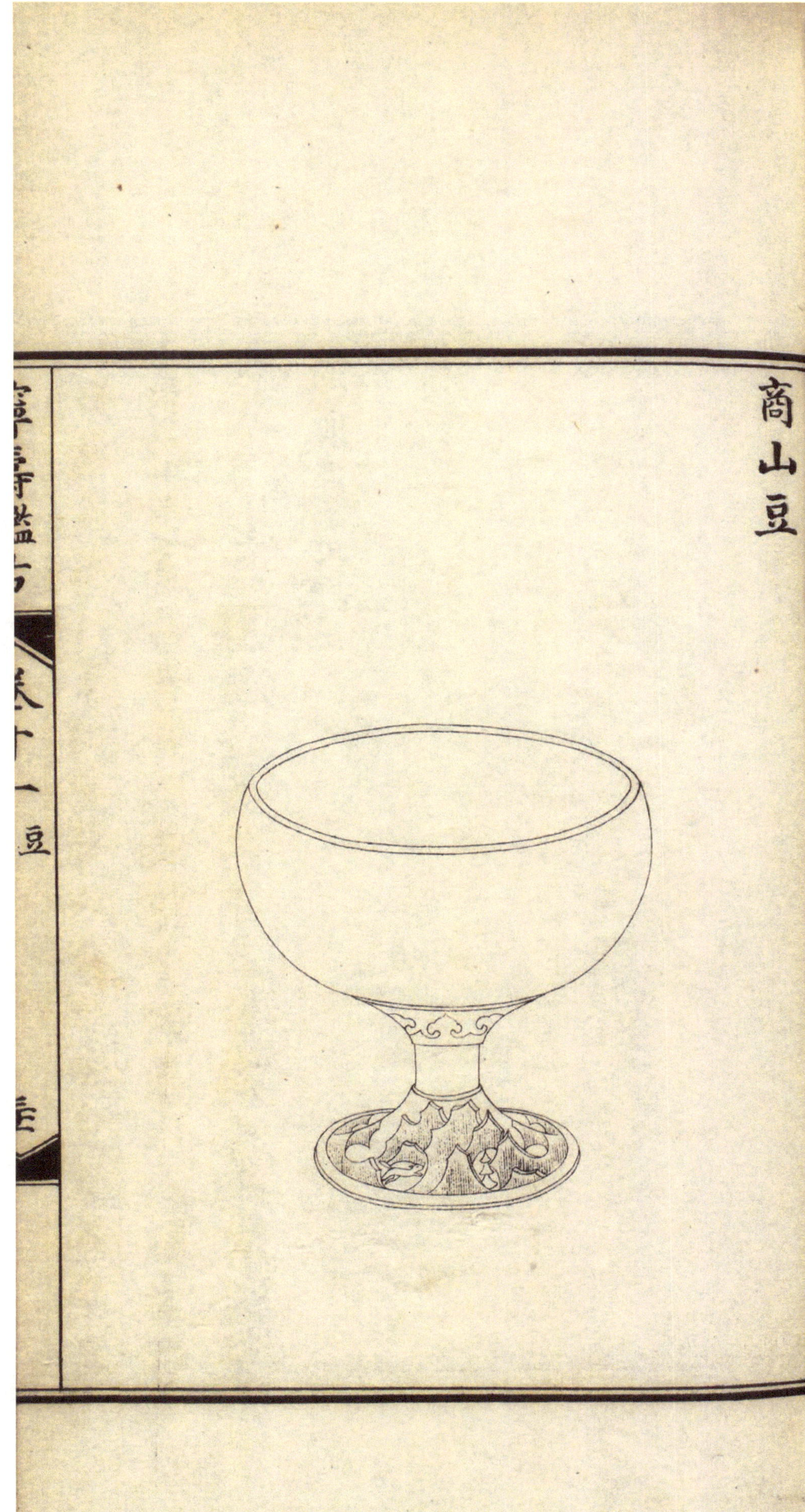

商山豆

右高三寸八分深二寸一分口徑三寸九分足徑二寸七分重十六兩塗金鈌蓋作山紋者有取于仁之靜故作繪於十二章商人尚質其製器取象如此

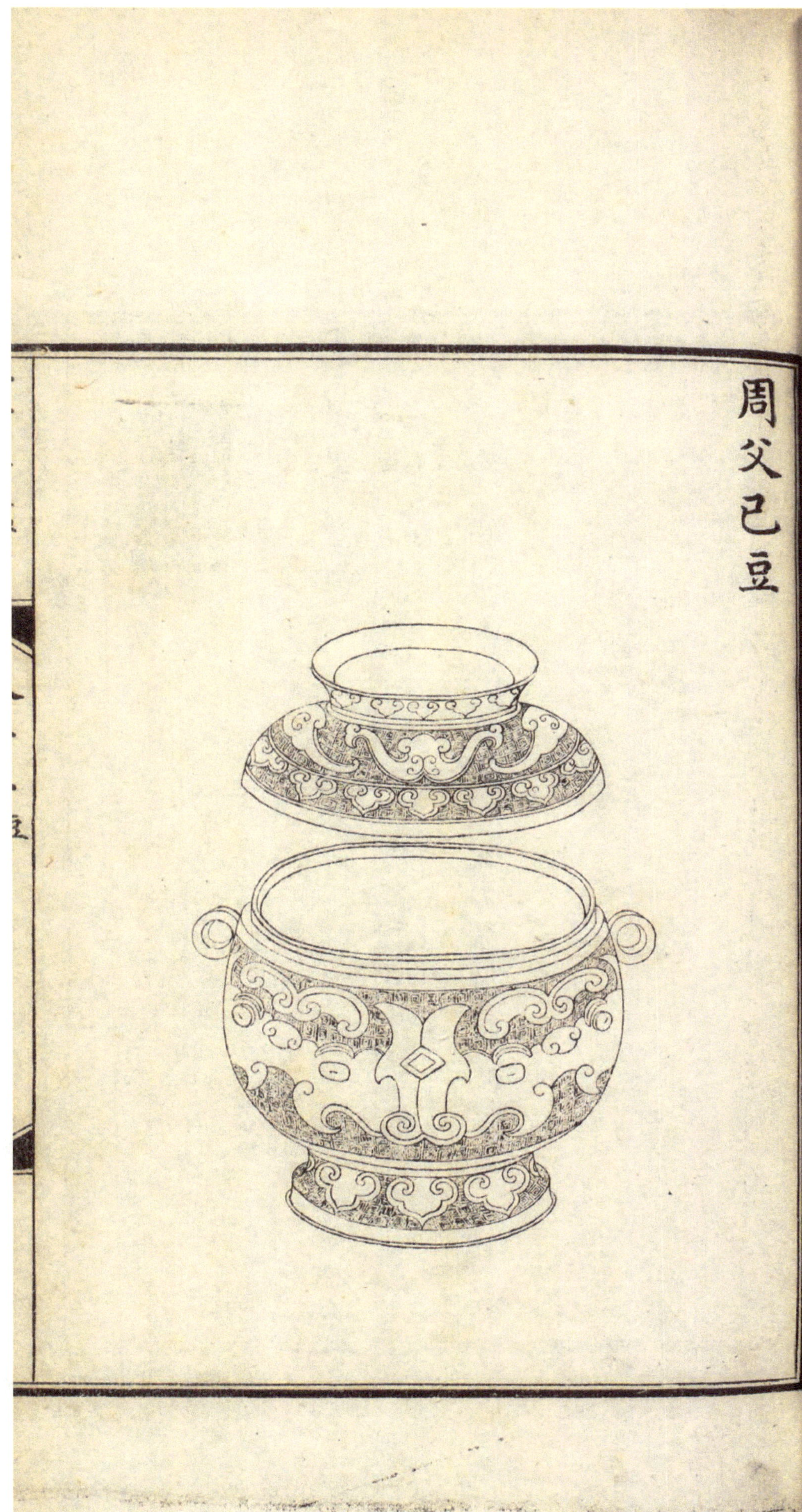
周父己豆

○○父己尊彝

右通盖高四寸五分深二寸二分口徑三寸五分足徑二寸重三十六兩塗金丠豆而曰尊彝祭器有常法也銘詞惟父己尊彝四字可辨餘皆漫漶

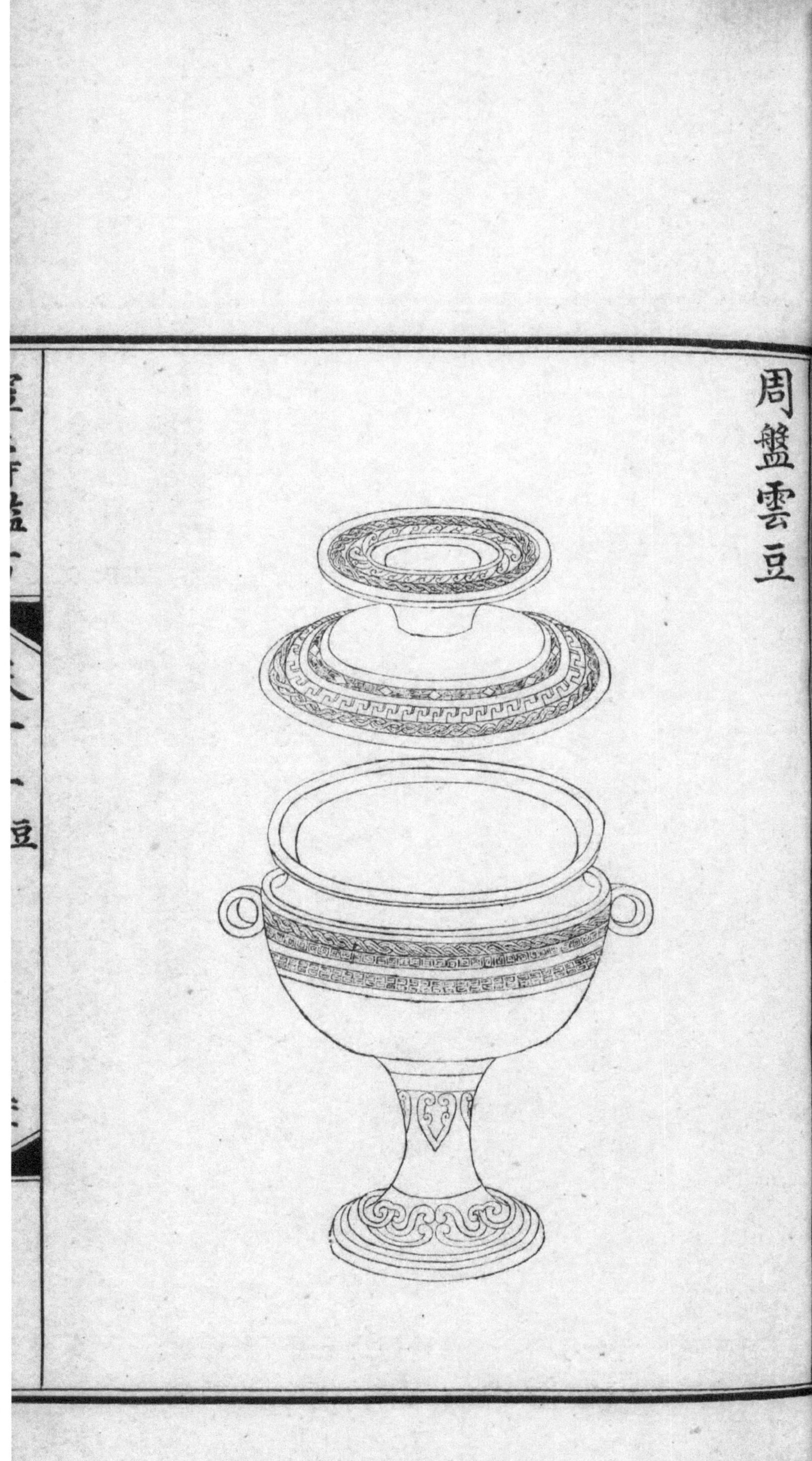

周盤雲豆

右通盖高八寸五分深二寸九分口徑五寸五分足徑三寸六分重五十五兩

周帶紋豆

右高二寸八分深二寸四分口徑五寸五分足徑二寸七分重五十六兩鈌盖

周素豆一

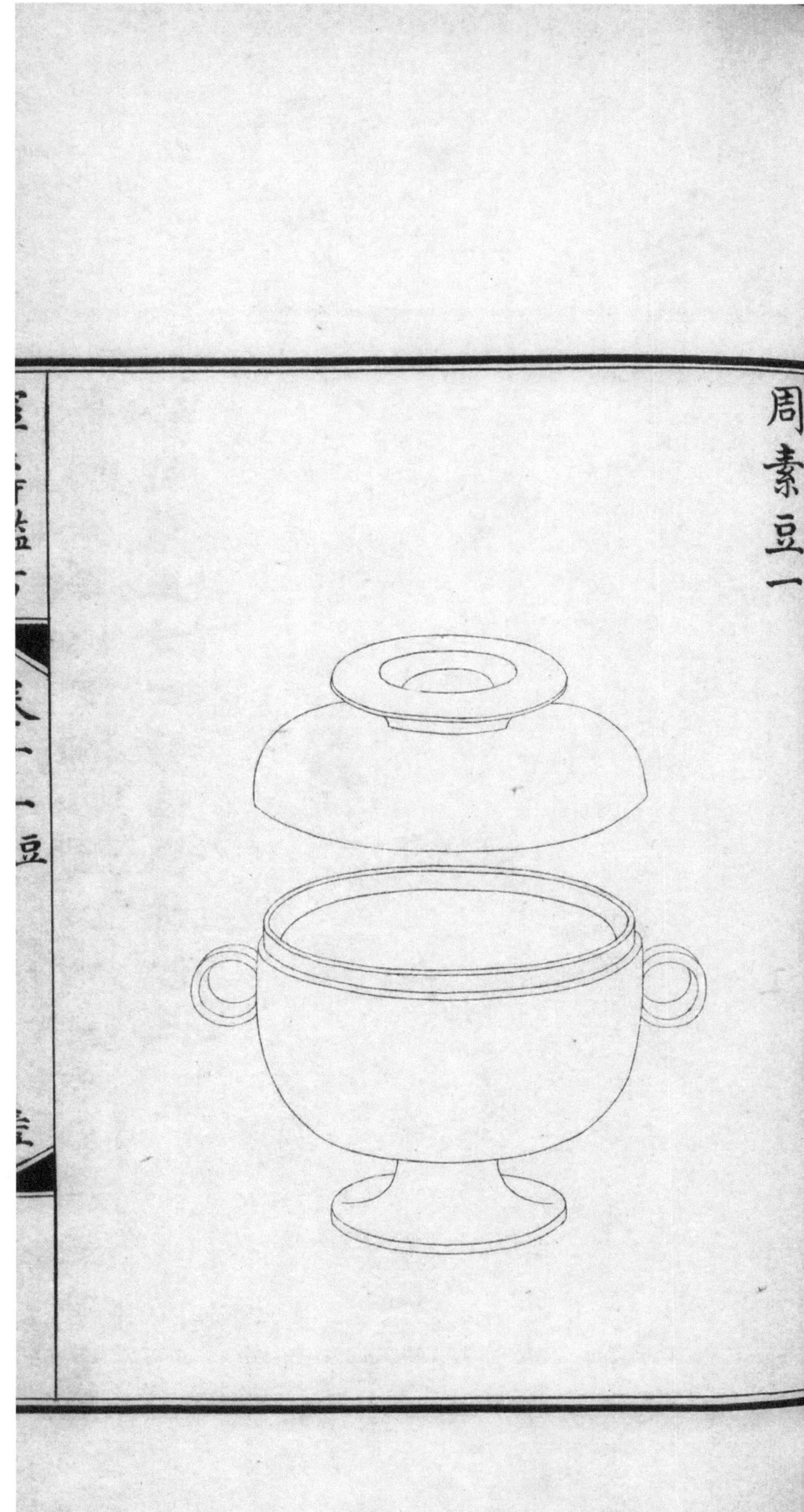

右通蓋高五寸四分深二寸九分口徑五寸四分足徑三寸二分重五十二兩

周素豆二

右通盖高五寸五分深三寸口徑五寸足徑三寸四分重五十四兩

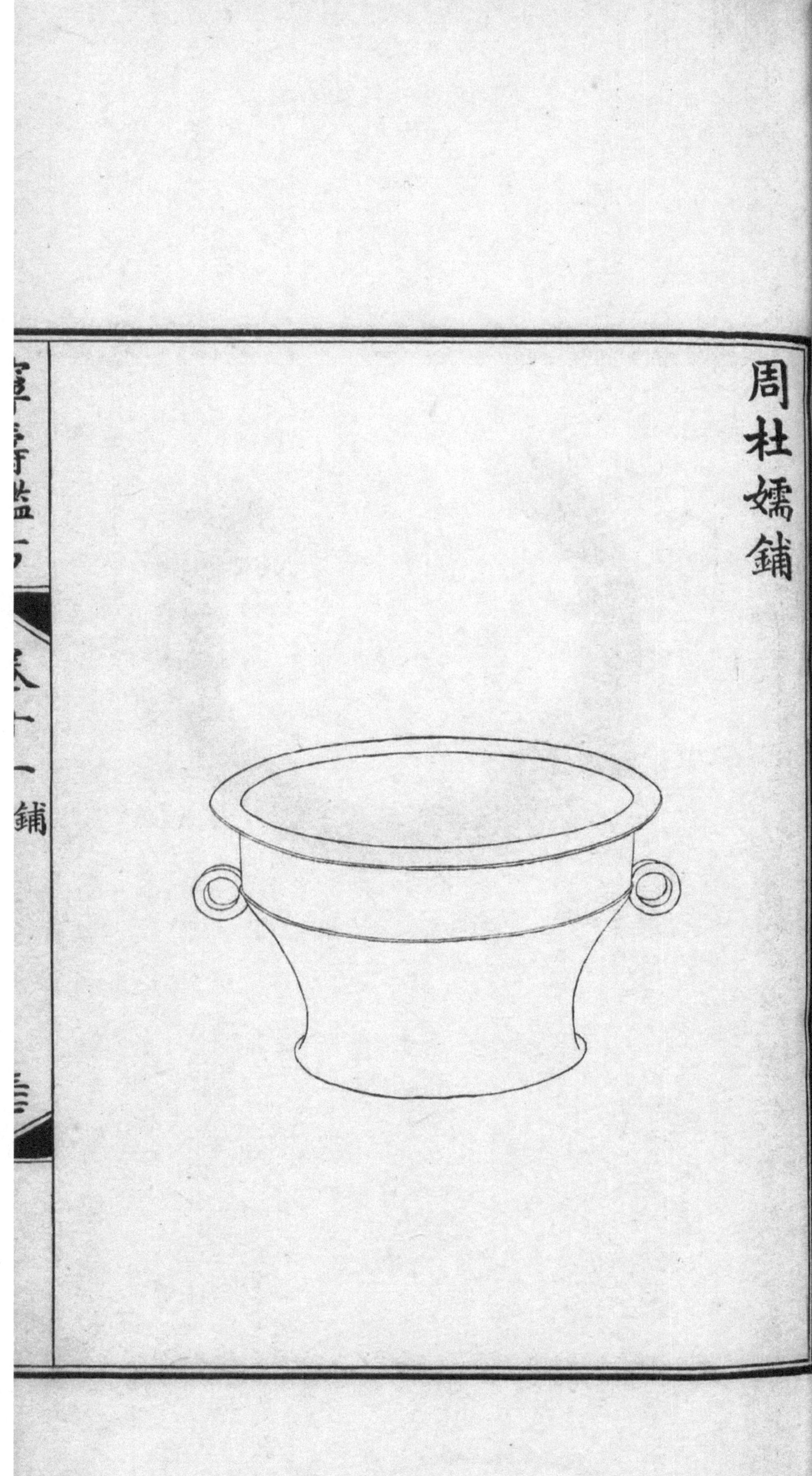
周杜嬬鋪
鋪

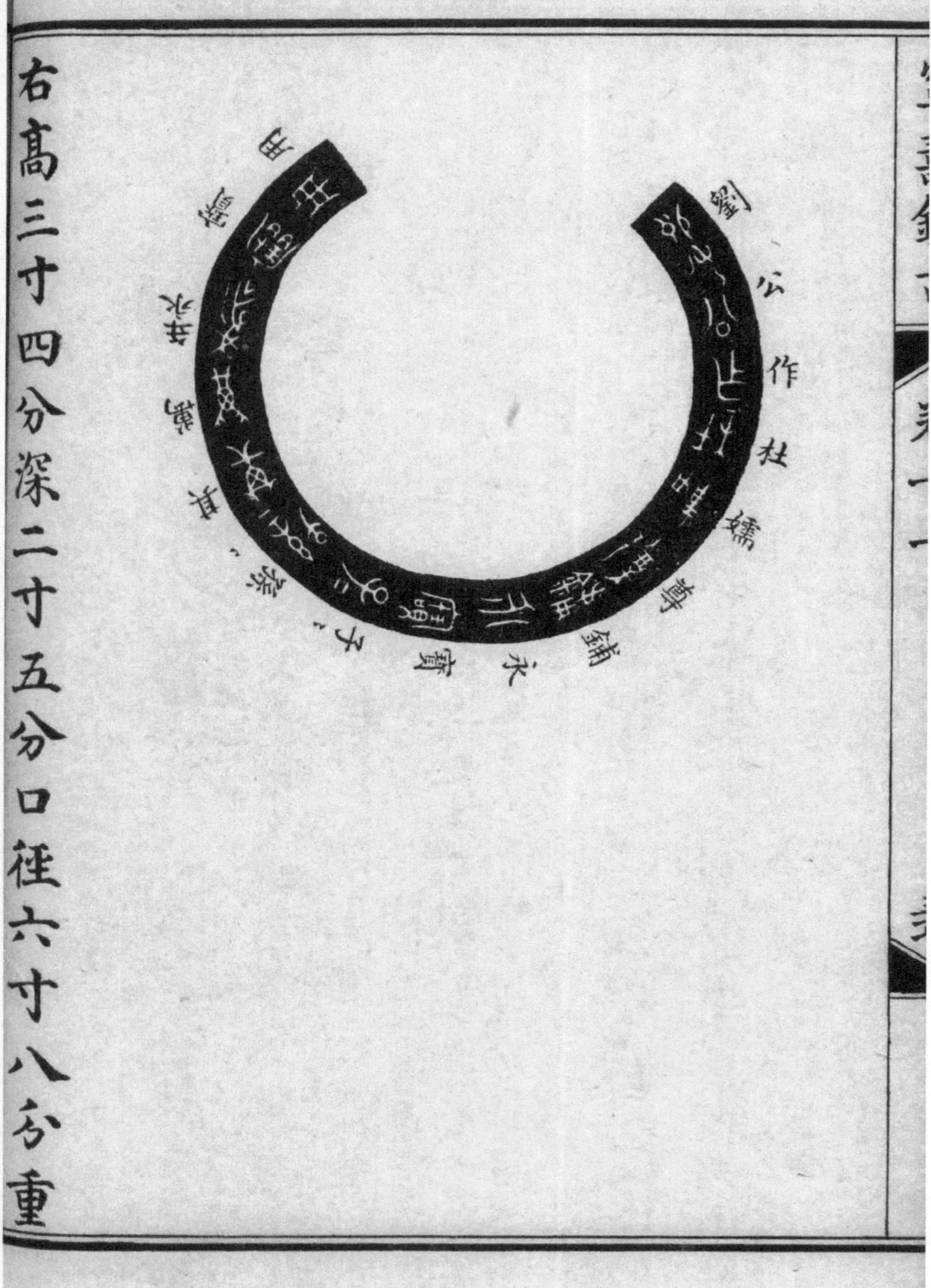

右高三寸四分深二寸五分口徑六寸八分重

三十四兩鐘鼎欵識有杜嬬鋪銘十字曰劉公作杜嬬尊鋪永寶用此銘十九字文詞詳略不同案說文下妻曰嬬杜嬬蓋其氏也春秋時劉有二族一為姬姓自康公至文公桓公世為周卿一堯後劉累之裔左傳秦人歸士會之帑其處者為劉氏范宣子遡其祖在周為唐杜氏則杜與堯後之劉為同族與系出周後者為異姓此銘劉公當是周之同姓而與杜為婚姻也劉字從丣金刀薛尚功曰說文止有鐂字從丣金田此以又易田乃近刀意簠作鋪者簠字小篆

作𨧪籀文作𨩄蓋小篆從甫而籀文從金今鋪

字從金從甫則爲𨧪字無疑

寧壽鑑古卷十二目録

甗

商

周

父庚甗 有銘

母戊甗 有銘

伯甗 有銘

奕世甗 有銘

立戈甗

寶甗

蟠夔甗

饕餮甗一

饕餮甗二

饕餮甗三

鐙

漢

鬲

周

周

父丁盉有銘

孖盉有銘

夔鳳盉

夔紋盉

雷紋盉

冰鑑

周

四神冰鑑一

四神冰鑑二

四神氷鑑三

漢

氷鑑

匜

周

公父匜有銘

仲駒匜有銘

智匜有銘

蟠夔匜一

蟠夔匜二

蟠夔匜三

蟠夔匜四

蟠夔匜五

夔紋匜一

夔紋匜二

夔紋匜三

夔紋匜四

夔紋匜五

犧首匜

漢

蠡匜有銘

虒匜

夔匜

蟠夔匜一

蟠夔匜二

蟠虺匜

犧首匜一

犧首匜二

環紋匜一

環紋匜二

商祖丁甗一

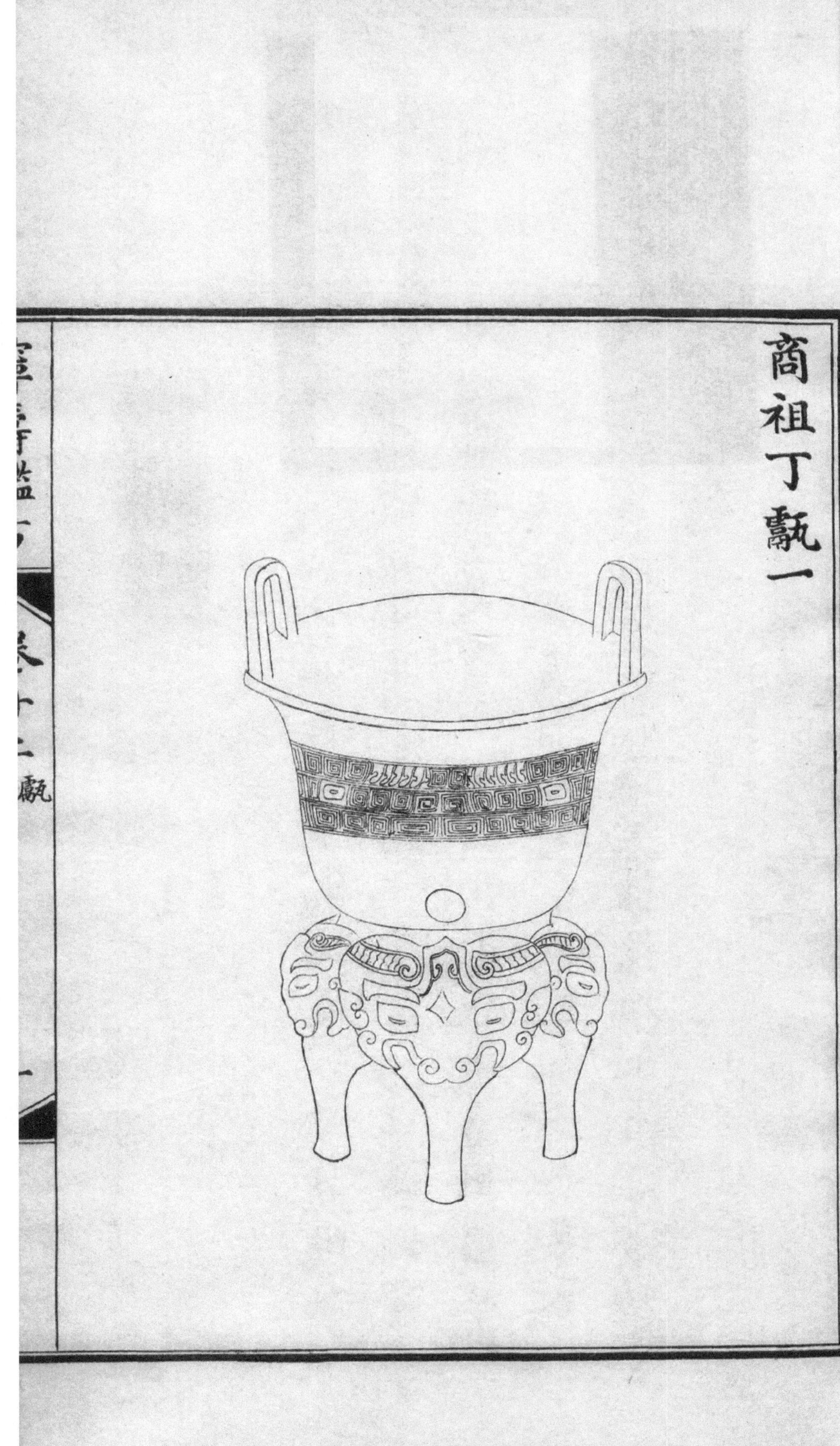

祖丁 車立旂形

右高一尺八分深自口至隔五寸一分自隔至底三寸四分耳高二寸濶一寸九分口徑八寸五分腹圍二尺重一百六十兩鈌箄書稱用命賞于祖甗為祭器用於廟中故銘祖不必如宋人之泥於商君號也車上作立旗形者亦書功太常之義

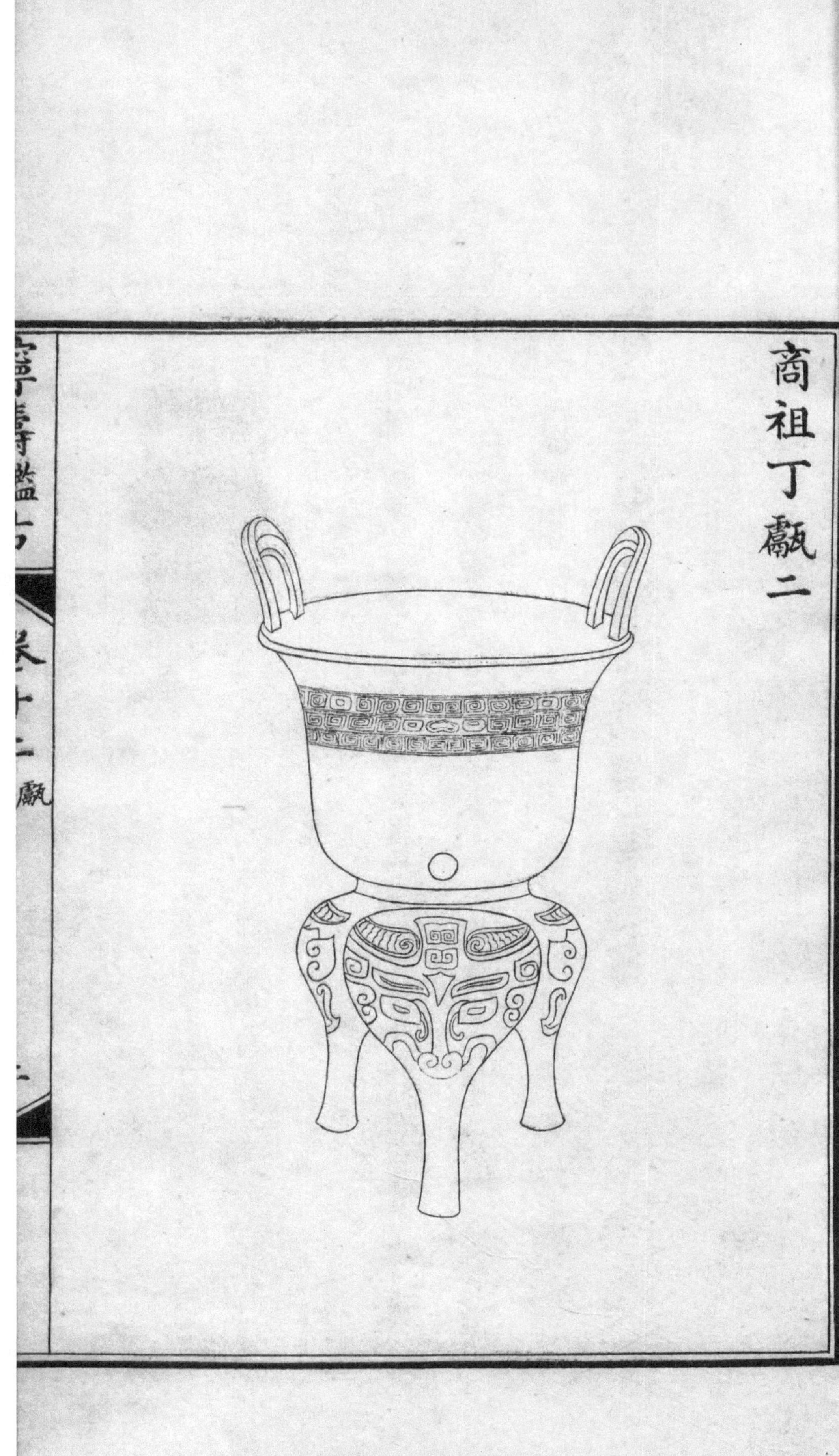
商祖丁甗二
寧壽鑑古
卷十二
甗

○夫作祖丁

寶尊彝析子孫

右高一尺一分深自口至隔五寸自隔至底三寸一分耳高二寸一分濶一寸八分口徑八寸四分腹圍一尺九寸三分重一百六十一兩銘首一字不可辯意製器者人名

商父乙甗

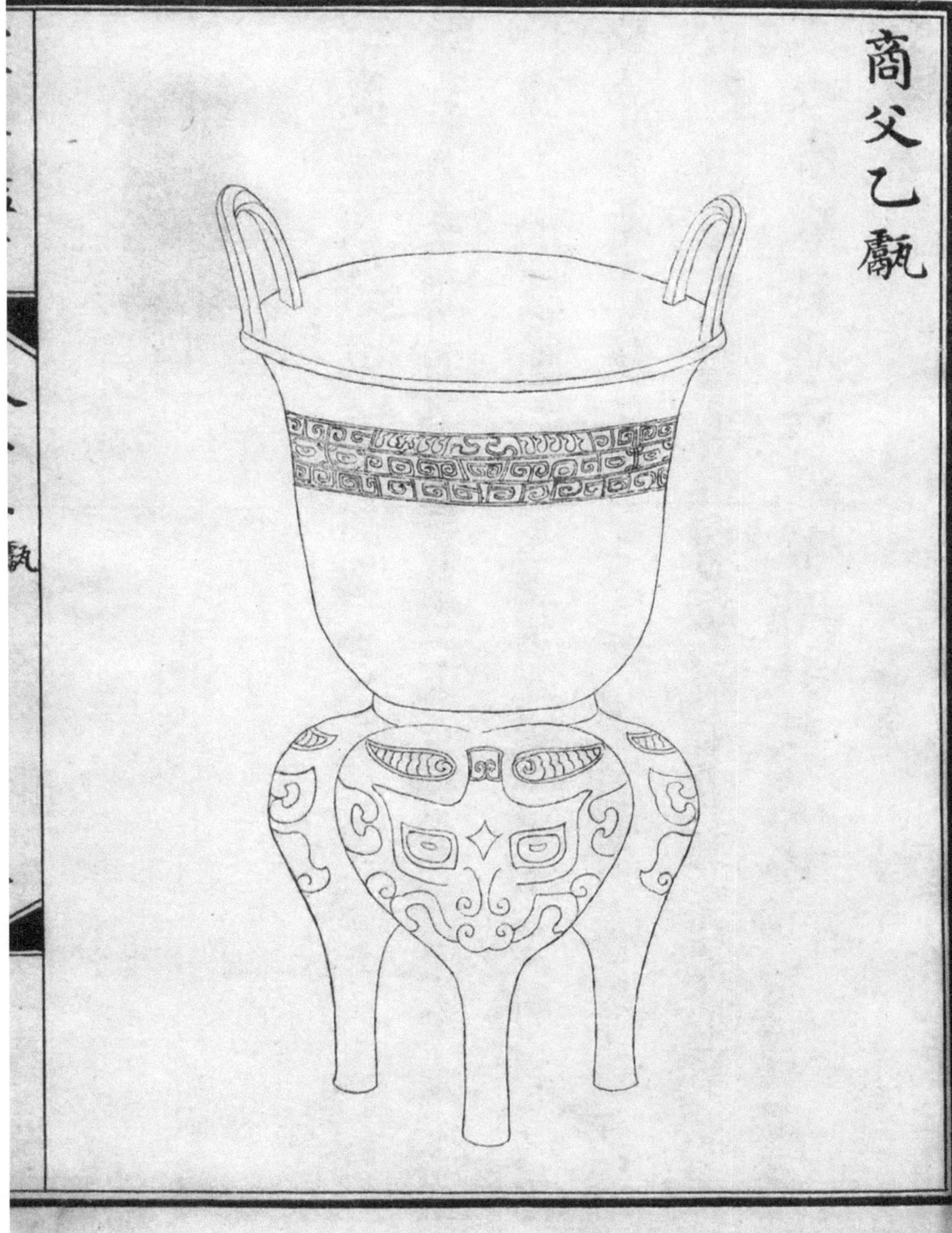

鬲父乙

右高一尺一寸五分深五寸二分自
隔至底三寸四分耳高二寸四分濶如之口徑
八寸三分腹圍二尺二寸五分重二百兩金錯
缺箄爾雅鼎款足謂之鬲疏謂鼎足相去踈濶
者漢郊祀志空足曰鬲注謂足中空不實者甗
之象有取於此故甗字從鬲商人尚質遂銘于
器云

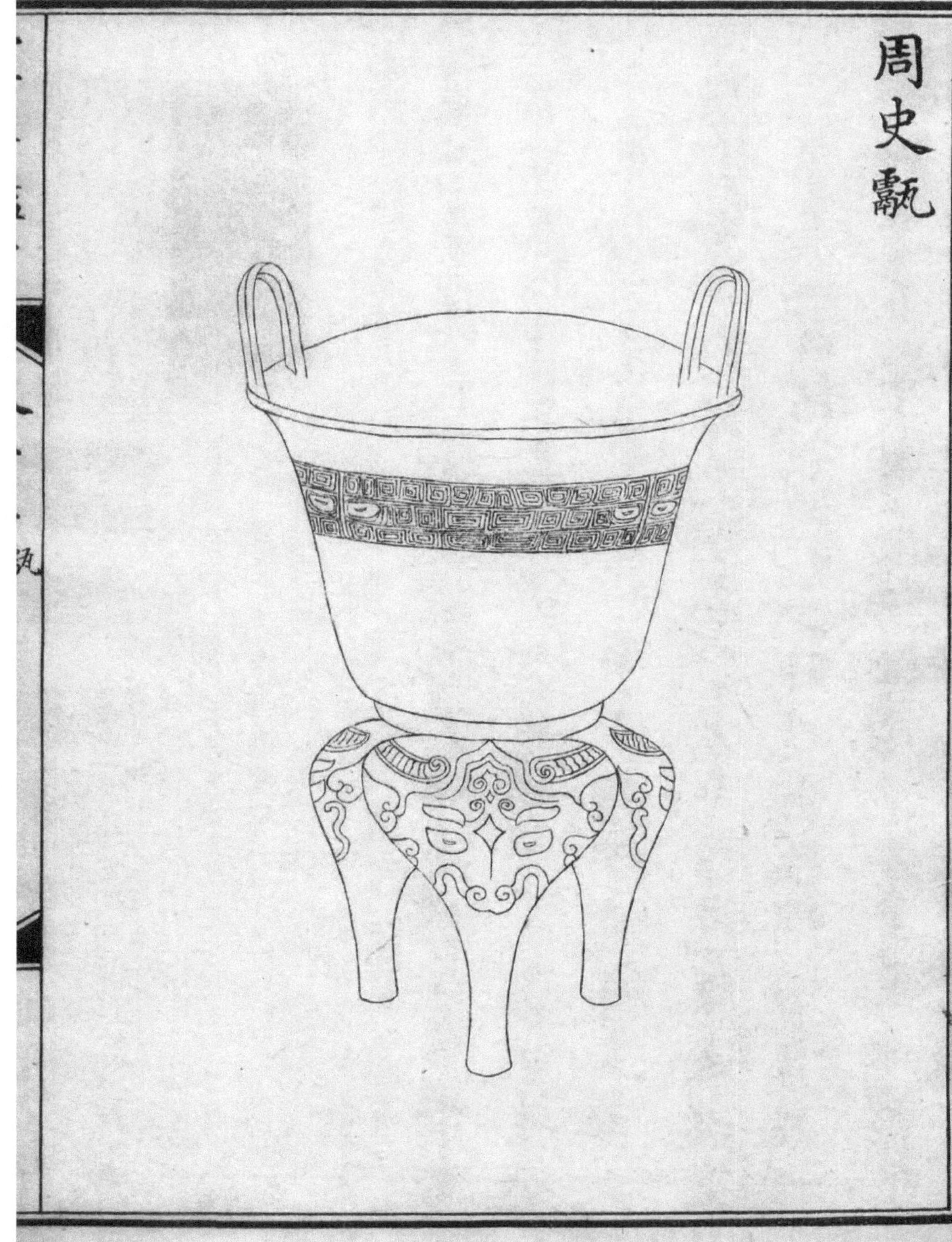
周史甗

○史虎
作旅車彝

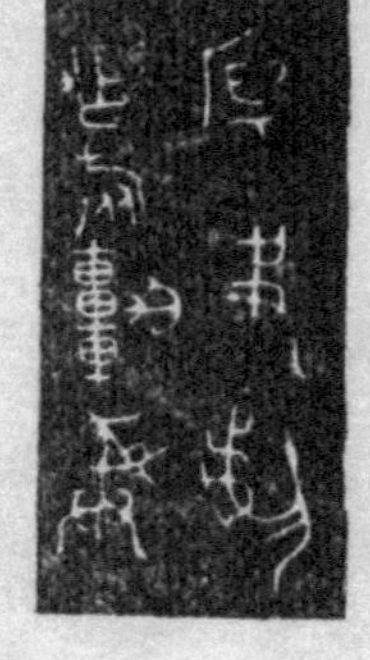

右高一尺五分深自口至隔五寸四分自隔至底二寸九分耳高二寸五分濶一寸九分口徑八寸腹圍二尺重一百四十八兩按周禮凡官屬皆有府史此銘史上一字不可識虎蓋人名作旅車彝者博古圖說云師之出征則有宜社造禰之事而奉齋車以行銘以旅車是必師旅

之所用釋奠于齋車者也

周舟甗

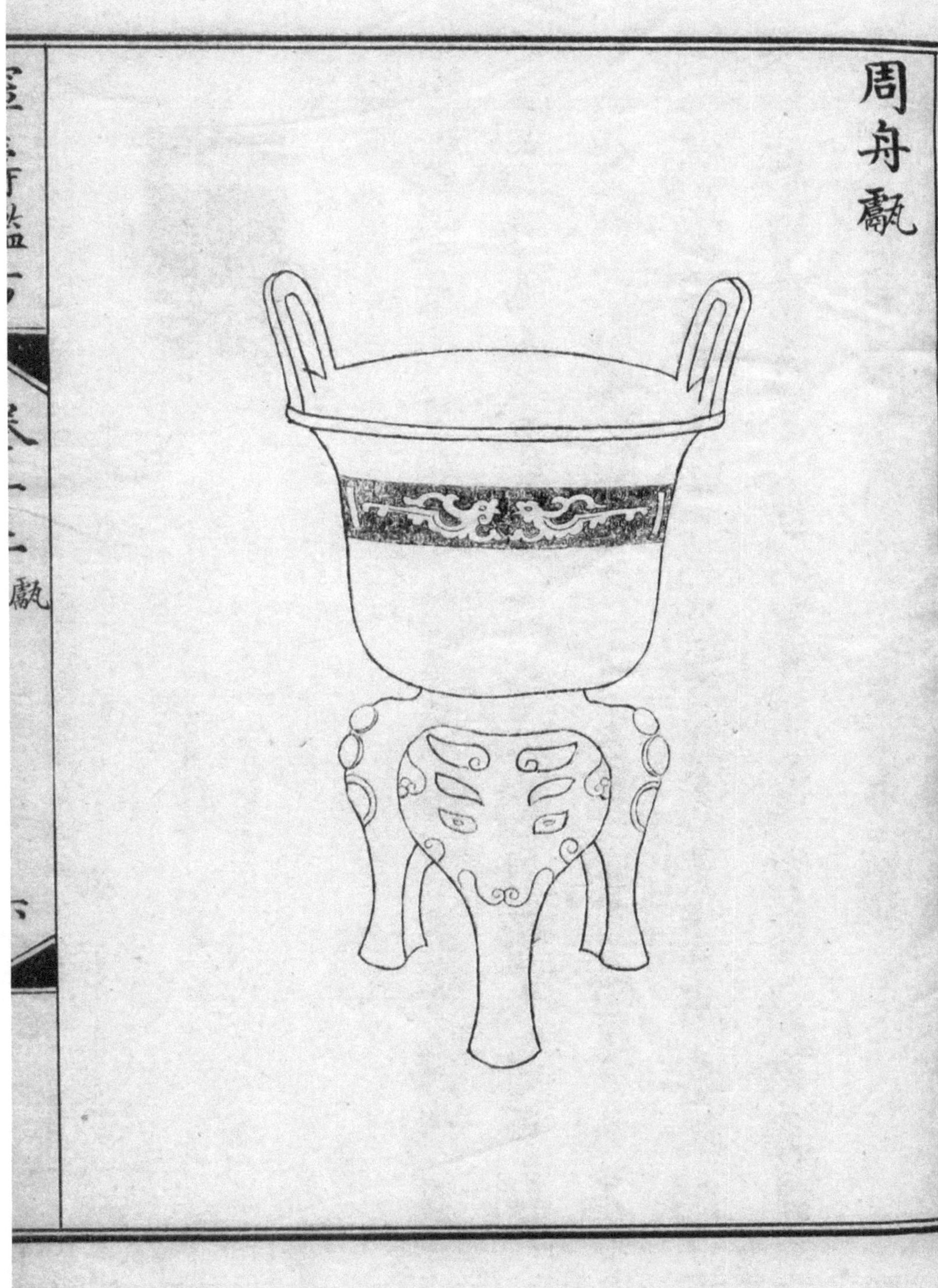

舟作尊。

右高一尺一寸深自口至隔四寸五分自隔至底三寸五分耳高二寸四分闊一寸九分口徑八寸七分腹圍二尺二寸五分重一百十六兩缺箄銘曰舟作盖製器者姓名晉有舟之僑則舟爲姓楚有申舟則舟爲名又古字舟與周通則姓名更多矣尊下一字不可辨

周父乙甗

舉父乙

右高一尺六分深自口至隔五寸三分自隔至底二寸三分耳高二寸二分濶二寸口徑七寸九分腹圍二尺二分重一百五十兩

周父庚甗

器

[inscription]

作父庚
寶彝几

箄

[inscription]

子執物形

右高一尺八分深自口至隔五寸二分自隔至底三寸耳高二寸濶一寸九分口徑八寸三分腹圍九寸六分重一百六十兩說見前父庚爵考中彝下作几乃古文几字說文薦物之几象

形也又銘子執物形亦孝敬捧持之意

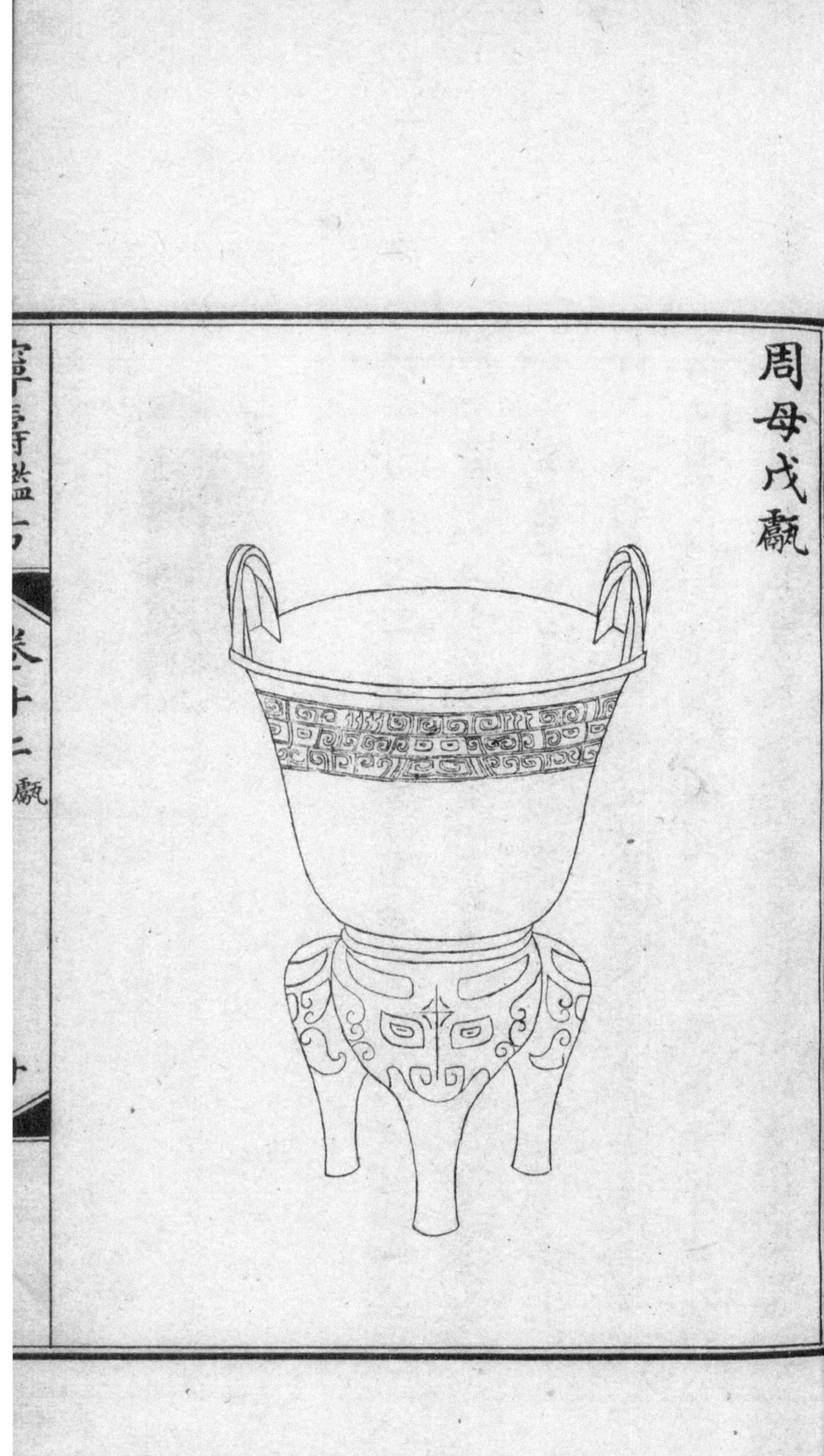

周母戊甗

○○作
母戊彝

右高一尺二寸五分深自口至隔六寸三分自隔至底三寸四分耳高二寸三分闊二寸五分口徑九寸四分腹圍二尺六寸四分重二百三十二兩鈌箪銘曰母戊與鐘鼎款識所載母乙卣母辛卣相類盖作此以享其母而十干為器之次第也乃宋人必舉商君之號以實之鑿矣

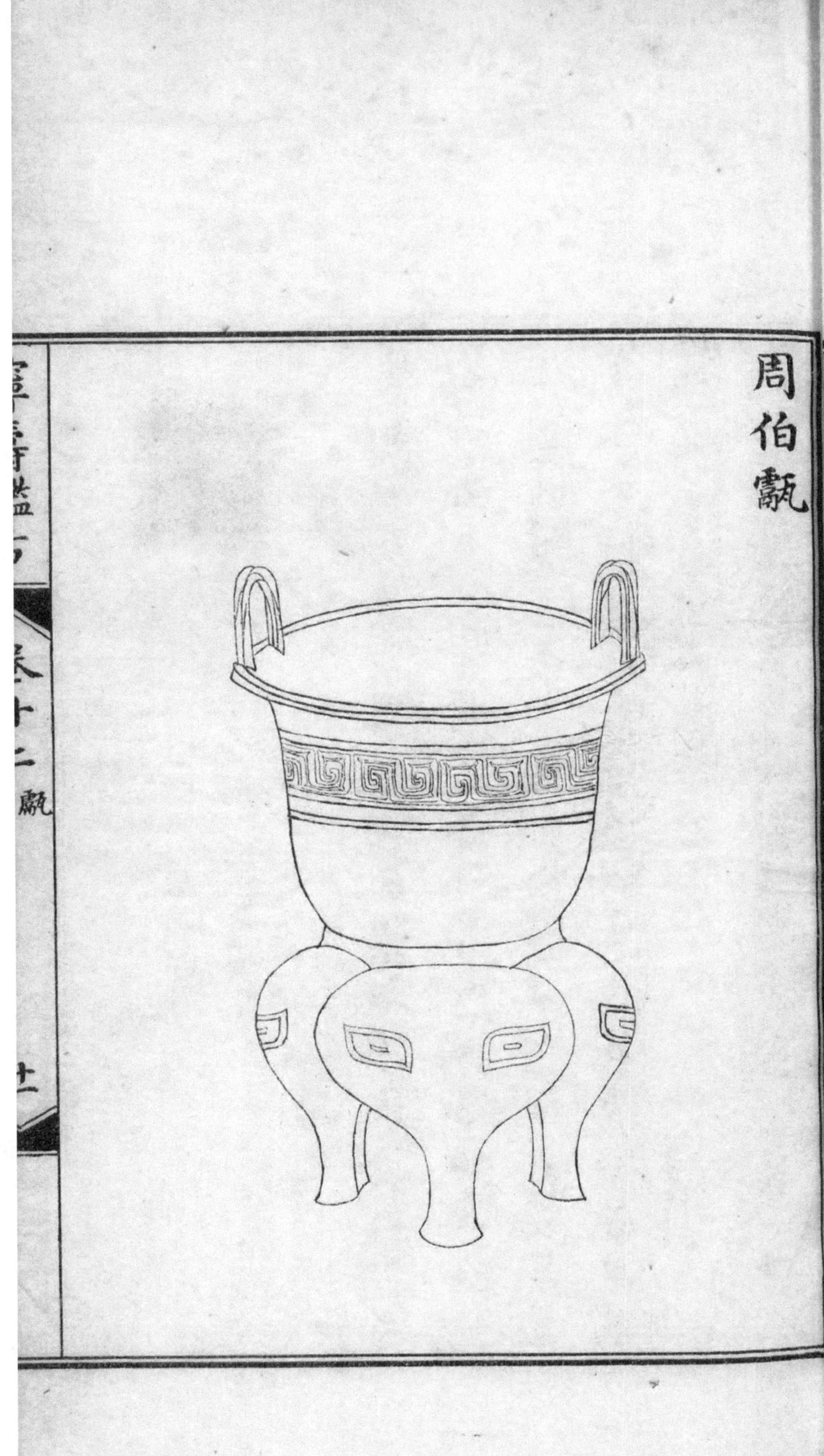

周伯甗

伯作甗鬲

右高九寸五分深自口至隔四寸五分自隔至底二寸八分耳高二寸濶一寸八分口徑七寸九分腹圍一尺九寸一分重一百十八兩銘後作一象形鬲字薛尚功曰鬲甗其氣甗能受焉取鬲以銘甗可謂得之矣

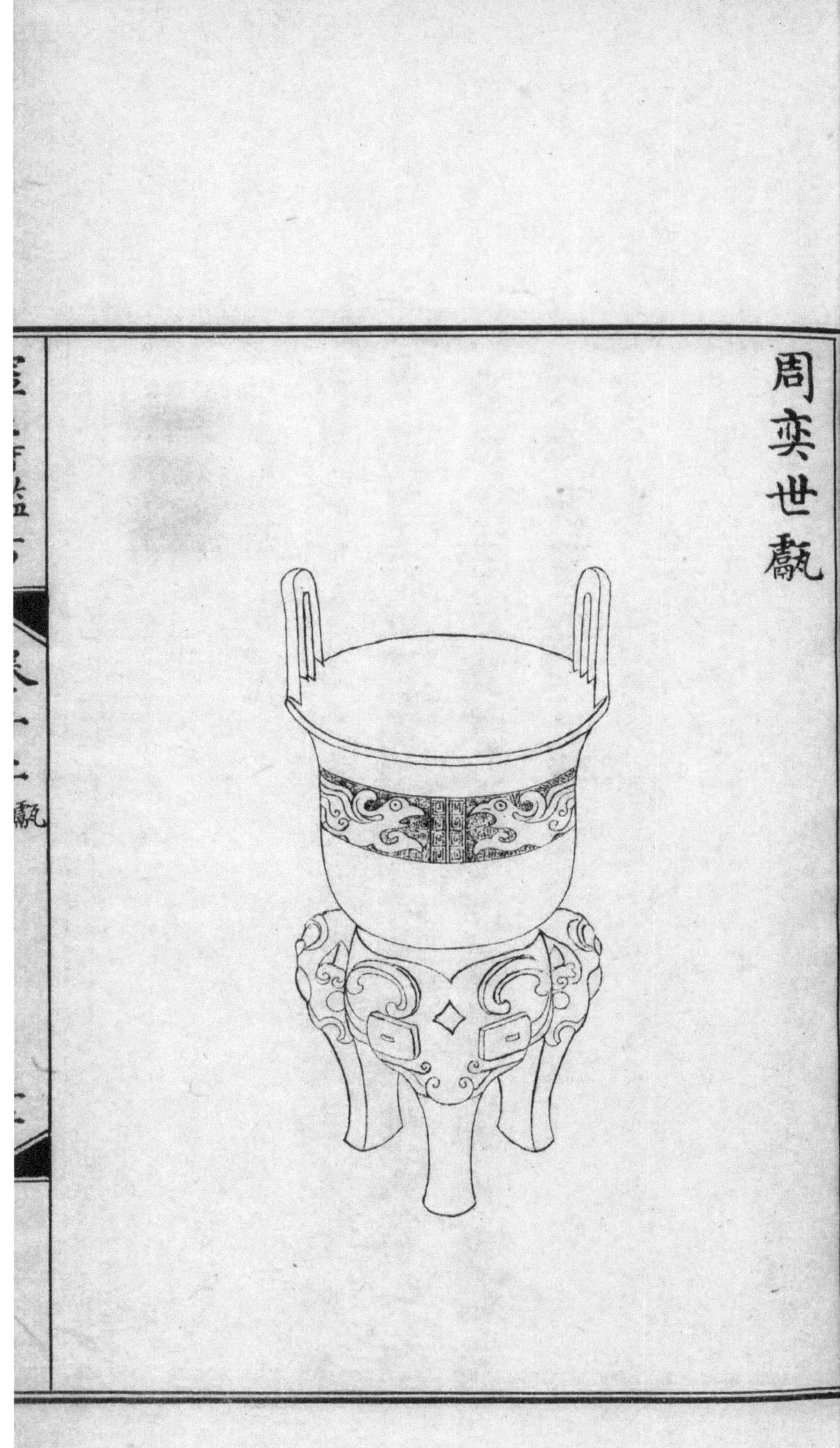

周奕世鬲

奕世

奕世

右高七寸六分深自口至隔三寸四分自隔至底二寸四分耳高一寸七分闊一寸五分口徑五寸二分腹圍三寸九分重九十四兩銘曰奕世亦萬年世守之義

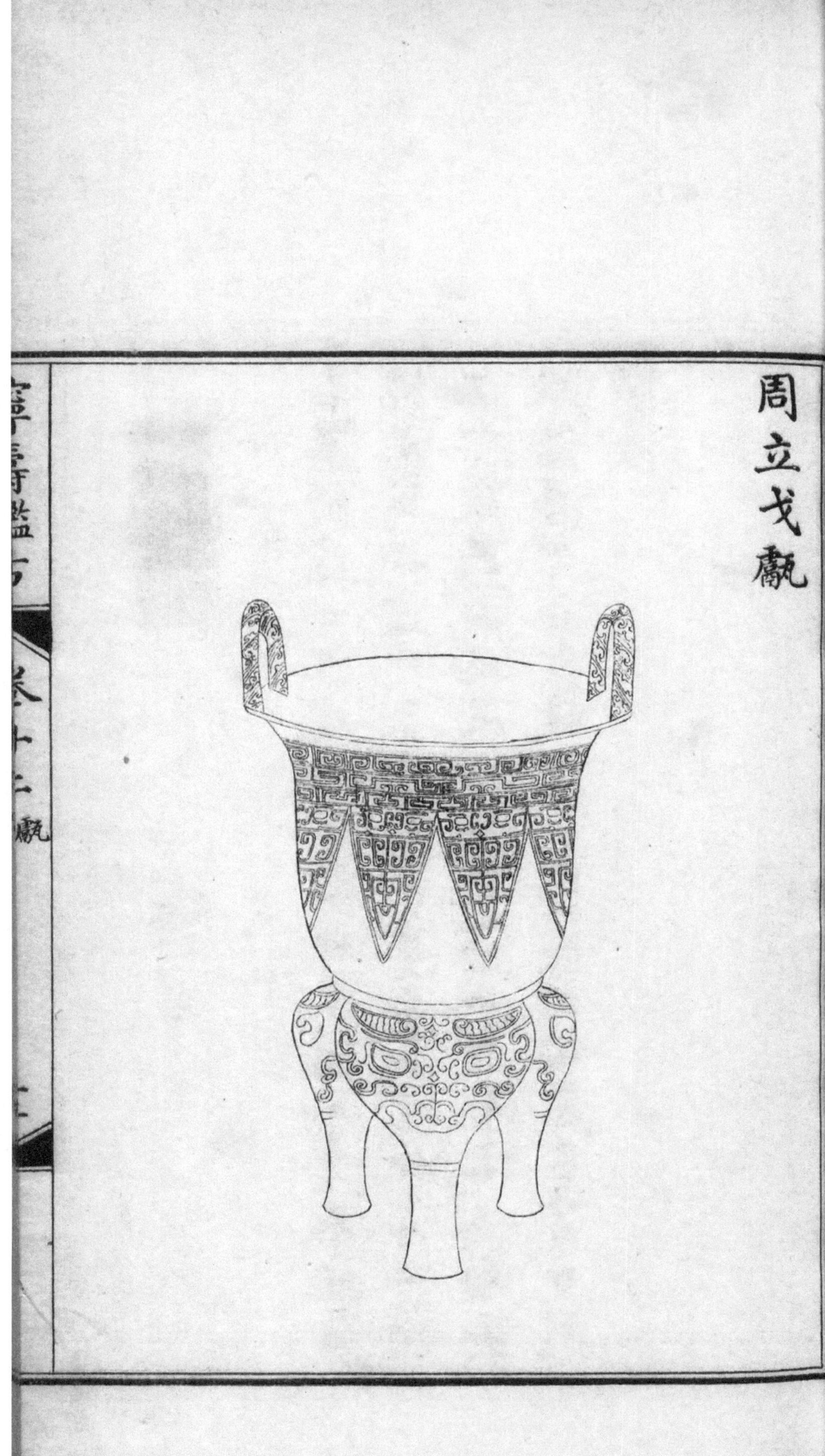
周立戈甗
寧壽鑑古 卷十三 甗

格中立戈形　乙父

右高一尺一寸九分深自口至隔五寸五分自隔至底二寸六分耳高一寸九分濶如之口徑九寸腹圍二尺三寸一分重二百七十八兩金銀錯格中立戈舊說以為銘武功與弓矢刀戟同義

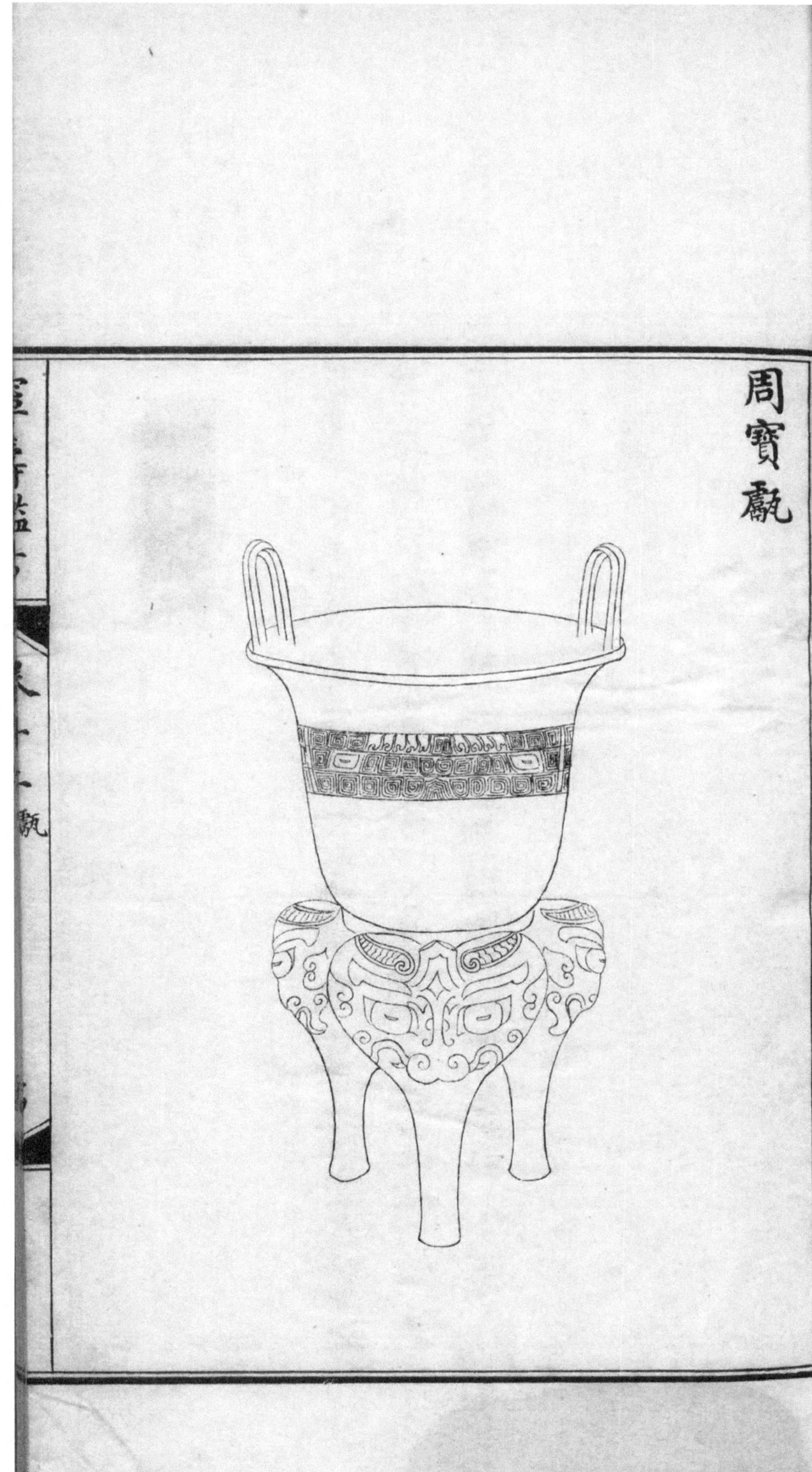
周寶甗

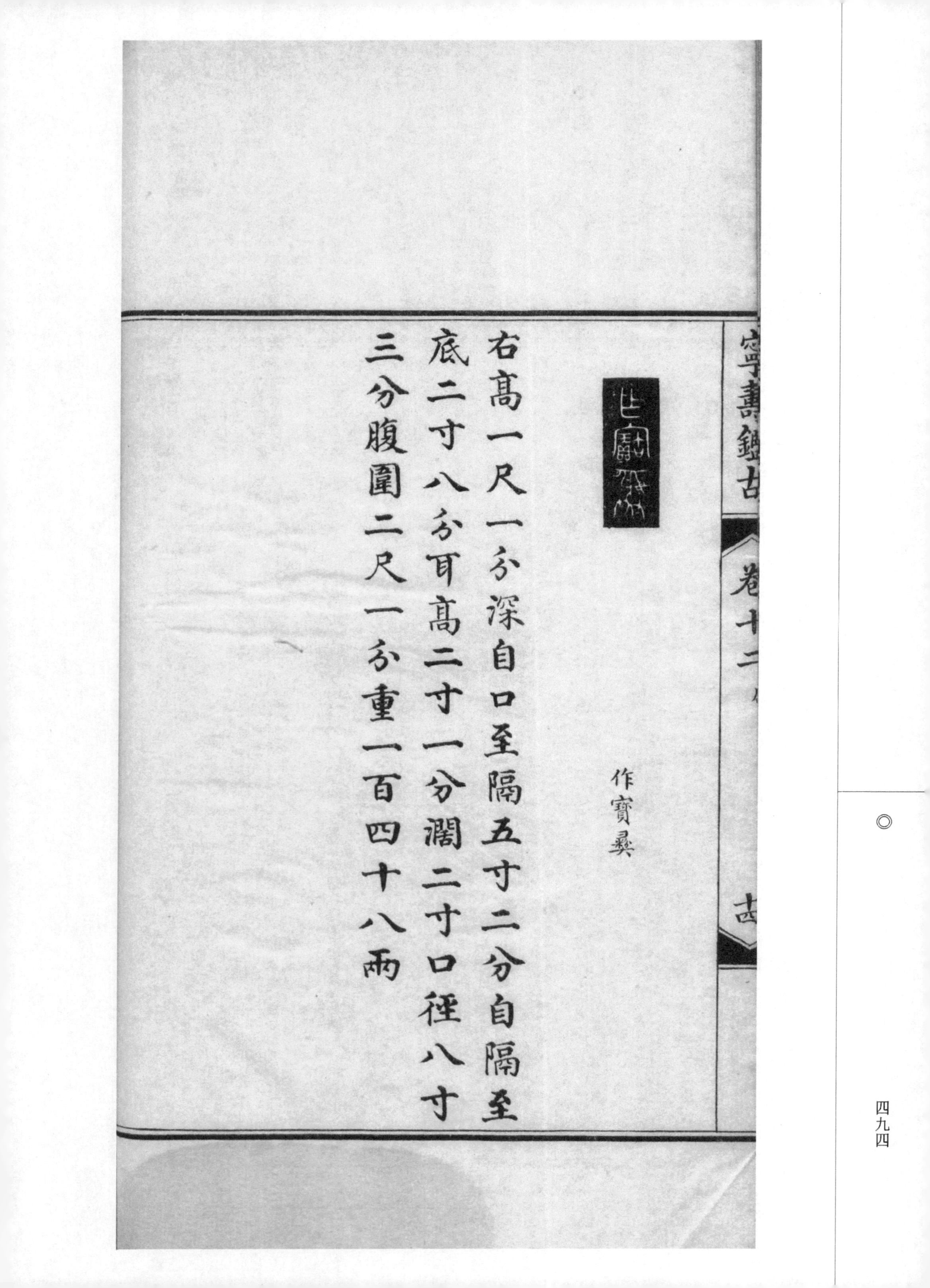

作寶彝

右高一尺一分深自口至隔五寸二分自隔至底二寸八分耳高二寸一分濶二寸口徑八寸三分腹圍二尺一分重一百四十八兩

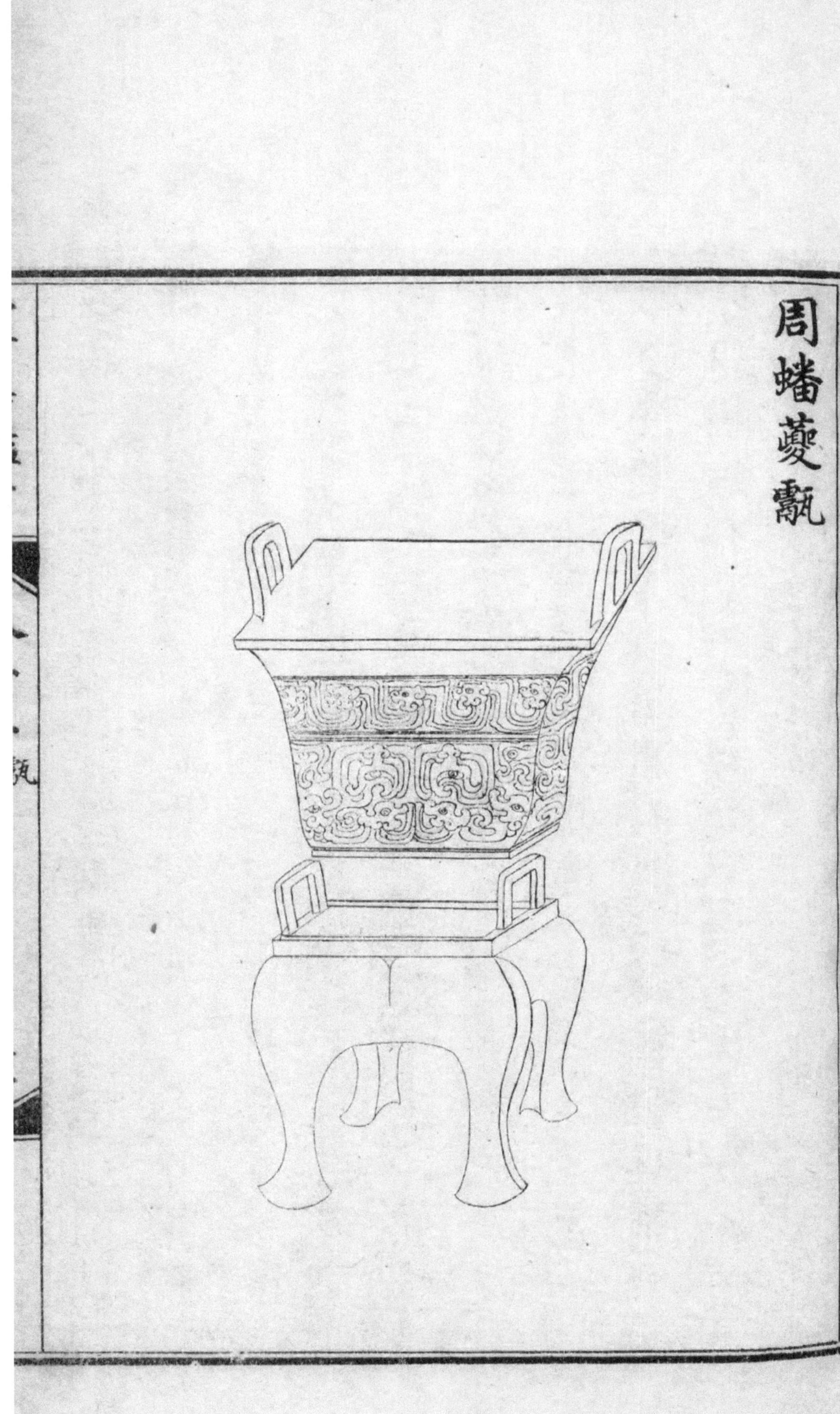

周蟠夔甗

右高一尺一寸上方甑深五寸三分下鼎深二寸九分甑耳高一寸五分濶一寸七分鼎耳高一寸六分濶一寸三分甑口縱八寸横九寸三分甑底縱四寸九分横六寸鼎之上口與甑底同重二百七十兩此器上為方甑下承以鼎其箄即甑底不可開闔製作與他甗異王氏玉海載宋太宗時長安民得甗其下為鼎三足上為方甑設銅箄可以開闔形製與此類但此箄不可開闔為不同耳案說文箄蔽也所以蔽甑底故在上下格之間也

周饕餮甗一

右高一尺一寸深自口至隔五寸六分自隔至
底四寸耳高二寸二分濶如之口徑八寸七分
腹圍二尺三寸重一百六十八兩鈇範

周饕餮甗二

右高一尺五分深自口至隔五寸六分自隔至底四寸耳高二寸濶一寸八分口徑八寸六分腹圍一尺九寸六分重二百六兩

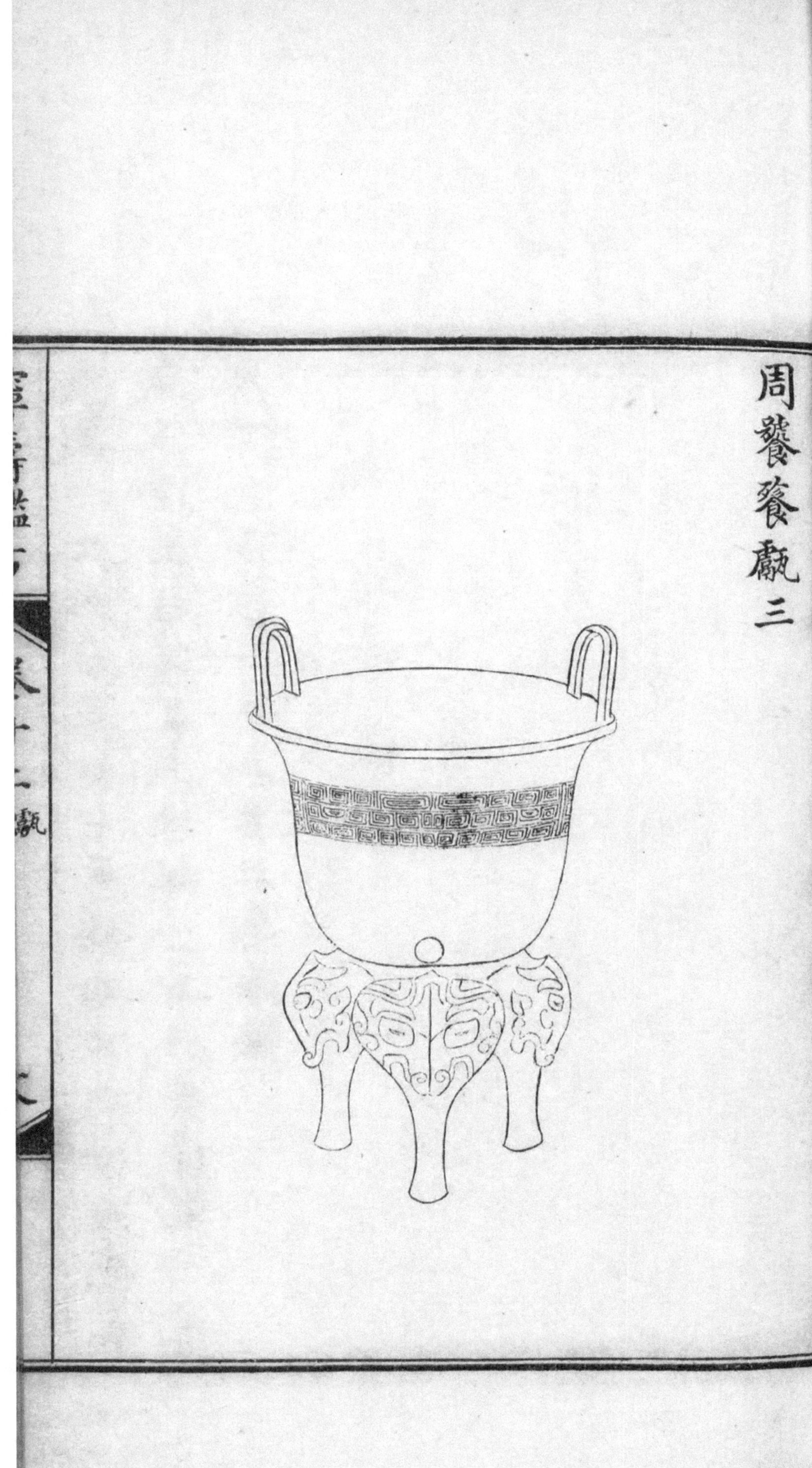

周饕餮甗三

右高一尺四分深自口至隔四寸九分自隔至底三寸五分耳高二寸濶一寸八分腹圍一尺九寸五分重一百五十二兩缺蓋

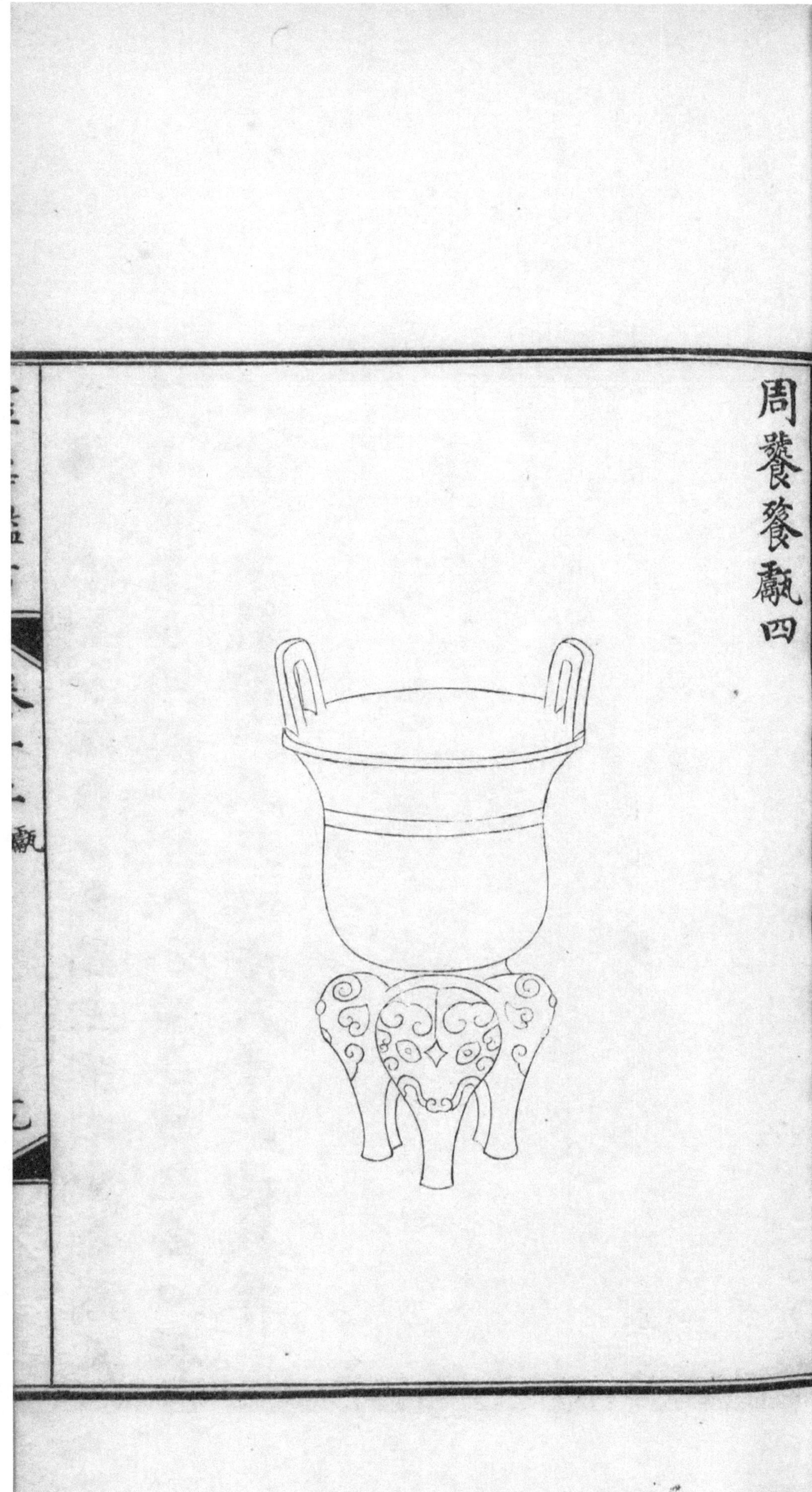

周饕餮甗四

右高六寸七分深自口至隔三寸四分自隔至底二寸三分耳高一寸八分濶一寸三分口徑五寸三分腹圍一尺三寸重八十二兩缺蓋

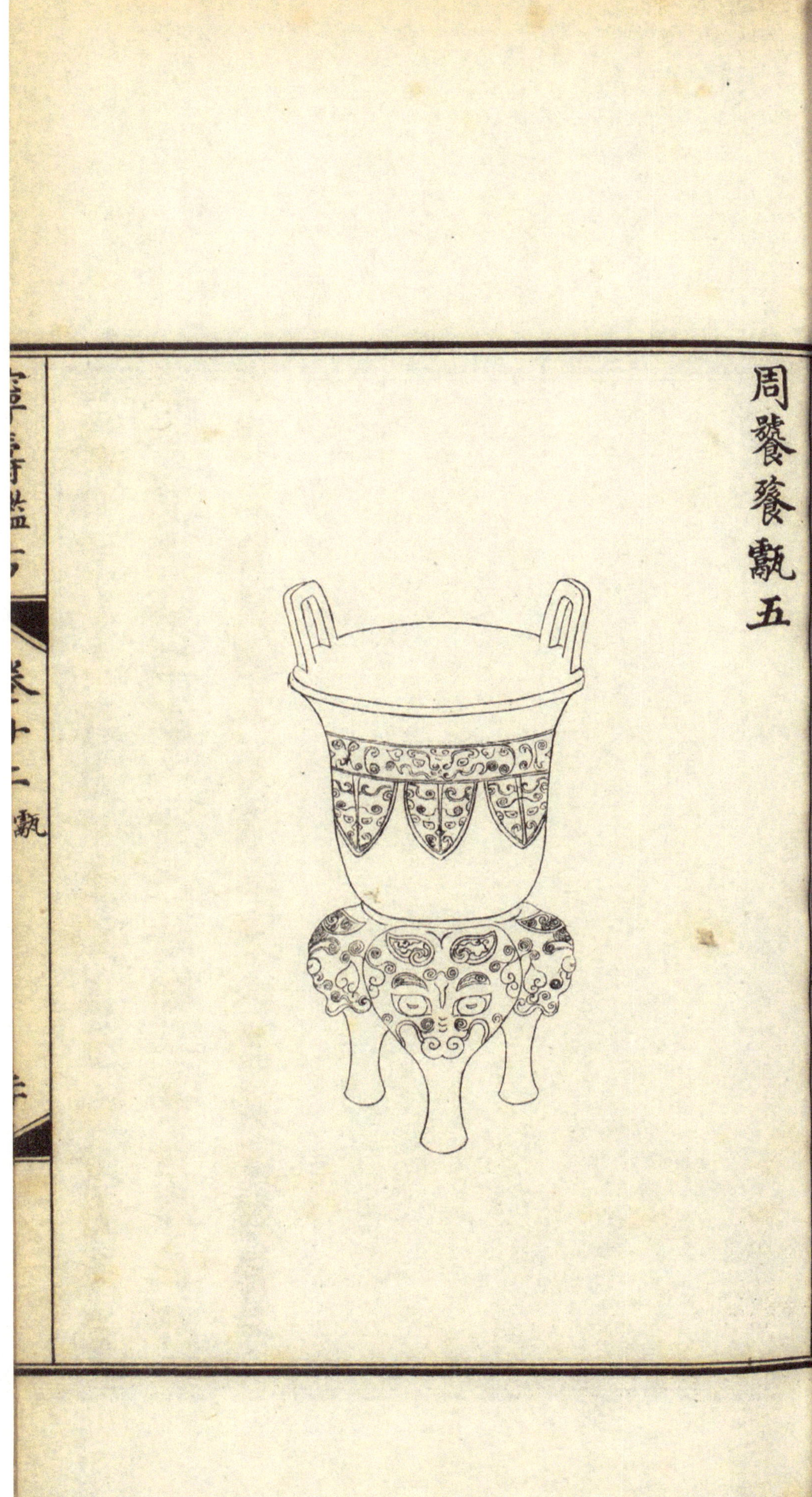

周饕餮甗五

右高四寸八分深自口至隔二寸一分自隔至底一寸六分耳高一寸二分濶一寸口徑三寸五分腹圍九寸一分重二十六兩金銀錯鈌草

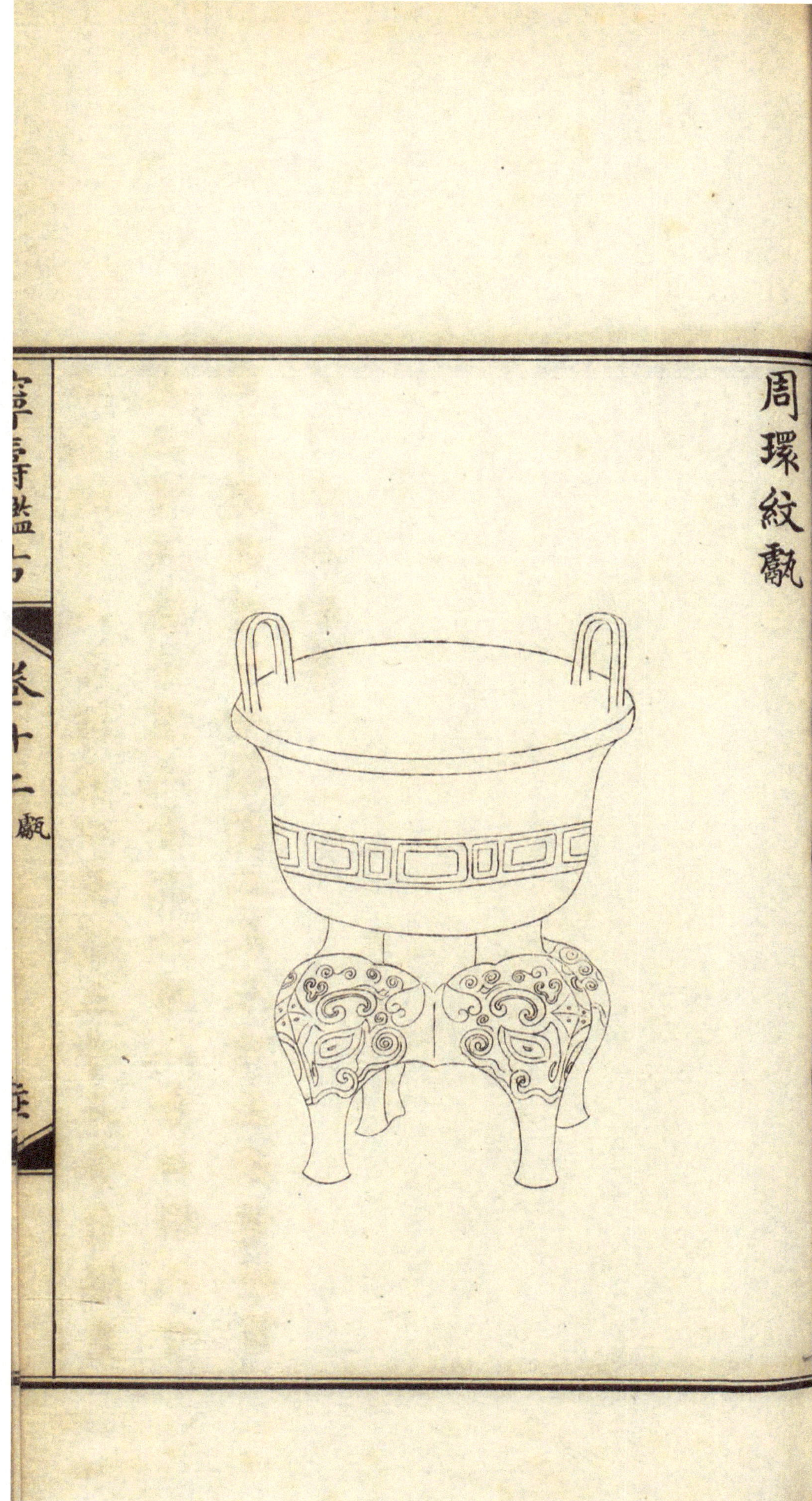

周環紋甗

右高九寸七分深自口至隔三寸五分自隔至底三寸耳高一寸九分濶一寸八分口縱八寸四分横九寸一分腹圍二尺三寸三分重一百七十六兩缺箄

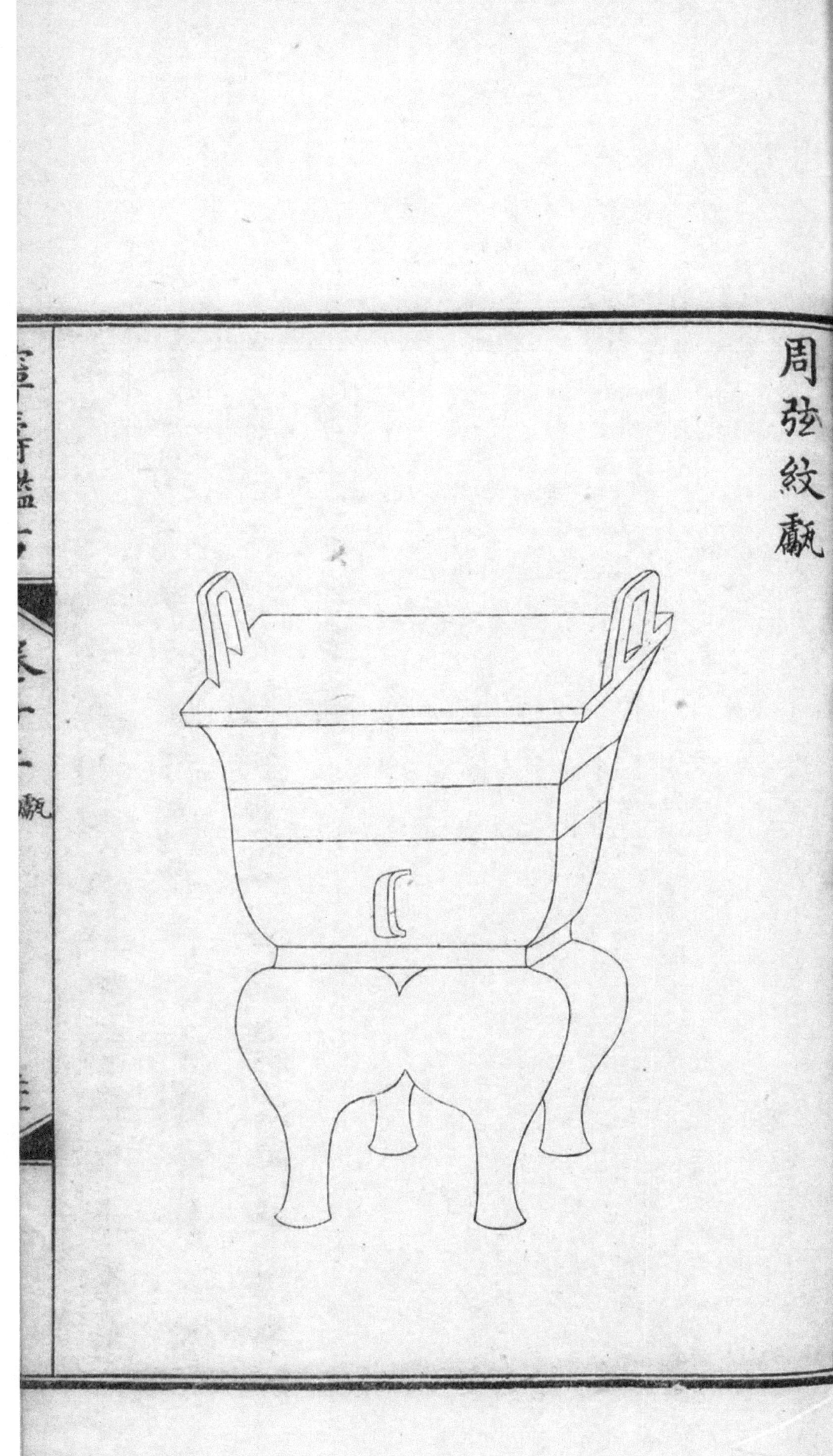

周弦紋甗

右高一尺二寸五分深自口至隔六寸三分自隔至底三寸五分耳高二寸八分濶二寸一分口縱七寸六分橫一尺三分腹圍二尺七寸六分重三百二十兩

漢轆轤鐙一

右通高四寸一分中轆轤至足高三寸燈盤深七分燈口徑二寸六分有流承盤深一寸二分口縱二寸五分橫二寸一分通長五寸腹圍一尺一寸七分重十三兩

漢轆轤鐙二

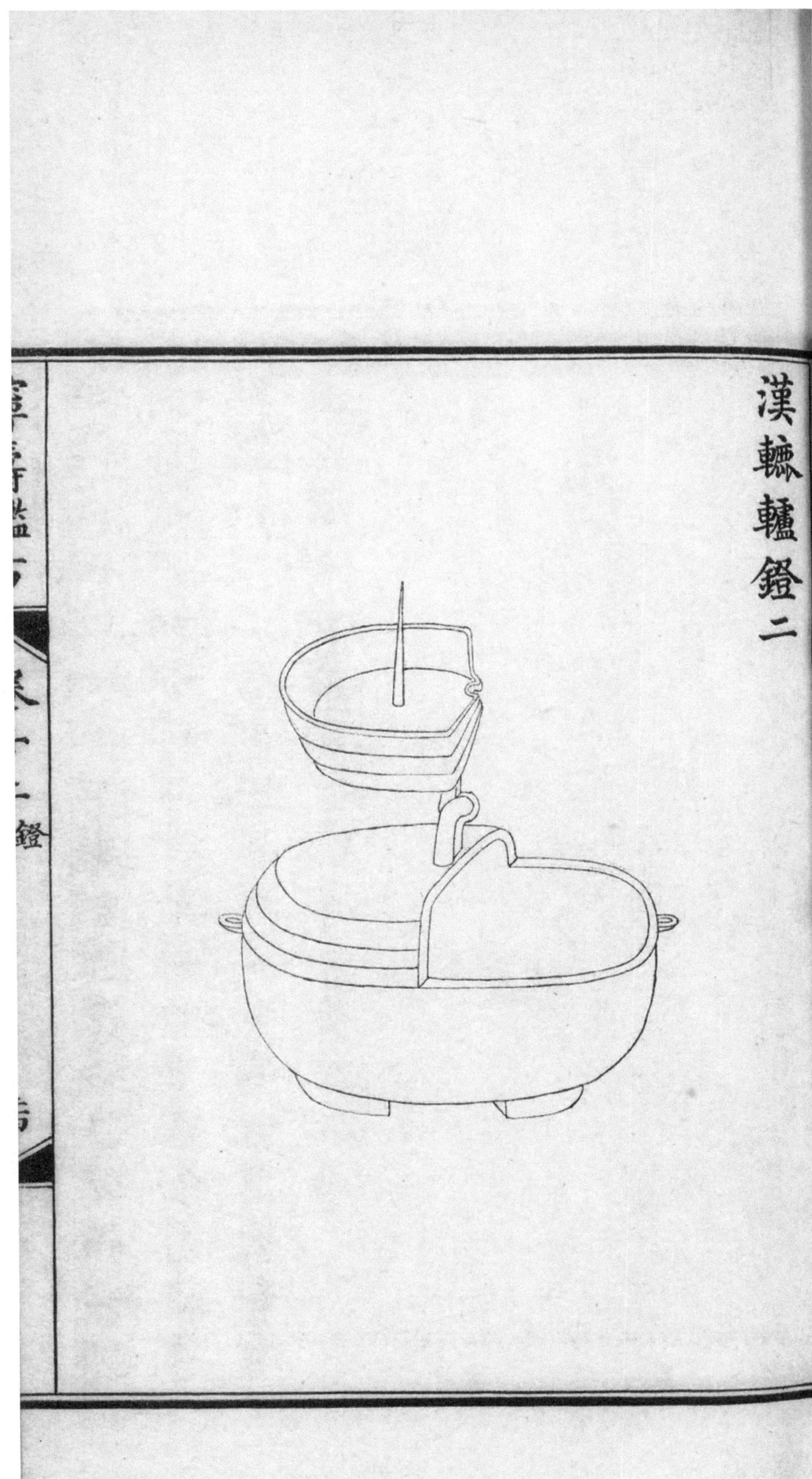

右通高五寸一分中轆轤至足高三寸五分燈
盤深七分口縱二寸一分橫一寸六分有流承
盤深一寸二分口縱二寸二分橫一寸七分通
長三寸七分腹圍一尺七分重十二兩

漢蛟鐙

右高三寸五分身蟠徑二寸五分重二十兩金錯

周康侯鬲

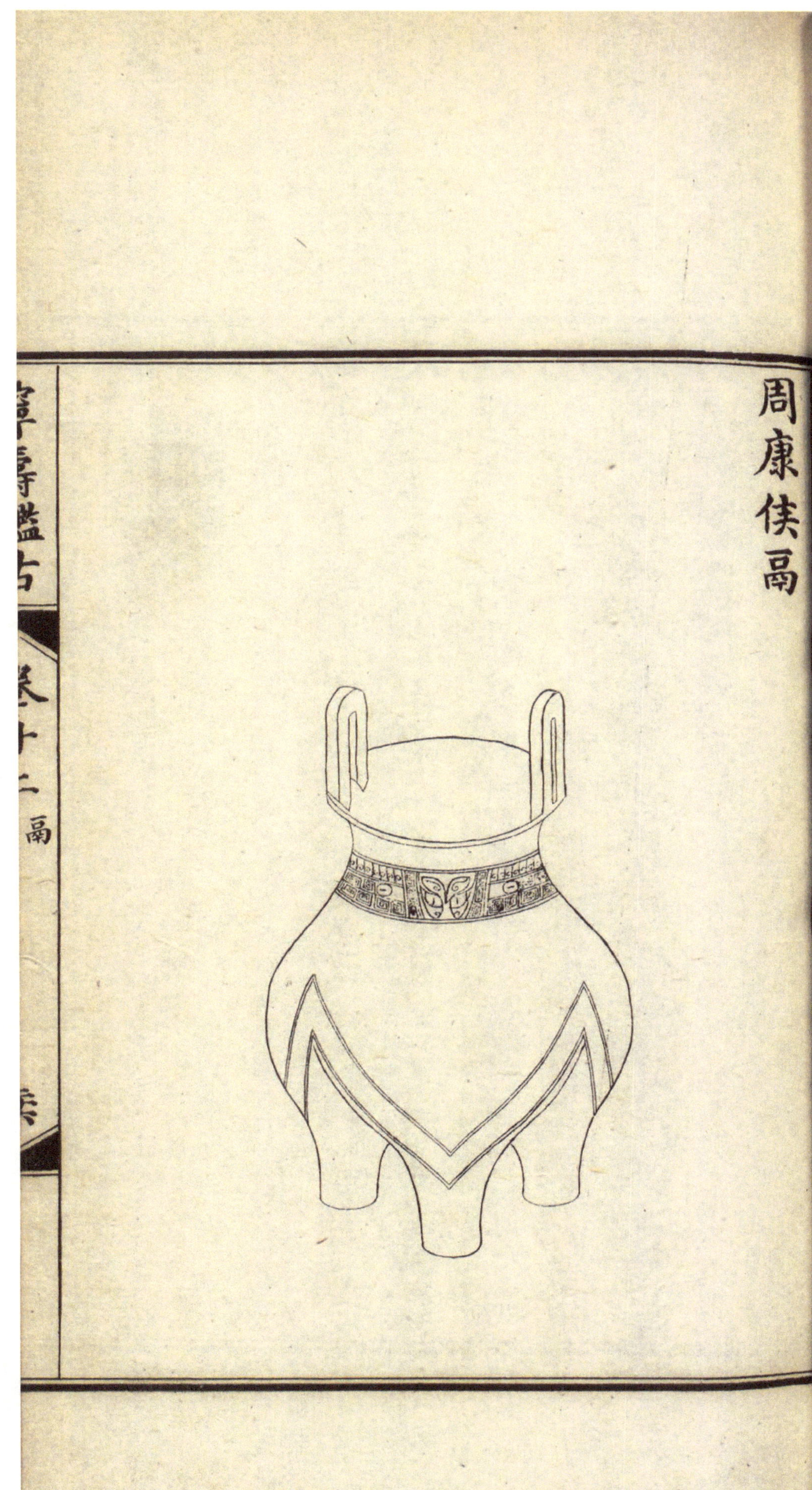

康侯

康侯

右高六寸深五寸四分口徑三寸七分腹圍一尺六寸二分重五十八兩兩耳三足周之諸侯謚康者魯衛秦楚咸有之然此僅銘康侯而無他文辭彝器中不概見案周易康侯用錫馬蕃庶孔氏疏曰康者美之名也侯謂昇進之臣也銘詞或取義於此

周父辛鬲

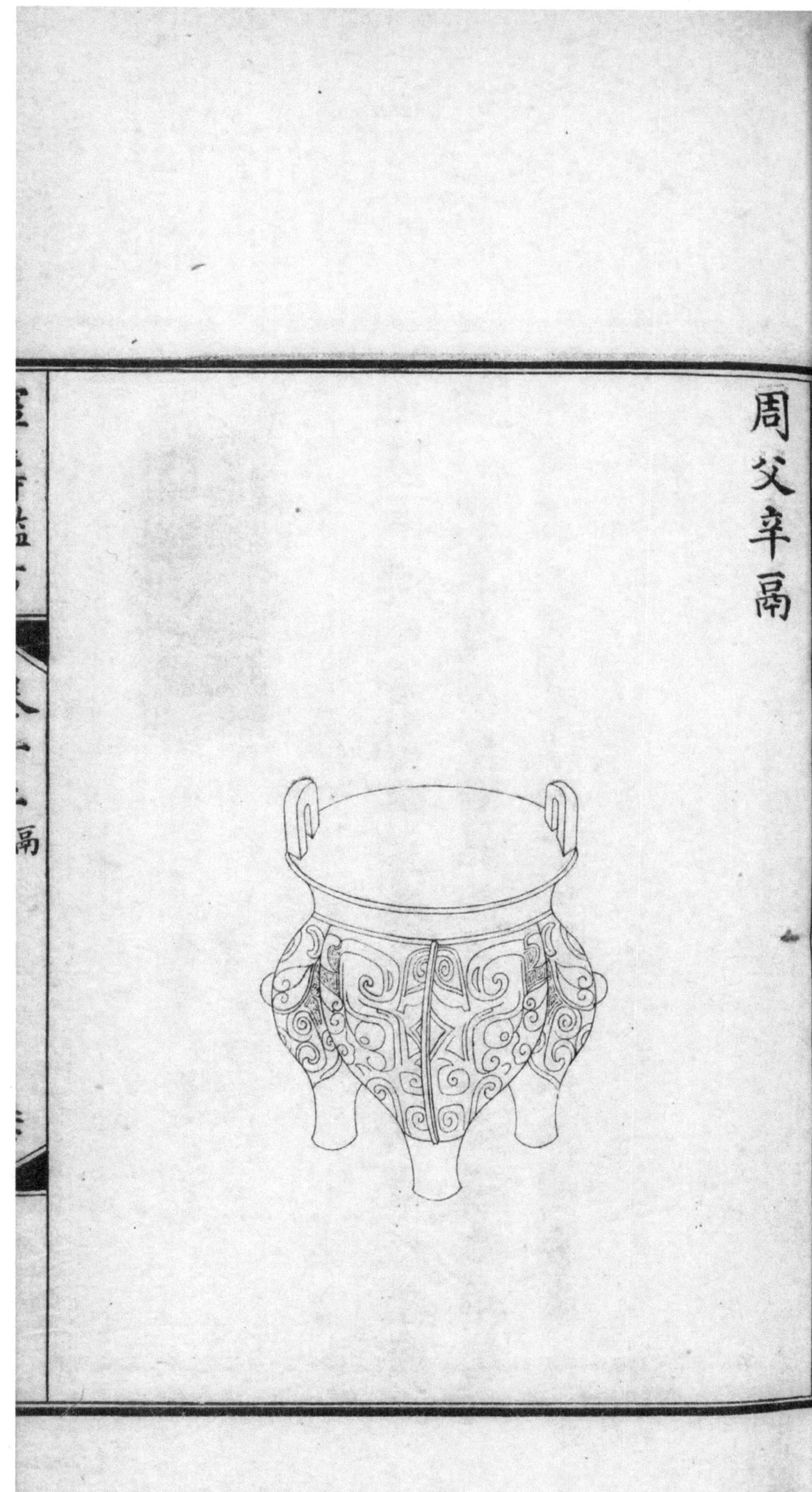

楚作父辛亞形。
寶彝中。

右高三寸八分深二寸五分口徑四寸二分腹
圍一尺三寸八分重二十九兩銘詞漫漶惟父
辛寶彝及楚字可辨楚為國名人名皆莫考

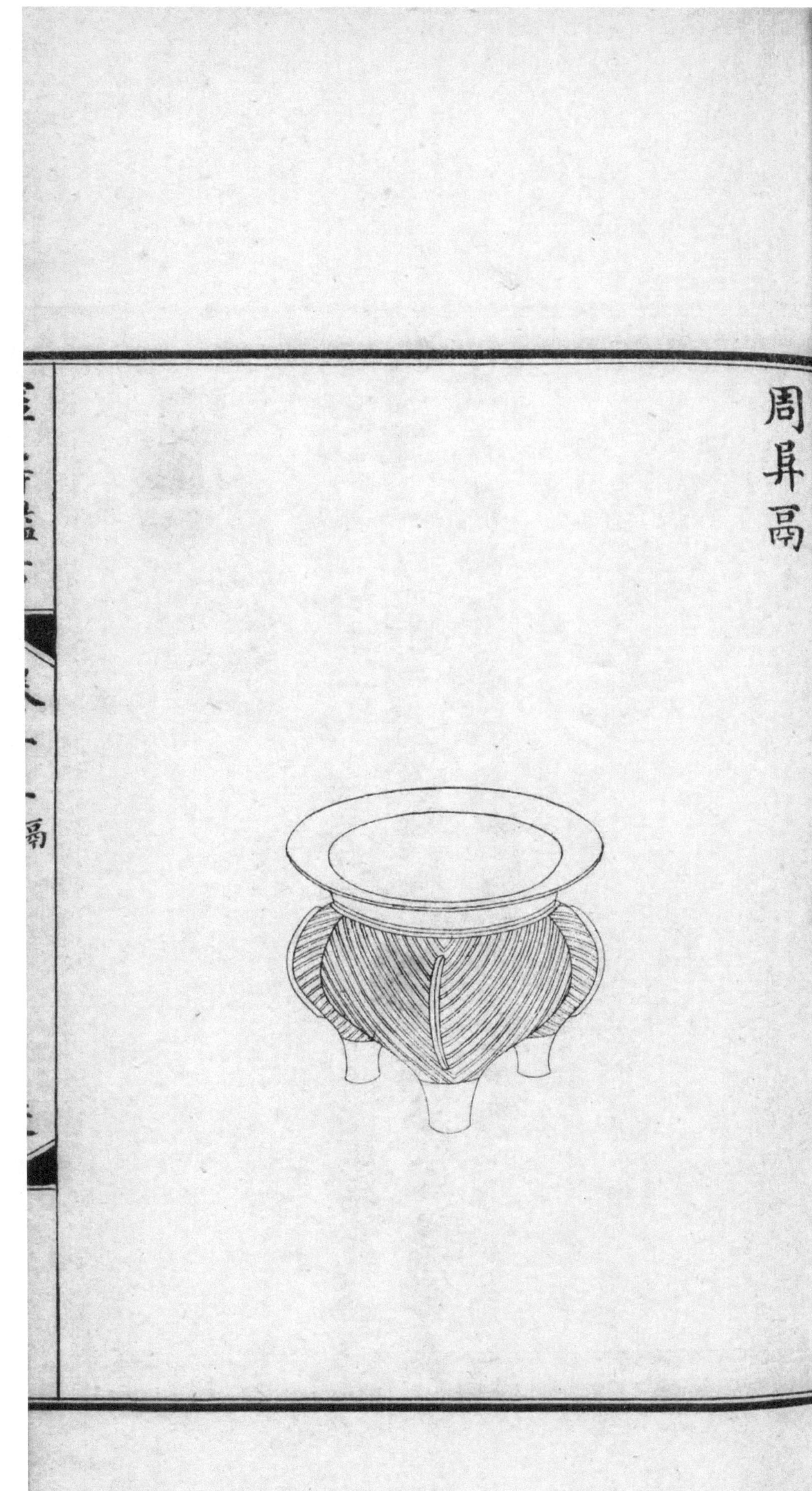
周彝鬲
寶…鑑…卷…鬲

止

昪作

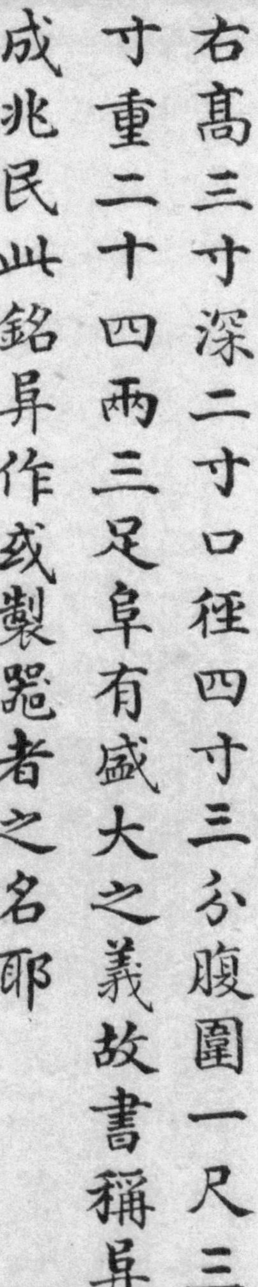

右高三寸深二寸口徑四寸三分腹圍一尺三寸重二十四兩三足皐有盛大之義故書稱昪成兆民此銘昪作或製器者之名耶

周雲雷鬲

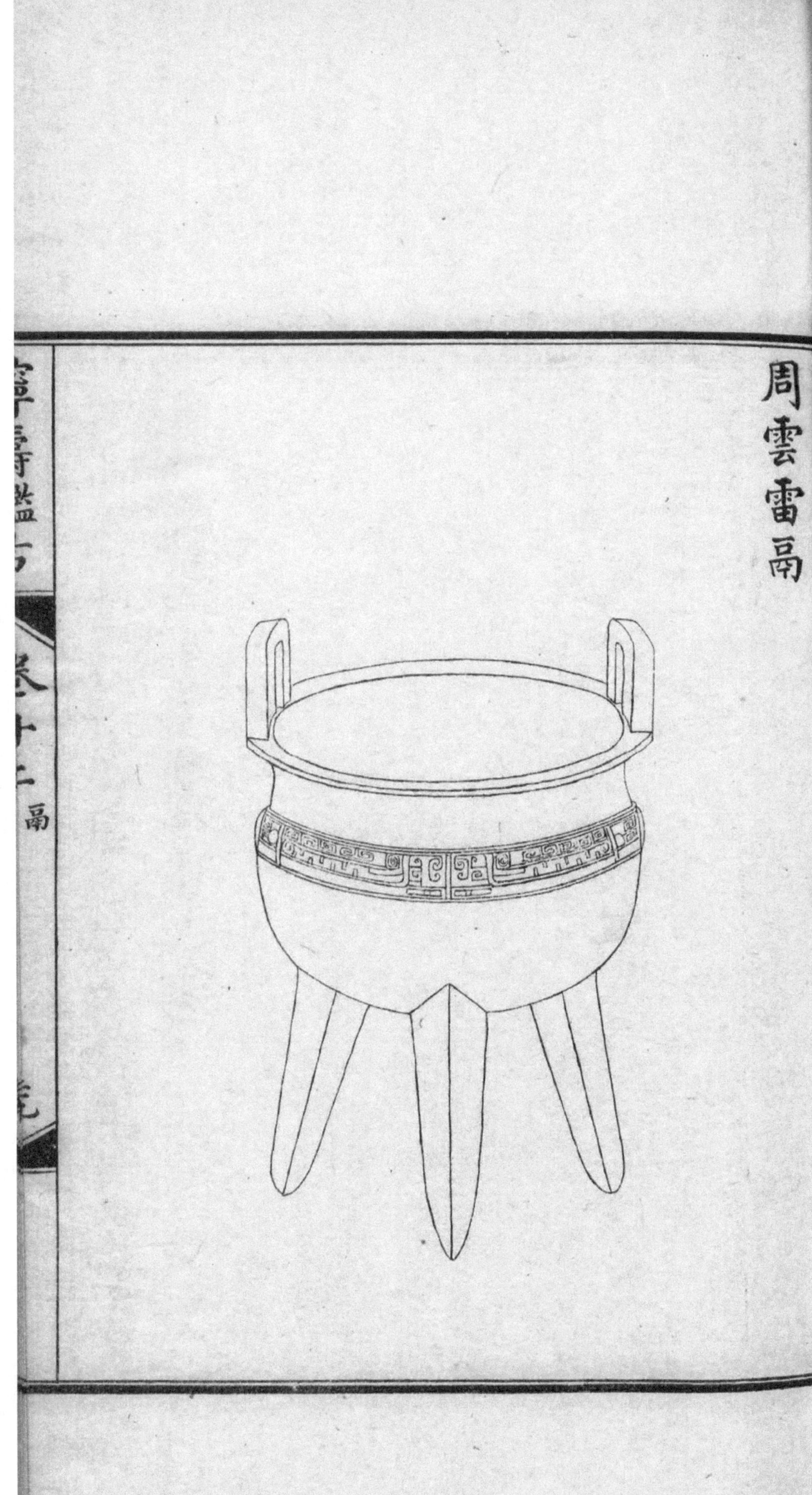

右高六寸四分深三寸三分口径五寸九分腹圍一尺七寸四分重六十八兩

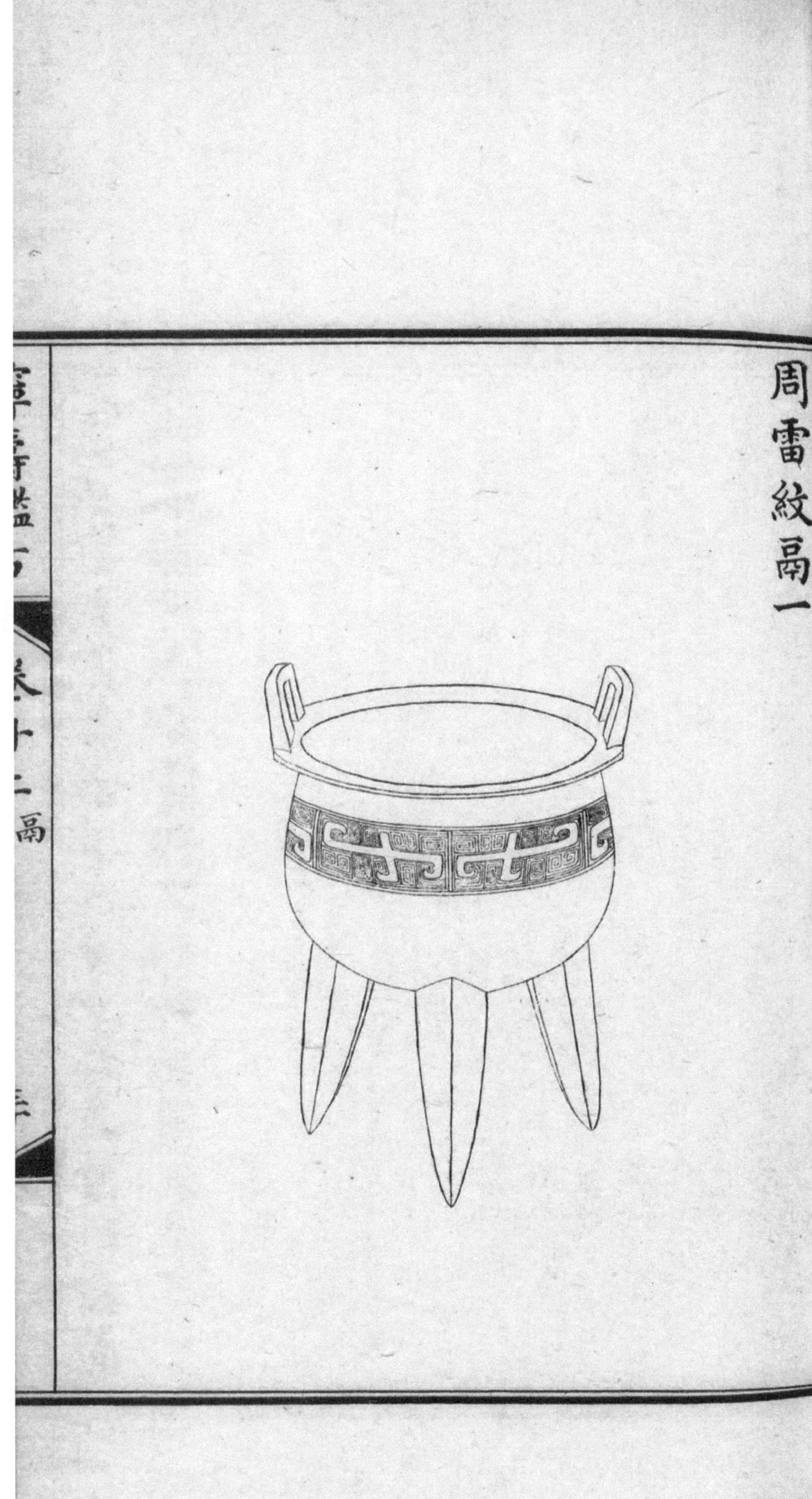

周雷紋鬲一

右高五寸九分深三寸一分口徑五寸二分腹圍一尺四寸五分重四十八兩兩耳三足

周雷紋鬲二

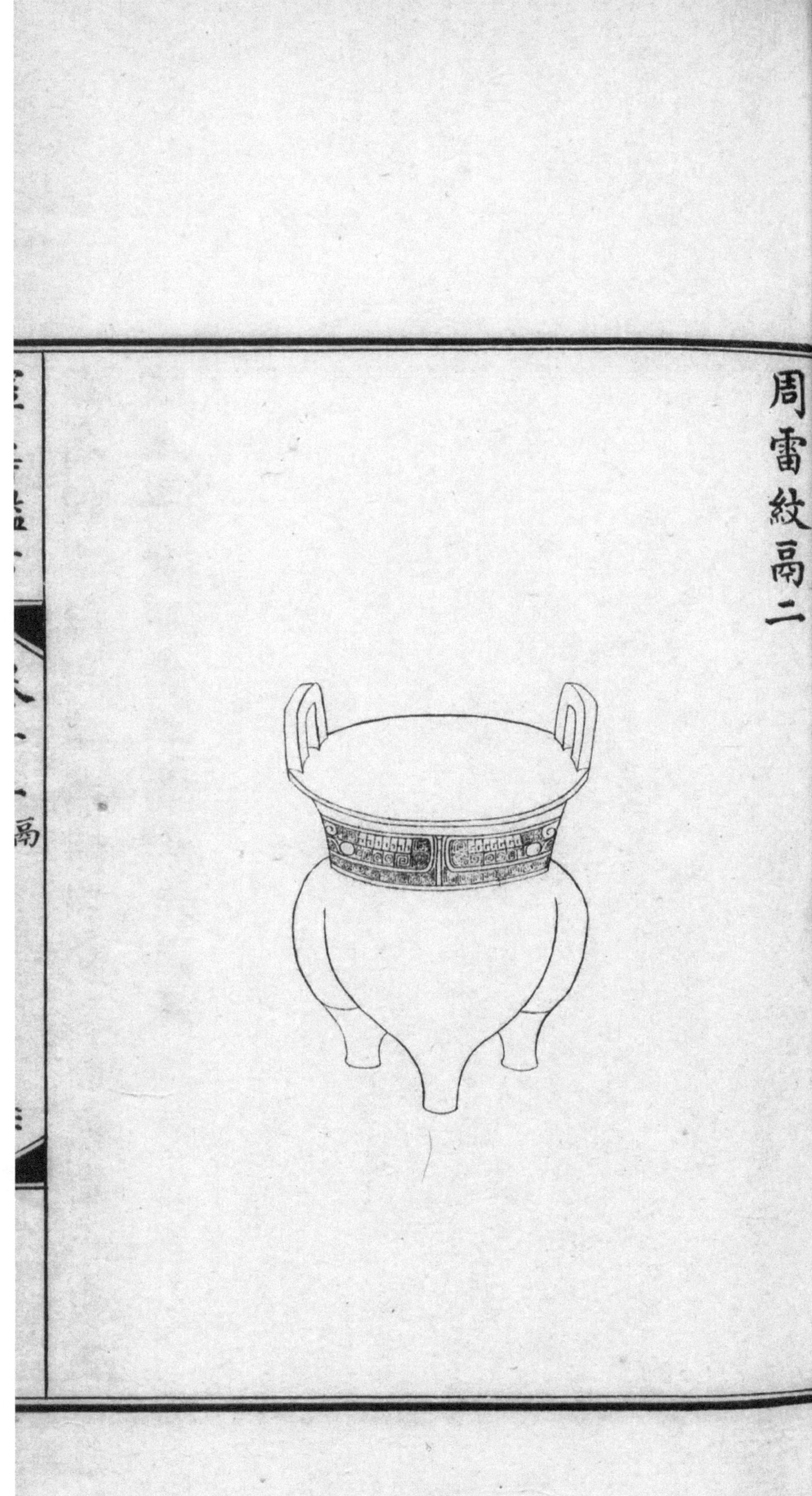

右高四寸深三寸口徑四寸三分腹圍一尺三寸五分重二十二兩兩耳三足

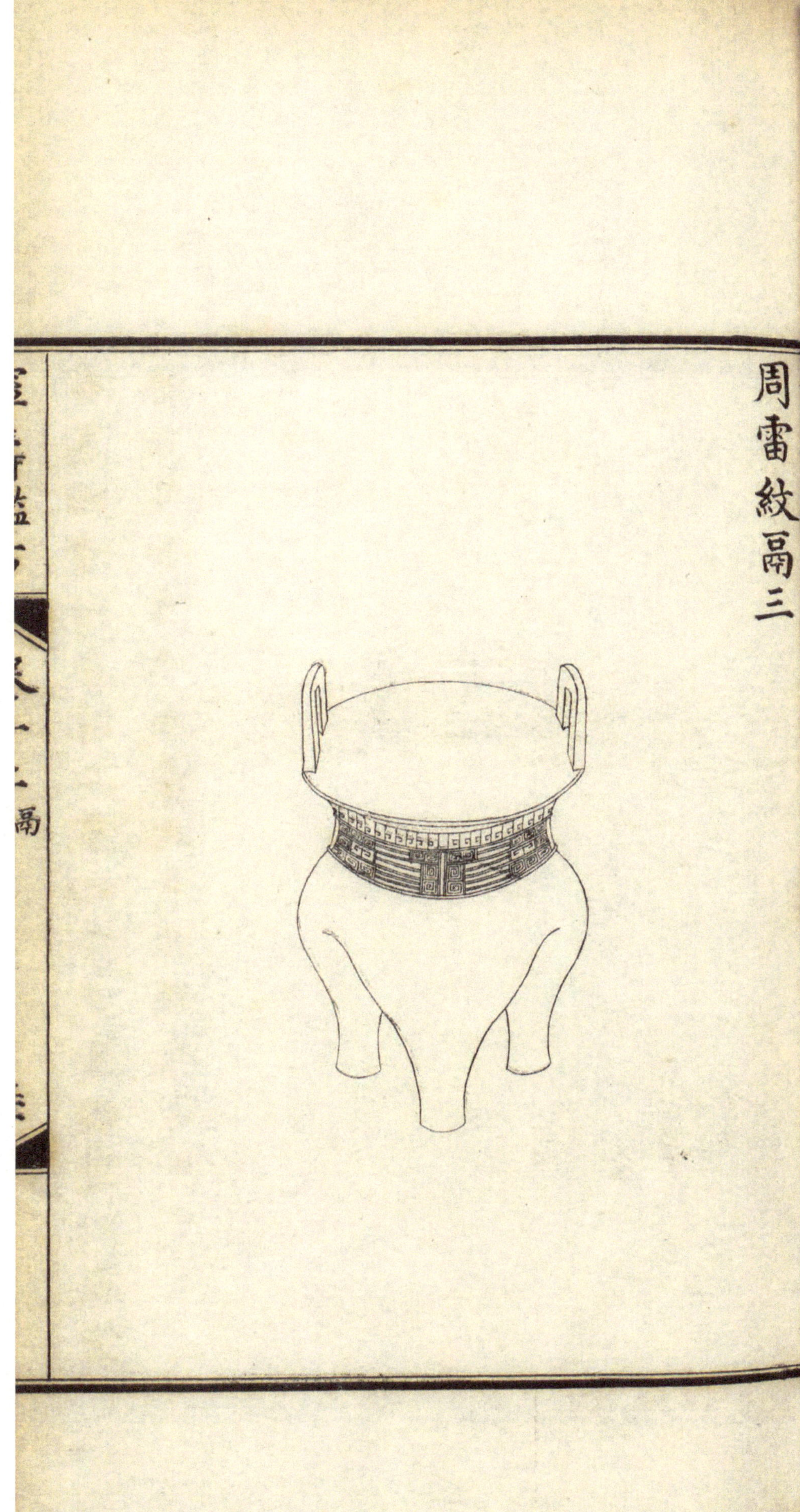

周雷紋鬲三

右高四寸一分深二寸四分口徑四寸二分腹圍一尺一寸八分重二十四兩兩耳三足

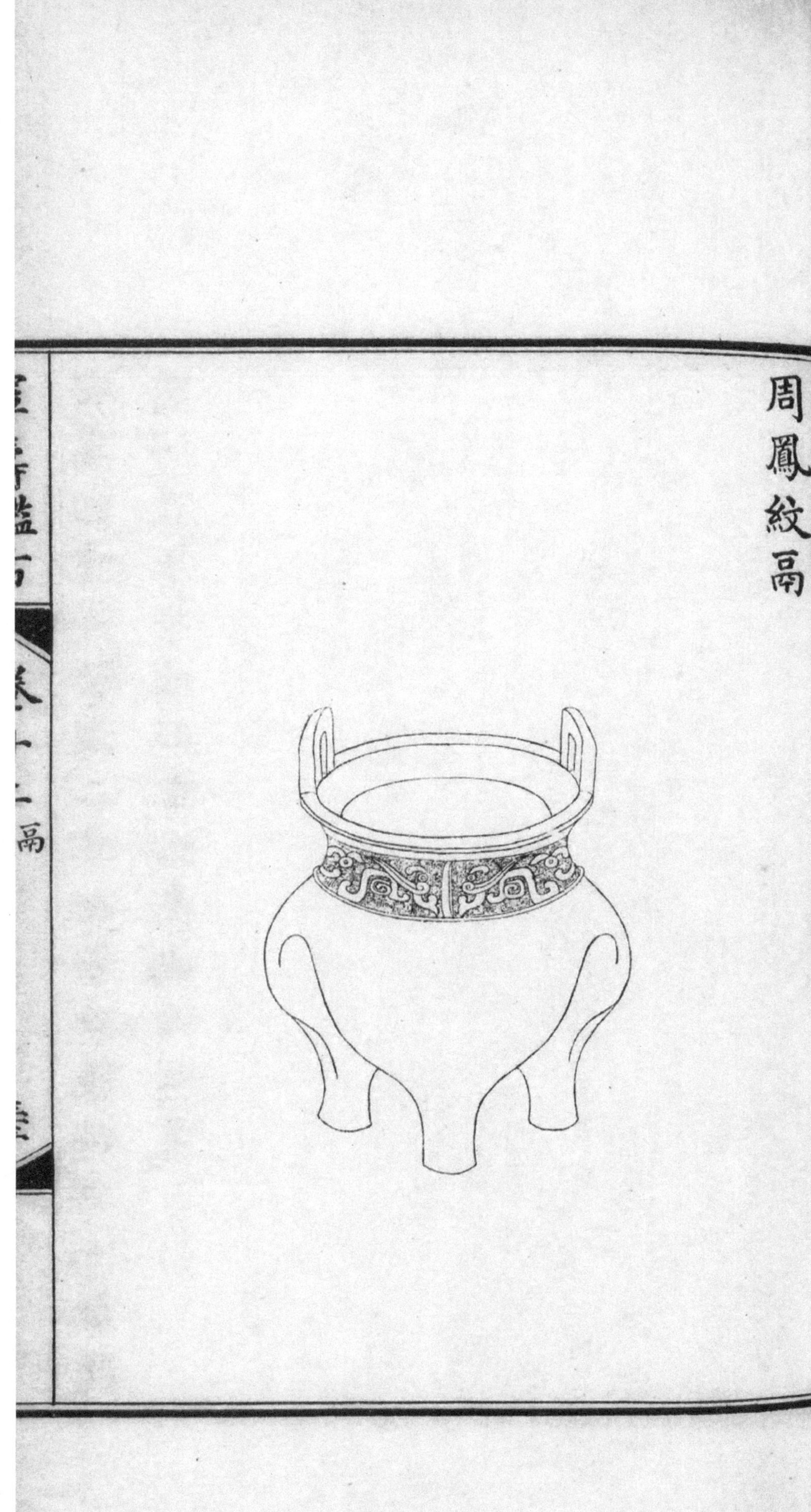
周鳳紋鬲

右高四寸三分深二寸七分口徑四寸一分腹圍一尺五分重三十四兩兩耳三足

周象鬲

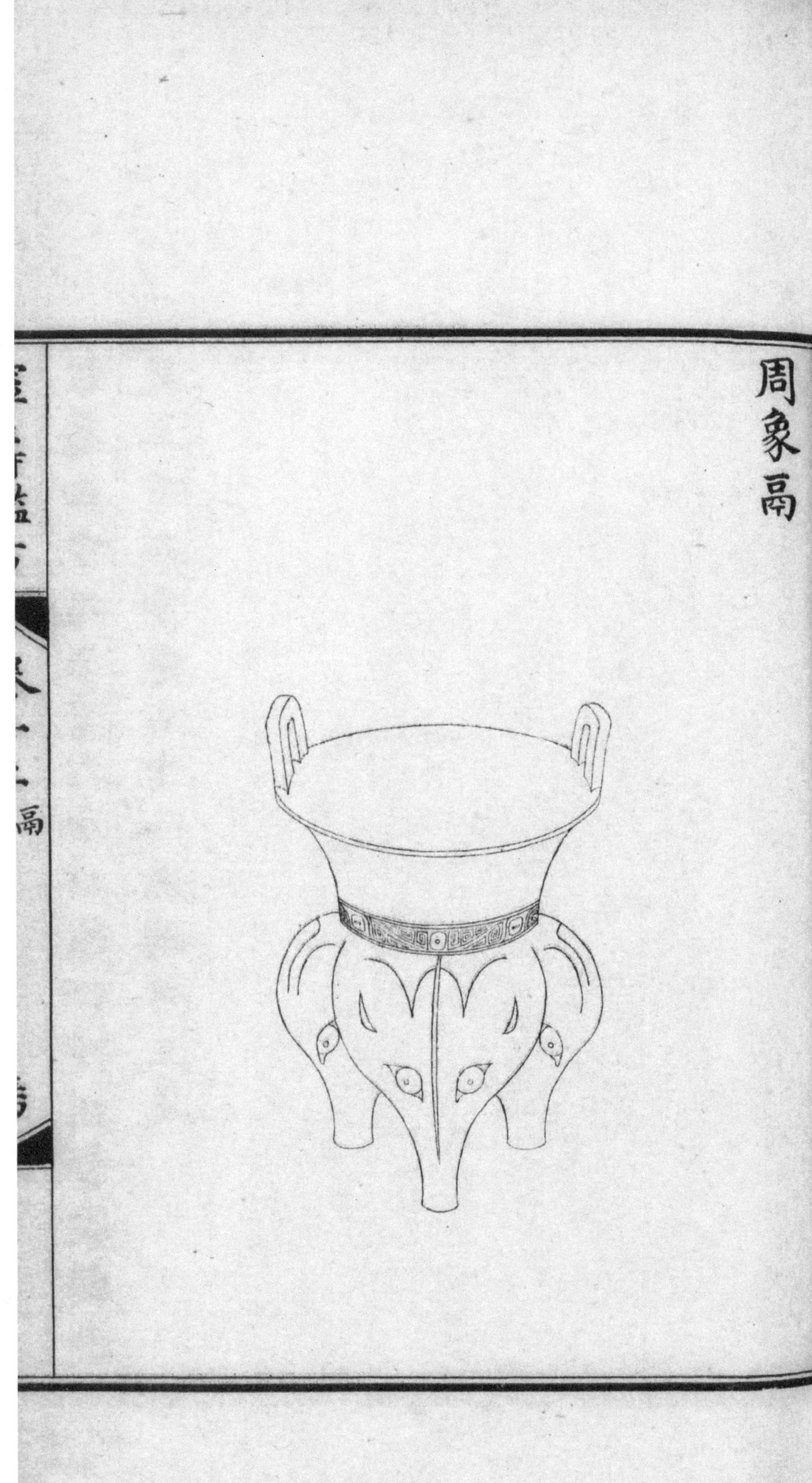

右高五寸深三寸六分口徑四寸三分腹圍一尺三寸二分重二十八兩兩耳三足

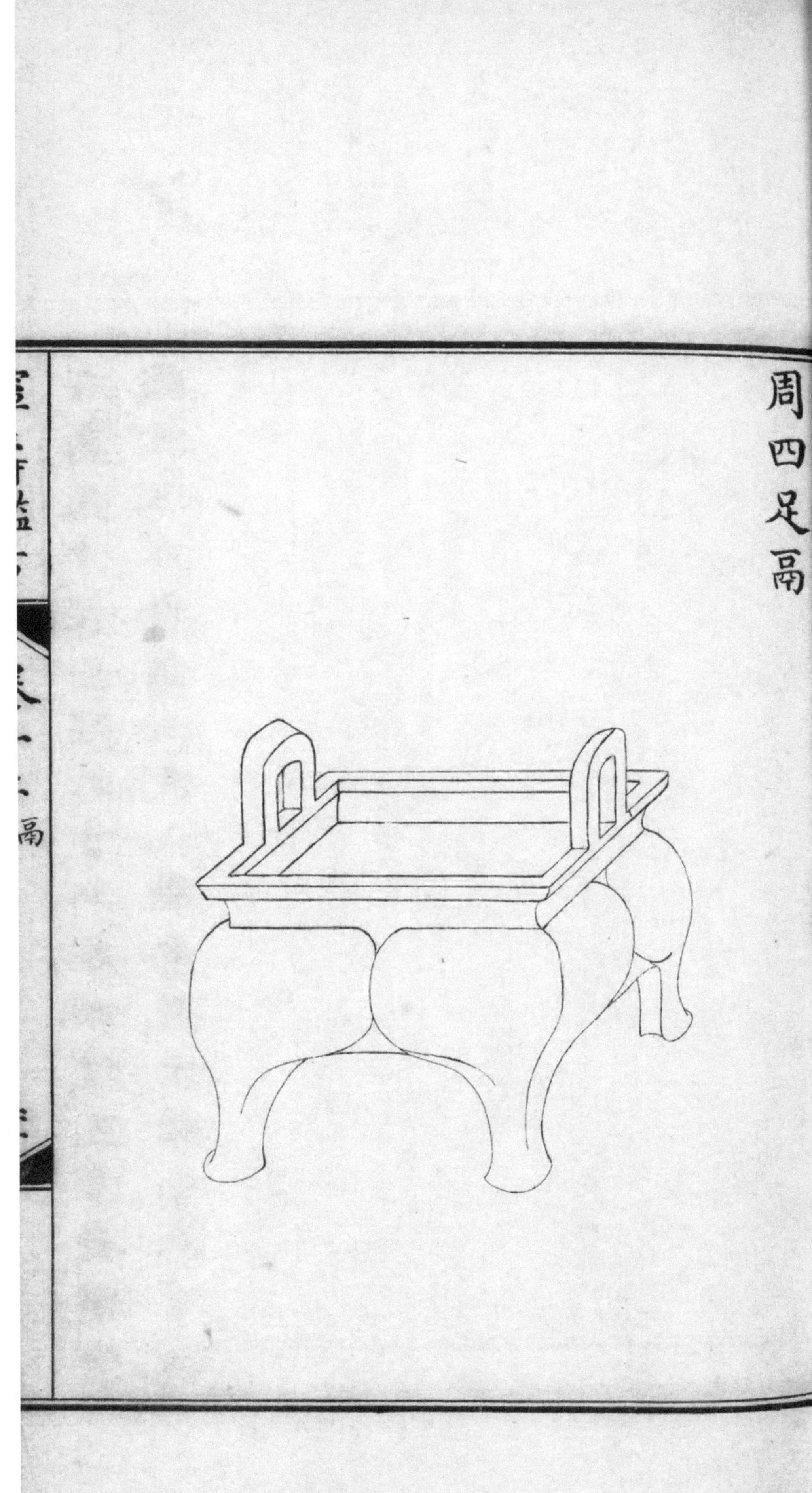

周四足鬲

右高三寸九分深二寸一分口縱三寸七分橫四寸八分腹圍一尺八分重六十四兩兩耳四足

周素鬲一

右高四寸四分深三寸口縱四寸五分腹圍一尺三寸二分重三十二兩兩耳三足

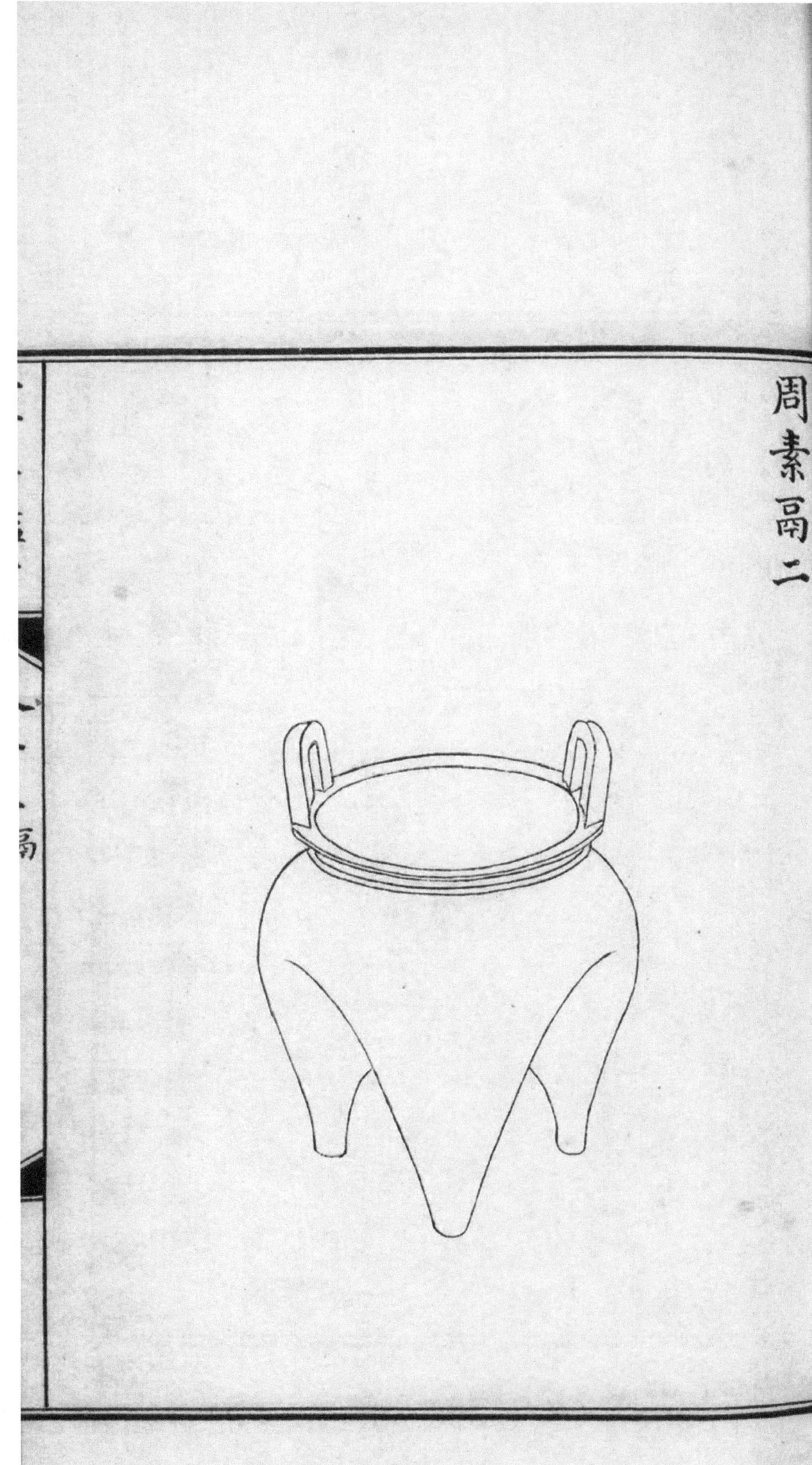

周素鬲二

右高四寸八分深二寸七分口縱四寸四分腹圍一尺六寸重五十兩兩耳三足

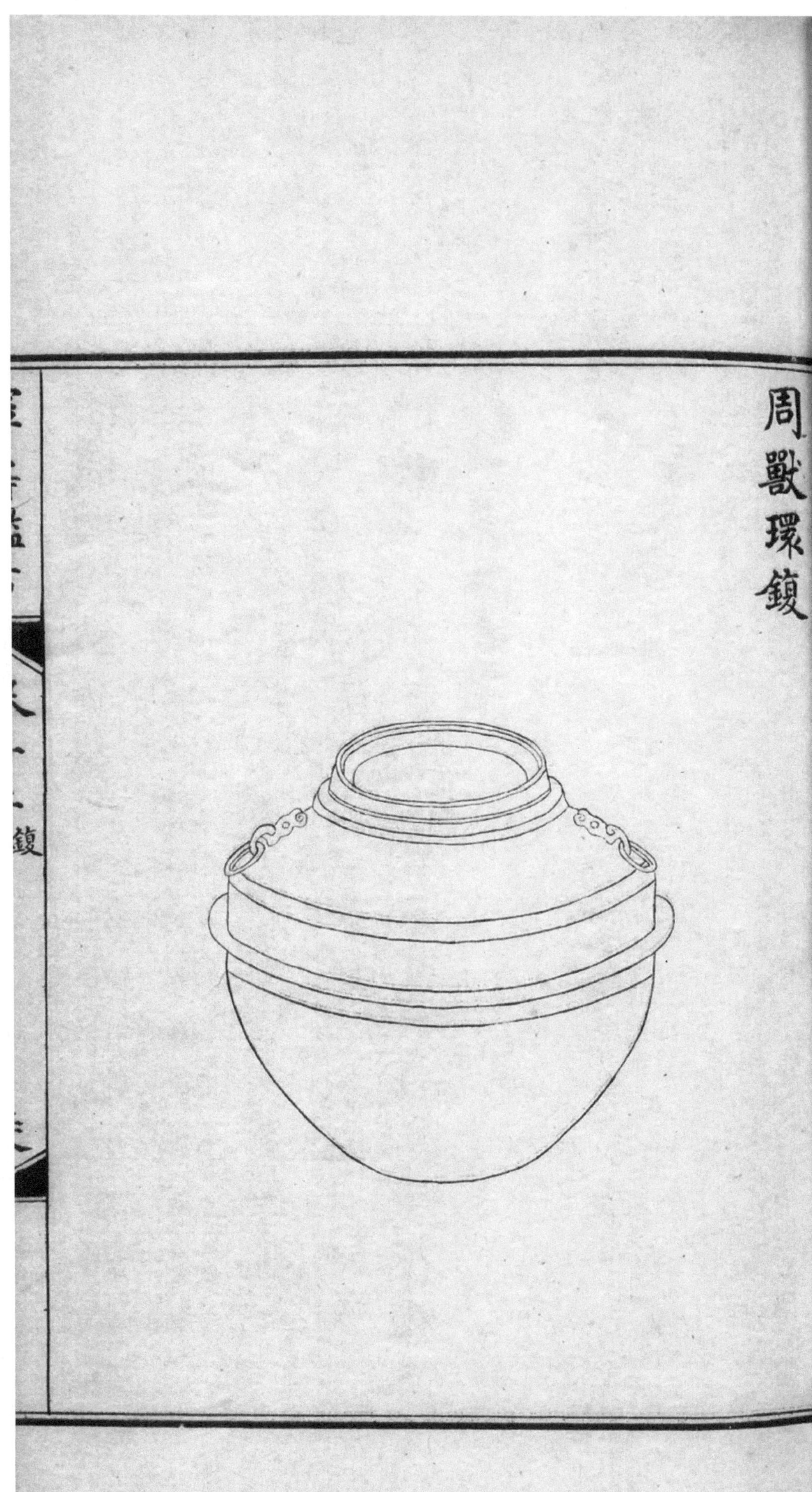
周獸環鍑

右高六寸五分深六寸二分口徑三寸二分腹圍二尺一寸二分重三十八兩兩耳連環按許慎說文鍑釜大口者漢書注鍑釜之大者也然考博古圖及西清古鑑所載皆似釜而口斂口上載鬲以熟物是鍑當小口說文訓大口者未詳考其形制耳

商父癸盉

〇父癸

右通蓋高七寸深四寸一分口徑三寸一分腹圍一尺四寸五分重五十二兩有流有鋬三足博古圖有商鼻父丁盉執戈父癸盉此銘父癸上字不可識

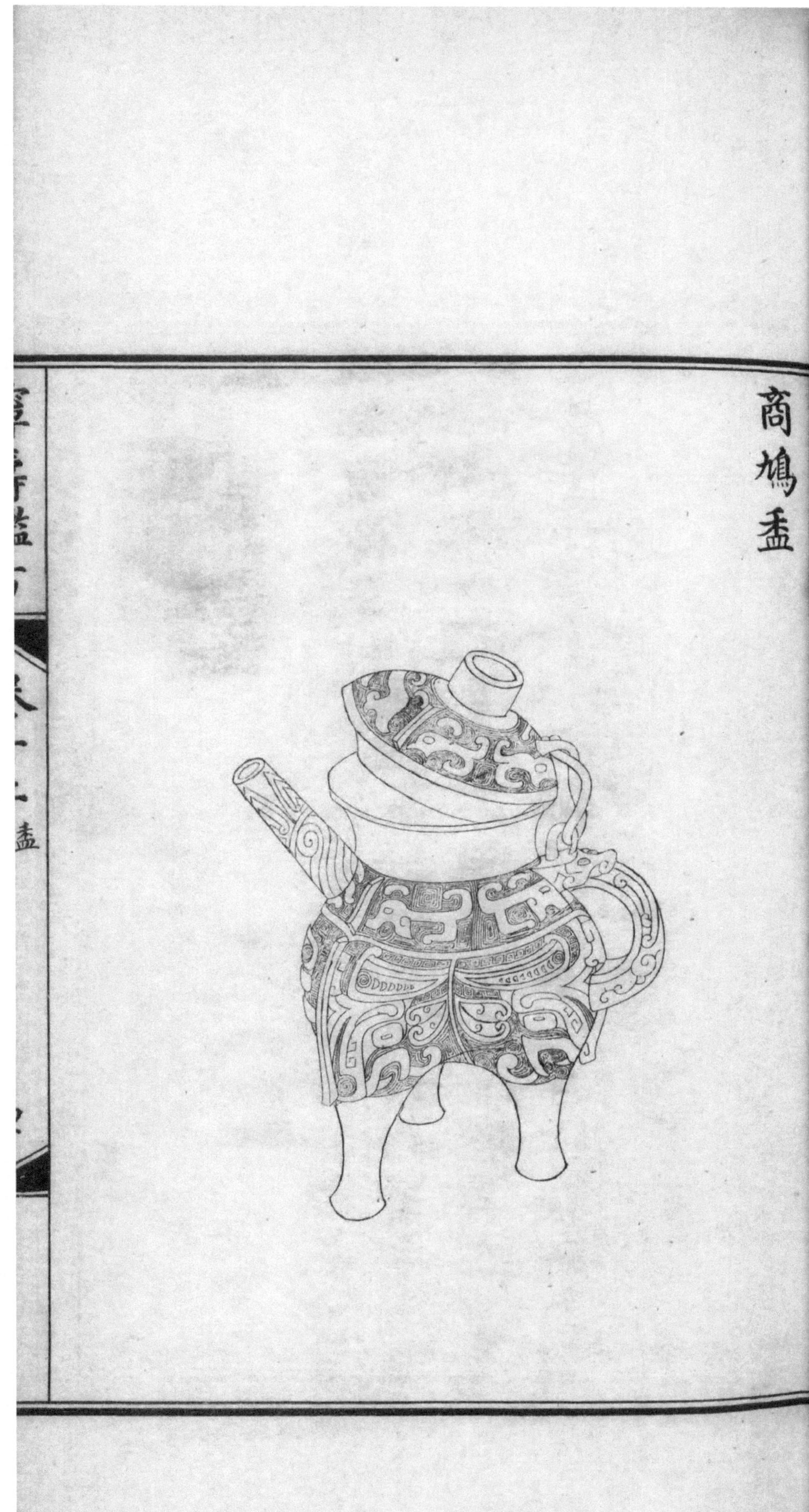

商鳩盉

亞形中。鳩作父戊尊彝

右通蓋高八寸五分深四寸八分口徑三寸五分腹圍一尺六寸二分重九十六兩有流有鋬三足鳩為官名邑名銘稱鳩作蓋人名也案湯之賢臣名汝鳩疑即其人亞形中字漫漶莫辯

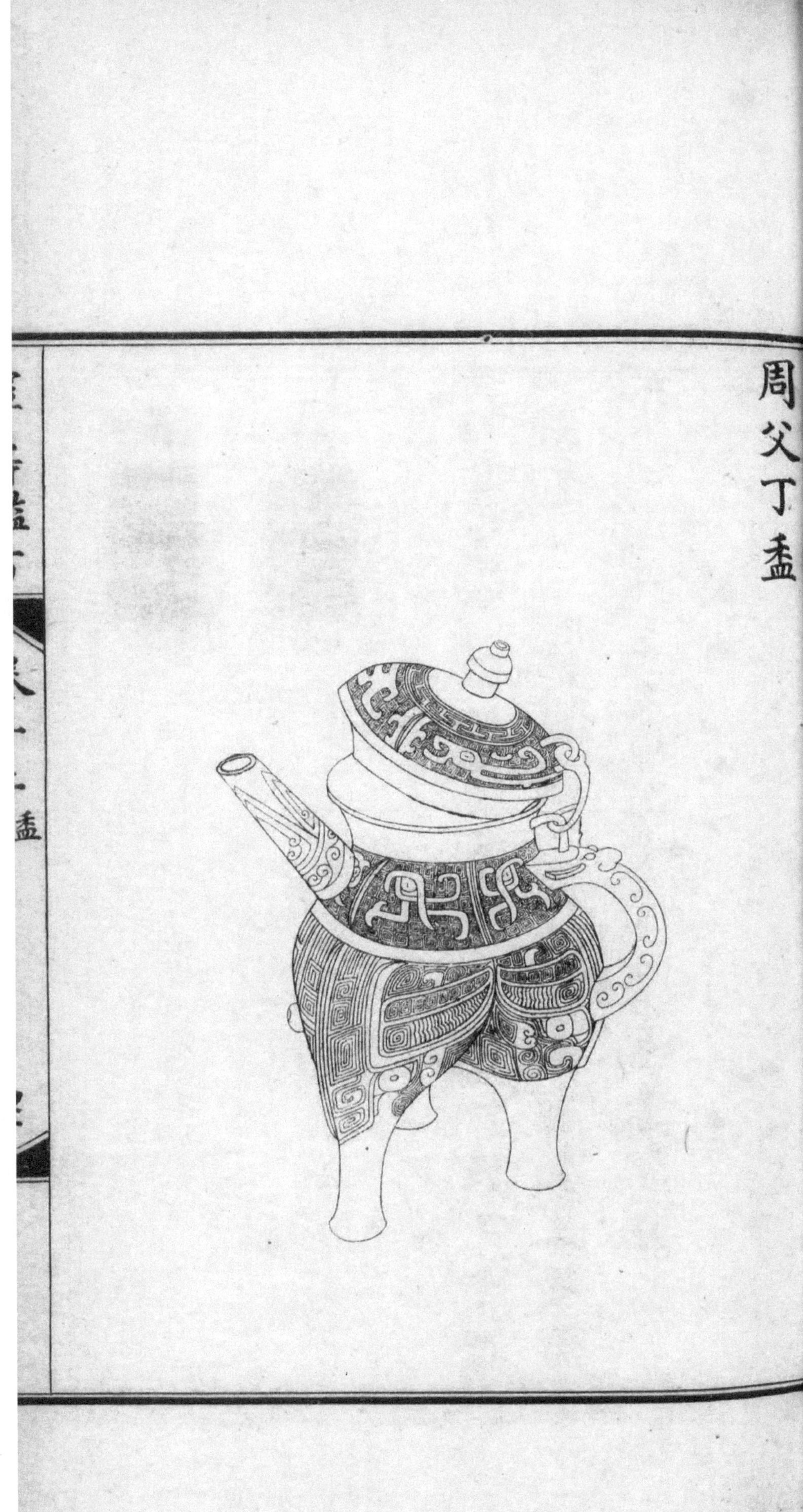

周父丁盉

蓋

格中横戈 父丁

器

音釋同前

右通蓋高八寸八分深四寸八分口径三寸六分腹圍一尺六寸重九十兩有流有鋬三足格中横戈與立戈相類見前周立戈甗説中

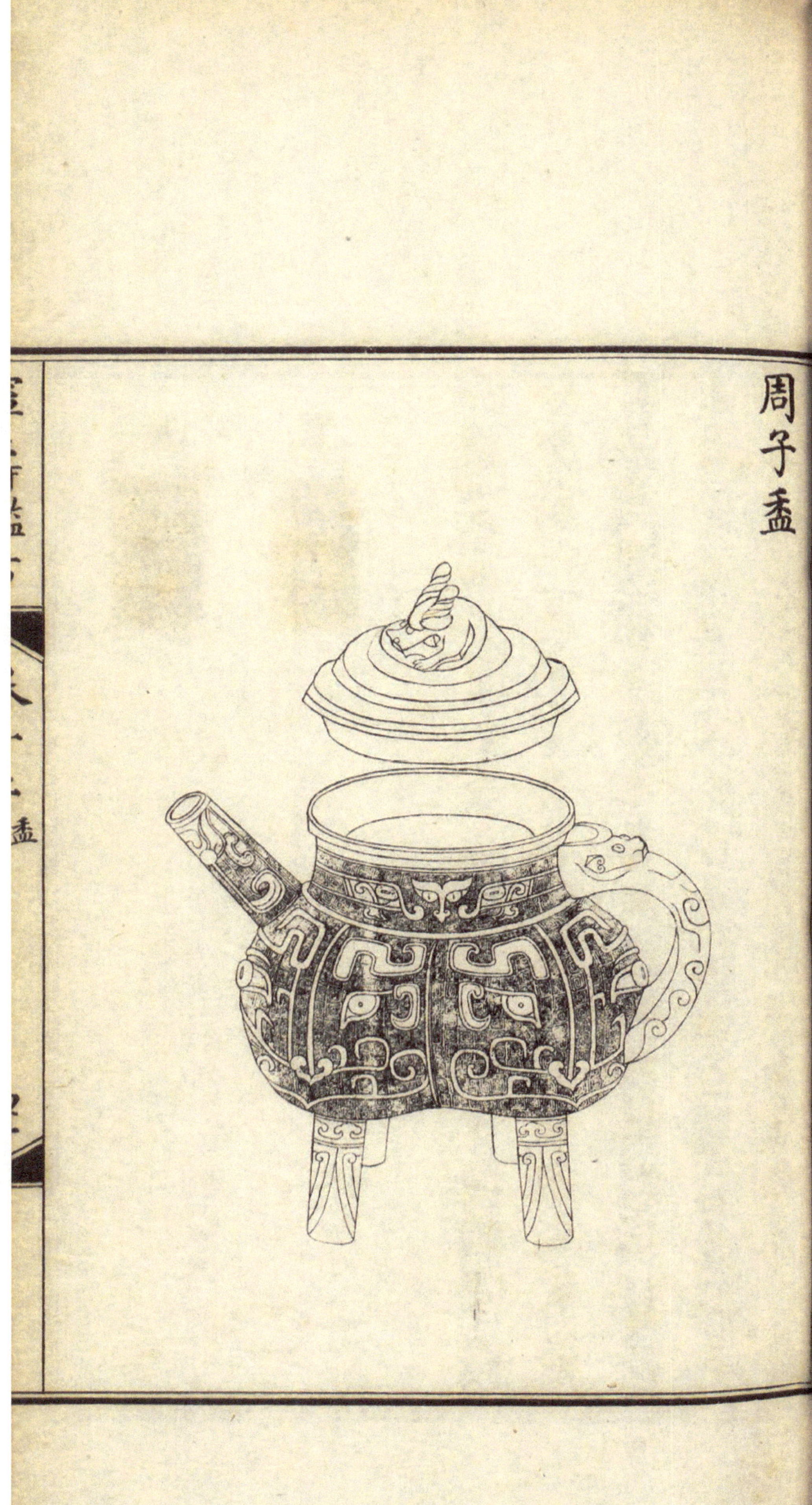
周子盉

盉

足跡子形

器

音釋同前

右通盉高八寸六分深四寸五分口徑四寸四分腹圍一尺九寸六分重一百二十八兩有流有鋬四足銘子字上為足跡形薛尚功曰足跡者言能繼跡祖父也呂大臨考古圖云足跡如左右手商主父己彝為右足形李伯時有一罍

為左足形疑古人左右字或如此歟

尚書鈔古

卷十二

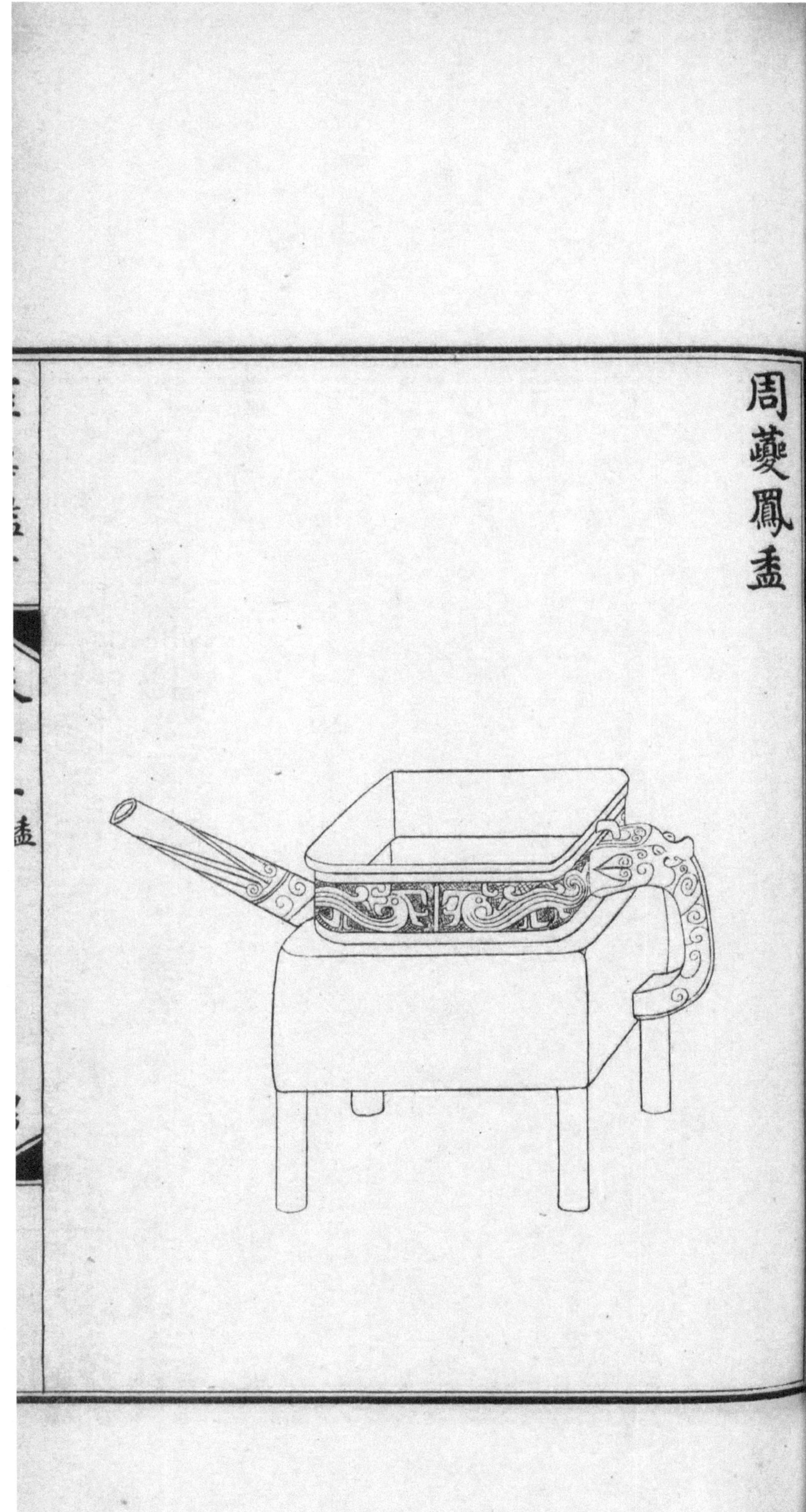

周夔鳳盉

右高五寸六分深三寸八分口縱三寸五分橫四寸四分腹圍一尺七寸重六十八兩有流有鋬四足

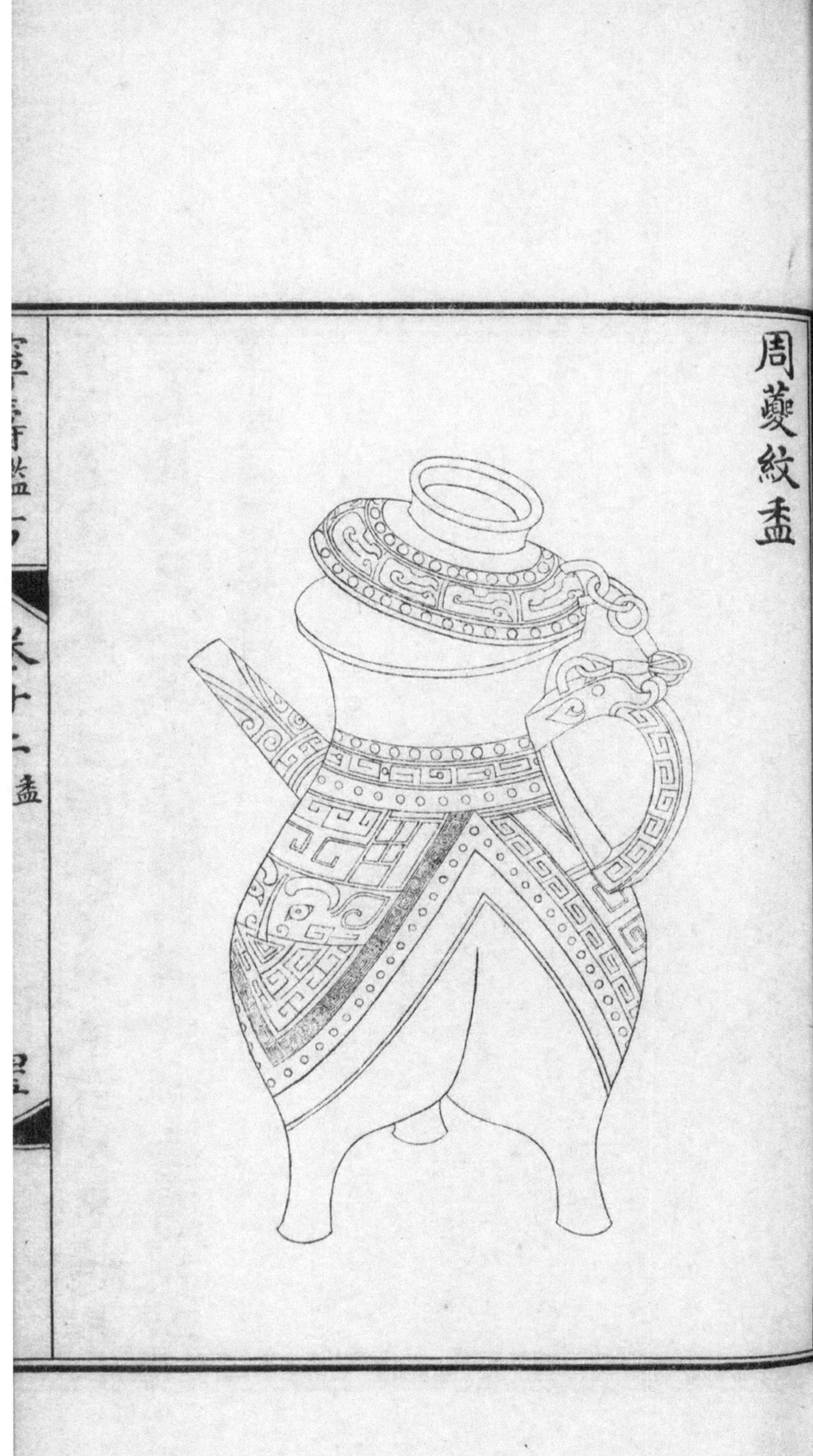

周夔紋盉

右通蓋高一尺一寸四分深七寸四分口徑五寸腹圍二尺一寸七分重一百六十三兩有流有鋬三足翡翠飾

周雷紋盉

右通蓋高五寸三分深三寸八分口徑三寸一分腹圍二尺八分重一百二十四兩有流有提梁三足金銀錯

周四神氷鑑一
氷鑑

右高三寸深二寸五分口縱二寸五分橫三寸九分腹圍一尺一寸七分重二十四兩四周作朱雀元武青龍白虎形

周四神冰鑑二
寧壽鑑古 卷十二 冰鑑

右高三寸二分深二寸四分口縱二寸四分横四寸腹圍一尺二寸重十九两

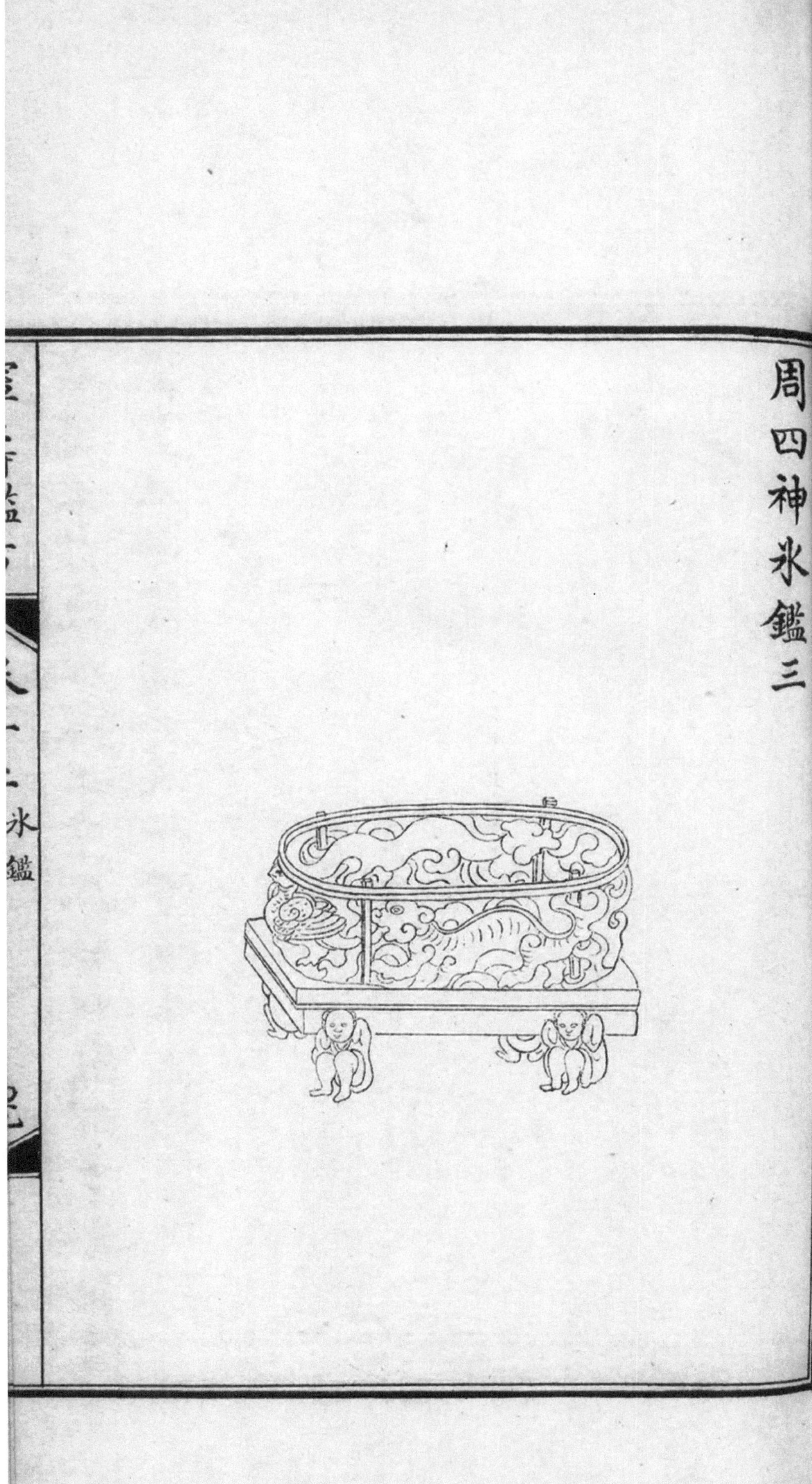

周四神氷鑑三

右高二寸九分深二寸二分口縱二寸三分橫三寸六分腹圍一尺一寸重二十兩

漢氷鑑

右高三寸六分深三寸一分口徑六寸五分腹圍一尺八寸重三十二兩兩耳獸環底鏤作風窗形按禮祭祀供氷鑑謂盛氷置食物於中以禦温氣故疎通其底使氷之寒得以透徹也

周公父匜

唯王正月初吉庚
午浮公之孫公父
宅鑄其行匜其萬
年子〻孫〻永寶用之

右高三寸四分深二寸二分口徑長七寸五分
濶四寸四分重四十四兩有流有鋬四足浮公
之名不見於經傳鑄其行匜如鐘鼎款識所載
叔夜鼎銘曰鑄其饙鼎以征以行對邦簠銘曰
用征用行用從君王此銘行匜蓋君行師從卿

行旅從所需之器耳

周仲駒匜

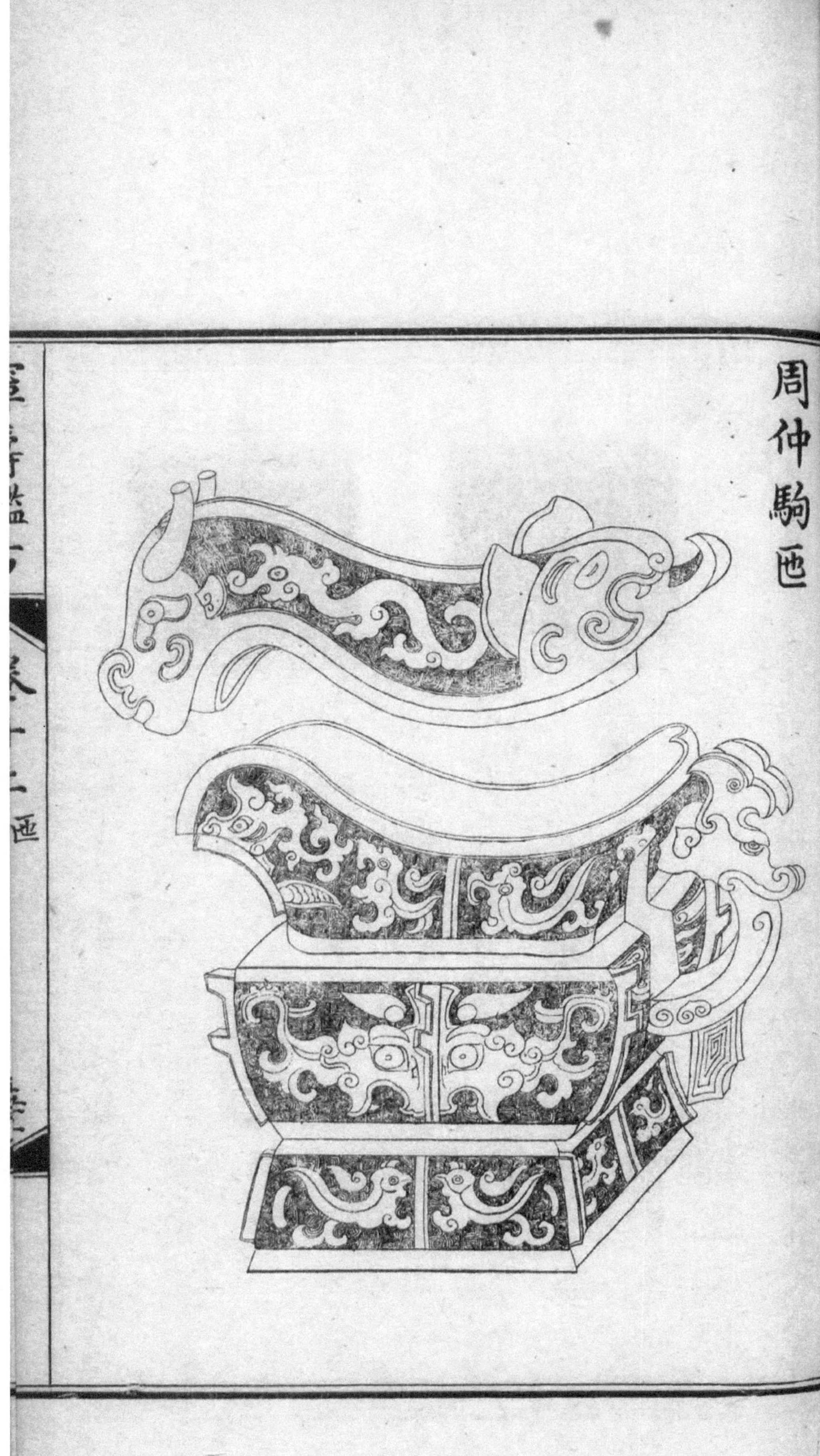

蓋

器

祿旁仲駒
父作仲姜
敦子〻孫〻永
寶用享孝

音釋同前

右通蓋高九寸四分深五寸三分口徑長八寸

五分濶四寸六分重二百八十八兩有流有鋻銘詞與鐘鼎欵識博古圖所載仲駒敦及西清古鑑仲駒尊皆同然此器爲匜而銘曰作仲姜敦案周禮珠槃玉敦注曰敦槃屬蓋敦與槃匜同爲盛物之器故内則曰敦牟卮匜敦與匜可並舉其銘亦可通用至仲駒父其國氏及世次皆未詳博古圖録云左傳有駒伯功臣表有騏侯駒齊有公子駒則駒之爲姓爲名皆莫定仲姜者蓋仲駒父之母或祖母也若以爲仲駒父妻則禮曰夫不祭妻是以知其爲母爲祖母也

按春秋凡女子皆以字配姓如伯姬仲子季姜之類仲姜亦字配姓也齊許申呂皆姜姓此則未詳其何國女

周智匜

蓋

周乙父作

器

智作寶彝

右通蓋高五寸八分深三寸口徑六寸六分濶三寸四分重一百三十兩有流有鋬蓋銘曰周乙父作器銘曰智作彛一人而分著其名與字也

周蟠夔匜一

右高五寸六分深三寸三分口徑長一尺六分

濶五寸四分重一百四十四兩有流有鋬四足

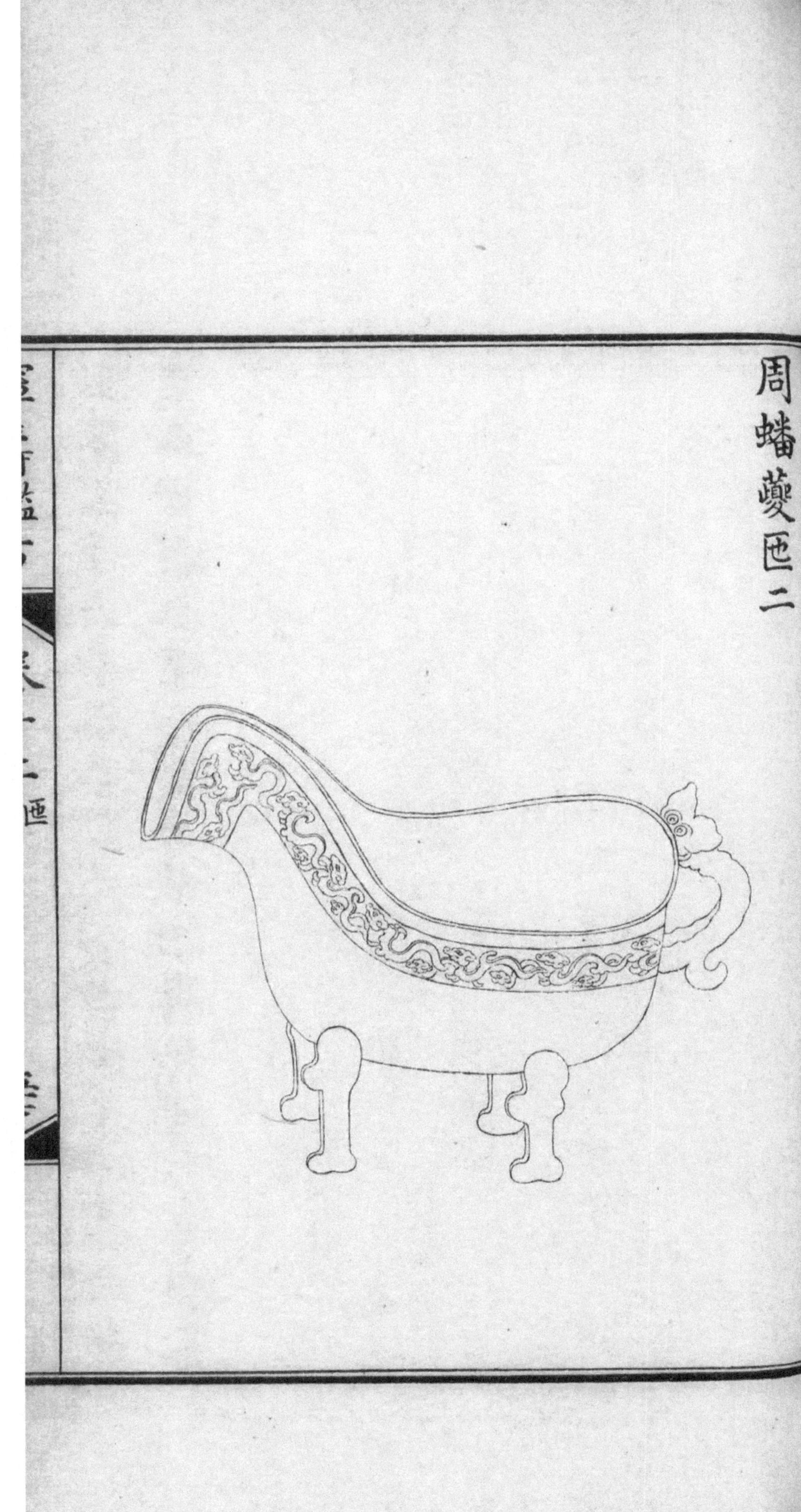
周蟠夔匜二

右高三寸五分深二寸三分口徑長七寸濶四寸五分重三十四兩有流有鋬四足

周蟠夔匜三

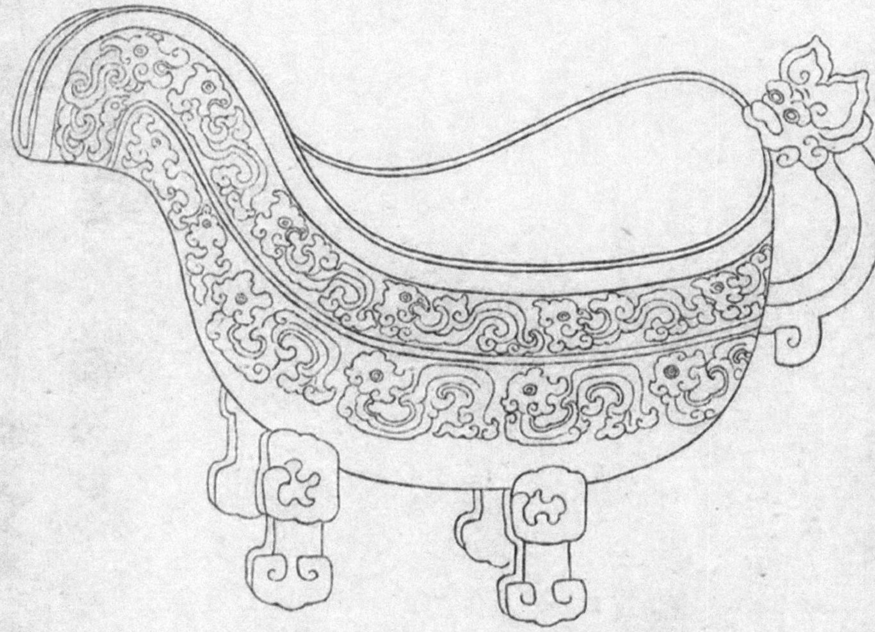

右高四寸深二寸五分口徑長七寸六分濶四寸八分重六十六兩有流有鋬四足

周蟠夔匜四

右高四寸四分深二寸九分口徑長九寸四分濶五寸九分重五十八兩有流有鋬三足

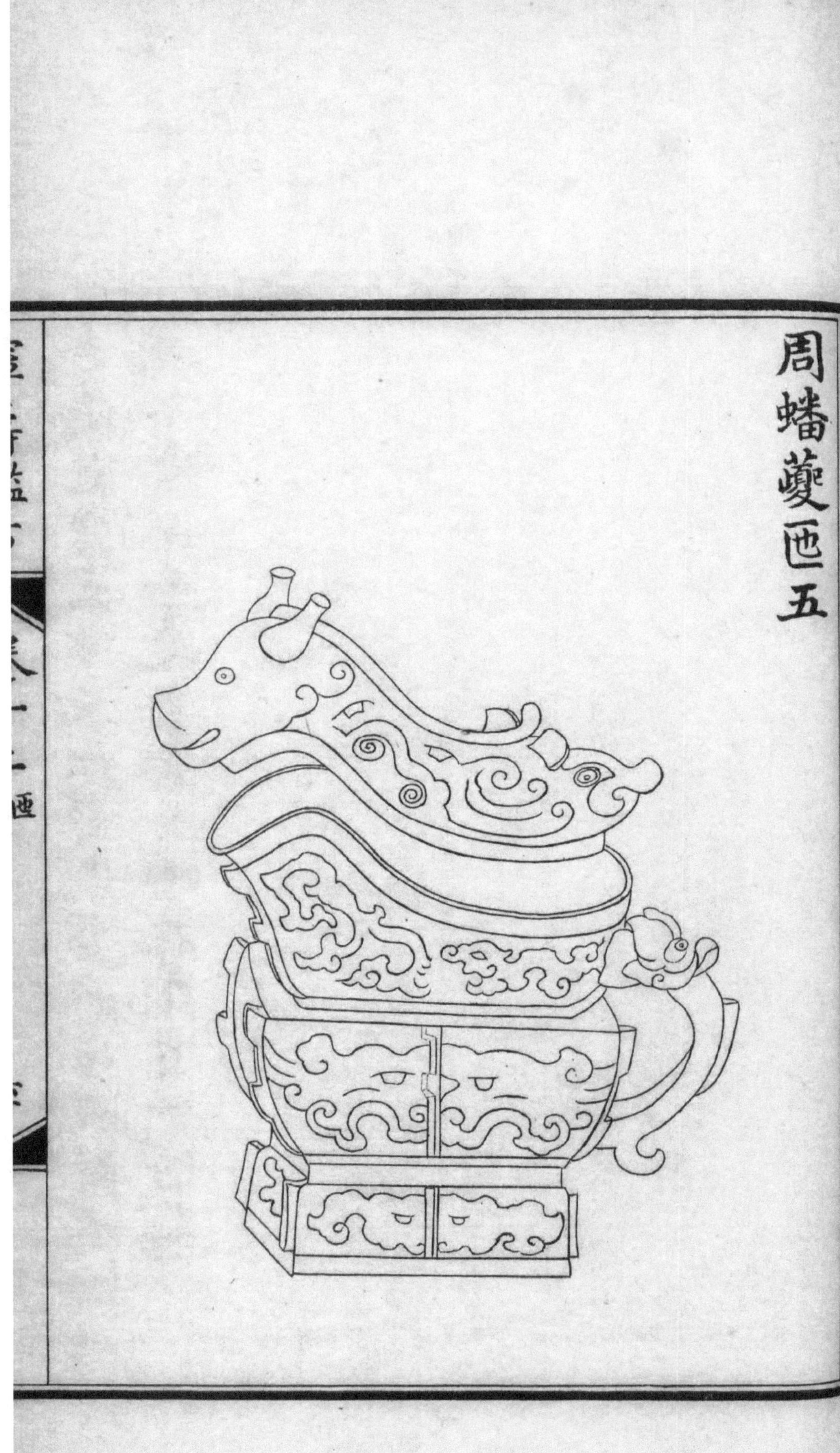

周蟠夔匜五

右通蓋高五寸三分深三寸三分口徑長四寸九分濶一寸九分重七十八兩有流有鋬

周夔紋匜一

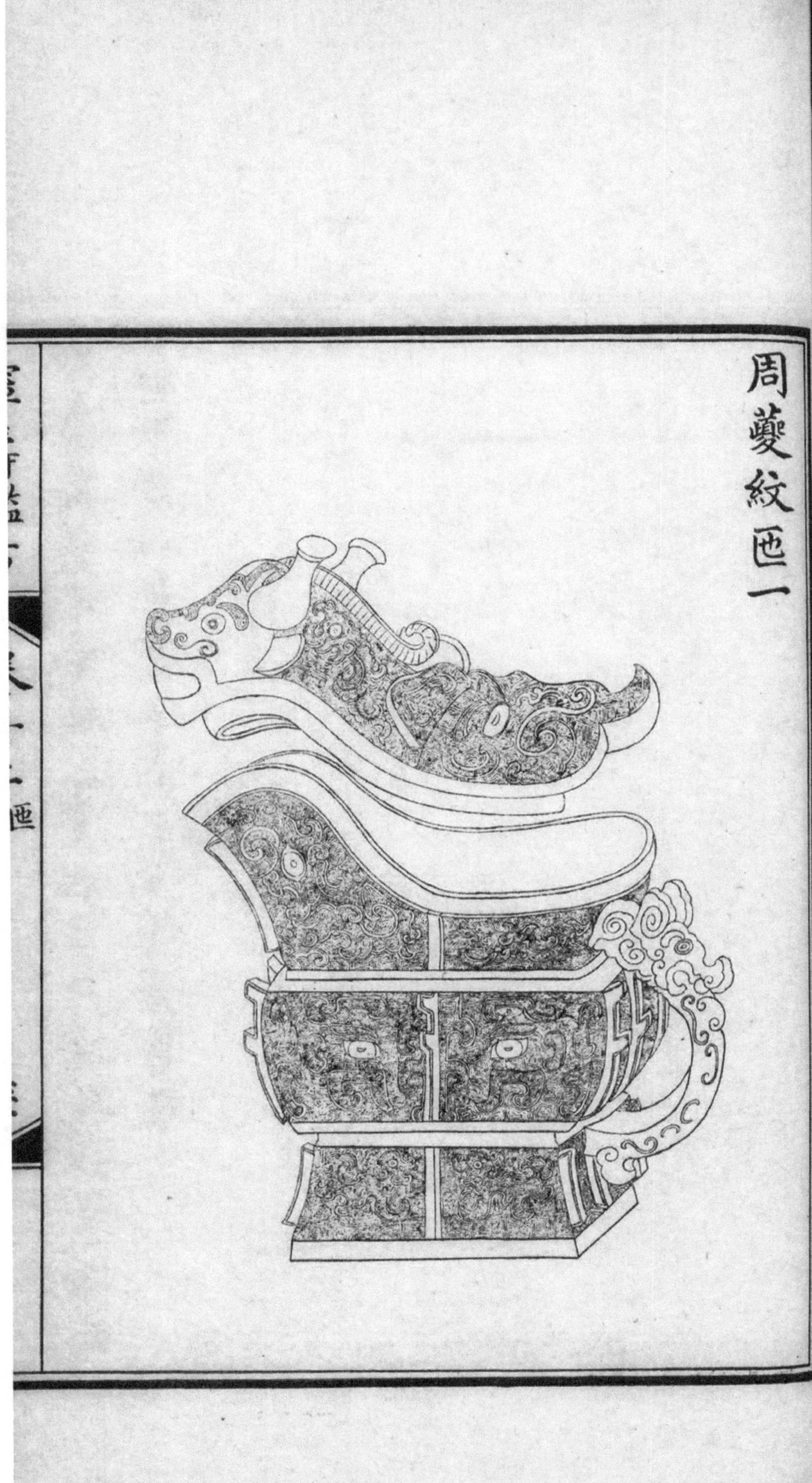

右通盖高六寸深三寸一分口徑長五寸八分
濶二寸八分重八十六兩有流有鋬

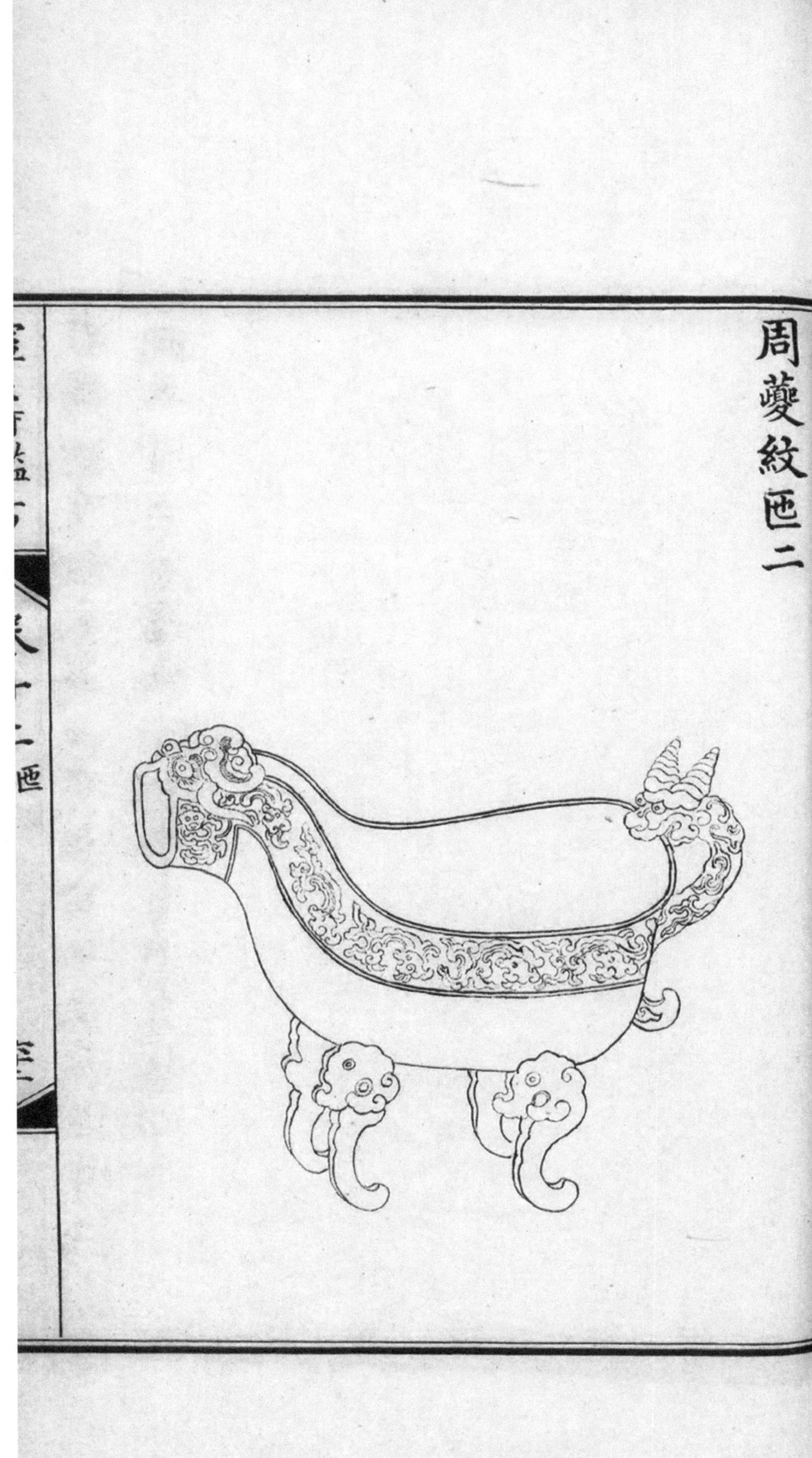

周夔紋匜二

右高四寸一分深二寸五分口徑長九寸三分
濶五寸三分重九十四兩有流有鋬四足

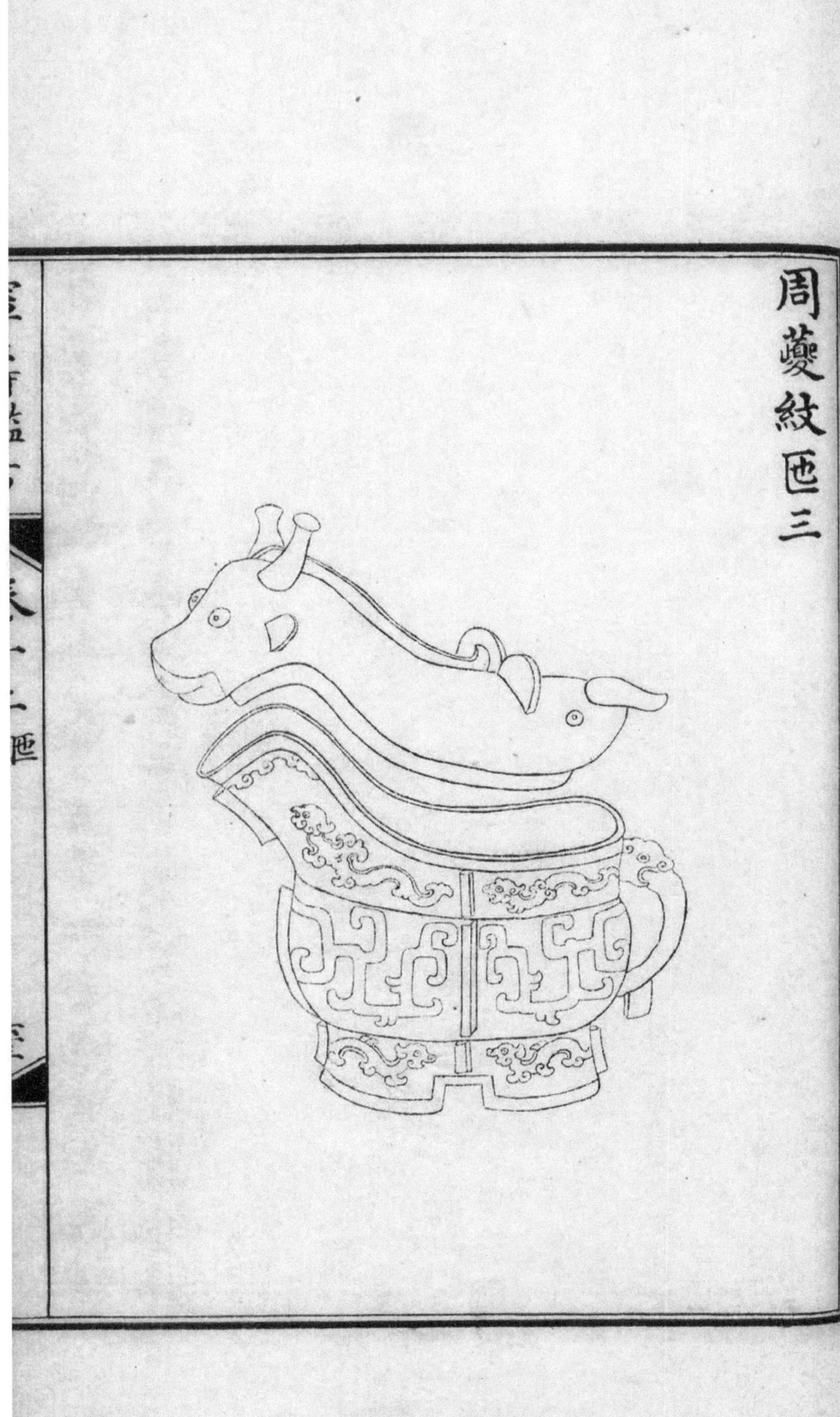

周夔紋匜三

右通蓋髙四寸五分深三寸二分口徑長五寸
三分濶二寸二分重五十四兩有流有鋬銀錯

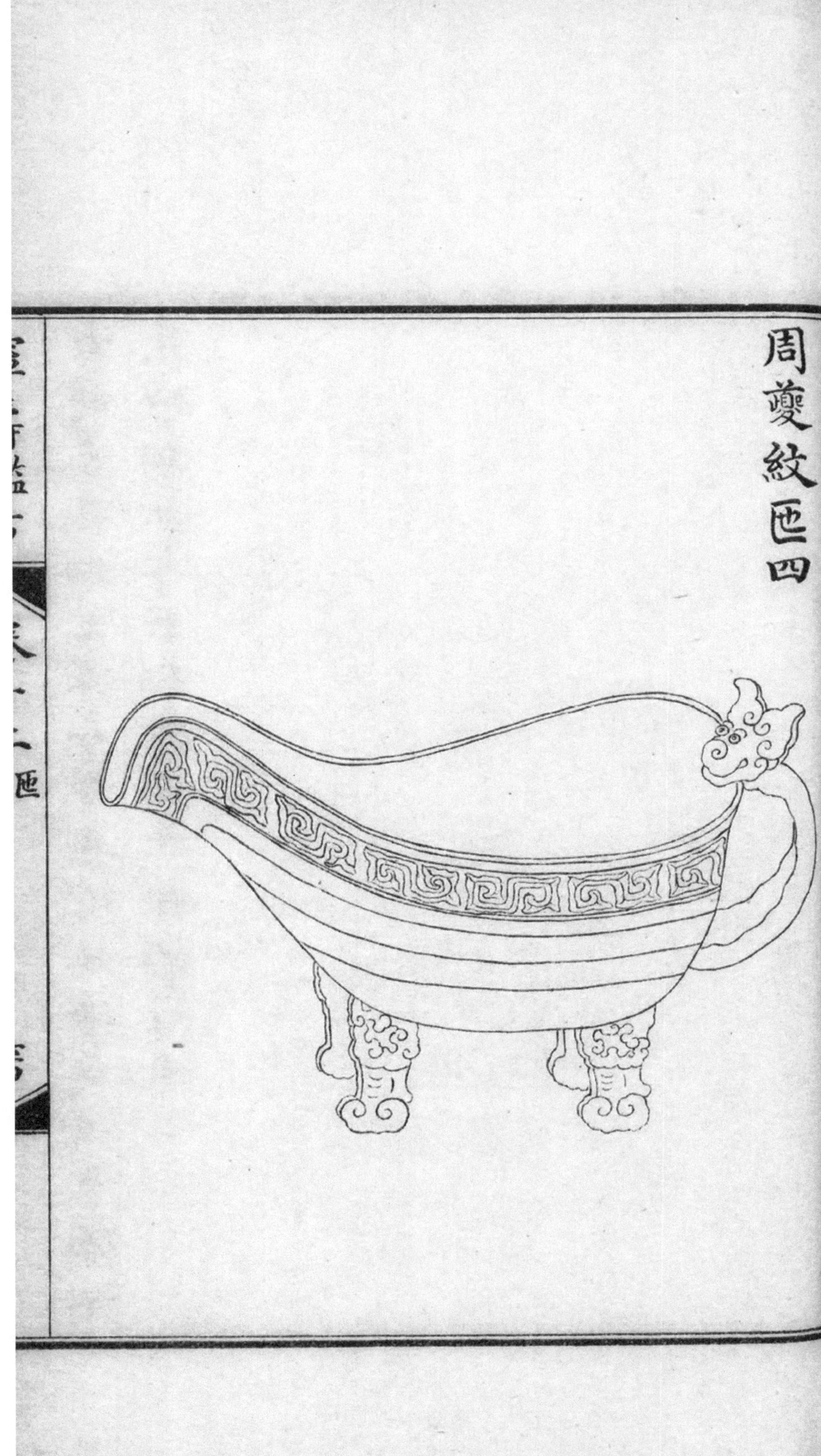
周夔紋匜四

右高三寸七分深二寸五分口徑長八寸濶四寸四分重六十九兩有流有鋬四足

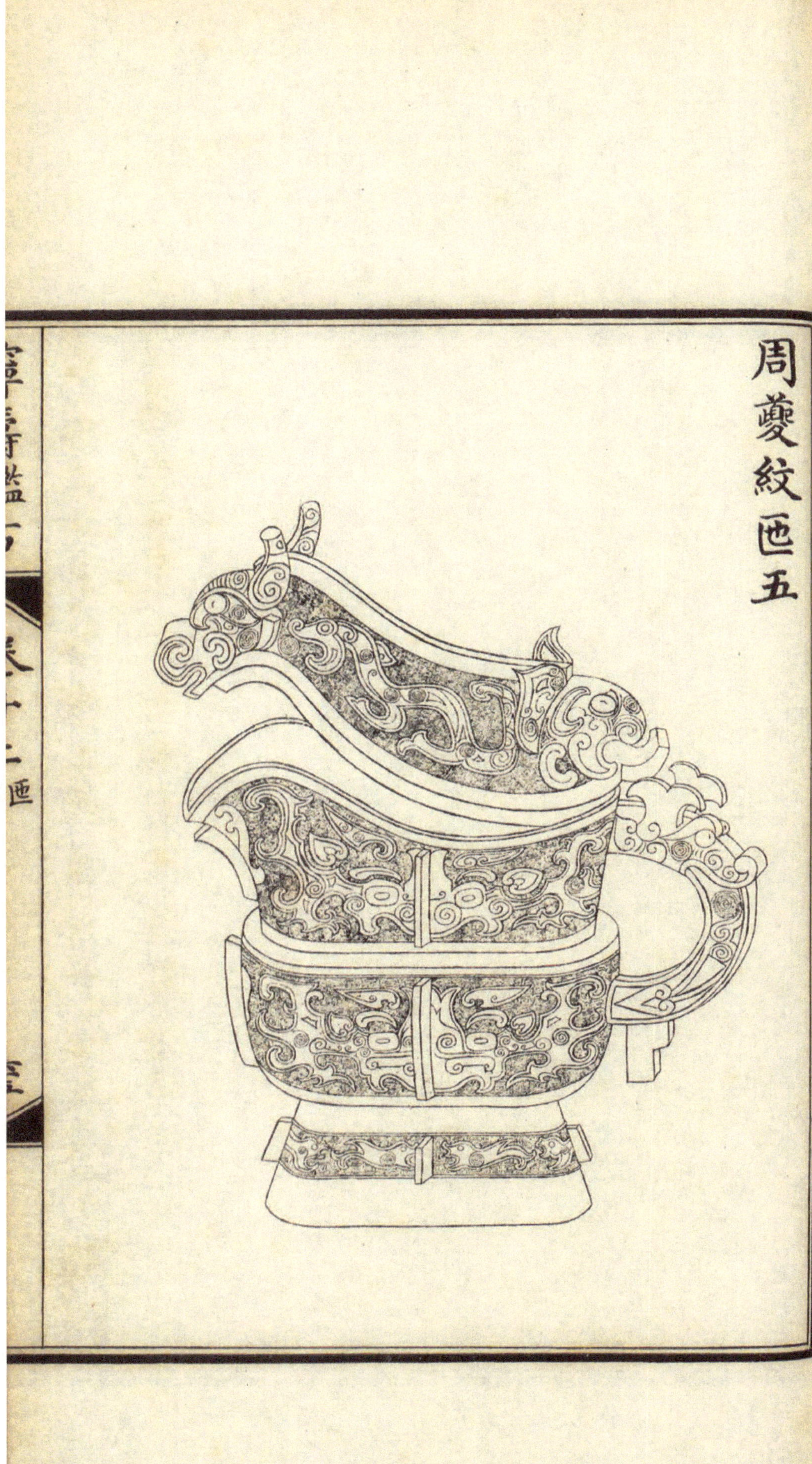

周夔紋匜五

右通蓋高九寸深五寸口徑長七寸五分濶四寸重一百七十一兩有流有鋈金銀錯

周犧首匜

右高二寸六分深二寸六分口徑長七寸六分

濶四寸五分重二十八兩有流有鋬四足

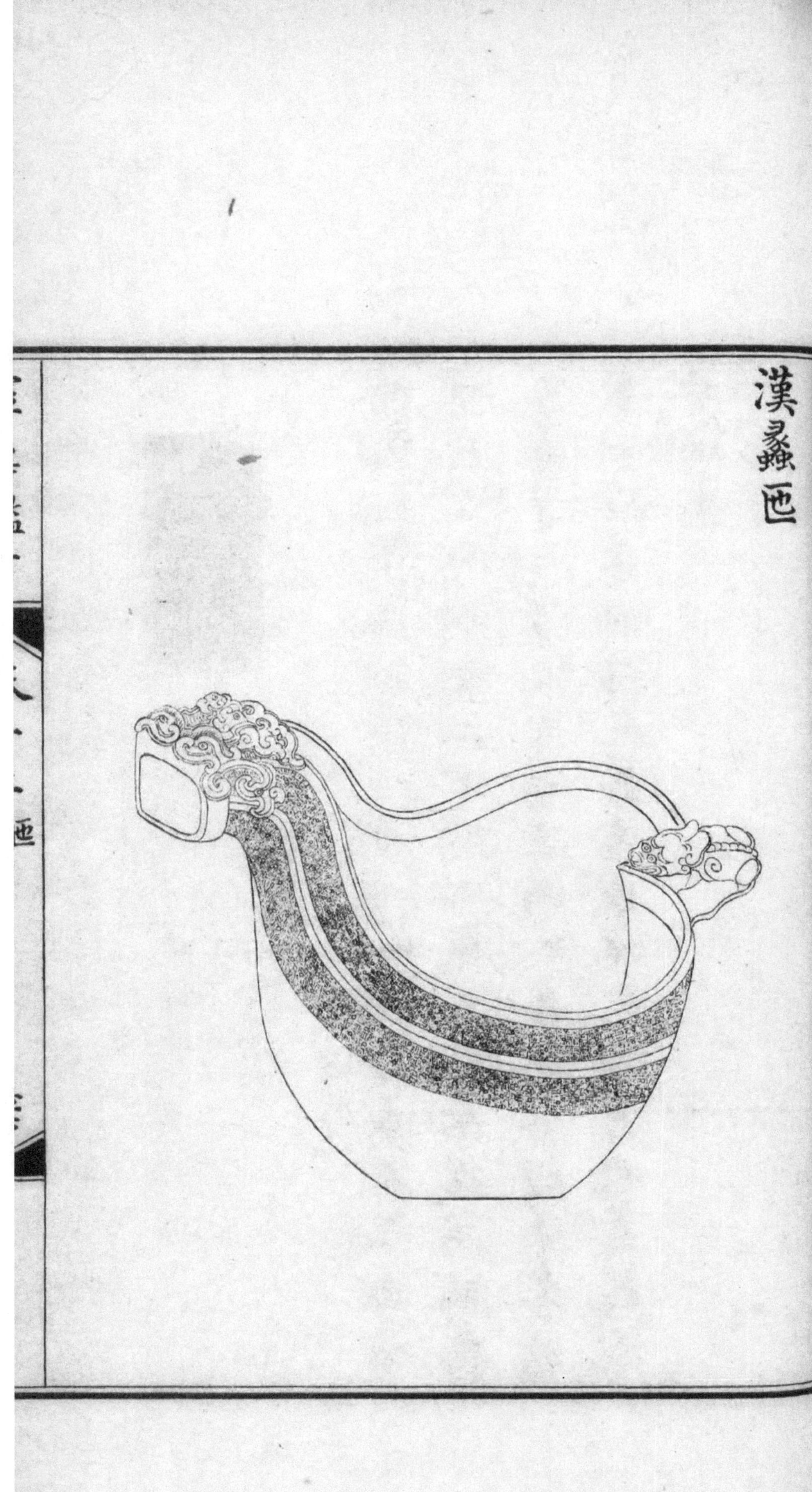

漢蠡匜

王子造
蠡〇匜

右高二寸三分深二寸二分口徑長五寸四分濶五寸八分重三十六兩有流有鋬銘詞類鳥篆蠡下一字不可識其爲人名地名皆莫考漢書曰以蠡測海是蠡亦盛水之物匜之義或取于此也

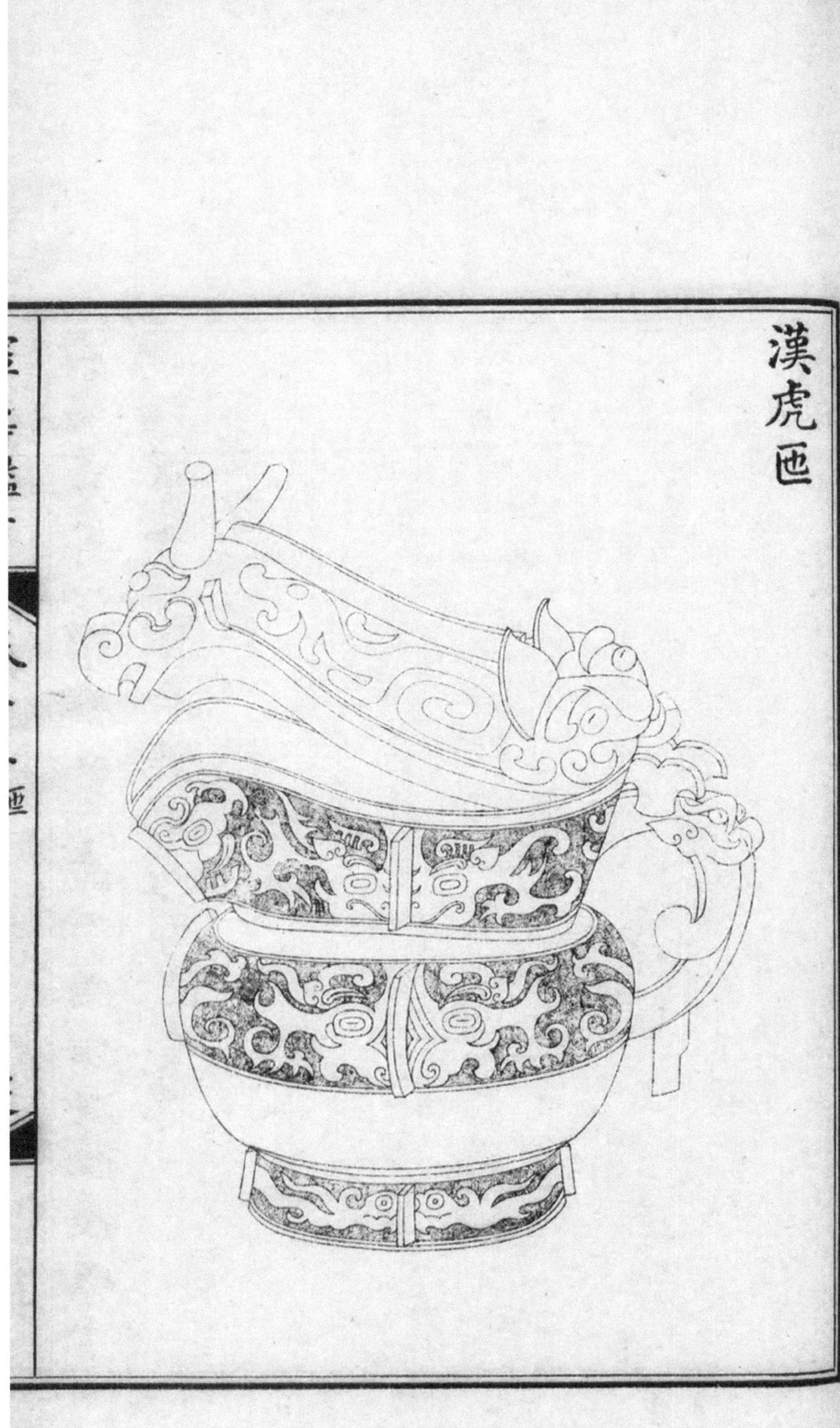

漢虎匜

右通蓋高八寸四分深五寸三分口徑長八寸闊四寸重一百七十五兩有流有鋬

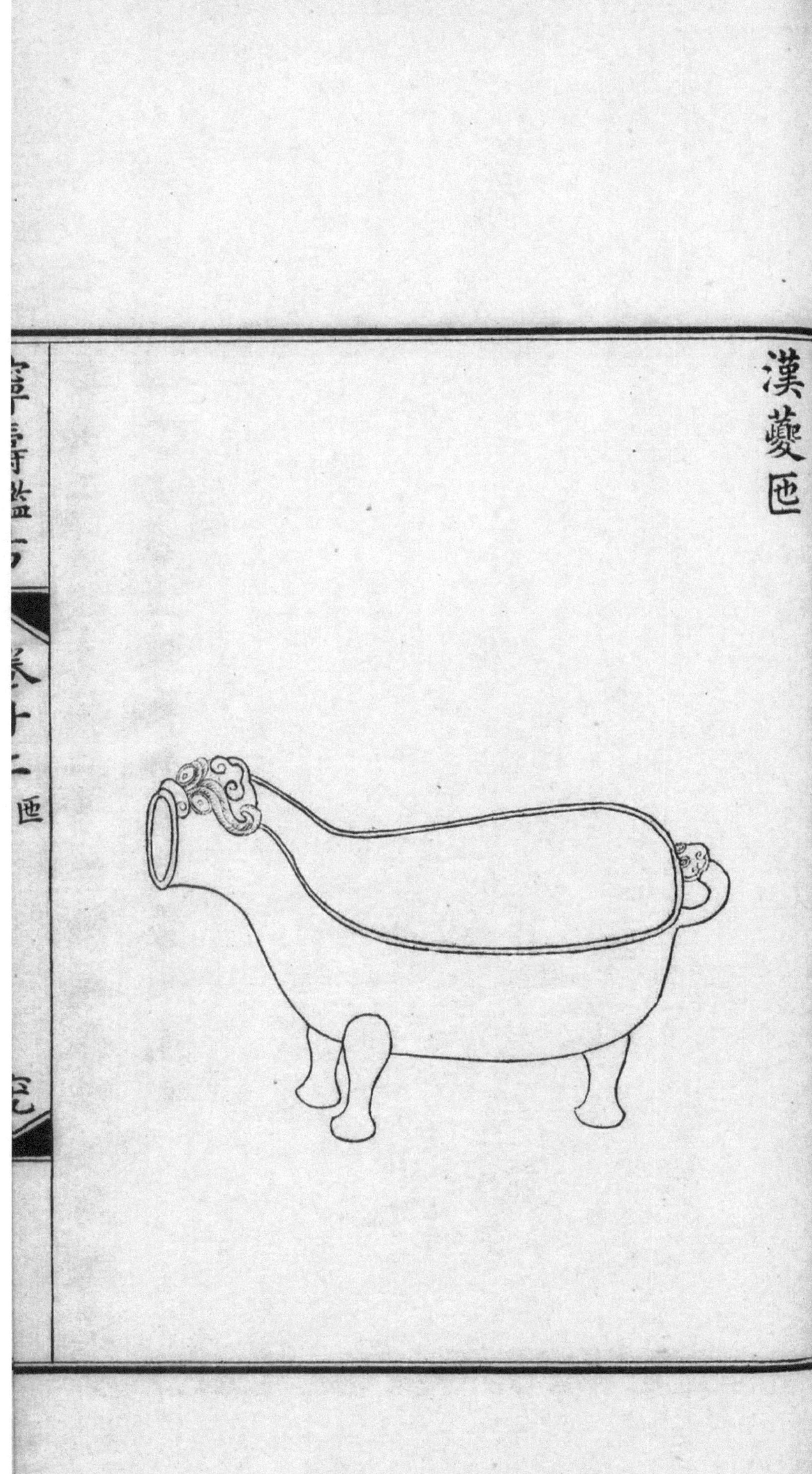

漢夔匜

右高二寸八分深二寸口徑長六寸八分濶三寸八分重十六兩有流有鋬三足

漢蟠夔匜一

右通盖高三寸五分深二寸七分口徑長三寸一分濶二寸六分重二十四兩有流有鋈金銀錯

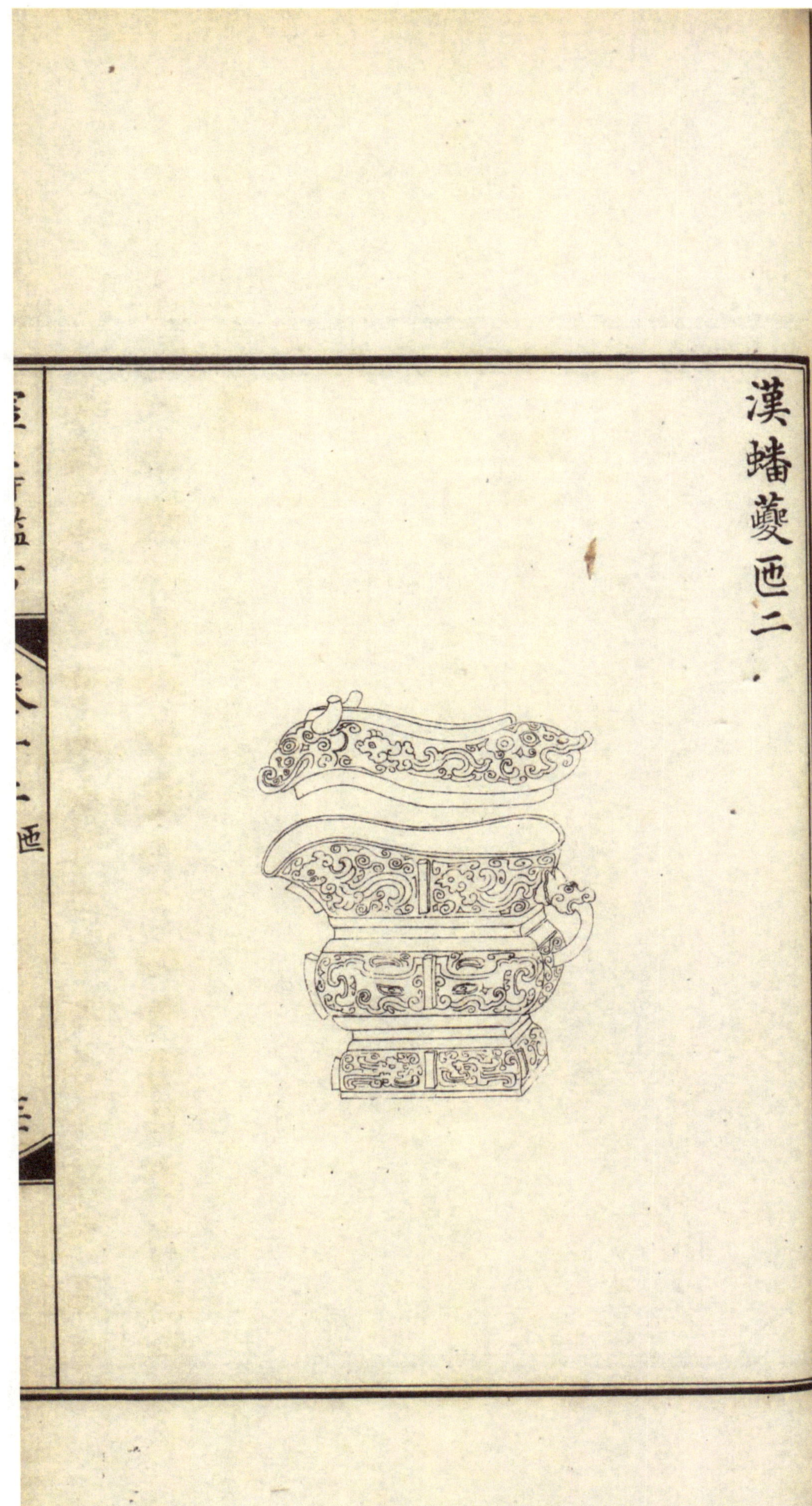

漢蟠夔匜二

右通蓋高二寸七分深一寸六分口徑長二寸
四分濶一寸一分重十一兩有流有鏨金銀錯

漢蟠螭匜

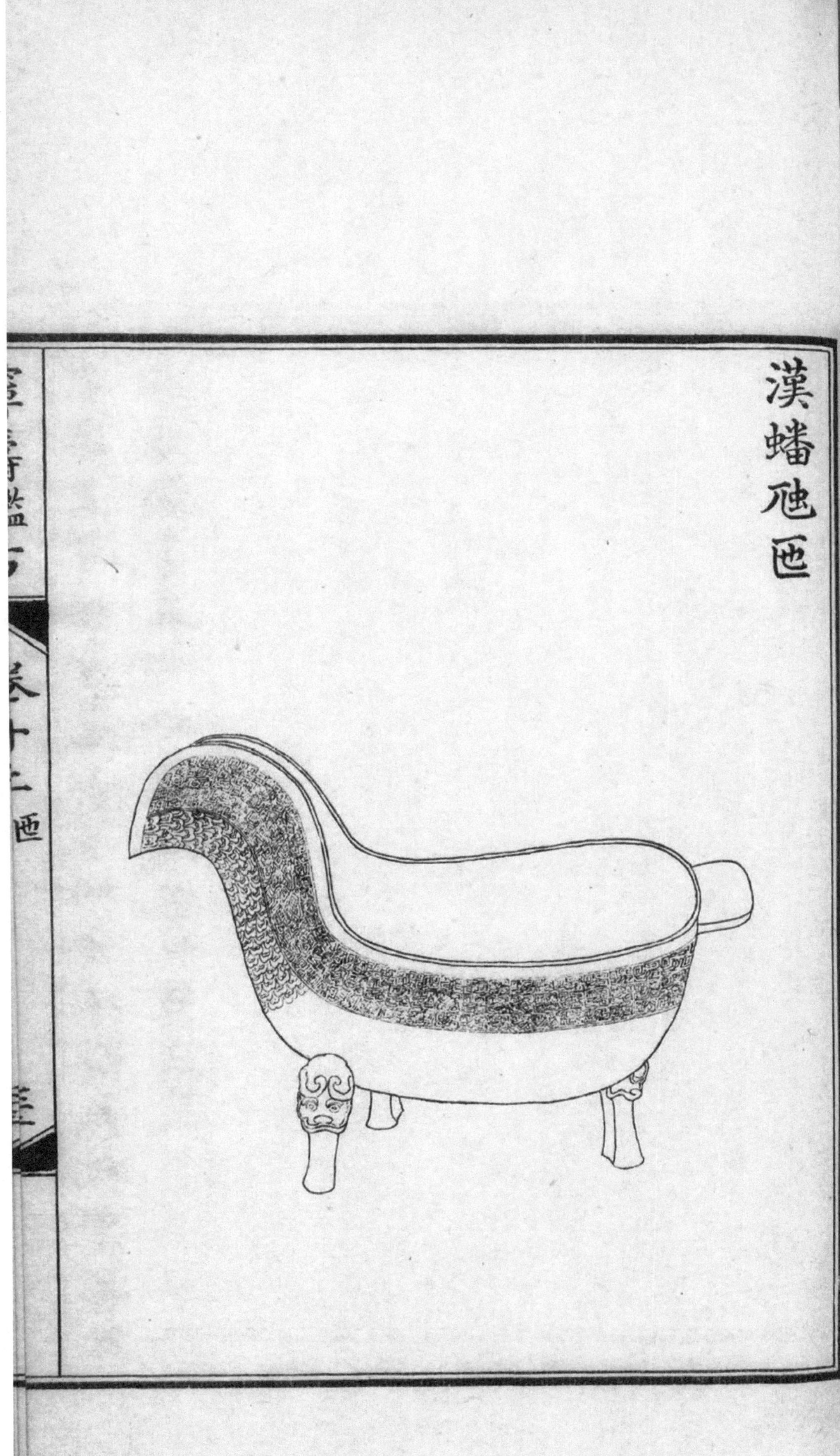

右高三寸四分深二寸四分口徑長九寸濶五寸五分重五十八兩有流有鋬三足

漢犧首匜一

右高二寸四分深一寸七分口徑長六寸濶三寸五分重十八兩有流有鋬三足

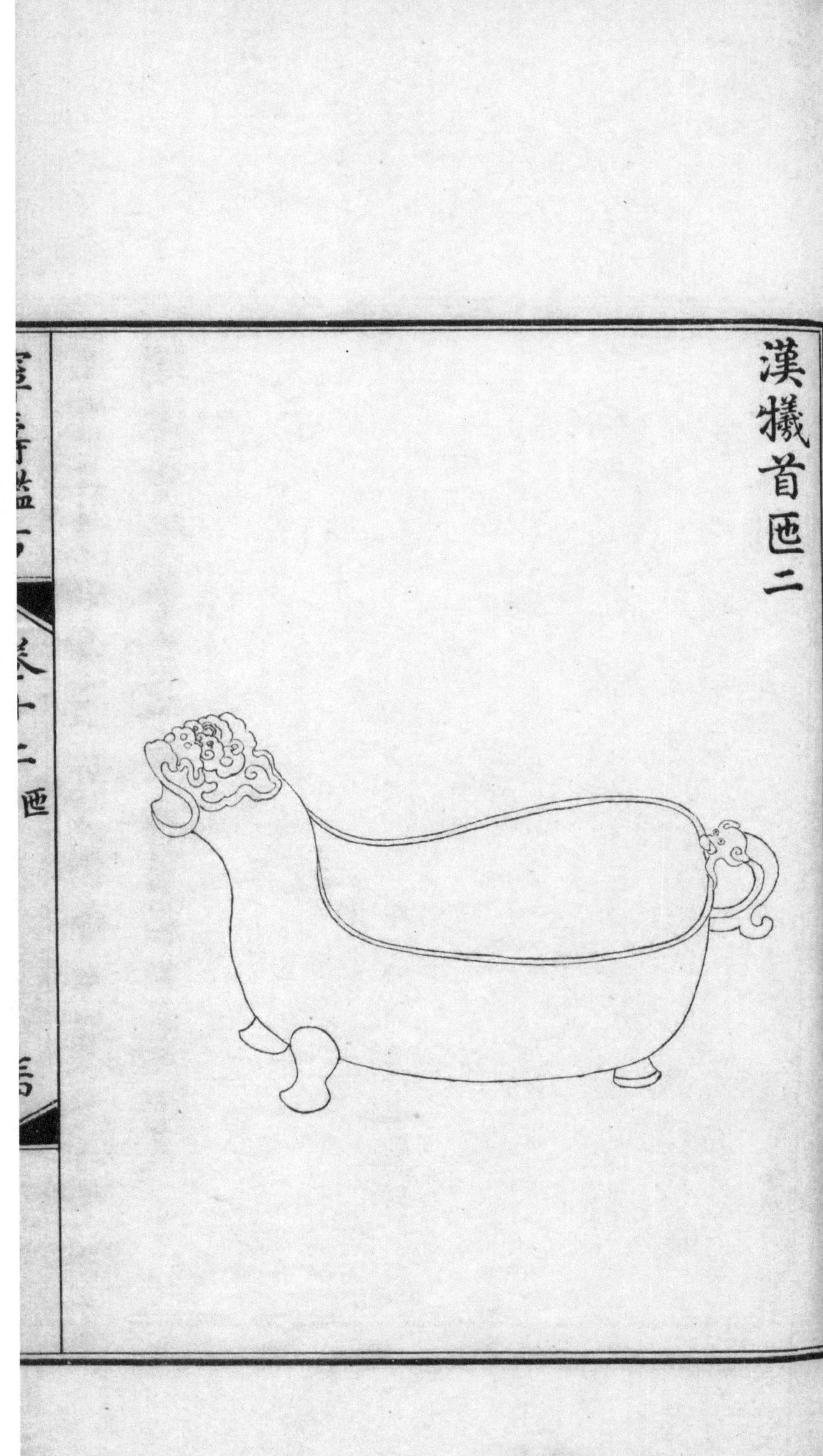
漢犧首匜二

右高二寸四分深一寸四分口徑長七寸六分
濶四寸六分重二十兩有流有鋬三足

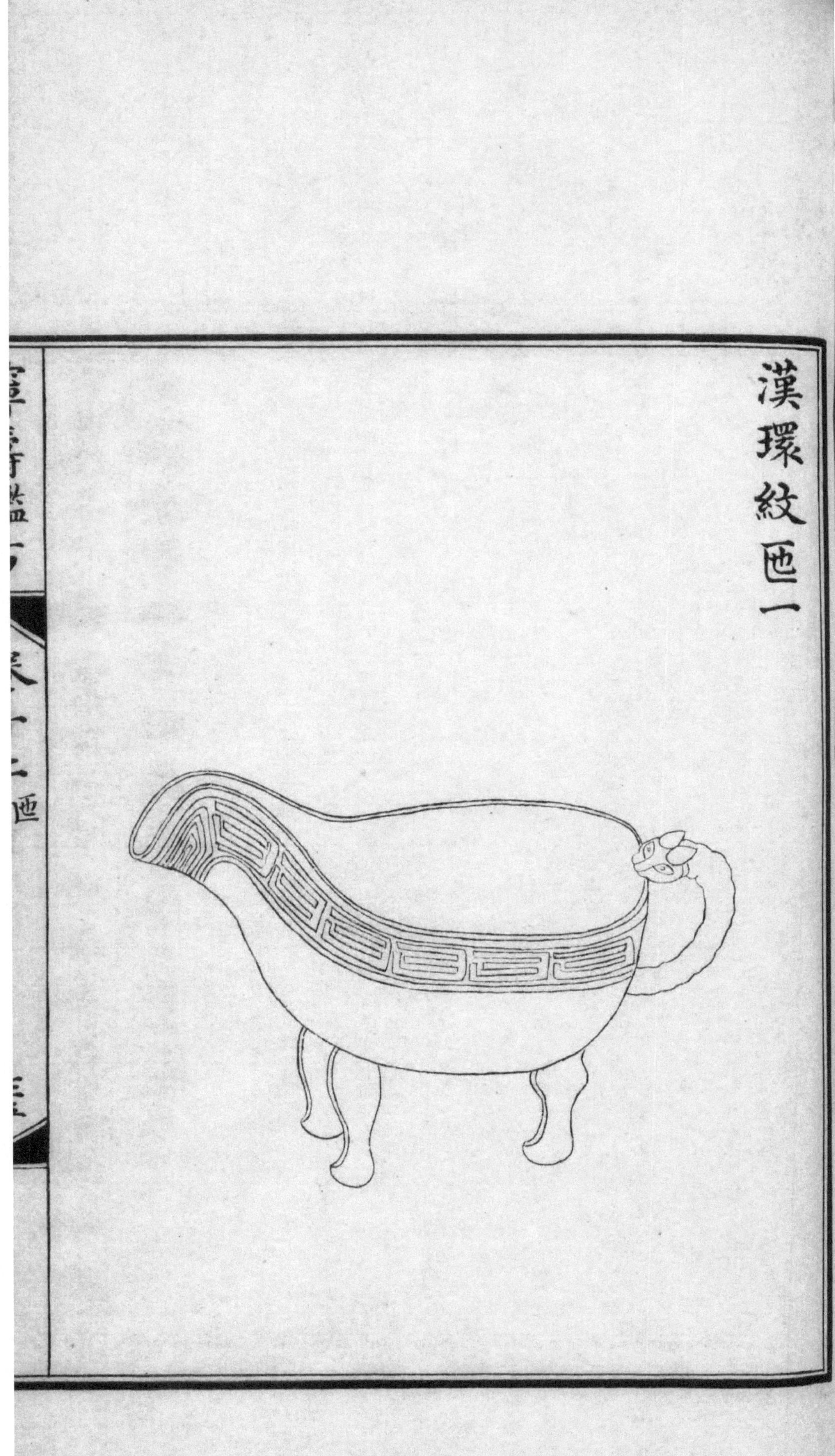
漢環紋匜一

右高二寸八分深二寸口徑長五寸四分濶三寸三分重二十二兩有流有鋬三足

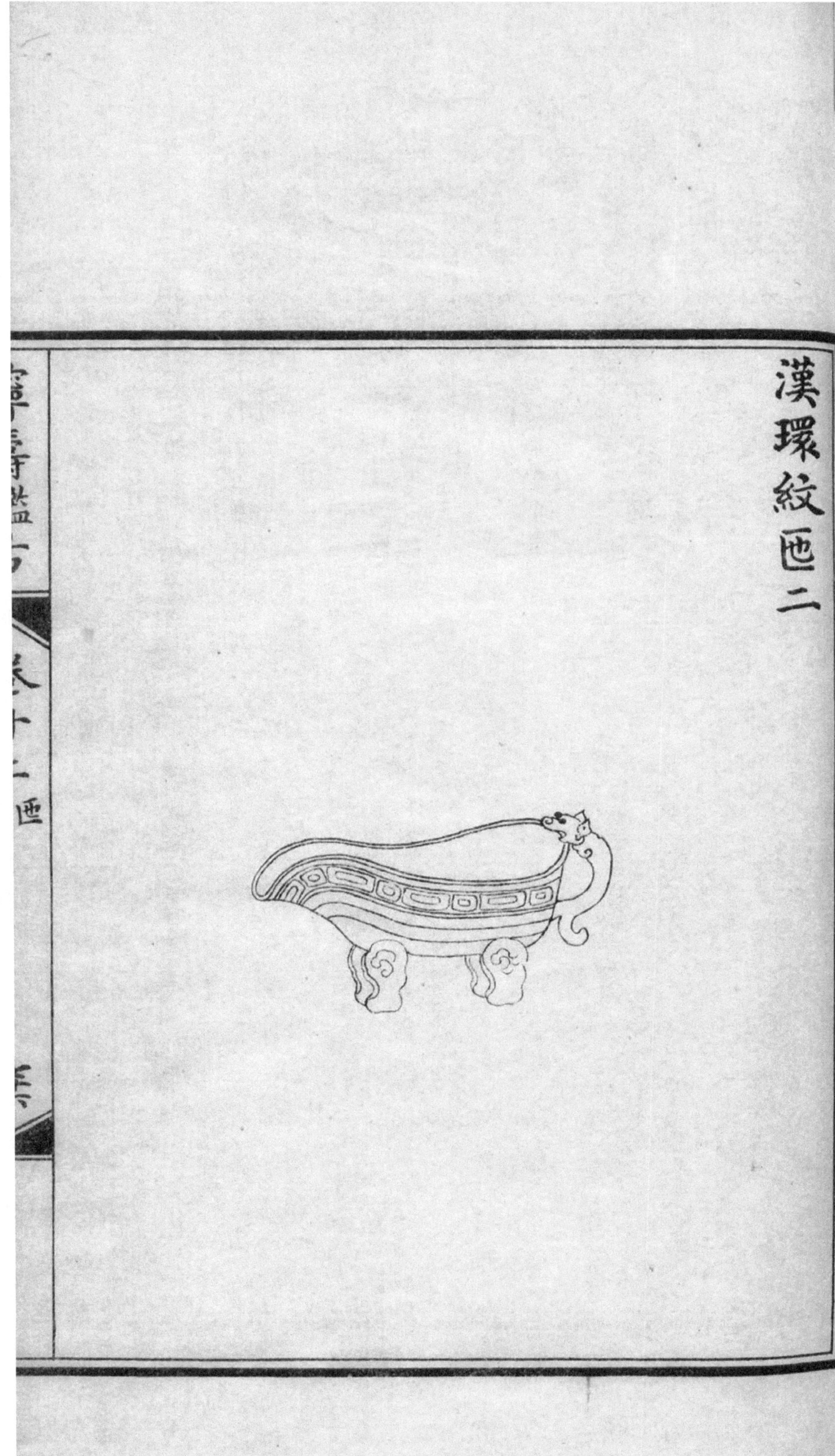
漢環紋匜二

寧壽鑑古　卷十二　匜　三

右高一寸深六分口徑長二寸三分濶一寸一分重三兩有半有流有鋬四足塗金